부동산 경매 오늘부터 1일

# 부동산
# 경매
### 오늘부터 1일

**1쇄 발행** 2022년 11월 30일
**4쇄 발행** 2024년 7월 22일

**지은이** 김재범
**펴낸이** 유해룡
**펴낸곳** ㈜스마트북스
**출판등록** 2010년 3월 5일 | 제2021-000149호
**주소** 서울시 영등포구 영등포로5길 19, 동아프라임밸리 1007호
**편집전화** 02)337-7800 | **영업전화** 02)337-7810 | **팩스** 02)337-7811
**홈페이지** www.smartbooks21.com

ISBN 979-11-90238-69-4  13320

원고투고 : www.smartbooks21.com/about/publication
『부동산 경매 오늘부터 1일』은 2013년에 출간된 『경매공부의 바다에 빠져라』의 최신 개정증보판입니다.

# 부동산 경매

김재범 지음

## 오늘부터 1일

스마트북스

경매사건 10,000건 분석, 1,000건 진행

# 특급 경매 전문가의 기초부터 다지는 설명과 노하우를 만나보세요

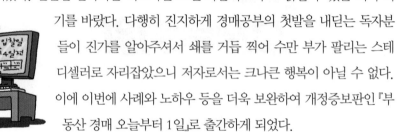

2013년 경매 입문서인『경매공부의 바다에 빠져라』초판을 출간하고 10년이 지났다. 한순간 반짝하는 책보다는 오랜 기간 두고두고 읽힐 수 있는 책이 되기를 바랐다. 다행히 진지하게 경매공부의 첫발을 내딛는 독자분들이 진가를 알아주셔서 쇄를 거듭 찍어 수만 부가 팔리는 스테디셀러로 자리잡았으니 저자로서는 크나큰 행복이 아닐 수 없다. 이에 이번에 사례와 노하우 등을 더욱 보완하여 개정증보판인『부동산 경매 오늘부터 1일』로 출간하게 되었다.

### 부동산 경매지식은 누구나 알아야 할 필수지식이다

내가 10여 년 동안 운영하고 있는 부동산 경매 카페에는 하루에도 수십 개씩 질문이 올라온다. 그중에는 "전세로 살고 있는 집이 경매로 넘어가게 되었는데, 어떻게 하면 보증금을 찾을 수 있을까요?"라는 질문이 매우 많다. 그러나 질문의 사례를 검토해 보면 애석하게도 보증금을 찾을 수 없는 경우가 많다. 부동산 경매에 관한 기본적인 지식만 있었더라도 충분히 피할 수 있었던 일이었기에 더욱 안타깝다.

　　부동산 경매에 관한 최소한의 지식은 우리가 살아가는 데 필수적인 지식이다. 이러한 지식이 없다면, 어떤 부동산 거래를 하더라도 위험을 배제할 수 없고 어렵게 모은 자산을 지키기도 쉽지 않기 때문이다.

### 부동산 경매의 매력, 싸게, 더 싸게

부동산 경매는 취득하자마자 이익이 생길 수밖에 없는 구조적인 특성이 있다.
일반 매매의 경우는 사는 이와 파는 이의 합의에 의해 가격이 결정되지만, 부
동산 경매는 오로지 사려는 사람에 의해 가격이 결정되기 때문이다. 애초에
할인된 가격으로 사는 것이 바로 부동산 경매의 매력이다.

20여 년 전 내가 처음 부동산 경매를 시작했을 무렵 선배들은 부동산 경매
로 수익을 보기가 예전만 못하다고 했고, 지금도 여전히 그런 말이 떠돌고 있다.
그러나 내 생각은 좀 다르다. 부동산 경매로 얻는 수익이 크지 않다면 입찰 법
정에 그 많은 입찰자들이 오는 이유를 설명할 수 없다. 분명 이익이 있으니 사
람들의 관심이 몰리는 것이다.

더군다나 경기흐름에 따라 경매의 매력이 더 커지는 시기가 있는데, 향후
몇 년간이 그렇지 않을까 짐작해 본다. 이런 시기일수록 미리 경매공부를 꼼
꼼히 해둘 필요가 있다.

### 내가 생각하는 대박은 따로 있다

부동산 경매와 관련된 강의와 서적은 하나같이 '대박'을 이야기한다. 50만원을
50억원으로 만든 경험은 실화라고 하더라도 학습과 노력만으로
재현할 수 있는 것이 아니다. 나도 7억원에 낙찰받은 부동산
이 1년도 안 돼 15억원을 넘은 경험이 있긴 하지만, 개발계
획이 발표되면서 얻은 뜻밖의 행운이었다.

내가 생각하는 대박은 따로 있다. 나는 지금까지 부동

산 경매에 관한 한 단 한 번의 실패도 경험한 적이 없다. 복잡한 권리관계를 예측하지 못해 분쟁에 휘말려 손해를 본 적도 없고, 수익이 기대에 미치지 못해 기회비용을 잃은 적도 없다. 경매 컨설팅을 의뢰했던 고객들은 여전히 나를 찾고 있고, 심지어 다른 공인중개사의 소개로 부동산을 거래하더라도 도장을 찍기 전에 반드시 내게 검증을 부탁하는 고객들도 적지 않다. 나는 이것이 부동산 전문가로서 경험할 수 있는 최고의 대박이라고 자부한다.

## 솔직하게, 더 진실되게

부동산 경매로 단기간에 팔자를 바꿀 대박의 비법을 찾고 있는가? 이 책에는 대박이 아니라 '성공'을 담았다. 아무도 모르는 비법이 아니라, 누구라도 알 수 있지만 반드시 알아야 할 방법을 담았다.

10,000건 경매사건 분석, 1,000건 경매 직접 진행 경험을 바탕으로 하여, 봐도 모를 마술이 아니라 보고 실행할 수 있는 실제적 경매 기술을 담았다. 절대로 실패하지 않을 경매 원칙을 담았고, 절대로 잊어버리지 않을 원리를 담았다. 그리고 경매물건의 권리분석, 입찰, 명도, 강제집행 과정에서 어떠한 반론과 맞닥뜨려도 꺾을 수 있는 근거가 있고, 어떠한 난관에 부딪혀도 풀어갈 수 있는 실마리를 담았다.

## 기초부터 꼼꼼하게 제대로 익혀야 한다

경매를 설렁설렁 배우려는 분들이 있다. 경매에 뭐 그리 두꺼운 이론적 지식이 필요한가, 권리분석은 말소기준권리만 외우면 되고, 현장답사, 명도도 간단한 팁 몇 개 알면 되는 것 아니냐고 하는 분들이 있다.

하지만 절대 그러면 안 된다. 경매가 부동산을 더 싸게 취득할 수 있는 기회가 되긴 하지만, 민법에 대한 이해 등을 바탕으로 꼼꼼하게 공부해야 한다. 그래야 입찰자들이 자주 하는 실수를 막을 수 있고, 남들이 간과해 버린 물건의 진가를 알아볼 수도 있다.

## 1,000건 경매 진행, 특급 경매 전문가의 노하우

무엇이든 기초가 중요하다. 이 책은 부동산 문외한들도 경매에 쉽게 접근할 수 있도록 기초지식을 꽉꽉 채워 넣었다. 등기부등본부터 토지이용계획확인서 등 경매서류 5총사 보는 법부터 알짜배기 부동산 경매물건을 가려내는 법, 권리분석·현장답사·명도까지 실제 경매사건의 사례를 통해 설명하므로, 여러분의 부동산 경매 실력을 한층 높여줄 것이다.

　　이 책은 2013년 초판이 출간된 후 꾸준히 많은 사랑을 받아왔다. 차분하고 꼼꼼하게 부동산 경매를 배울 수 있는 책을 찾는 진지한 독자가 그만큼 많기 때문일 것이다. 독자 여러분께 감사를 드린다. 이번에 책의 내용을 더욱 손보아 출간하는 『부동산 경매 오늘부터 1일』도 부디 여러분에게 두고두고 읽히기를 바란다.

2022년 11월
김재범 드림

# 부동산 경매
## 오늘부터1일
### 이 책의 특징

### 1 부동산 경매 기초부터 차근차근

부동산 경매의 기초지식을 꽉꽉 채워 넣었다.
경매 초보자를 위해 용도지역, 지목, 대지권, 용적률
과 건폐율 같은 부동산 기초지식부터 시작해서 매
각물건명세서, 부동산현황조사서, 토지대장, 지적도,
건축물대장, 토지이용계획확인서 등 보는 법, 그리고
명도, 강제집행까지 부동산 경매의 기초를 정석으로
만나보자.

### 2 '사례 밀착형' 경매 입문서

경매공부는 '암기'로 하는 것이 아니다. 판사의 판결
이 '판례'로 남듯, 경매사건도 수많은 사례를 남긴다.
이 사례들이 모이고 정리되어 이론의 기틀이 된다.
부동산 경매현장에서 일어난 실제 사례를 적재적소
에 배치했다. 독자들이 머리를 긴장시켜 외우지 않아
도 머릿속에 상황이 그려지므로 오래 기억할 수 있
으며, 다양한 경매물건의 핵심을 꿰뚫는 통찰력이 생
길 것이다.

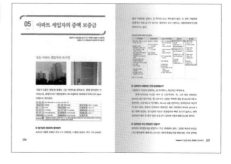

### 3 풍부한 그림자료, 삽화로 쉽게

부동산 경매의 다양한 개념, 권리들을 풍부한 삽화로
쉽게 이해할 수 있게 했다. 또한 실제 경매사건의 각
종 서류, 자료사진을 실어 현장감을 더했다. 여러분
의 경매 실력을 한층 높여줄 것이다.

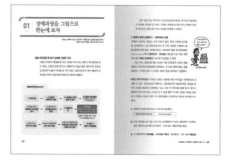

경매사건 10,000건 분석, 경매 직접 진행 1,000건, 특급 경매 전문가의 꼼꼼한 설명과 노하우를 만나보자.

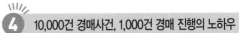

### ❹ 10,000건 경매사건, 1,000건 경매 진행의 노하우

실제 경매사건을 바탕으로 법원의 문건접수내역이나 등기부등본, 매각물건명세서, 부동산 현황조사서, 토지이용계획확인서 등을 꼼꼼하게 분석하고, 풍부한 경험을 바탕으로 입찰자가 간과하기 쉬운 함정뿐만 아니라 자칫 놓치기 쉬운 기회를 포착하는 노하우를 공개한다.

### ❺ 셀프 등기법 & 현장답사 체크리스트

셀프 등기 직접 해보면 어렵지 않다. 수십만원에서 수백만원까지 아낄 수 있는 셀프등기법, 경매 초보자들이 지레 겁먹는 인도명령 신청하는 법, 강제집행하는 법, 유체동산 경매신청 하는 법 등을 소개한다. 주거용 부동산, 상업용 부동산, 토지 등의 〈현장답사 체크리스트〉도 큰 도움이 될 것이다.

### ❻ 김재범의 경매 특강 QR 코드 수록

초보 경매자를 위한 저자의 유튜브 강의 QR 코드를 수록했다. 경매의 기초도 익히고, 1,000건 이상의 경매를 진행한 명실공히 국내 최고 경매 전문가의 노하우를 만나보자.

# 부동산 경매에 첫발을 내딛는 당신에게

**1** Chapter

# 알짜배기 경매물건 찾는 법

**2** Chapter

## 경매물건 분석 첫걸음
### – 부동산 기초 서류 마스터하기

**3**
Chapter

# 권리분석의 기본기 ①
## – 등기부상의 권리가 사례와 함께 쏙쏙

4 Chapter

## 권리분석의 기본기 ②
### -등기부 외의 권리 마스터하기

**5**
Chapter

# [실전] 현장 경매물건 분석하기

Chapter 6

# 현장답사, 10년 다닌 고수처럼

## 7
### Chapter

# 드디어 입찰, 낙찰률과 수익률 높이는 법

**8 Chapter**

## 시나리오별 명도 노하우

9
Chapter

# 김재범의 경매 특강 (10강좌, 총 5시간)

※ 유튜브에서 저자 김재범의 경매 특강을 만나보세요.

### 1강 경매의 종류

### 2강 경매 진행절차 1

### 3강 경매 진행절차 2

### 4강 권리분석의 기본기 익히기
—인수와 소멸의 판단 및 저당권

### 5강 용익물권
—지상권, 전세권

### 6강 가등기, 환매특약등기

### 7강 보전처분
—가압류, 가처분

### 8강 주택임대차보호법

### 9강 유치권

### 10강 법정지상권

# 부동산 경매에 첫발을 내딛는 당신에게

누구나 경매로 집을 사고 투자를 할 수 있지만, 아무나 성공하는 것은 아니다. 부동산 경매를 처음 만나는 당신에게 안전한 투자를 위한 기초지식부터 소개한다.

# 난생처음 경매를 만나다

"뭐? 전셋값이 경매 최저가보다 비싼 경우도 있다고?"

선영 씨는 텔레비전 뉴스를 보다가 벌떡 일어나 앉았다. 지방에서 올라온 그녀는 올해로 입사 8년차이다.

지난 몇 년 동안 전세가가 너무 올랐는데, 이제 부동산 가격이 떨어지니 이참에 차라리 보증금에 돈을 조금 얹어 집을 사는 것이 더 나은가 고민중이다. 하지만 선영 씨 형편에 내집마련은 머나먼 이야기였다. 게다가 전세 만기가 가까워져 이사 갈 준비를 해야 한다. 2년마다 이사를 다니기도 지치던 와중에 이런 뉴스까지 들으니 속이 부산해진다.

"따르릉."

그때 지난 봄 결혼한 대학 동창 지혜 씨로부터 전화가 왔다.

"지혜야, 그 동네로 언제 이사 갔어?"

"이 아파트? 부동산 경매로 저렴하게 구입했어. 경매물건을 잘 고르면 급매가보다 훨씬 싸게 내집마련을 할 수 있거든."

"부동산 경매? 우와, 내 주위에서 경매로 집을 산 사람은 네가 처음이야. 그거 나도 할 수 있는 거야? 돈이 얼마나 있어야 할 수 있어?"

웃으며 축하해 주었지만 내심 살짝 질투도 났다. 연봉도 모아놓은 돈도 비슷했는데, 벌써 신혼집을 마련하다니. '내가 지금껏 내집마련이나 재테크에 너무 관심이 없었나?' 하는 생각이 들었다. 그런 선영 씨의 마음을 꿰뚫어 보기라도 한 듯이 지혜 씨가 말을 이었다.

"우리 벌이로는 앞으로 10년 더 일해도 내집마련이 쉽지 않아. 너도 이

참에 경매공부를 해 봐.”

 “하지만 왠지 무섭고 겁이 나. 난 등기부등본 볼 줄도 모르는데……. 부동산 경매는 어렵지 않나?”

 “하하하. 안 그래. 먼저 경매가 뭔지부터 알아야겠다. 혼자서 공부하기 어려우면 내가 아는 경매 전문가 김쌤을 소개해 줄게. 개념 설명이 굉장히 정확하고 노하우도 잘 가르쳐 주는 걸로 소문이 자자한 분이야.”

선영 씨는 곰곰이 다시 생각해 보았다. 그동안 그녀는 부동산 경매는 자신과 먼 이야기라고 제쳐두고 있었다. 하지만 지금부터 차근차근 공부한다면, 그동안 모아놓은 돈으로 작으나마 내 집을 마련하는 게 불가능한 일은 아니라는 생각이 들었다.

 선영 씨는 전화를 끊고 나서 당장 서점으로 달려가 경매 책을 몇 권 사서 집으로 돌아왔다. 비로소 부동산 경매에 첫발을 내디딘 것이다.

# 01 시대에 따라 달라진
부동산 경매 풍경

>>>

"부동산 경매, 뭐가 뭔지 하나도 모르겠어요." 처음부터 꼼꼼하게 배워 보자.

사례 **경매로 월세가 따박따박**

중소기업의 홍보팀장인 김보람 씨(37세)는 13년 전인 2009년 2월에 서울시 마포구의 17평 오피스텔을 8천만원에 낙찰받았다. 세계 금융위기로 경매시장에 오피스텔 등 물건들이 쏟아져 나오던 시기였다.

김팀장은 직장생활을 하며 모은 돈 5천만원과 은행대출 3천만원으로 입찰을 했다. 직장 근처라 그곳의 수요와 시세를 잘 알고 있었다. 4년이 지난 2013년, 그녀의 오피스텔은 2억 3천만원에 거래되고 있었고, 보증금 2천만원에 70만원의 월세를 받고 있었다. 가격이 약 3배나 올랐고, 연수익률은 투자금 대비 약 10%가 넘었다.

김팀장은 2013년 당시 오피스텔 공급이 많아지면서 월세가 떨어지는 추세를 보고 팔아 8천만원 투자로 1억 5천만원의 수익을 거두었다.

## 부동산 경매가 뭐지?

김재팔 씨(33세)는 장사를 시작하면서 A은행에서 아파트를 담보로 대출받았다. 이 경우 재팔 씨는 채무자이고, 돈을 빌려준 A은행은 채권자이다.

그런데 채권자인 A은행은 채무자인 재팔 씨가 빚을 갚지 않는다고 그의 재산을 빼앗거나 맘대로 팔 수는 없다. 돈을 돌려받으려면 법의 힘을 빌려야 한다.

　부동산 경매란 채권자의 신청에 따라 법원이 채무자의 부동산을 강제로 팔아서 빌린 돈을 돌려주는 강제집행 절차이다. 개인이나 기업 등 사적인 채권·채무 관계에 법원이 나서서 중재하기 때문에 민사소송 사건이며, 법이 정한 절차에 따라 진행된다.

## 경매를 하려면 법을 잘 알아야 할까?

민사집행법은 '민사'라는 말에서 알 수 있듯이, 개인과 개인 간의 분쟁을 중재하고 소중한 재산을 지켜주기 위한 법이다. 민사집행법은 특히 경매의 대중화를 모토로 삼고 있으며, 예전 법에 비해 입찰자를 배려하는 규정을 많이 담고 있다.

　경매 낙찰가가 너무 낮아지면 채권자뿐 아니라 채무자도 큰 손해를 본다. 예를 들어 A은행이 시가 6억원인 아파트에 3억 8천만원을 대출해 주었는데 경매로 넘어가 3억원에 낙찰되었다면, A은행은 8천만원을 돌려받지 못하고 채무자도 아파트를 헐값에 잃고 8천만원의 빚까지 남게 된다. 그래서 부동산 경매의 절차는 좀더 많은 사람들이 공정한 조건에서 위험 없이 참여할 수 있도록 개정되어 왔다.

　물론 법률 기초지식이 있다면 부동산 경매의 전체 과정을 이해하기가 훨씬 수월할 것이다. 하지만 반드시 법을 많이 알아야만 부동산 경매를 할 수 있는 것은 아니다. 최소한의 법률상식만으로도 부동산 경매를 이해하는데 큰 어려움은 없다. 앞으로 까다로운 법률용어가 등장할 때마다 쉬운 일상어로 풀어 설명할 테니 어렵게 생각하지 말자.

## 요즈음 경매법정의 풍경

호가경매는 낮은 가격부터 점차 높은 가격을 공개적으로 불러서 최종적으로 낙찰받는 경매방식이다.

경매는 원래 물건을 사려는 사람들이 여럿일 때, 매수가격을 경쟁적으로 높게 불러 결국 가장 높은 가격을 부른 사람에게 파는 것이다. 미술품 경매는 경매인이 가격을 높여 부르면 입찰자들이 번호표를 들어 입찰을 한다. 이런 경매방식을 '호가경매'라고 한다. 예전에는 부동산 경매도 호가경매 방식이었다.

하지만 요즘 부동산 경매는 입찰금액을 다른 사람들이 알지 못하도록 입찰표에 써서 입찰봉투에 넣어 내는 방식으로 바뀌었다.

2002년 민사집행법이 시행되자 경매가 대중화되기 시작했고, 일반인들이 인터넷을 통해 경매정보를 얻기가 쉬워지면서 더욱 관심이 커졌다. 이러한 열기도 벌써 20년이 넘게 지속되고 있다.

부동산 경매는 입찰금액을 입찰표에 써서 입찰봉투에 넣어 내는 방식으로 바뀌었다.

경매가 대중화된 요즘은 경매법정에서 주부들과 젊은이들을 많이 볼 수 있다. 실제로 내 강의를 들으러 오는 사람들의 절반 이상이 20대 여성, 또는 40대 이상의 주부이다.

입찰이 평일 오전에 이루어지는데도 늘 많은 사람들로 북적인다. 얼마 전 내가 참석한 서울서부지방법원의 경우 150여 석의 좌석이 거의 다 찼을 정도였다. 20대 딸과 함께 이사할 집을 입찰하려는 아주머니, 30대 주부, 20대 직장인, 자영업을 하는 중장년층 등 입찰자들의 연령대는 매우 다양했다. 그들은 자신이 입찰한 물건 외에 다른 사람들의 입찰도 관심을 가지고 지켜보면서 필요한 정보를 필기하는 등 매우 적극적이었다.

예전에 비해 경매법정의 분위기는 일반인들이 참여하기에 부담이 없고 편안해졌다. 재테크에 대한 관심까지 더해져 부동산 경매의 인기는 한동안 이어질 전망이다.

## 경매는 사회적 측면에서 어떤 효과가 있을까?

첫째, 돈의 흐름을 원활하게 한다. 만약 대출금을 회수할 수 있는 최후의 방법인 경매제도가 없다면 개인뿐 아니라 은행도 대출을 쉽게 해 주지 않을 것이고, 그러면 국가경제에 돈이 잘 돌지 않게 된다. 혈액순환이 잘되어야 몸이 건강한 것처럼, 돈의 흐름이 원활해야 국가경제도 건강해진다. 결국 경매제도는 국가경제에 꼭 필요한 제도인 것이다.

둘째, 부동산 시장의 붕괴를 막고 가격 안정화에 도움을 준다. 1997년 외환위기나 2008년 글로벌 금융위기처럼 극심한 불황이 닥치면 부동산 시장이 얼어붙는다. 그러면 경매물건들이 크게 늘어나고, 가격이 크게 떨어진 물건을 찾기 위해 입찰자들이 모여든다. 즉, 경매는 시장의 거래를 촉진하는 역할을 한다. 그뿐만 아니라 낙찰자들은 싼 가격에 부동산을 매수했

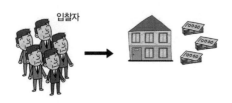
입찰자

입찰자가 많아질수록 경매의 낙찰가도 높아져 채무자가 빨리 빚을 갚을 수 있고, 경제의 흐름도 원활해진다.

으므로 임대료나 매매가를 낮출 가능성이 있다. 그래서 부동산 하락기는 경매인들에게 기회가 되기도 한다.

셋째, 경매가 대중화되면 낙찰가가 올라가고, 그러면 채무자는 더 많은 빚을 갚을 수 있으며, 채권자는 그만큼 더 많은 돈을 돌려받을 수 있다. 이렇듯 부동산 경매제도는 국가경제와 채권자는 물론 채무자에게도 유익한 제도이다.

부동산 하락기 경매의 사회적 효과

그래도 감정적으로 부동산 경매제도를 인정하지 못할 수 있다. 그렇다면 빌려준 돈을 돌려받지 못하는 채권자의 억울한 입장도 한번 생각해 보기 바란다.

# 02 경매공부를 왜 해야 할까?

>>>

부동산 경매의 장점을 알아보자.

## 시세보다 10~20%, 가끔은 50% 넘게 싸게 산다

법원이 경매물건을 매각하려면 가격을 정해야 한다. 법원은 감정평가법인에 그 부동산의 가치가 얼마인지 구체적으로 조사해 보라고 맡기며, 특별한 일이 없는 한 이 감정가가 바로 최초 입찰일의 최저매각가격이 된다. 즉, 최저매각가격이 1억원이라면 입찰자들은 이보다 높은 가격을 써넣어 입찰해야 하며, 안 그러면 입찰이 무효가 된다.

보통 감정가는 시세와 비슷하거나 비싼 경우가 많으며, 간혹 싼 경우도 있다. 그런데 우리가 경매를 하는 이유는 조금이라도 싸게 사기 위해서이다. 일반 매매가격, 또는 급매가보다 비싸다면 굳이 시간과 노력을 더 들여가면서 경매를 할 이유가 없다.

경매에 나오는 부동산은 급매가격보다 낮은 가격에 낙찰되는 경우가 많다.

그래서 경매물건의 가격이 비싸다 싶으면 아무도 입찰을 하지 않아 '유찰'이 된다. 그러면 법원은 입찰일을 다시 잡는데, 이때 최저매각가격이 20%(어떤 지역은 30%) 내려간다. 만약 1회차 입찰에서 최저매각가격이 1억원이었는데 입찰자가 없어서 유찰되면 다음 입찰일의 최저매각가격은 8천만원이 되고, 또 유찰이 되면 이제 6,400만원으로 떨어진다.

유찰

보통 아파트나 연립주택은 시세보다 10~30% 정도 싸게 살 수 있으며, 토지나 공장 등은 30% 이상 싼 경우도 있다. 특히 복잡한 권리관계 때문에 가격이 크게 떨어진 경우, 이런 경매물건을 사서 그것을 잘 해결하면 큰 수익을 얻을 수도 있다.

## 경매로 부동산을 사면 대출에 유리하다

보통 내집마련을 하거나 월세를 받기 위해 임대용 부동산을 살 때, 내 돈만으로 해결하는 경우는 매우 드물고 어느 정도 융자를 받게 마련이다.

은행은 주택담보대출을 신용대출보다 더 좋아한다. 대출을 갚지 않으면 담보로 잡은 주택을 경매에 부쳐 빌려준 돈을 회수하면 되니, 은행 입장에서는 더 안전한 대출이기 때문이다.

한편 정부는 과도한 가계대출을 억제하기 위해 여러 규제를 실시했으며, 일반매매로 주택을 구입할 경우 잘해야 매매가의 60% 정도를 대출받을 수 있다(다만, 생애 최초 구매자는 매매가의 80%, 최대 6억원까지 대출받을 수 있다). 이것도 거래가 활발한 편인 아파트의 경우이고, 다세대주택이나 단독주택, 토지 등은 잘해야 매매가의 40~50% 내외를 대출받을 수 있다.

그런데 경매로 낙찰받았을 경우, 특히 조정대상지역이 아니라면 경락잔금(경매 낙찰잔금)의 최대 80%까지 대출을 받을 수 있다. 만약 시세가 2억원인 빌라의 최저매각가격이 1억 6천만원이고, 여러분이 경매로 1억 6천만원에 낙찰받았다면, 최저매각가격의 10%인 입찰보증금 1,600만원은 입찰할 때 이미 냈을 것이고, 이제 납부해야 할 경락잔금은 1억 4,400만원이다. 그리고 조정대상지역이 아니라면 이 경락잔금의 70~80%, 그러니까 1억 80만원~1억 1,520만원 정도를 대출받을 수 있다.

물론 부동산을 사면서 과도한 대출을 받으라는 것은 절대 아니지만, 어쨌든 경락잔금 대출을 이용하면 부동산 구입에 들어가는 초기자금의 부담을 줄일 수 있다.

## 부동산 경매는 매매보다 안전하다

공인중개사무소에서 "1억원 손해배상책임보증"이라는 문 구를 본 적이 있을 것이다. 일반적으로 부동산은 매도자 와 매수자가 공인중개사의 중개를 통해 거래를 한다. 그 런데 간혹 이 과정에서 사기를 당하는 경우가 있다. 예를 들어 집주인이 A씨에게 집을 팔겠다고 매매계약을 했는  데, B씨와도 매매계약을 하는 것이다. 또한 집주인이 아닌 사람이 주민등 록증을 위조하여 사기로 계약을 하는 사고가 일어나기도 한다.

하지만 부동산 경매는 국가기관에서 집행하기 때문에 사기를 당할 걱 정이 없으며, 법원이 그 부동산에 대한 감정평가부터 매각까지 주관하니 좀더 안심할 수 있다.

## 토지거래 허가 등의 규제를 받지 않는다

행정도시 이전, 고속도로 개통, 도심재개발 등 개발계획이 발표되면 그 지 역의 부동산 가격이 후끈 달아오른다. 정부는 이처럼 특정지역에서 투기거 래가 성행하거나 부동산 가격이 너무 오르면 규제를 한다.

그런데 경매로 부동산을 취득한 경우는 이런 규제의 적용을 받지 않는 다. 세종특별자치시 이전 계획으로 충청남도 연기군의 부동산 시장이 후끈 달아오르고 규제책이 쏟아져 나왔을 때도, 경매로 취득한 경우는 상관이 없었다. 그래서 부동산 경기가 좋을 때 토지거래허가구역에서 괜찮은 경매 물건이 등장하면 입찰 경쟁률이 엄청나게 높아지곤 했다.

입찰 경쟁률이 높아지면 낙찰을 받기도 힘들고 낙찰가가 올라서 수익 성도 떨어지므로, 나는 이런 물건에는 입찰한 적이 없다. 하지만 토지거래 허가구역에서 미처 사람들의 관심을 덜 받은 블루오션 경매물건에 입찰해 꽤 괜찮은 수익을 얻은 경험이 있다.

## 토지거래허가구역의 낙찰가격이 높은 이유

토지거래허가구역의 선호도가 높은 지역은 경매 낙찰가가 일반 매매가와 큰 차이가 없다. 심지어 오히려 더 비싸게 낙찰되는 경우도 드물지 않다.

왜 그럴까? 여러 이유가 있을 수 있겠지만, 경매로 취득할 때는 토지거래 허가를 받지 않아도 된다는 것이 큰 이유 중 하나다. 토지거래 허가를 받지 않아도 되면, 번거로운 절차를 피할 수 있을 뿐만 아니라 무엇보다 취득 후 그 토지를 취득 목적대로 사용해야 하는 의무를 지지 않아도 된다는 것이 큰 장점이다.

토지거래허가구역에 있는 일정규모 이상의 토지에 관한 소유권·지상권을 이전하거나 설정하는 계약을 체결하려는 사람은 매도자와 매수자가 공동으로 법률에 따라 시장·군수 또는 구청장의 허가를 받아야 한다. 이때 허가신청서에 그 토지의 이용에 관한 계획을 기재해야 하고, 취득 목적에 따른 의무 이용기간 동안 자기가 사용해야 한다. 만약 사용하지 않을 경우 취득가격의 최대 10%까지 이행강제금이 부과될 수도 있다. 또한 이런 지역의 주택을 일반매매로 취득할 경우 2년간 실거주해야 한다. 하지만 경매로 낙찰 받는다면 이런 의무를 지지 않아도 될 수 있고, 주택의 경우 입주하지 않고 세를 놓을 수도 있으니 매력이 크다고 할 수 있다.

# 03 투자 실패의 3가지 유형과 처방

>>>

결국 생각의 차이가 수익률을 좌우한다.

투자는 누구나 할 수 있지만 모두가 성공하는 것은 아니다. 투자에 실패하는 사람들에게서 발견되는 공통된 특징을 알아보고, 혹시 나에게 해당되는 것은 없는지 체크해 보고 솔루션을 꼼꼼히 읽어보자.

## 매매차익을 노릴까, 임대수익을 노릴까?

A : 매매차익과 임대수익 중 어느 쪽에 중심을 두나요?

B : 음……, 둘 다요.

**솔루션** | 200점짜리 물건은 없다. 점수를 잘 주어도 최대 150점짜리 물건이 있을 뿐이다. 매매차익에 중심을 둔다면 우선 매매차익 면에서 100점에 가까운 물건들을 찾아야 한다. 그렇게 찾은 물건 중에 임대수익 면에서도 50점을 넘는 것이 있다면 그 물건이 곧 최고의 투자상품이다.

어떤 투자자들은 매매차익을 기대할 수 있는 부동산을 보면 "임대수익이 작네" 하며 망설이고, 임대수익률이 좋은 부동산을 보면 "매매가격이 더 오를 것 같지 않네"라며 망설인다.

있지도 않은 200점짜리 물건을 찾아 헤매는 동안 150점짜리 물건은 모두 남의 차지가 되어 버린다. 농익은 과일이 맛은 좋지만 상품가치는 떨어진다. 풋과일은 수확한 후 유통과정을 거쳐 소비자에게 팔릴 쯤에 최대의 상품가치를 가진다. 먹을 것인지 팔 것인지, 즉 투자의 목적이 임대수익인지 매매차익인지부터 결정하자. 먹을 것이라면 농익은 과일을 따야 하고, 팔 것이라면 덜 익은 과일을 따야 하기 때문이다.

## 투자지역을 명확하게 정하지 않는다

A : 어느 지역에 투자할 생각인가요?

B : 글쎄요……. 구체적으로 생각해 본 지역은 없고요. 돈이 되는 곳이 어디죠?

**솔루션 |** 투자에 번번이 실패하는 사람들은 항상 이슈를 쫓아다닌다. KTX가 개통될 즈음에는 천안으로 달려가고, 동계올림픽 이슈가 터지면 평창으로 달려갔다. 이 지역들이 투자가치가 없다는 게 아니다. 어느 지역이나 투자가치가 높은 부동산과 그렇지 못한 부동산은 함께 있다. 이 지역에 투자했던 이들 중에는 성공한 사람도 있고 실패한 사람도 있다. 다른 사람들은 같은 지역에 투자해 성공했는데 나만 실패했다면, 분명 그 지역에 대한 정보가 부족했기 때문이다.

　먼저 투자지역을 정해야 한다. 초보 경매 투자자라면 이미 어느 정도 잘 알고 있는 거주지나 연고지가 좋다. 만약 거주지나 연고지에 특별한 호재가 없다면, 두세 지역을 정해놓고 평소에 꾸준히 정보를 모으고 분석해 두는 것이 좋다.

# 머리부터 발끝까지 다 먹으려고 한다

A : 전주인은 이 부동산을 얼마에 샀을까요?

B : …….

**솔루션 |** 부동산을 살 때 유독 "전주인은 이걸 얼마에 샀을까요?"라며 궁금해 하는 사람들이 있다.

가격이 많이 올랐다고 하면 내가 기대할 수 있는 이익이 그만큼 줄었다고 생각하고, 가격이 별로 안 올랐다면 "투자가치가 없는 것 아닌가요?"라고 말한다.

그런데 부동산은 가격이 무릎에 있을 때 매수하고 어깨에서 매도하는 것이 정석이다. 전주인이 가격이 발끝일 때 사서 무릎에서 파는 것이라면, 그의 수익은 내가 잃어버린 기회비용이 아니라 앞으로 얻게 될 어깨까지의 이익에 대한 검증비용으로 여겨야 한다.

매도시점도 마찬가지다. 가격이 어깨 정도일 때 팔아야 사람들이 사지 않겠는가. 이익의 마지막 한 방울까지 먹으려고 욕심을 내서는 안 된다. 발끝에서 머리끝까지의 이익을 모두 챙기려 들면 매수인도 바보가 아닌 이상 사려고 하지 않을 것이다. 부동산은 가격이 오르고 있을 때 팔아야 하며, 자칫 적기를 놓치면 큰 손해를 볼 수 있다. 더 이상 오를 수 없을 만큼 다 올랐다는 생각이 들면 이미 때는 늦는다.

**1.** 투자금은 얼마인가?

　① 1억원 미만 → **질문 2번으로**

　② 1억원 이상 → **질문 5번으로**

**2.** 투자를 생각하는 부동산은 무엇인가?

　① 아파트, 다가구주택, 다세대주택, 단독주택, 주거용 오피스텔 등 주거용

　　부동산 → **질문 3번으로**

　② 상가, 사무실, 토지, 공장, 창고 등 비주거용 부동산 → **질문 4번으로**

**3.** 투자목적이 무엇인가?

　① 내집마련 → **[솔루션1]**

　② 임대수익 → **[솔루션2]**

**4.** 부동산 투자경험이 있는가?

　① 있다. → **[솔루션3]**

　② 없다. → **[솔루션4]**

**5.** 투자를 생각하는 부동산은 무엇인가?

　① 아파트, 다가구주택, 다세대주택, 단독주택, 주거용 오피스텔 등 주거용

　　부동산 → **질문 6번으로**

　② 상가, 사무실, 토지, 공장, 창고 등 비주거용 부동산 → **질문 7번으로**

**6.** 투자목적이 무엇인가?

　① 내집마련 → **[솔루션5]**

　② 임대수익 → **[솔루션6]**

**7.** 부동산 투자경험이 있는가?

　① 있다. → **[솔루션7]**

　② 없다. → **[솔루션8]**

1. 소형 아파트나 다세대주택의 경매에 참가할 수 있다. 대출은 30~40% 이상이 넘지 않는 것이 좋다.

2. 다세대주택이나 주거용 오피스텔이 적당하다. 여윳돈에 대출을 합해 투자하는 것이므로, 직장생활을 하여 월수입이 안정되어 있다면 대출 비중을 높여도 된다. 초기에는 임대료를 받아서 대출이자를 내고, 월급에서 모은 돈으로 대출원금을 갚으면 되기 때문이다.

3. 사무용 오피스텔이나 개발 등으로 보상이 나올 만한 작은 토지를 노려볼 만하다.

4. 사실 투자경험이 적고 투자금도 많지 않다면 주거용 부동산에 투자하는 것이 좋다. 그래도 임대수익을 위한 비주거용 부동산을 원한다면 소형 상가나 오피스텔을 노려볼 만하다.

5. 아파트 경매에 입찰하는 것이 가장 무난하다. 투자금이 좀더 많다면 단독주택 입찰을 노려보는 것도 좋다. 대출 비중은 30~40% 이상을 넘지 않는 것이 좋다.

6. 다가구주택을 구입할 수 있다. 수도권의 다가구주택은 전세금이나 대출을 제외한 실투자금액이 3억원 이상인 경우가 많다.

7. 상가투자나 장사 경험이 있거나 손품과 발품을 팔며 열심히 공부할 각오가 되어 있다면, 임대수익률이 높은 상가에 투자할 만하다. 또한 여윳돈을 묻어두어도 된다면 앞으로 높은 시세차익을 올릴 만한 토지 경매에 참여해 보는 것이 좋다. 그리고 일반인들의 관심이 덜한 공장이나 창고용지 등에 관심을 가져보는 것도 괜찮다. 상가는 당장 임대수익이 발생하므로 괜찮지만, 토지나 공장, 창고용지 등은 거래가 활발하지 않고 바로 임대수익이 생기지 않는 경우도 있으므로 대출 비중을 작게 잡는 것이 안전하다.

8. 상가 경매를 원한다면 상권 분석이 상대적으로 쉽고 공실 위험이 적은 1층 상가를 노려볼 만하다. 또한 1층이나 2층까지는 상가이고 그 위는 주택인 근린주택도 관심권에 두자. 수도권의 아파트형 공장이나 그 안의 상가 등도 추천할 만하다. 아직 부동산 투자 경험이 적으므로 대출 비중은 되도록 작게 가져가는 것이 안전하다.

# 2
## Chapter

# 알짜배기
# 경매물건
# 찾는 법

진짜 경매 고수들은 분위기에 휩쓸리지 않고 자신만의 안목으로
최고의 경매물건을 찾아낸다. 부동산 경매의 기본 과정을 알아보
고, 알짜배기 경매물건을 찾는 노하우를 살펴보자.

# 똑소리나는 그녀의 경매 부동산 쇼핑법

선영 씨는 얼마 전 경매로 구입한 집으로 이사를 막 끝낸 지혜 씨에게 전화를 걸었다.

"집들이 해야지~."

"그래. 이삿짐이 정리되는 대로 날을 잡아서 알려줄게."

"기분 좋겠다."

"응. 5천만원 가지고 시작해서 종잣돈을 키웠고, 드디어 3년 만에 내 집을 장만하니 가슴이 뭉클해. 일찍 자취 생활을 시작해서 남의집살이가 10년이 넘었잖아."

지혜 씨가 내집마련에 성공했다니, 지난번에 처음 들었을 때는 얼떨떨해서 묻지 못했는데, 선영 씨는 궁금한 게 많다.

"그런데 그 집은 어디서 찾았니? 네가 직접 찾은 거야? 아니면 유료 경매정보 사이트? 아, 나도 빨리 그런 집 찾고 싶은데."

"넌 지난번에 이사한 자취방도 공인중개사무소 한 군데만 가 보고 첫 집을 바로 계약해 버렸잖아. 집이 별로라서 너무 고생했다며."

"그래……. 그러니까 이번엔 제대로 좋은 집을 찾을 거라니까. 요즘 대한민국 법원경매정보 사이트에 들어가서 수시로 경매물건을 검색해. 얼마 전부터 유료 경매정보 사이트에 가입할까도 고민 중이야."

"장단점이 있지만, 초보 때는 좋은 방법이야. 유료 경매정보 사이트는 검색을 상세하게 할 수 있고 또 등기부등본까지 무료로 바로 볼 수 있어. 그리고 관심물건으로 등록해 놓으면 입찰 결과가 문자로 오니까 몇 명이 입찰했는지, 얼마에 낙찰되었는지 볼 수 있어서 초보자가 실전감각을 익히기에 좋아. 가끔 어떤 곳은 수익률이나 세금을 계산해 주기도 하고. 그렇지만 절대로 100% 믿어서는 안 되고 참고 정도로만 생각해야 해."

똑소리나는 지혜 씨의 코치가 이어졌다.

"공인중개사무소랑 생활정보지, 인터넷 직거래장터도 일일이 확인해서 최근 시세를 알아보고 직접 현장답사도 해 봐."

좋은 경매물건을 보는 안목을 기르고, 입찰 전에 시세를 파악하고 현장답사를 자주 해 봐야 값싸게 내 집을 마련할 수 있다.

★

"선영아, 경매공부는 잘되니?"

"부동산 경매가 뭔지는 알겠는데 아직은 갈팡질팡이지 뭐. 전체 과정이 머릿속에 그려지면 한결 도움이 될 것 같은데."

선영 씨는 궁금한 것이 엄청 많은 모양이다. 경매로 내 집을 마련하기 위해서는 먼저 경매가 무엇이고 어떤 절차로 진행되는지 알아야 한다. 선영 씨가 다시 말을 이었다.

"나 요즘 경매공부 열심히 해. 열흘 동안 벌써 책을 2권이나 읽었어."

"나는 한 달 만에 10권도 넘게 읽었어."

번데기 앞에서 주름잡는 꼴이 되었다. 선영 씨는 말은 툭툭 던지지만 그래도 자신을 챙겨주는 고마운 친구인 지혜 씨의 집들이에 참석해서 경매 경험담을 낱낱이 들어볼 생각이다.

# 01 >>> 경매과정을 그림으로 한눈에 보자

부동산 경매에 나오는 순간부터 낙찰을 받고 명도를 끝낼 때까지,
경매의 전체 과정을 그림으로 따라가 보자.

**사례** 전세금을 못 받아 경매를 신청한 이씨

서울시 마포구 망원동에 사는 이성난 씨(35세)는 현재 27평 빌라에 살고 있다. 그런데 전세 만기가 4개월이나 지났는데도 집주인이 보증금을 돌려주지 않아 이사를 못 가고 있다. 설상가상으로 돈이 없다며 보증금을 미루던 집주인과 연락조차 잘되지 않았다.

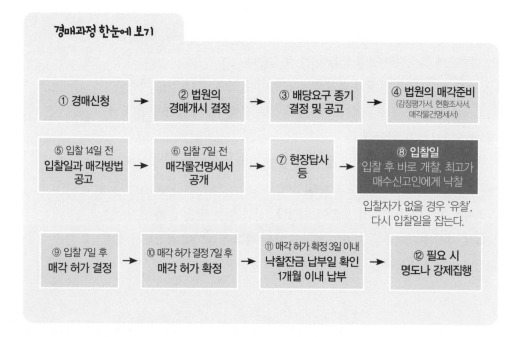

**경매과정 한눈에 보기**

| ① 경매신청 | → | ② 법원의 경매개시 결정 | → | ③ 배당요구 종기 결정 및 공고 | → | ④ 법원의 매각준비 (감정평가서, 현황조사서, 매각물건명세서) |

| ⑤ 입찰 14일 전 입찰일과 매각방법 공고 | → | ⑥ 입찰 7일 전 매각물건명세서 공개 | → | ⑦ 현장답사 등 | → | ⑧ 입찰일 입찰 후 바로 개찰, 최고가 매수신고인에게 낙찰 |

입찰자가 없을 경우 '유찰', 다시 입찰일을 잡는다.

| ⑨ 입찰 7일 후 매각 허가 결정 | → | ⑩ 매각 허가 결정 7일 후 매각 허가 확정 | → | ⑪ 매각 허가 확정 3일 이내 낙찰잔금 납부일 확인 1개월 이내 납부 | → | ⑫ 필요 시 명도나 강제집행 |

결국 성난 씨는 이러다가 전세 보증금을 떼이는 게 아닐까 불안해서 경매를 신청하기로 했다. 다행히 전세권 등기를 해 둔 상태라 판결 등 번거로운 절차 없이 바로 경매를 신청할 수 있었다.

## 1. 법원에 경매 신청하기 — 임의경매 신청

경매를 신청하는 방법은 그리 어렵지 않다. 특히 전세권 등기를 한 전세권자는 그냥 경매신청서와 몇 가지 서류를 작성하여 관할 법원에 내면 된다. 경매신청서는 대한민국 법원 전자민원센터(help.scourt.go.kr)에서 [절차안내]→강제집행 메뉴를 누른 다음 왼쪽 메뉴에서 부동산 강제집행을 누르면 다운받을 수 있다.

경매 신청하러 갑니다. 혼자서도 잘할 수 있을까….

임의경매 신청

성난 씨는 경매신청서를 작성한 다음 전셋집의 소재지 관할 법원인 서울서부지방법원에 제출했다. 각 도와 광역시에는 관할 법원이 1~2개씩 있어 그 지역의 경매사건을 관리하고 진행한다.

**부동산 경매 전자신청 |** 부동산 경매도 법원에 직접 가지 않고 인터넷으로 신청할 수 있다. 전자소송을 위해서는 공동인증서가 필요하지만, 송달을 받거나 서류를 제출하고 열람하는 일도 모두 이 사이트를 통해 할 수 있으니 법원에 직접 가야 하는 수고를 덜 수 있을 뿐만 아니라 그만큼 시간을 단축할 수 있다는 장점이 있다. 또 진행상황을 실시간으로 문자로 받아볼 수도 있다.

**1.** 대한민국 법원 전자소송 사이트에 접속한다.

| 대한민국 법원 전자소송 | ecfs.scourt.go.kr |
| --- | --- |

**2.** 처음 접속했으면 각종 프로그램 설치화면이 뜨는데, 화면에서 지시하는 대로 다운로드를 해서 설치한다. 그런 다음  회원가입을 한다.

**3.** 초기화면에서 [서류제출]→민사집행 서류를  클릭한다. 그런 다음 **부동산임**

의경매 신청서를 선택한 후, 안내에 따라 필요한 서류를 작성·첨부하면 간단히 경매를 신청할 수 있다.

## 2. 법원의 경매개시 결정

법원은 성난 씨의 경매신청서와 첨부서류를 검토한다. 경매를 신청할 충분한 근거가 있는지, 부동산이 채무자인 집주인의 소유가 맞는지 등 여러 가지 사항을 검토한 뒤 문제가 없으면 경매개시 결정을 내린다.

경매개시 결정

법원이 경매개시 결정을 하면 등기관은 등기부에 "2022년 10월 5일 경매개시 결정 등기" 식으로 기재한다. 이 빌라가 경매과정에 있다는 것을 모르고 전세계약을 하거나, 돈을 빌려주고 근저당권 등을 설정하는 등의 피해를 막기 위해서이다.

물론 법원은 채무자에게도 경매개시 결정 정본을 보낸다. 참고로 성난 씨는 빌라가 경매로 넘어가도 경매절차가 끝나고 보증금을 돌려받을 때까지 그대로 살 수 있다.

### 3. 배당요구 종기 결정 및 공고

"경매를 진행하니 이 집과 관련해 받을 돈이 있는 사람은
몇 월 몇 일까지 모두 서류를 제출하라."

　법원은 경매개시 결정을 내린 후에 배당요구 종
기일(마감날)을 정하고, 채권자들에게 배당을 요구
하는 데 필요한 서류들을 제출하라고 통보한다.

　세입자는 임대차 계약서와 함께 정해진 날
까지 배당을 신청하면 된다. 이때 배당요구를 하
는 사람은 세입자뿐 아니라 은행, 조세와 공과금
을 못 받은 공공기관 등 다양하다.

배당요구 종기 결정 및 공고

### 4. 법원의 매각준비 ─ 감정평가서, 현황조사서, 매각물건명세서 작성

법원은 경매개시가 결정되면 감정평가사에게 감정평가서를 작성하게 한
다. 그 부동산에 현재 어느 정도의 가치가 있는지 객관적인 지표에
의해 평가하는 것이다. 이때의 감정가는 최초 입찰일에 최저매각
가격의 기준이 된다. 감정가는 시세와 차이가 큰 경우도 많다.

　또한 법원은 법원 집행관에게 현황조사서를 작성하도록
한다. 집행관은 실사를 나가서 그 부동산의 현 상태는 어
떠한지, 세입자가 누구인지, 임대차 보증금은 얼마인
지 등을 조사해 현황조사서를 작성한다. 그리고 법원
은 부동산에 관한 사항을 기재한 매각물건명세서도
작성한다.

**사례** 전세로 살던 빌라에 입찰을 결심하다

경매개시 결정이 나고 몇 주 후, 동네 공인중개사무소에 들러 보겠다고 나갔던 남편이 헐레벌떡 뛰어들어와 성난 씨를 불렀다.

"우리 이번 기회에 내집마련 하자!"

"전세금도 못 받아 맘고생이 심한데 내집마련은 무슨……."

"이 빌라의 감정가가 1억 5천만원이고, 첫 입찰일의 최저매각가격이 1억 5천만원이었잖아. 그런데 공인중개사 말이 그동안 이 동네 빌라의 가격이 올라서 시세가 2억이라는데, 전세금에 대출을 좀 받아서 보태면 되니까 우리 입찰해 보자, 응?"

성난 씨네는 고민을 하다가 이 빌라의 경매에 입찰을 결심했다. 이제 경매 입찰 절차를 따라가 보자.

## 5. 입찰 14일 전, 입찰일과 매각방법 공고

성난 씨네 빌라에
입찰하려는 사람

법원은 배당신청 절차와 매각준비가 끝나면, 이제 입찰일인 매각기일과 매각결정 기일을 정해 공고한다. 처음 경매가 접수된 때부터 실제 입찰일까지는 빠르면 4~6개월, 때로는 1년 이상도 걸린다. 입찰일이 확정된 후에 드디어 경매물건이 우리 입찰자들의 눈앞에 등장한다. 이때 법원이 경매를 준비하며 작성한 감정평가서와 현황조사서를 볼 수 있다.

현재 대부분의 지방법원은 입찰일인 매각기일의 14일 전에 경매공고를 한다. 이때부터 입찰자들은 대한민국 법원경매정보(www.courtauction.go.kr)나 각종 경매정보 사이트, 그리고 신문공고 등에서 경매정보를 볼 수 있다.

## 6. 입찰 7일 전, 매각물건명세서 공개 ─ 권리분석

법원이 작성한 매각물건명세서 등이 공개된다. 물론 대한민국 법원경매정보 사이트에서도 열람할 수 있다. 입찰자들은 그동안 법원이 제공하는 각종 서류들을 검토하여 권리분석을 한다.

## 7. 현장답사 나가기

현장답사를 하고 입찰에 참여할지의 여부와 입찰가를 결정한다. 초보자들도 꾸준히 경매공부를 하다 보면 차차 익숙해지고 자신만의 현장답사 노하우가 생길 것이다.

## 8. 입찰 당일, 매각 실시

현재 우리나라 법원은 부동산 경매사건을 거의 대부분 입찰방식으로 진행한다. 입찰은 물건을 사려는 사람이 여러 명일 때, 구입가격을 입찰표에 써 낸 다음 가장 높은 가격을 쓴 사람에게 파는 것을 말한다.

입찰이 끝나면 당일에 현장에서 바로 개찰을 한다. 개찰은 입찰함을 열어서 각 입찰표의 가격을 비교하는 것이다. 입찰자 중에서 가장 높은 가격을 적어 낸 사람이 최고가 매수신고인이 된다. 흔히 낙찰자라고 하지만 아직은 '최고가 매수신고인'이라고 하는 것이 정확한 표현이다. 최고가 매수신고인은 이제부터 그 경매사건의 사건기록을 열람할 수 있다.

## 9. 입찰 7일 후, 매각허가 결정

최고가 매수신고인이 되셨다니 축하한다. 하지만 기쁨도 잠시, 앞으로도 경매과정이 완료되려면 몇 단계가 더 남았다.

매각을
허가합니다.

부동산을 낙찰받은 날로부터 7일 후에는 매각허가 결정이 내려진다. 법원이 경매절차가 적법했는지 확인하여 최종적으로 매각을 허가하는 것이다. 특별한 하자가 없으면 매각허가 결정이 난다.

## 10. 매각 허가 결정 7일 후, 매각허가 확정

매각허가 결정일로부터 다시 7일이 지나도록 그 경매사건의 이해 관계인들로부터 항고가 없으면 드디어 매각허가 결정이 '확정'된다. 이후로는 이해 관계자들도 매각절차에 대해 항고를 제기할 수 없다.

## 11. 낙찰잔금 납부와 소유권 이전

이제 법원이 정한 날까지 나머지 낙찰잔금을 납부해야 한다. 잔금 납부일은 보통 매각허가 확정일로부터 3일 이내에 정해지며 보통 1개월 안에 납부해야 한다. 잔금을 납부하고 소유권을 이전하면 이제 드디어 내 부동산이 된 것이다.

그런데 매수인이 잔금을 납부하지 않고 매수를 포기하는 경우가 있다. 최고가 매수신고인이 되면 사건기록을 볼 수 있는데, 이때 미처 생각지 못한 하자를 발견하고 그 부동산을 포기하는 것이다. 이런 경우에는 입찰보증금을 돌려받을 수 없다.

법원은 낙찰자가 잔금을 납부하지 않으면 입찰일을 다시 잡아서 새로 입찰을 실시하는데 이를 '재매각'이라고 한다.

잔금 납부했으니
이제부터 내 집.

와~!

잔금 미납으로
재매각!

탕    탕    탕

## 12. 필요 시 명도와 강제집행

법적으로는 내 집이 되었지만 아직 세입자나 전주인이 살고 있을 수 있다. 기존에 살고 있는 점유자를 이사를 내보내는 과정을 '명도'라고 한다. 성난 씨는 자신이 세들어 살던 빌라를 경매에서 낙찰받은 것이니 명도 과정이 필요없다. 명도는 되도록 빠른 시일 안에 적은 비용으로  양측이 원만하게 협의하여 끝내는 것이 좋다.

때로는 이사 가길 거부해서 강제집행을 하는 경우도 있지만 이는 어차피 그들 손해이다.

부동산 경매의 절차를 간단하게 둘러보았다. 아직 감이 오지 않더라도 걱정할 필요 없다. 뒤에서 각 과정마다 상세히 설명하겠다.

## 낙찰/패찰/유찰

입찰에서 최고가를 써내어 최고가 매수신고인이 되는 것을 '낙찰'이라고 한다. 반면 입찰에서 떨어진 경우를 '패찰'이라고 하는데 자주 쓰는 용어는 아니다.

　'유찰'은 그 경매사건에 입찰자가 하나도 없는 경우이다. 그러면 당연히 그 회차는 무산되고 법원은 다시 입찰일을 잡아 경매를 한다. 이 경우 최저매각가격은 20%, 또는 30% 낮아진다.

낙찰

패찰

유찰

## 부동산 경매도 종류가 많다고?

부동산 경매의 종류를 살펴보자. 경매의 종류가 다르더라도 입찰방법은 같으니 참고삼아 보면 된다.

### 법원 판결부터 받아와야 하는 강제경매

오래 알고 지내던 지인에게 돈을 빌려주면서 그의 아파트에 담보권을 설정하지 않았다. 그런데 몇 년째 돈을 돌려받지 못하자, 결국 아파트를 경매로 넘기기로 했다. 하지만 법원이 채권자의 말만 믿고 경매를 개시할 수는 없다. 실제로 돈을 얼마나 빌려주었는지, 정말 돈을 갚지 않았는지 알 수 없기 때문이다. 그래서 경매 법원은 이런 사실을 법적으로 입증할 수 있는 근거인 집행권원(執行權原), 즉 판결문을 첨부하라고 요구한다. 이처럼 돈을 빌려줄 때 부동산을 담보로 잡지 않은 경우에는 강제경매를 해야 한다. 강제경매란 법원에서 판결을 받은 다음에 그것을 근거로 실시하는 경매이며, 강제로 집행할 수 있는 권한이 부여된 집행권원이 있어야 한다.

### 법원 판결이 필요 없는 임의경매

임의경매란 강제경매를 제외한 나머지 모든 경매를 말한다. 부동산에 근저당권이나 전세권 등을 설정해 둔 채권자라면, 법원 판결 없이 바로 임의경매를 신청할 수 있다.

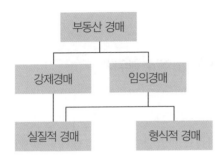

### 실질적 경매/형식적 경매

경매에는 실질적 경매와 형식적 경매가 있다. 실질적 경매란 근저당권, 전세권 등 담보권을 가진 채권자나 법원의 판결을 받은 채권자의 신청으로 채무자의 부동산을 강제로 처분하는 것이다. 전세금을 못 받아 경매를 신청한 경우 그 경매는 실질적 경매가 된다.

　형식적 경매는 부동산의 가격을 정하여 보존하거나 정리(현금화)하기 위한 경매이다. 예를 들어 땅을 공동 소유한 A와 B가 매매 문제로 갈등이 생겼을 때, 법원에 신청하면 판사는 이 땅을 경매해 현금으로 만들어 지분 비례로 나누어 가지게 하는데, 이 현금화 절차를 '형식적 경매'라고 한다.

# 02 좋은 경매물건 어디서 찾을까?

>>>

― 대한민국 법원경매정보 사이트

**사례** **알짜 경매물건 찾는 법, 한 수 배우다**

김희숙 씨(31세)는 경매를 공부한 지 석 달이 넘었다.

"제가 고른 경매물건들, 정말 괜찮죠? 이건 세입자가 없는 주택이에요. 이건 역세권 오피스텔이고, 이건 강화도 토지인데 3번이나 유찰되어 무척 싸요. 이 중에서 뭐에 입찰할까요?"

순간 김쌤의 표정이 어두워진다. 전문가가 보기엔 영 아닌가 보다.

"초보자는 지역과 종목부터 정해야 해요. 희숙 씨가 가진 돈으로는 소형 아파트가 괜찮을 것 같은데요. 그리고 이 물건은……."

세입자가 있는 집도 잘 고르면 수익이 더 커질 수 있고, 초보자는 한 종목만 선정해서 집중해 보는 것이 더 좋다.

## 가장 빠르고 정확한 대한민국 법원경매정보 사이트

발품이 안 되면 손품이라도 열심히 팔아야 좋은 물건을 보는 안목도 기르고 수익도 얻을 수 있다. 경매정보를 얻는 방법은 다양하지만, 대한민국 법원경매정보 사이트(www.courtauction.go.kr)를 추천한다. 가장 정확하고 빠르며 공신력이 있기 때문이다. 회원가입을 하지 않아도 각 법원에서 매각되는 경매 부동산의 목록을 볼 수 있으며 감정평가서, 현황조사서, 매각물건명세서는 물론 그 부동산의 사진도 볼 수 있다. 또한 경매 진행 내용도 실시간으로 업데이트된다. 매각 통계도 볼 수 있고 각종 경매서식도 다운받

을 수 있으며 관심 물건을 클릭하면 인터넷 등기소로 연결되어 등기부등본
도 바로 열람할 수 있다.

### 실습 대한민국 법원경매정보 사이트에서 경매물건 검색하기

1. 대한민국 법원경매정보 사이트에 접속한 다음 **[경매공고]** 메뉴에서 **부동산
   매각공고**를 클릭한다.

| 대한민국 법원경매정보 | www.courtauction.go.kr |

2. '부동산매각공고' 화면에서는 법원별로 매각기일에 해당하는 매각물건
   을 보여준다. 여기서는 '서울중앙지방법원'을 선택했다. 달력에 각 경매
   계별로 일정이 보인다. '10월 18일의 경매3계'를 클릭해 보겠다.

관심 있는 지역의 법
원과 입찰방법을 선
택한다.

**3.** 선택한 날에 입찰에 부쳐질 경매물건들이 나타난다. 여기서는 서울의 강남구에 있는 매각물건(사건번호 2022타경6△△)을 클릭해 보겠다.

| 사건번호 | 매각물건 | | | 감정평가액 최저매각가격 (단위:원) | 비고 |
|---|---|---|---|---|---|
| | 물건 번호 | 용도 | 소재지 및 상세내역 | | |
| 2022타경6■ | 1 | 아파트 | 서울특별시 강남구 강남대로146길 28, ■■■■ ■■■■ (논현동, 논현아파트) 【상세내역】 철근콘크리트조 경사슬래브 13층 아파트 1층 666.96m² 2층 663.77m² 3층 663.09m² 4층 663.09m² 5층 663.09m² 6층 663.09m² 7층 663.09m² 8층 663.09m² 9층 663.09m² 10층 663.09m² 11층 663.09m² 12층 469.21m² 13층 469.21m² 철근콘크리트조 84.69m² | 1,870,000,000 1 1,870,000,000 입찰시간(10:00) | |
| 2022타경6■ | 1 | 오피스텔 | 서울특별시 강남구 자곡로 204-5, ■■■■■■■ (자곡동,강남지웰홈스) 【상세내역】 철근콘크리트구조 평지붕 10층 업무시설(오피스텔) 지6층 50.919m² 지5층 50.919m² 지4층 50.919m² 지3층 50.919m² 지2층 50.919m² 1층 269.445m² 2층 1356.678m² 3층 1357.829m² 4층 1357.925m² 5층 1356.941m² 6층 1357.829m² 7층 1357.925m² 8층 1356.941m² 9층 1357.829m² 10층 1283.084m² 철근콘크리트구조 25.155m² | 186,000,000 1 186,000,000 입찰시간(10:00) | |

**4.** 물건내역 화면이 열린다. 물건의 용도는 아파트이고, 감정평가액(1회차 최저매각가격)은 18억 7천만원이다. 이번 매각의 최저매각가격도 18억 7천 만원이다. 좀더 자세한 물건내역을 보는 방법은 58쪽에서 살펴보겠다.

# 사설 경매정보, 이것만은 기억하자

초보 입찰자들에게 편리한 사설 경매정보 사이트. 하지만 조심해야 할 점도 있다.

일반 입찰자들이 가장 선호하는 방법은 사설 경매정보 사이트를 이용하는 것이다. 돈이 약간 들더라도 발품, 손품을 아끼고 싶다면 추천할 만하다.

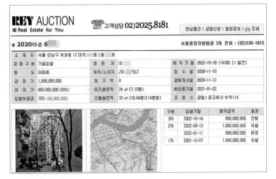

사설 경매정보 사이트는 경매 초보자들을 위해 정보를 친절하게 가공해 놓았다. 그래서 하나의 경매물건에 대해 논스톱으로 거의 모든 정보를 확인할 수 있다. 또한 조건별 상세검색 기능이 뛰어나서 내가 원하는 경매물건을 찾을 때 꽤 도움이 된다.

그렇지만 그 정보를 100% 맹신하지는 말고, 반드시 여러분 스스로 권리분석과 현장답사를 해 보아야 한다. 다음은 알짜배기 사설 경매정보 사이트들이다.

### 사설 경매정보 사이트

| 사이트 이름 | 사이트 주소 | 사이트 이름 | 사이트 주소 |
| --- | --- | --- | --- |
| ㈜레이옥션 | www.reyauction.com | 옥션원 | www.auction1.co.kr |
| 지지옥션 | www.ggi.co.kr | 스피드옥션 | www.speedauction.co.kr |
| 태인경매정보 | www.taein.co.kr | 한국경매 | www.hkauction.co.kr |
| 한국부동산경매정보 | www.auction119.co.kr | | |

## 경매 초보자들에게 왜 인기가 있을까?

사설 경매정보 사이트는 법원에서 공개하는 모든 경매정보를 일반인들이 보기 쉽게 가공하여 서비스하기 때문에 특히 경매 초보자들에게 인기가 높다. 등기부등본, 건축물대장, 토지대장 등도 바로 확인할 수 있으며, 전자지도·위성지도·지번도·로드뷰를 통해 경매물건을 쉽게 찾을 수 있는 지도 서비스도 제공한다. 게다가 몇몇 회사는 직원들이 직접 현장을 방문하여 얻은 정보를 추가로 제공하므로 현장답사에 많은 도움을 준다.

대부분 유료로 운영되지만, 회원가입만 하면 무료로 정보를 조회할 수 있는 곳도 있다. 무료 사이트의 경우 회원들을 상대로 경매 컨설팅을 의뢰받아 수익을 얻기 때문에 조금 성가신 문자 메시지를 받을 수도 있지만 그 정도 불편이야 감수할 수 있을 것이다.

## 권리분석 자동 프로그램에 주의하자

사설 경매정보 사이트에서 권리분석 정보는 특히 주의해야 한다. 회사마다 경매물건에 대해 기본적인 권리분석 결과를 제공하지만, 전문가들이 모든 사건을 일일이 분석하여 쓴 것이 아니라 권리분석 자동 프로그램이 기계적으로 적용하여 결과물을 만든 것이다.

권리분석은 복잡하고 다양한 법률의 규정에 따라야 하는데, 이런 프로그램은 예외적 상황을 인식할 수 없기 때문에 때때로 잘못된 결론을 내리기도 한다. 그러므로 입찰자들은 스스로 권리분석을 할 수 있는 힘을 키워야 한다. 사설 경매정보 사이트의 권리분석 결과가 나의 권리분석 결과와 어떤 점에서 차이가 나는지 비교하고, 누구의 분석이 옳은지 판단하는 참고자료 정도로만 활용해야 한다.

경매정보는 이외에도 일간신문이나 법원 게시판 등에서도 얻을 수 있다. 하지만 경매물건을 소개하는 데 그치며 정보를 얻는 시간과 공간에 제약이 있으므로 추천하지 않는다.

**잠깐!**

## 알짜배기 부동산 정보 사이트

**국토교통부 실거래가 공개 시스템**  rt.molit.go.kr
아파트 실거래가, 개별공시지가, 단독주택 및 공동주택 가격 등을 한눈에 볼 수
있다. 투기과열지구, 주택거래신고지역 등에 관한 정보도 얻을 수 있다.

**토지이용 규제정보 서비스**(토지이음)  www.eum.go.kr
토지의 현황과 목적, 즉 지목과 용도지역을 확인할 수 있다.

**대법원 인터넷 등기소**  www.iros.go.kr
집에서 간편하게 인터넷을 통해 등기부등본 등을 열람할 수 있다.

**씨:리얼**  seereal.lh.or.kr
한국토지주택공사에서 운영하며, 전국 부동산에 대한 기본정보 및 가격정보,
각종 통계자료, 정책자료 등을 볼 수 있다.

**산지정보 시스템**  www.forestland.go.kr
산림청에서 운영하며, 산지의 구분현황, 용도별 현황, 경사도, 표고(기준 면으로
부터 수직 높이), 토심(흙의 깊이), 토성(흙의 성질), 지형 등의 정보가 있다. 산지를 어
떻게 이용할 수 있을지 예측할 수 있다.

**온비드**  www.onbid.co.kr
한국자산관리공사가 관리 운영하는 사이트로 공매정보를 볼 수 있다. 공매는
체납된 세금을 강제로 징수하는 절차이다. 온라인 입찰도 할 수 있다.

**한국부동산원**  www.reb.or.kr
아파트 등의 공동주택, 단독주택, 토지 등의 가격을 공시하며, 각종 부동산 조사·
통계를 발표하고 청약 업무도 맡고 있다.

**LH 한국토지주택공사**  www.lh.or.kr
아파트 분양정보, 입주자격, 분양절차 안내와, 인터넷 청약 시스템이 제공된다.

**SH서울주택도시공사**  www.i-sh.co.kr
서울시의 택지개발 및 주택건설, 도심재개발 사업 등을 한다. 장기전세주택인
시프트(Shift)와 국민·공공임대주택에 관한 정보도 얻을 수 있다.

**HF 한국주택금융공사**  www.hf.go.kr
주택금융 신용보증 및 주택담보 노후연금 보증 업무를 주로 한다.

# 04

입찰 14일 전
# 매각공고 확인하는 법

입찰 14일 전, 입찰자가 볼 수 있는 매각공고의 내용을 알아본다.

사례 **날짜를 착각해 헛수고만 하고 돌아갔다**

서울의 한 지방법원에 들렀다가 평소 알고 지내던 동네 사람을 우연히 만났다. 반가운 마음에 "법원에는 무슨 일이에요?" 하며 인사를 건네자 민망한 듯 웃었다. 경매서류를 열람하러 왔다가 허탕만 치고 돌아가는 길이란다.

해당 경매사건의 이해관계인이 아니면 관련 서류는 매각기일의 7일 전부터 열람할 수 있다. 그런데 10일 전에 왔으니 관련 서류를 보지 못한 채 헛걸음을 한 것이다. 사실 요즘은 경매 관련 서류를 인터넷으로 열람할 수 있기에 굳이 법원을 직접 방문할 필요도 없다.

## 경매물건 확인하기

대한민국 법원경매정보 사이트(www.courtauction.go.kr)에 접속한 다음 [경매공고]→부동산 매각공고를 누르고 원하는 지역과 날짜를 선택하면 경매물건을 볼 수 있다.

매각기일(입찰일) 14일 전에는 경매물건에 대한 개략적인 내용이 공고되며 감정평가서와 현황조사서도 볼 수 있다. 일단 이 정도 정보로 입찰할 물건의 후보들을 가려낸다. 매각물건명세서는 입찰일 7일 전에 공고되니 그때 다시 이 사이트에 방문해야 한다.

다음은 매각기일 14일 전에 공고된 내용이다. 여기서는 서울시 금천구에 있는 아파트를 검색해 보았다. 여러분도 대한민국 법원경매정보 사이트에서 관심 있는 경매물건을 찾아보자.

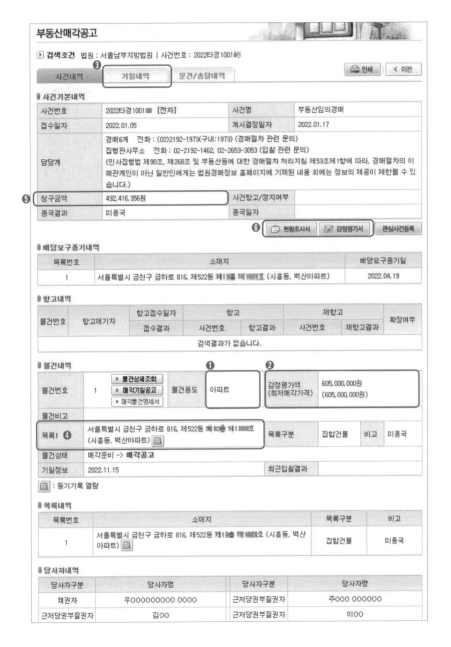

❶ **물건용도:** 단독주택, 다세대주택, 아파트, 공장, 토지 등 어떤 용도로 쓰

이는 부동산인지 알려준다.

❷ **감정평가액 및 최저매각가격**: 법원의 의뢰를 받아 감정평가사가 내린 감정 평가액이 기록된다. 이 감정가가 최초 입찰일의 최저매각가격이 된다.

민사집행법에서는 최저매각가격은 감정평가액을 '참작하여' 정하는 것으로 규정하고 있다. 하지만 거의 모든 경매사건의 최초 최저매각가격은 감정평가액과 정확히 일치한다. 그리고 한 번 유찰될 때마다 최저매각가격을 20~30% 차감하여 다시 매각을 진행한다.

그런데 입찰자들은 부동산을 시세보다 싸게 얻기 위해 경매를 하므로, 감정평가액 이상으로는 잘 입찰하지 않는다. 따라서 특별한 사정이 없는 한 최초 매각절차에서 낙찰되는 경매사건은 매우 드물다. 이로 인한 시간적, 경제적 낭비를 피하기 위해, 최초 매각절차의 최저매각가격을 감정평가액의 80%로 하자는 논의가 이루어지고 있다.

❸ **입찰방법 및 매각기일**: 기일입찰은 정해진 입찰일에 입찰자들이 모두 모여 입찰을 하고 그날 개찰까지 하는 것이다. 반면 기간입찰은 1주일 정도 안에 입찰표를 제출하는 것으로, 자주 사용되는 방법은 아니다.

화면의 ❸영역을 클릭하면 입찰을 하는 날짜와 입찰하는 장소를 알 수 있다. 이 경매사건은 2022년 11월 15일 오전 10시에 서울남부지방법원 제112호 법정에서 입찰이 진행된다.

❹ **목록 1**: 해당 경매 부동산의 주소이다.

❺ **청구금액**: 경매 신청인이 청구한 채권액이 나온다. 이 사건의 경매 신청인은 약 4억 9,200만원을 돌려받으려고 경매를 신청했음을 알 수 있다.

❻ **현황조사서 · 감정평가서**: 각 단추를 누르면 현황조사서와 감정평가서를 볼 수 있다. 현황조사서는 법원의 집행관이 직접 현장에 가서 조사를 하여 작성한 것이고, 감정평가서는 감정평가사가 법원의 의뢰를 받아서 작성한 것으로 매우 중요한 정보들이 담겨 있으니 꼭 출력하여 꼼꼼히 검토해야 한다.

# 05 >>>

매각공고에서 주의할 것 ①

# 놓치면 안 되는 특별 매각 조건 3가지

특별 매각조건을 무심코 넘겼다가 입찰보증금을 날릴 위험도 있다.

일반적으로 법원이 부동산을 경매로 매각할 때는 다양한 매각조건을 붙인다. 매각조건은 법정 매각조건과 특별 매각조건으로 나눈다.

법정 매각조건은 대부분의 경매사건에 붙는 조건으로 따로 명시하지 않더라도 공통적으로 적용되는 조건이라 특별히 신경쓰지 않아도 된다.

중요한 것은 특별 매각조건이다. 특별 매각조건이란 그 경매사건에만 특별히 붙는 것으로, 이를 간과하고 낙찰받을 경우 자칫 큰 손 해를 볼 수도 있다.

**특별 매각조건 > 법정 매각조건**

법정 매각조건과 특별 매각조건이 다를 경우에는 특별 매각조건을 우선한다. 법원은 매 입찰 때마다 특별 매각조건을 별도로 고지해서 낙찰자가 손해를 입지 않도록 주의를 준다.

## 입찰보증금이 최저매각가격의 20~30%인 경우

**사례** **사소한 실수로 내집마련의 꿈을 날렸다**

강건우 씨(47세)는 아파트의 경매에 입찰했다. 감정가는 15억원인데 여러 차례 유찰되어 최저매각가격이 약 4억원으로 떨어졌다. 어찌된 일인지 지난 번 낙찰자가 잔금을 납부하지 않아 재매각으로 진행되는 경매사건이었다.

건우 씨는 최저매각가격이 약 4억원이므로, 그 10%인 약 4천만원을 입찰보증금으로 입찰봉투에 넣었다.

그런데 아뿔싸, 재매각 경매사건은 입찰보증금이 최저매각가격의 20%인데 깜빡한 것이다. 꼭 낙찰받고 싶었는데 입찰보증금을 잘못 내는 바람에 입찰이 무효가 되고 말았다. 입찰보증금은 돌려받았지만 두고두고 아쉬웠다.

재매각 사건의 입찰보증금 비율은 꼭 챙겨보아야 한다.

# 농지취득 자격증명서 챙기기

### 사례 농지취득 자격증명서와 태복 씨의 꿈

이태복 씨(37세)는 2주 전에 충청남도 서산에 사는 아버지로부터 전화를 받았다. 고향 마을의 옆동네에서 농지 약 1,000㎡(302평)가 경매로 나왔다는데, 2회 유찰되어 최저매각가격이 감정가의 약 50%까지 떨어졌다는 것이다.

40대 중반이 되면 고향마을로 귀향할 꿈을 가진 태복 씨는 부랴부랴 아내와 의논을 하여 경매에 참여했다. 입찰 당일에 감정가의 53%인 5,001만원에 입찰하여 낙찰에 성공했다. 그런데 농지취득 자격증명서를 매각허가 결정일(입찰일 7일 후)까지 제출하는 것을 깜빡했다. 결국 그는 그 농지의 취득자격을 상실했으며 입찰보증금 약 500만원도 날리고 말았다.

우리나라 농지법은 농지의 소유에 일정한 제한을 두고 있는데, 농지취득 자격증명서는 농지를 구입할 자격이 있다고 공식적으로 증명하는 서류이다. 그러므로 낙찰자는 매각허가 결정일까지 지방자치단체장으로부터 농지취득 자격증명서를 발급받아 반드시 관할 법원에 제출해야 한다.

## 주무관청의 매각허가서 챙기기

**사례 관청의 매각허가서와 이 교수의 꿈**

모 의과대학 가정의학과의 이 교수(56세)는 은퇴 후에 작은 요양병원을 운영하는 것이 꿈이다. 마침 고향인 경상북도 상주시에 작은 요양원이 경매로 나와서 단독응찰로 낙찰을 받았다. 그런데 기쁨도 잠시, 입찰보증금 5천만원만 날리고 말았다.

학교법인이나 사회복지법인의 기본재산을 매각하는 경매는 주무관청의 매각허가서를 제출하라는 특별 매각조건이 붙는다. 주무관청이 이런 기관들의 세금감면 혜택을 자산 증식의 도구로 사용하는 것을 막기 위해 기본재산을 처분할 때도 허가를 받도록 규정한 것이다.

이밖에도 다양한 종류의 특별 매각조건이 있으며, 절대 이를 간과해서는 안 된다. 낙찰 후 특별 매각조건에서 요구한 서류를 제출하지 않아 매각 불허가 결정이 났다면, 그 책임은 입찰자에게 있으므로 법원은 입찰보증금을 몰수해 버린다. 자칫하면 큰돈을 날릴 수 있으니 주의해야 한다.

**06**

>>>

매각공고에서 주의할 것 ②

# 채권자 매수신고가 뭐지?

아무도 입찰하지 않으면 경매 신청인이 사겠다는 신고도 매각공고에 나온다.

경매 신청인은 빌려준 돈을 모두 받을 수도 있지만, 제대로 못 받는 경우도 있다. 경매 신청인에게 배당이 얼마라도 돌아갈 수 있는 가능성을 '잉여가 망'이라고 하고, 배당을 전혀 못 받는 경우를 '무잉여'라고 한다. 그런데 경매 신청인이 한푼도 못 받는다면 경매를 하는 의미가 없다. 그래서 법원은 최저매각가격으로 낙찰되었을 때를 가정해 보고, 경매 신청인이 한푼도 못 받을 것 같으면 그에게 매수할 의향이 있는지 물어본다.

이때 경매 신청인이 채권자 매수신고를 하지 않으면 법원은 경매절차를 취소한다.

## '채권자 매수신고'는 왜 주의해야 할까?

경매 신청인은 채권자 매수신고를 할 때, 그 부동산을 얼마에 살 것인지 매수액을 신고해야 한다. 만약 아무도 입찰하지 않거나 경매 신청인의 매수 신고액보다 고가로 입찰한 사람이 없으면, 경매 신청인이 최고가 매수신고인이 된다.

경매 신청인은 채권자 매수신고를 할 때, 최저매각가격과 매수 신청금액의 차액을 보증금으로 내야 한다. 만약 최저매각가격이 5천만원이고 매수 신청금액이 5,999만원이라면 보증금으로 999만원을 내야 하는 것이다. 채권자 매수신고를 한 경매 신청인은 입찰일에 법원에 출석할 필요가 없으

| 물건번호 | 1 | | 물건용도 | 임야 | 감정평가액 | 704,000원 | |
|---|---|---|---|---|---|---|---|
| 물건비고 | 채권자로부터 금10,704,000원에 매수신청 있음. | | | | | | |
| 목록1 | 전라남도 광양시 광양읍 우산리 ▨▨▨ 📷 | | | 목록구분 | 토지 | 비고 | 미종국 |
| 물건상태 | 매각준비 → 매각공고 → 매각 → 매각허가결정 → **대금납부** | | | | | | |
| 기일정보 | | | | | 최근입찰결과 | 20▨▨.05.27 매각(10,704,000원)<br>20▨▨.06.03 최고가매각허가결정 | |

📷 : 등기기록 열람

경매 신청인이 '채권자 매수신고'를 한 경매사건.

며, 입찰일까지 매수신고를 철회하고 보증금을 반환받을 수도 있다.

경매 신청인이 배당을 전혀 못 받을 것으로 예상되는데도, 법원이 이를 간과하고 매각을 진행하여 실제로 잉여가망이 없는 금액에 낙찰되었다면, 그 매각에 대하여 불허가를 결정한다.

이런 경우 낙찰자는 보증금을 돌려받을 수는 있지만, 입찰을 준비했던 시간만 낭비하게 되는 셈이다. 그러나 그 경매사건의 이해관계인이 아니라면, 경매 신청 채권자보다 먼저 배당을 받는 선순위 채권의 금액을 정확히 알 수 없기 때문에, 입찰자가 미리 잉여가망을 예측할 수 없다. 그래서 법원이 잉여가망에 따른 취소 절차(채권자에게 매수통지서를 발송하는 등)를 시작하지 않았다면, 잉여가

무잉여에 따른 매각 불허가 결정.

망이 있을 것으로 보고 입찰에 참여하는 수밖에 없다.

단, 법원이 경매 신청인이 한푼도 못 받는 상황에서도 경매를 해서 매각을 허가했다면, 경매 신청인이나 다른 채권자들은 법원의 결정에 이의신청이나 항고를 할 수 있다.

매각공고에 '채권자 매수신고'가 있다면, 여러분이 채권자 매수신고액 이하로 입찰하는 것은 무의미하다. 이럴 경우 어차피 채권자 매수신고를 한 경매 신청인이 낙찰을 받기 때문이다. 그러므로 입찰공고를 볼 때는 채권자 매수신고가 있는지, 매수신고액은 얼마인지 확인해야 하고, 그보다

큰 금액으로 입찰해야 한다.

## 입찰자는 잉여가망을 가늠할 수 없다

이 책의 초판을 내고 난 후 "권리분석을 해보니 경매를 신청한 채권자에게 한푼도 배당이 안 될 것 같은데, 왜 경매를 계속 진행하냐?"는 질문을 하는 독자분들이 있었다. 그뿐만 아니라 입찰 전에 배당을 예상해서 잉여가망이 없을 것 같으면 입찰할 필요가 없다고 설명하는 매체도 많다.

그러나 이런 질문과 설명은 잉여가망에 대한 오해에서 비롯된 것이다. 입찰자는 정확한 배당액을 알 수 없다. 경매비용이 얼마인지도 모른다. 또한 뒤에 자세히 설명하겠지만, 등기부에 기재되어 있는 근저당권의 채권최고액과 가압류채권액은 실제 채권액이 아니다. 즉, 입찰자는 각각의 채권자에게 배당될 정확한 금액을 알 수 없으며, 그 금액을 알 수 없는데 잉여가망을 가늠한다는 것은 불가능하다. 그래서 법원이 잉여가망을 판단하고, 잉여가망이 없는 경우 채권자에게 매수통지서를 보내는 것이다.

결국 입찰자는 잉여가망을 가늠할 방법도 필요도 없다는 말이다. 경매가 진행되고 있다면, 잉여가망이 있거나 경매신청 채권자가 매수신고를 한 경우이다. 잉여가망이 없는데 채권자가 매수신고를 하지 않았다면 그 경매사건은 취소되어 진행되지 않는다.

잠깐! **개별매각/일괄매각/과잉매각이 뭐지?**

### 개별매각

개별매각이란 한 경매사건에서 2개 이상의 부동산을 각각 따로 매각하는 방식이다. 민사집행법에 개별매각을 원칙으로 한다는 규정은 없지만, 현재 법원들은 한 사건에 여러 개의 부동산이 담보로 제공되었더라도 개별매각을 원칙으로 한다.

개별매각은 사건번호와 별도로 물건번호도 따로 정해진다. 이때 입찰표에는 자기가 입찰하려는 물건번호를 특정하여 꼭 기재해야 한다. 만약 물건번호를 쓰지 않으면 입찰이 무효가 되니 주의해야 한다.

### 일괄매각

일괄매각은 한 경매사건으로 매각하는 부동산이 2개 이상이라도 일괄하여 매각하는 것이다. 부동산의 위치, 형태, 이용관계 등을 고려했을 때, 개별매각을 하면 낙찰가가 크게 떨어질 수 있고 사회·

일괄매각

경제적으로도 손해일 경우에 일괄매각을 한다. 채권자가 신청하는 경우도 있고, 법원이 직권으로 결정하는 경우도 있다. 예를 들어 토지와 그 위의 건물은 개별매각을 하면, 낙찰받은 땅주인과 건물주 사이에 갈등이 생길 수 있고 낙찰가가 크게 떨어질 수 있다. 이런 경우에는 토지와 그 위의 건물을 일괄매각 한다. 또한 앞뒤로 있는 두 토지를 개별매각 하면, 도로 출입이 힘든 뒤쪽 토지는 낙찰가가 크게 떨어질 것이 뻔하므로 일괄매각을 한다.

### 과잉매각

경매물건 둘 중 하나만 매각해도 빚을 모두 갚을 수 있었는데, 필요 이상으로 매각된 상태를 말한다. 이런 경우에는 소유자가 직접 둘 중 하나를 지정하여 매각 불허가를 신청할 수도 있다. 한편 일괄매각은 두 부동산의 위치와 형태, 이용상태 등을 종합적으로 판단해 '정당한 사유'가 있는 경우에만 실시하기 때문에, 과잉매각에 관한 규정이 적용되지 않는다.

## 잠깐! 한 토지에 A은행도, B은행도 경매를 신청했다 – 중복사건

A은행이 담보로 잡았던 토지에 대해 경매를 신청하고 법원의 경매개시 결정이 내려졌는데, 같은 부동산에 B은행도 경매를 신청했다고 하자.

이런 경우 한 부동산을 여러 번 경매하는 것은 불가능하므로, 먼저 경매를 신청한 A은행의 경매집행 절차에 따라 경매를 진행한다. 그렇다고 B은행의 경매신청이 무시되는 것은 아니고, 대신 경매사건이 중복되었다는 의미로 '중복사건'이라고 표시한다. 이때 각각의 경매신청은 별도의 민사소송 사건이 된다. 민사집행법은 이런 경우를 '압류의 경합'이라고 한다.

만약 A은행의 경매신청이 취하되거나 취소되면, 법원은 뒤에 경매를 신청한 B은행의 경매절차에 따라 계속 진행한다. 이 경우 집행법원은 새로 배당요구를 할 수 있는 종기일을 정하는데, 이미 배당요구나 채권신고를 한 사람에게는 다시 알리지 않는다. 다만, 먼저 경매개시 결정을 했던 A은행의 경매절차가 취소되어 권리의 기재사항이 바뀔 때에는 처음부터 경매절차를 다시 시작하기도 한다.

압류의 경합이란 중복사건에서 1개의 부동산에 둘 이상의 경매 신청이 서로 힘겨루기를 하는 것이다.

# 07
>>>

입찰 14일 전
# 감정평가서 제대로 보는 법

감정평가서에 실리는 내용을 알아보고 효과적으로 이용하는 법, 주의할 점을 살펴본다.

**사례** 감정평가서만 믿고 정보 수집에 소홀했다가 돈을 잃은 박 사장

서울시 송파구의 박희석 씨(42세)는 자신이 대표로 있는 중소기업에 필요한 공장을 경매로 마련하기로 했다. 경매물건을 검색하던 중 마침 면적이나 위치, 건물구조 등이 적합한 경기도 화성시의 공장을 발견했다. 현장에 가 보니 사진에서 본 것보다 깔끔하고 접근성도 좋아 입찰을 결심했다.

그 지역의 공장 경매 매각통계를 보니,* 평균적으로 2회 유찰되어 3회차에 낙찰되는 경우가 많았다. 감정가가 14억 7천만원이었는데, 그는 마음에 드는 물건을 놓칠세라 2회차 매각에서 입찰가를 감정가의 81%인 11억 9,100만원을 써서 낙찰에 성공했다.

그런데 낙찰과 동시에 불안해지기 시작했다. 놓치기에는 아까운 물건이라서 낙찰을 못 받을까 봐 걱정했는데, 어찌된 일인지 혼자 입찰을 하여 낙찰받은 것이다.

*대한민국 법원 경매정보 사이트에서 **[매각통계]→용도별 매각통계**를 누르면 매각률, 매각가율 등을 볼 수 있다.

아뿔싸, 알고 보니 아무도 입찰을 하지 않은 것은 감정가 때문이었다. 감정가 14억 7천만원 중 약 3억원이 공장 내부의 기계 값이었는데, 이미 가동이 중단된 지 오래되어 가치가 없는 것이었다. 결국 고물상에 넘길 수밖에 없었고 3억원에 가까운 큰 손해를 보았다.

박 사장은 감정평가서의 평가액만 믿고 현장답사의 가장 중요한 목적 중 하나인 시세 파악을 소홀히 했던 것이다. 감정평가서(특히 감정평가 명세표)를 좀더 꼼꼼히 살펴보고 신중하게 시세를 파악했더라면 이런 실수를 하지 않았을 것이다. 이런 이야기가 부디 여러분의 일이 되지 않기를 바란다.

## 감정평가서의 구성부터 살펴보자

법원은 경매개시 결정을 내리면 먼저 감정평가사에 감정평가를 의뢰한다. 그 부동산의 가치를 알아야 제값에 매각할 수 있기 때문이다. 감정평가사가 시세와 위치 등을 꼼꼼히 조사해 감정가를 제시하면, 법원은 그것을 감안해 최저매각가격을 정한다.

보통 1회차 매각기일의 최저매각가격은 감정가와 같다. 감정평가서는 매각기일 14일 전에 일반인에게 공개된다.

감정평가서는 보통 8~10장 내외인데, ① 감정평가표, ② 평가 의견, ③ 감정평가 명세표, ④ 감정평가 요항표, ⑤ 위치도, ⑥ 지적도, ⑦ 내부구조도, ⑧ 물건 사진 등이 들어 있다.

특히 감정평가 요항표에는 도로사정이나 사용현황, 주변환경 등 시장가치를 가늠해 볼 수 있는 유용한 힌트들이 있으므로 주의해서 보아야 한다.

감정평가서 표지

감정평가표

평가 의견

감정평가 명세표

감정평가 요항표

위치도

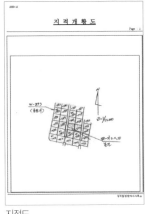
지적도

내부구조도

물건 사진

또 감정평가서에는 위치도와 지적도, 물건 사진들이 비교적 자세하게 수록되어 있는데, 현장답사 전에 건물이 얼마나 노후되었는지 파악할 수 있으며, 현장답사 때 매각물건을 정확히 찾는 데도 도움이 된다.

건축물의 경우에는 대부분 내부구조도도 첨부된다. 경매로 부동산을 취득할 경우 현재 살고 있는 사람이 비협조적이어서 내부구조를 볼 수 없는 경우가 많은데, 이럴 때 유용한 정보이니 꼭 체크하자.

굳이 경매가 아니더라도 부동산 소유권을 취득하기 전에는 등기부등본, 건축물대장, 토지대장, 지적도, 토지이용계획확인서, 건축도면 등 알아보아야 할 서류들이 많다.

감정평가서는 부동산 관련 서류들의 요약본이라고 해도 과언이 아닐 만큼 광범위한 정보를 담고 있다. 그러므로 현장답사를 할 때 반드시 지참하는 것이 좋다. 4장과 5장에서 감정평가서를 바탕으로 경매물건 분석하는 법 등을 상세히 살펴본다.

## 감정가가 시세와 차이가 나는 이유

아파트처럼 비교할 수 있는 유사물건이 많은 경우 시세를 쉽게 파악할 수 있다. 하지만 빌라, 토지, 상가, 임야, 공장처럼 자주 거래되지 않는 부동산은 가치를 정확히 파악하기 어렵다. 그래서 많은 사람들이 입찰가를 산정할 때 감정가를 절대적인 기준으로 삼는 것이 현실이다. 하지만 감정평가서를 지나치게 믿어서는 안 된다.

가끔 감정가가 시세보다 꽤 높거나 낮은 경우가 있다. 왜 그럴까?

첫째, 감정평가 자체에 오류가 있는 경우이다.

둘째, 감정평가 시점이 문제가 된다. 감정평가 후에 나머지 경매절차를 거치는 데 몇 달이 걸리며, 1~2회 유찰되어 2차나 3차 매각에서 낙찰되는 경우도 많다. 그러다 보면 6개월 이상이 걸리므로 그동안 시세가 얼마든지 바뀔 수 있다.

그러므로 입찰자는 시세를 정확히 판단하여 입찰가를 산정해야 한다. 감정가에 참고자료 이상의 의미를 두면 자칫 어마어마한 손해를 입을 수도 있다는 것을 명심하자.

# 08 >>>

입찰 14일 전

# 현황조사서 제대로 보는 법

현황조사서가 무엇인지 알아보고, 보는 법과 주의할 점을 살펴보자.

현황조사서는 법원 집행관이 경매 부동산의 현재 상태를 알아보고 작성하는 서류이다. 현황조사서도 입찰일 14일 전에 공개된다.

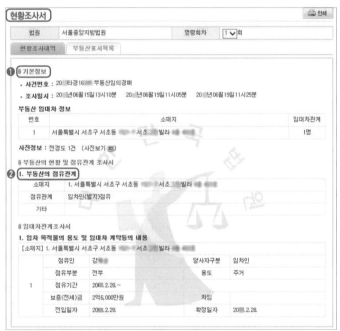

대한민국 경매정보 사이트에서 볼 수 있는 현황조사서.

❶ **기본정보:** 경매 사건번호가 나온다. 사건번호는 경매사건의 주민등록번호와 같은 것이라 꼭 기억해 두어야 한다. 그리고 집행관이 현황조사를

실시한 날짜와 시간이 기록된다. 앞의 경매사건에서 집행관은 세 차례 현황조사를 실시했다. 현황조사 결과 이 빌라에는 임차인이 1명 있다.

❷ **부동산의 점유관계**: 주택 경매에서 임차인 정보는 매우 중요하다. 화면의 아래를 보면 이 임차인은 2022년 2월 28일에 확정일자를 받았으며 전세 보증금은 2억 6천만원이다.

현황조사서에는 이처럼 주로 권리분석에 꼭 필요한 임차인과 점유자에 관한 내용이 들어 있다. 주택이나 상가건물에 임차인이 있다면, 낙찰자가 그 임대차를 인수해서 계약을 이어가거나 전세금을 돌려주어야 하는 경우도 있고, 현재의 점유자가 유치권자라면 또 다른 문제가 생길 수 있으므로 특히 주의해야 한다.[5장 참조]

## 현황조사서를 무조건 믿어서는 안 된다

현황조사서는 말 그대로 '조사서'이다. 경매가 개시되면 법원은 집행관에게 '현황조사'를 명하고, 이에 따라 집행관은 현장을 방문하여 부동산의 현황이나 점유관계 등을 조사한다.

하지만 집행관은 현황조사 결과에 개인적인 의견이나 판단을 쓸 수 없다. 점유자가 거짓말로 진술한다는 의심이 들어도 그런 짐작이나 유추는 쓸 수 없고, 들은 내용을 그대로 기록한다. 그래서 선순위 임차인이 누락되거나 전입신고일이 잘못 기록된 경우도 있다.

만약 현황조사서에 "임차 관계 미상"이나 "주민센터 확인 안 됨"이라는 문구가 있다면 반드시 입찰자가 스스로 더 알아보아야 한다. 경매 부동산의 점유관계에 관한 확인은 철저히 입찰자의 몫이다. 그러므로 현황조사서도 참고자료로만 활용하는 것이 좋다.

사실은 내가 임차인인데……

없는데요.

임차인이 있나요?

# 09

>>>

입찰 7일 전

# 매각물건명세서 체크포인트

입찰자에게 가장 중요한 서류인 매각물건명세서가 공개된다.
경매물건에 대한 핵심 정보가 들어 있다.

**사례** **경매서류를 열람하다가 무안을 당한 이유**

정은희 씨(36세)는 입찰 전에 몇 가지 서류를 열람하기 위해 법원을 방문했다. 민사신청과로 들어서자 입구에 열람대가 있었고, 그 위에는 7일 안에 매각기일이 예정된 사건들의 서류가 가지런히 놓여 있었다.

그런데 은희 씨가 필요한 내용을 메모지에 꼼꼼하게 옮겨 쓰며 서류를 보고 있을 때, 법원 직원이 다가와 말을 걸었다. 문제는 볼펜이었다.

예전에 법원은 대부분의 서류를 볼펜으로 작성했다. 그런데 일부 입찰자들이 자기가 입찰하려는 부동산의 서류에 볼펜으로 허위 사실을 추가로 써넣는 경우가 자주 있었다. 다른 경쟁자들이 입찰을 포기하게 하거나, 자기보다 더 높은 가격으로 입찰하지 못하게 만들려는 것이다. 그래서 법원은 열람대에서 볼펜을 사용하는 행위를 금지했다.

지금은 거의 모든 서류들이 인쇄되어 나온다. 하지만 아직도 법원에 제출하는 각종 신고서는 볼펜으로 직접 쓰는 경우가 많기 때문에 여전히 볼펜 사용은 금지이다. 법원을 직접 방문해서 경매서류를 열람하다가 메모가 필요하다면 반드시 연필을 사용하자.

## 매각물건명세서는 일찍 열람하는 것이 좋다

입찰일 7일 전에 나오는 매각물건 명세서는 정말 중요해요.

매각기일 7일 전, 드디어 매각물건명세서를 볼 수 있다. 법원은 매각물건명세서를 최초 공고 7일 후, 즉 입찰일(매각기일) 7일 전에 법원에 비치하여 누구나 열람할 수 있도록 한다. 이때 앞에서 살펴본 현황조사서와 감정평가서의 사본도 함께 비치한다. 물론 대한민국 법원경매정보 사이트나 사설 경매정보 사이트에서도 매각물건명세서를 포함한 각종 서류를 볼 수 있다.

법원의 업무시간 중 아무때나 열람할 수 있는데, 입찰자들은 각종 서류를 통해 권리분석을 하고, 현장답사도 해야 하며, 서류를 열람하고 의심이 가는 내용이 있으면 추가조사도 해야 하므로 되도록 일찍 열람하는 것이 좋다.

유료 경매정보 사이트들은 법원이 공개한 자료를 입찰자들이 쉽게 볼 수 있도록 가공하고, 자체적으로 조사한 정보도 함께 제공한다. 그러므로 경매 초보자라면 법원의 서류를 직접 열람하는 것보다 이런 사이트들을 이용하는 것도 좋다. 이때 자신의 분석을 전문가의 것과 비교하면서 경매에 대한 감을 잡아가면 자연스럽게 공부도 된다. 하지만 앞에서도 말했듯이 무조건 맹신해서는 안 된다.

## 매각물건명세서에서 눈여겨봐야 할 것

매각물건명세서에는 부동산의 현황과 법률적으로 명확한 내용이 들어 있다. 만약 이 서류에 중대한 실수나 오류가 있었다면 낙찰을 받은 후라도 이의를 신청할 수 있다.

그럼, 매각물건명세서에 실리는 내용을 살펴보자.

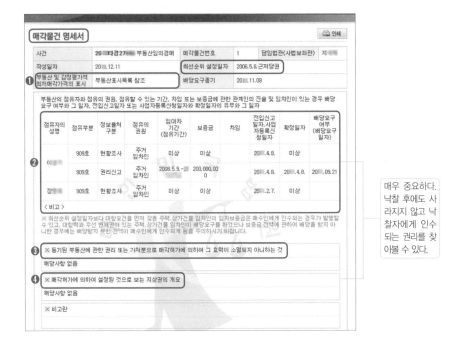

<table>

**매각물건 명세서** 🖨 인쇄

| 사건 | 20■■타경27■■ 부동산임의경매 | 매각물건번호 | 1 | 담임법관(사법보좌관) | 지■■ |
| 작성일자 | 20■■.12.11 | 최선순위 설정일자 | 2006.5.8.근저당권 | | |
| ❶ 부동산 및 감정평가액 최저매각가격의 표시 | 부동산표시목록 참조 | 배당요구종기 | 20■■.11.08 | | |

부동산의 점유자와 점유의 권원, 점유할 수 있는 기간, 차임 또는 보증금에 관한 관계인의 진술 및 임차인이 있는 경우 배당요구 여부와 그 일자, 전입신고일자 또는 사업자등록신청일자와 확정일자의 유무와 그 일자

| 점유자의 성명 | 점유부분 | 정보출처 구분 | 점유의 권원 | 임대차 기간 (점유기간) | 보증금 | 차임 | 전입신고 일자.사업 자등록신 청일자 | 확정일자 | 배당요구 여부 (배당요구 일자) |
|---|---|---|---|---|---|---|---|---|---|
| ❷ 이■■ | 909호 | 현황조사 | 주거 임차인 | 미상 | 미상 | | 20■■.4.8. | 미상 | |
| | 909호 | 권리신고 | 주거 임차인 | 2008.5.9.- ■■ | 200,000.00 0 | | 20■■.4.8. | 20■■.4.8. | 20■■.09.21 |
| 장■■ | 909호 | 현황조사 | 주거 임차인 | 미상 | 미상 | | 20■■.2.7. | 미상 | |

〈 비고 〉

※ 최선순위 설정일자보다 대항요건을 먼저 갖춘 주택.상가건물 임차인의 임차보증금은 매수인에게 인수되는 경우가 발생할 수 있고, 대항력과 우선 변제권이 있는 주택, 상가건물 임차인이 배당요구를 하였으나 보증금 전액에 관하여 배당을 받지 아니한 경우에는 배당받지 못한 잔액이 매수인에게 인수되게 됨을 주의하시기 바랍니다.

❸ ※ 등기된 부동산에 관한 권리 또는 가처분으로 매각허가에 의하여 그 효력이 소멸되지 아니하는 것

해당사항 없음

❹ ※ 매각허가에 의하여 설정된 것으로 보는 지상권의 개요

해당사항 없음

※ 비고란

</table>

> 매우 중요하다. 낙찰 후에도 사라지지 않고 낙찰자에게 인수되는 권리를 찾아볼 수 있다.

❶ **부동산의 표시:** 부동산의 주소와 구조, 면적, 감정평가액, 최저매각가격 등이 나온다. 이것은 이미 감정평가서와 현황조사서에서 살펴보았다. '부동산 표시 목록'은 현황조사서에 있다.

❷ **점유자와 관련된 사항:** 주택이나 상가 등의 경매에서는 임차인에 대한 권리분석이 매우 중요하다. 여기에 유치권 신고인과 관련된 내용이 나오는 경우도 있다.

이 경매물건에는 임차인이 2명 있다. 이모 씨는 2008년 4월에 확정일자를 받았으며, 보증금은 2억원이고, 경매가 신청되자 2022년 9월에 배당요구를 했다. 그리고 장모 씨는 전입신고일은 2020년 2월인데 집행관이 현장조사를 나갔어도 점유기간과 보증금을 알 수 없었던 모양이고, 본인이 직접 권리신고 한 내역이 없다.

화면의 위쪽을 보자. 이 경매물건에 최선순위로 2006년 5월에 근저당권이 설정되어 있다.

과연 임차인 이모 씨와 장모 씨는 보증금을 모두 돌려받을 수 있을

까? 또 여러분이 이 경매물건에 입찰한다면 나중에 이 임차인들에게 보증금을 돌려주어야 하는 불상사는 생기지 않을까? ¯⁴ᐟ⁶장

❸ **낙찰자에게 인수되는 권리:** 법원이 낙찰 후에도 말소되지 않고 그대로 남아 낙찰자에게 인수되는 권리가 있는지 판단해 준 곳이다. 여기의 내용만으로도 권리분석의 절반 이상을 해결하는 셈이다.

원래 경매물건에 설정된 대부분의 권리는 매각 후 사라지지만, 경우에 따라서는 낙찰받은 사람이 이어받는 경우도 있다. 그러면 낙찰자가 추가로 경제적 부담을 지게 된다. 꼭 체크해야 할 중요한 부분이다.

그런데 여기서 명시되지 않은 권리 중에서도 매각 후 그 부담이 남아 낙찰자를 괴롭히는 경우가 있다. 그러므로 매각물건명세서를 곧 법원의 '보증서'로 판단해서는 안 된다. ¯⁴ᐟ⁶장

❹ **매각허가에 따라 설정되는 지상권의 개요:** 토지를 매각하는 경매에서 그 토지 위에 매각에서 제외되는 건물이 있는 경우 "법정지상권 성립 여지 있음"이라는 문구를 기재하여 경고한다.

## 법원의 경매정보, 맹신해서는 안 된다

입찰을 하려면 법원에서 공개하는 모든 서류를 열람하고 꼼꼼하게 분석해야 한다.

간혹 어떤 입찰자들은 법원이 매각을 진행하니, 그 부동산에 대한 모든 하자도 책임을 지는 것으로 잘못 알고 있다. 하지만 그렇지 않다.

법률로 보장해 주는 몇몇의 사항을 제외하고는, 거의 모든 책임은 낙찰자 자신에게 있다. 그러므로 입찰할 때는 법원에서 공개하는 모든 서류를 열람하고 꼼꼼하게 분석하며 사전조사를 해야 한다. 그뿐만 아니라 현장답사 등을 통해 서류에 미처 나오지 않은 문제까지 찾아내야 한다. 경매에서 '대충'은 절대로 통하지 않는다.

## 똑똑하게 경매를 활용하는 기업 고객

나의 고객 중에 반도체 장비를 생산하는 기업이 있다. 이 기업은 사옥이나 공장이 필요할 때 언제나 경매를 선호한다. 시세보다 싸게 구입할 수 있을 뿐만 아니라 대출한도가 크기 때문이다. 시세가 50억원인 공장을 경매로 산다면 보통 35억원 정도에 낙찰받을 수 있고, 기업의 경우 입찰보증금을 뺀 낙찰잔금의 100%까지 대출을 받을 수도 있다. 만약 입찰보증금이 3억원이고 낙찰가가 35억원이라면, 잔금 32억원을 100% 대출로 처리하면 현금 약 3억원으로 시세 50억원의 공장을 취득할 수 있는 것이다(세금은 빼고 계산). 은행 입장에서는 공장 시세가 50억원이라면 결코 무리한 대출이 아니다.

반면 기업이 일반매매를 통해 현금 3억원으로 살 수 있는 공장의 최대 규모는 어느 정도일까? 일반매매라면 대출한도가 거래가격의 약 70%, 따라서 시가 10억원 이상의 공장을 살 수 없다. 단적으로 말하면 경매와 일반매매의 차이가 곧 50억원과 10억원인 셈이다.

물론 기업이든 개인이든 과다한 대출은 자칫 큰 화를 부를 수 있으니 바람직스럽지 않다. 그러나 매출과 영업이익이 매년 탄탄하게 상승하는 기업이라면 세금도 아끼고 공장이나 사옥부지를 마련하는 좋은 기회가 된다.

# 3

**Chapter**

# 경매물건
# 분석 첫걸음

## - 부동산 기초 서류
## 마스터하기

초보자는 부동산 관련 서류를 보면 무슨 말인지 몰라 답답할 때
가 많다. 부동산 기초 서류를 보는 법을 익혀 경매의 기초체력을
길러보자. 알아두면 경매는 물론 전세/월세, 매매를 할 때도 유용
한 정보이다.

# 부동산 서류 5총사를 만나다

"뭐? 지혜 너도 처음에는 아무것도 몰랐다고?"

"응, 부동산과 관련된 용어도 경매공부를 시작하며 배운 거야."

지혜 씨는 처음으로 부동산 공부를 시작하게 된 계기를 선영 씨에게 들려주었다. 당시 자취방을 알아보기 위해 공인중개사무소에 들렀는데 등기부등본도 제대로 볼 줄 몰라 쩔쩔맸다. 공인중개사가 설명을 해 주었지만 삶에 꼭 필요한 필수지식조차 모른다는 생각에 얼굴이 화끈거렸다.

지혜 씨는 가진 돈이 적을수록 부동산 공부를 해 두어야 손해를 피할 수 있고 자산도 늘릴 수 있다는 것을 뒤늦게 깨달았다. 그리고 그때부터 차곡차곡 부동산 지식을 쌓았다.

★

"나도 부동산에 대해서는 까막눈인데. 지혜야, 나도 좀 가르쳐 줘."

"그럼, 내가 퀴즈 하나 낼게. 집을 사거나 입찰하려고 알아볼 때 필요한 서류는 몇 개게?"

"정답! 1개. 등기부등본! 앗, 아니다. 2개인가?"

선영 씨가 대답을 머뭇거렸다.

"5개야. 일명 부동산 서류 5총사. 등기부등본, 건축물대장, 토지대장, 토지이용계획확인서. 때에 따라 지적도까지 더 찾아볼 수도 있어."

"에에? 그렇게나 많아? 건축물대장이니 지적도니 이름도 전부 생소하네. 토지이용계획확인서는 또 뭐야?"

"토지의 용도를 확인할 수 있는 서류야."

"나한테는 완전 신세계구나. 난 그동안 등기부등본만 보면 된다고 생각했는데."

경매공부를 시작하기 전에 선영 씨는 이처럼 부동산 서류에 관해 아는 것이 거의 없었다. 관심이 없었기 때문이다. 자기가 살고 있는 집의 토지를 왜 '대'라고 하는지, 어째서 '제1종 일반주거지역'이라고 하는지 몰라도 그다지 궁금하지 않았다. 그런 그녀에게 '건폐율·용적률' 같은 용어는 외국어나 다름없었다.

★

부동산 관련 서류 중 가장 우선시하는 것은 등기부등본이다. 하지만 전셋집을 얻거나 집을 사면서도 정작 등기부등본조차 제대로 볼 줄 모르는 사람들이 의외로 많다. 몇 억원이 오가는 상황인데도 말이다. 만원 한 장 허투루 쓰기 싫어하면서…….

부동산 경매, 더 넓게 부동산 공부는 살아가는 데 꼭 필요한 공부이다. 이번 장에서는 부동산과 관련된 기초 서류들을 제대로 보는 방법을 살펴보자. 안전한 부동산 경매의 세계로 한 걸음 내딛을 수 있게 될 것이다.

# 01

# 토지/단독주택의 등기부 보는 법

뭔 소린지 답답했던 그것, 토지와 단독주택의 등기부를 제대로 보는 법부터 살펴보자.

## 등기부의 3가지 구성 알아보기

부동산 등기부란 부동산의 권리관계나 현황을 기록하는 공식 문서이다. 즉 그 부동산의 지번, 지목(토지의 종류), 구조, 면적 등의 현황을 볼 수 있고, 소유권·저당권·전세권 등 어떤 권리가 설정되어 있는지 알 수 있다.

등기부등본은 표제부, 갑구, 을구로 구성된다. 표제부는 토지나 건물의 주소·지목·면적·구조 등 현황이 나오고, 갑구는 소유권에 관한 사항, 을구는 소유권 이외의 권리에 대한 내용이 나온다.

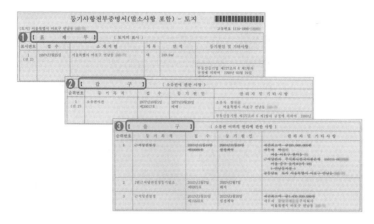

❶ 표제부: 부동산의 주소, 면적, 구조 등이 나온다. 토지 등기부등본에는 지목도 나온다.
❷ 갑구: 소유권에 관한 사항이 있다.
❸ 을구: 소유권 이외의 권리에 대한 내용이 들어 있다.

# 토지/단독주택 등기부의 표제부

## 토지 등기부의 표제부

다음에 나오는 토지 등기부등본의 표제부를 보자. 주소는 서울시 마포구 연남동이고 면적은 약 250㎡(약 76평)이다. 지목은 '대'이다. 지목은 토지의 현황을 표시하는데, '대'는 집이나 건물이 지어져 있는 토지이다. 토지 등기부의 표제부를 보면 이처럼 이 토지가 어디에 있으며, 면적이 얼마이고, 지목이 무엇인지를 알 수 있다.

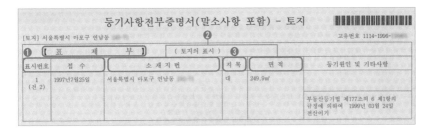

❶ 표시번호/접수일: 경매물건의 권리분석을 할 때 매우 중요하다.

❷ 소재지번/면적: 토지의 주소와 면적이 기록된다.

❸ 지목: 토지의 현재 상황에 따라 그 종류를 구분하는 것이다. 이 토지는 집이나 건물이 지어져 있는 '대'이다.

## 건물 등기부의 표제부

이번에는 건물 등기부등본의 표제부를 보자. 그 건물의 주소, 면적, 구조 등을 알 수 있다. 앞에서 살펴본 단독주택의 건물 등기부등본에서 표제부를 보자. 연와조 평옥으로 1층은 약 30평, 2층은 35평, 지하실은 6평이다. 이처럼 건물 등기부의 표제부만 봐도 건물의 모습을 대략 머릿속에 그려볼 수 있다.

서울시 마포구 연남동의 단독주택. 지목은 대이고 약 76평이다.

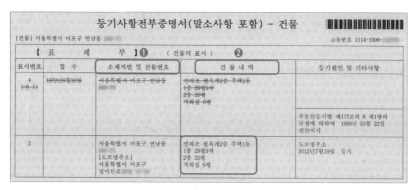

❶ 해당 건물의 소재지가 나온다.

❷ 건물의 종류, 면적, 구조를 알 수 있다.


## 토지/단독주택 등기부의 갑구

* 여기서는 건물 등기부의 갑구만 살펴보겠다.
토지 등기부의 갑구도 소유권과 관련된 내용이 기재되므로 마찬가지이다.

토지나 건물 등기부의 갑구에서는 소유권에 관한 사항이 나온다. 즉 소유권과 관련된 권리가 생기고 바뀌고 없어지는 과정이 기록된다. 그럼, 이 단독주택의 소유권과 관련된 사항을 살펴보자.*

　맨 처음 1977년에 매매로 소유권 이전 등기가 되었고, 2001년에 매매로 소유권이 바뀌었으며, 현 주인은 2009년에 이 집을 샀다. 소유권과 관련된 권리는 소유권 이전 외에도 가압류, 가처분 등 다양하다.

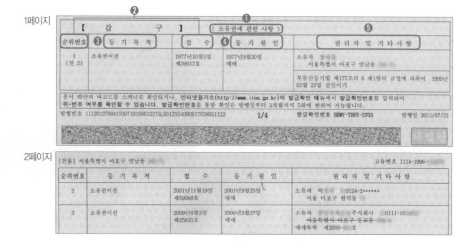

❶ 등기부의 갑구에는 소유권 및 그 변동에 대한 내용이 기록된다.

❷ 순위번호/접수일: 경매물건의 권리를 분석할 때 매우 중요한 사항이다.

❸ 등기 목적: 등기의 목적이 나오는데, 여기서는 소유권 이전 등기이다.

❹ 등기 원인: 가장 최근에는 2009년 3월의 매매로 인해 소유권 이전 등기를 했다.

❺ 권리자 및 기타 사항: 소유권 이전 등기를 한 소유자의 인적사항을 알 수 있다.

## 토지/단독주택 등기부의 을구

등기부의 을구에는 근저당권이나 전세권 등 소유권 이외의 권리가 나온다. 또한 등기의 원인 및 권리의 내용, 권리자에 관한 사항도 확인할 수 있다. 현재 이 단독주택에는 근저당권이 설정되어 있다. 등기가 말소되면 그림처럼 선을 그어 지워 준다.

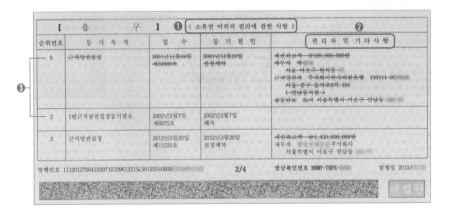

❶ 등기부 을구에는 근저당권, 전세권 등 소유권 이외의 권리가 기록된다.

❷ 권리자 및 기타 사항: 근저당권의 채권최고액과 채무자, 돈을 빌려준 근저당권자가 기록된다.

❸ 등기말소: 빌린 돈을 갚아 근저당권이 없어지면 말소 등기를 하고, 해당 등기는 선을 그어 권리가 사라졌음을 표시한다.

생소한 말이 많이 나온다. 뒤에서 차차 살펴볼 것이니 여기서는 그냥 '등기부의 갑구에는 소유권에 관한 권리, 을구에는 소유권 외에 권리 사항들이 기록되는구나' 정도로 알고 넘어가면 된다.

# 02 아파트/오피스텔의 등기부 보는 법

>>>

집합건물이 무엇인지 살펴보고, 집합건물의 등기부를 보는 법과 주의할 점을 알아본다.

## 집합건물 등기부의 표제부

아파트, 연립주택, 오피스텔 등 다양한 집합건물들.
집합건물은 한 동의 건물 안에서 각 부분이 독립적이며, 별도의 등기부를 가지고 있다.

아파트 101동이 한 층에 4채씩 5층까지 있다면, 각각 현관·거실·방·화장실 등이 있는 독립적인 부분이 20개가 있다. 즉 집합건물이란 한 건물에 구조상으로 구분되는 여러 개의 부분이 독립해 들어 있는 것이다. 이들은 독립적으로 사용할 수 있으며 별도의 등기부를 가지고 있다. 아파트, 연립주택, 다세대주택, 오피스텔, 아파트형 공장 등이 모두 집합건물에 속한다.

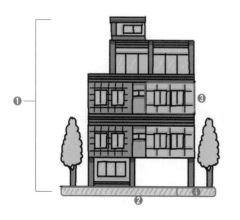

집합건물 등기부의 표제부는 단독주택이나 토지의 등기부에 비해 다소 복잡하다. ❶ 그 건물 전체에 대한 표시, ❷ 그 건물이 있는 토지 전체, ❸ 전유부분의 건물 표시, ❹ 대지권의 표시 등 4가지로 이루어져 있다.

88

## 1동 건물의 표시

집합건물 등기부의 표제부에는 먼저 1동 건물 전체에 대한 내용이 나온다. 다음은 서울시 마포구 합정동에 있는 5층짜리 공동주택이다. 건물내역을 보면 철근 콘크리트 구조이고 콘크리트 지붕으로 되어 있으며, 1층부터 5층까지 각 층의 면적이 나온다.

❶ **표시번호/접수일**: 표시 내용의 순서와 접수일이 표시된다.

❷ **소재지번, 건물명칭 및 번호**: 주소, 건물 이름이 나오고, 아파트처럼 여러 동이 있을 때는 그 건물의 동 번호도 나온다.

❸ **건물내역**: 먼저 건물의 구조가 나온다. 이 건물은 철근 콘크리트 구조이고 콘크리트 지붕이 있는 5층 건물이다. 그리고 각 층별 면적이 나온다. 1층의 면적이 작은 것을 보니 1층 공간 대부분을 주차장으로 쓰고 있는 모양이다.

## 대지권이 목적인 토지의 표시

그 건물이 있는 토지 전체에 관한 내용이 나온다. 이 건물의 지목은 대(대지)이다. 집이나 건물이 지어져 있는 토지라는 의미이다.

| 표시번호 | ❶ 소 재 지 번 | ❷ 지 목 | ❸ 면 적 | 등기원인 및 기타사항 |
|---|---|---|---|---|
| 1 | 1. 서울특별시 마포구 합정동 | 대 | 179.5㎡ | 2011년4월26일 |

❶ **소재지번**: 그 건물이 있는 토지의 주소가 나온다.

❷ **지목**: 이 토지의 지목은 집이나 건물이 지어져 있는 '대'이다.

❸ **면적**: 그 건물이 있는 토지 전체의 면적이 나온다. 179.5㎡이니 약 54평이다.

## 전유부분의 건물 표시

1동 건물 중 구분 소유권의 목적이 되는 부분, 즉 딱 내 집, 내 사무실을 '전유부분'이라고 한다. 전유부분은 주거나 사무실 공간만이며 계단·엘리베이터 등 공용부분은 제외된다.

여기서는 경매로 나온 305호의 등기부등본을 열람해 보았다. 전유면적이 약 18㎡로 5평이 조금 넘는다.

| 【 표　　제　　부 】 （ 전유부분의 건물의 표시 ） | | | | |
|---|---|---|---|---|
| 표시번호 | 접　수 | ❶ 건물번호 | ❷ 건 물 내 역 | 등기원인 및 기타사항 |
| 1 | 2011년4월26일 | 　　　　 | 철근콘크리트구조　17.76 ㎡ | 도면 제2011-122호 |

❶ 건물번호: 전유부분의 층과 호수가 표시된다.
❷ 건물내역: 305호가 전유한 부분의 면적이 표시된다.


## 대지권의 표시

대지권

전유부분의 소유자는 면적 비율에 따라 그 건물이 있는 토지의 사용권을 가지는데 이것이 '대지권'이다. 집합건물 표제부의 '대지권 표시' 부분에는 그 부동산이 가진 대지권의 종류와 비율이 표시된다.

305호의 대지권 비율은 179.5㎡ 분의 11.23이다. 이 공동주택의 전체 토지는 179.5㎡이고, 305호의 대지권은 11.23㎡, 즉 약 3.4평이다.

언젠가 재개발이 된다면 305호의 낙찰자는 이 대지권의 평수에 따라 결정된 보상금을 받게 된다. 낡은 건물은 건물가격이 큰 의미가 없고 토지 가격이 중요하므로, 등기부에서 '대지권 표시' 부분은 매매나 경매 입찰가를 정할 때 꼭 챙겨봐야 한다.

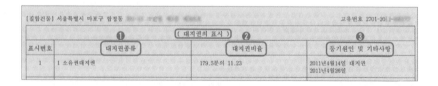

| [집합건물] 서울특별시 마포구 합정동 | | | 고유번호 2701-20   -    |
|---|---|---|---|
| | ❶ （ 대지권의 표시 ） ❷ | | ❸ |
| 표시번호 | 대지권종류 | 대지권비율 | 등기원인 및 기타사항 |
| 1 | 1 소유권대지권 | 179.5분의 11.23 | 2011년4월14일 대지권<br>2011년4월26일 |

❶ 대지권 종류: 305호는 대지 소유권을 가지고 있다.
❷ 대지권 비율: 전체 토지(179.5㎡) 중에서 305호가 가지는 대지권을 비율로 표시한 것이다. 305호의 대지권은 11.23㎡, 약 3.4평이다.
❸ 등기원인 및 기타사항: 2011년 4월에 대지소유권이 등록되었다.

# 집합건물 등기부의 갑구/을구

## 갑구

소유권에 관한 사항이 기록된다. 305호의 소유권과 관련된 사항을 보자.

1순위로 신모 씨가 2011년 4월에 소유권 보존 등기를 했고, 그해 6월에 김모 씨가 소유권 이전 등기를 했다.

| 【 갑 구 】 | | (소유권에 관한 사항) | |
|---|---|---|---|
| 순위번호 ❶ 등 기 목 적 | ❷ 접 수 | 등 기 원 인 | ❸ 권 리 자 및 기 타 사 항 |
| 1 ❹ 소유권보존 | 2011년4월26일 제18099호 | | 소유자 신○○ ○○○○13-2****** 경기도 고양시 일산서구 주엽동 |
| 2 소유권이전 | 2011년6월2일 제24627호 | 2010년11월29일 매매 | 소유자 김○○ ○○○20-2****** 서울특별시 마포구 공덕동 |

❶ 등기 목적: 305호에는 소유권 보존 등기와 소유권 이전 등기가 되어 있다.
❷ 접수/등기 원인: 등기의 접수일과 매매 등 등기의 원인이 나온다.
❸ 권리자 및 기타 사항: 현 소유자나 소유권과 관련된 사람의 인적사항을 알 수 있다.
❹ 소유권 보존: 건물이 신축되어 처음 등기된 것이다. 건물의 출생신고라고 보면 된다.

## 을구

전세권이나 근저당권 등 소유권 외의 권리들이 나온다. 305호의 소유자는 2011년 은행에서 돈을 빌리고 근저당권을 설정했다가 갚았으며, 그 근저당권 설정 등기가 말소되었음을 알 수 있다. 그리고 2011년 다시 대출을 받아 근저당권을 설정했다. 채권최고액은 8,280만원이다.

| [집합건물] 서울특별시 마포구 합정동 ○○○ ○○ ○○○○ ○○○ ○○○○○ | | | 고유번호 2701-20-○○○○○ |
|---|---|---|---|
| 【 을 구 】 | | (소유권 이외의 권리에 관한 사항) | |
| 순위번호 ❶ 등 기 목 적 | 접 수 | 등 기 원 인 | ❷ 권 리 자 및 기 타 사 항 |
| 1 근저당권설정 | 2011년5월13일 제20869호 | 2011년5월13일 추가설정계약 | 채권최고액 금778,000,000원 채무자 신○○ 경기도 고양시 일산서구 주엽동 ○○○ 근저당권자 지리산농업협동조합 2㎡1336-○○○○○○ 전라북도 남원시 인월면 ○○○ 공동담보목록 제2011-87호 |
| 2 1번근저당권설정등기말소 | 2011년6월2일 제24532호 | 2011년6월2일 일부포기 | |
| 3 근저당권설정 | 2011년6월2일 제24628호 | 2011년6월2일 설정계약 | 채권최고액 금82,800,000원 채무자 김○○ 서울특별시 마포구 공덕동 ○○○ ○○ ○○ ○○ 근저당권자 남서농업협동조합 114636-○○○○○○ 서울특별시 서초구 양재동 ○○○ (잠원동지점) |

❶ 등기목적/접수/등기원인: 2011년 6월에 근저당권이 설정되었다.

❷ 권리자 및 기타사항: 305호에 설정된 근저당권에 대한 설명이 나온다. 채권최고액은 8,280만원
이며, 채무자는 소유자인 김모 씨, 돈을 빌려주고 근저당권을 설정한 이는 모 협동조합이다.

## 등기부등본으로 건물 모양 그려보기

등기부등본의 표제부만 보아도 건물의 모양을 머릿속에 그려볼 수 있다.

89쪽 집합건물의 등기부등본 표제부에서 대지면적과 건물내역을 보자.
대지면적은 179.5㎡인데 1층의 면적은 18.8㎡ 내외이고, 2, 3층은 100㎡가 넘고,
4, 5층은 각각 약 56㎡와 60㎡이다.

주거지로 인기가 없는 1층 면적을 작게 한 대신 주차장을
확보했음을 알 수 있다. 그리고 4, 5층의 면적이 2, 3층보다 작
다. 이처럼 등기부의 표제부만 보아도 그 건물의 크기와 외관
을 어느 정도 짐작할 수 있다.

## 등기부등본의 순위번호는 중요하다

| 【 갑 구 】 | | (소 |
|---|---|---|
| 순위번호 | 등 기 목 적 | 접 수 |
| 1 | 소유권보존 | 2011년4월26일<br>제18099호 |
| 2 | 소유권이전 | 2011년6월2일<br>제24627호 |

부동산 등기부에는 많은 권리들이 표시
되지만, 특별한 사정이 없는 한 선순위
의 권리를 우선으로 보호한다. 따라서
각 권리들의 순위는 매우 중요하다. 경
매로 매각된 후 배당받는 순서에 영향을 주기 때문이다.

등기 순서는 갑구/갑구, 또는 을구/을구의 등기끼리는 순위번호에 의해 결
정된다. 그리고 갑구/을구, 즉 다른 구끼리의 등기들은 순위가 접수번호에 의해
결정된다. 그러나 접수번호는 1년마다 갱신되므로, 같은 해에 등기된 권리가 아
니라면 등기가 접수된 해를 기준으로 순위를 판단한다.

**잠깐!**

# 등기부등본에 나오는 건축물 구조 알아보기

등기부등본 표제부의 '건물내역'에는 건물구조가 나온다. 어떤 재질로 지어졌는가에 따라 건축비와 사용연수가 달라지고, 취득세와 재산세 등의 계산에도 반영된다. 건축물의 구조에 대한 표현을 알아두면, 등기부등본이나 경매 관련 서류만으로도 외관과 특성을 대강 가늠해 볼 수 있다.

**시멘트벽돌조**
외벽을 시멘트 벽돌로 쌓은 후 화장벽돌, 타일 또는 모르타르*를 바름.

**보강블록조**
블록의 빈 부분에 철근을 넣고 모르타르, 콘크리트로 채워 결함을 보완한 구조.

**연와조**
3면 이상을 연와(진흙과 모래를 섞어 구운 벽돌) 또는 이와 유사한 벽돌로 쌓아 만듦.

**목구조**
목재를 골조로 하여 합판·합성수지·타일·석고보드 등을 사용.

**철골조**
여러 가지 형태의 철골과 강판을 리벳이나 용접으로 조립한 구조.

**스틸하우스조**
아연도금강판 골조를 조립하여 패널 형태로 건축된 구조.

**철파이프조**
강관(철파이프)을 특수 접합 또는 용접하여 구성한 구조.

**황토조**
외벽과 전체 면적의 1/2 이상을 황토벽돌로 쌓은 구조.

**철근콘크리트조**
철근콘크리트로 지은 구조.

**시멘트블록조**
외벽의 재료가 시멘트블록으로 된 구조.

**목조**
기둥과 들보 및 서까래 등이 목조로 된 구조.

**경량철골조**
비교적 살이 엷은 형강을 사용한 구조.

**석조**
외벽이 석재로 된 구조.

**통나무조**
가공한 통나무 원목을 외벽 전체의 1/2 이상에 사용.

**알씨조**
Reinforced Concrete의 약자로 철근콘크리트와 동일한 표현.

**슬래브 지붕**
평판(Slab)이라는 뜻으로 '평옥개'와 같은 의미.

* **모르타르** 벽에 바르기 위해 시멘트와 모래를 일정한 비율로 섞어 반죽한 것.
** 여기에서 사용한 그림은 대한민국 법원경매정보 사이트의 것이다.

## 실습 등기부등본 열람하기

등기부등본은 각 지역의 등기소나 법원 인터넷 등기소에서 발급받을 수 있다.

| 대한민국 법원 인터넷 등기소 | www.iros.go.kr |
|---|---|

**1.** 인터넷 등기소에 접속하면 부동산등기, 법인등기, 동산·채권 담보 등기를 열람하거나 발급받을 수 있다. 등기 내용 확인이 목적이라면 수수료가 더 저렴하고 출력도 가능하며 모니터상으로도 볼 수 있는 열람이 좋다. 단, 법원이나 은행 등에 제출하려면 '발급'을 선택해 출력해야 한다. 여기서는 **열람하기**를 선택해 보겠다.

**2.** '열람하기' 화면에서 '소재지번으로 찾기' 탭을 누른 다음, '부동산 구분'을 선택한다. 여기서는 '토지+건물'을 선택하겠다. 그런 다음 주소를 입력한다(123번지 4호라면 123-4 식으로 입력하면 된다. 집합건물은 '부동산 구분'에서 '집합건물'을 선택한 후 동과 호수를 입력한다). 공동담보와 전세목록을 확인하려면 '공동담보/전세목록'에 ☑ 표시한다. 이제 〈검색〉을 누른다.

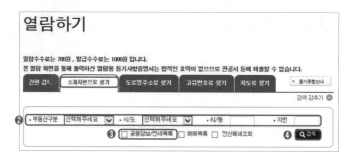

**3.** 부동산의 고유번호, 주소, 소유자 등이 나온다. 열람할 주소 뒤의 〈선택〉
을 누른다.

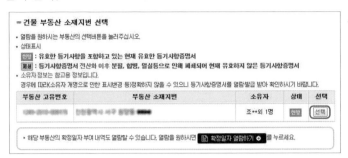

**4.** 등기기록의 유형을 선택한다. 경매나 전세계약을 할 경우에는 '전부'에
서 '말소사항 포함'을 선택하는 것이 좋다. 이제 〈다음〉을 누른다. 주민등
록번호 공개 여부를 묻는데 '미공개'를 선택하고 다시 〈다음〉을 누른다.

**5.** 결제 화면이 나타나면 열람을 원하는 부동산의 〈선택〉을 누른다.

**6.** 우리는 2번 단계에서 '토지+건물'을 선택했으므로 건물 등기부등본을
열람하기 위해 4번과 5번 단계가 한 번 더 반복된다. 그리고 건물과 토
지에 대한 목록이 나오면 〈결제〉를 누른다.

**7.** 전화번호와 비밀번호를 입력하는 화면이 나오면 입력한 후 〈확인〉을 누
른다.

**8.** 결제방법을 묻는 화면이 나온다. 결제방법을 선택하고 필요한 정보를
입력한 후 결제를 하면, 이제 등기부등본을 열람할 수 있다.

# 03

# 건축물대장 체크하기

건물의 용도, 불법증축이나 용도 변경이 있는지 확인한다.

경매로 부동산을 구입하려면 일단 그 부동산의 신상을 샅샅이 조사해야 한다. 등기부에서 소유권과 근저당권 등의 권리 사항을 확인하고 나면, 건축물대장에서 건물의 용도를 확인해야 한다.

건축물대장에는 그 건축물의 용도가 무엇인지, 불법건물은 아닌지 등이 상세히 기록된다. 어떤 사람들은 부동산 거래를 하면서 등기부등본만 확인하는데, 건축물대장도 반드시 열람해 보아야 한다. 만약 불법 건축물이라면 행정처분을 받게 될 수도 있기 때문이다. 특히 경매 상가에 입찰할 때는 반드시 건축물대장을 열람해서, 주로 임대할 업종의 인허가에 문제가 없을지 따져보아야 한다.

## 건축물대장의 갑구

건축물대장의 갑구에는 그 건물의 부동산 고유번호, 주소, 지번, 종류, 면적 등이 나온다. 소유자의 이름과 주소도 이 서류에 나오므로 건물의 중요한 상황을 거의 대부분 알 수 있다.

건축물 대장에서 특히 주용도 부분에 유의해야 한다. 건축물의 주용도에는 단독주택, 공동주택, 근린시설 등이 있다. 근린시설은 슈퍼마켓, 음식점, 미용실, 세탁소, 목욕탕, 의원, 체육도장 등이다. 만약 주용도가 주택이라면 체육도장으로 임대할 수는 없다.

다음은 경매로 나온 상가건물의 건축물대장이다. 4층 건물로 주용도가 '근린생활시설(대중음식점)/사무실/주택'으로 되어 있다.

건축물 현황을 보면 1층은 일반음식점, 2층은 대중음식점, 3층은 사무실, 4층은 주택으로 사용되고 있다. 일반(대중)음식점은 전용주거지역이 아니면 인허가가 난다.

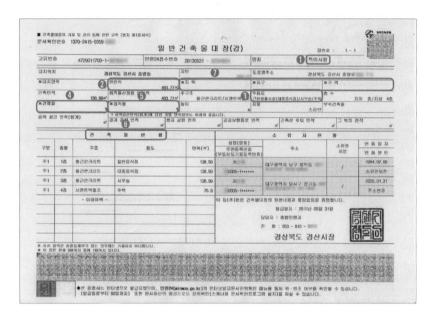

❶ **특이사항**: 그 건축물의 변동사항이 나온다. 예를 들어 불법 건축물이라면 이 사실이 기록된다.

❷ **연면적**: 모든 층의 면적을 합한 총면적이 나온다.

❸ **주용도**: 건축물의 주된 용도를 알 수 있다. 이 건물의 용도는 근린생활시설(대중음식점)/사무실/주택이다.

❹ **건폐율**: 건물의 수평투영 면적이 전체 토지 중 얼마나 차지하는지를 보여준다. 수평투영 면적이 50㎡이고 토지가 100㎡라면 건폐율은 50%이다. → 건폐율은 100쪽 참고

❺ **용적률**: 대지면적에 대한 지상층의 총 건축면적의 비율이다. 대지가 100㎡인데 총 건축면적(지하층 제외)이 500㎡라면 용적률은 500%이다. 건물을 얼마나 높게 지을 수 있는지를 알 수 있다. → 용적률은 100쪽 참고

❻ **건축물 현황**: 건물의 층별 구조와 용도, 면적을 알 수 있다.

❼ **지역/지구/구역**: 이 건물이 법에 정해진 용도지역, 용도지구, 용도구역상 어디에 속하는지를 보여준다. 토지의 가격에 큰 영향을 미친다. → 용도지역 등은 110쪽 참고

## 서류상 면적만 보고 판단하지 말자

같은 면적이라도 토지나 건물의 모양에 따라 다르게 느껴질 수도 있다. 내가 사용하려는 용도에 맞는 적절한 면적인지 직접 현장답사를 해서 확인해야 한다. 절대 서류상의 면적만 보고 판단해서는 안 된다.

## 등기부와 내용이 다른 경우

간혹 건축물대장과 등기부의 내용이 다른 경우도 있다. 등기부는 사법부(법원) 소관이고, 대장은 행정부 소관이다. 요즘은 두 서류의 내용이 다르면 등기 자체를 받아주지 않는다. 하지만 경매 부동산에서는 이런 경우를 심심찮게 만날 수 있다. 이 경우 면적 등 물리적 현황에 관한 내용은 대장을 우선한다. 그리고 소유권 등 권리관계는 등기부를 우선시하면 된다.

# 건축물대장의 을구

건축물대장의 을구에는 소유자 현황이 자세히 나온다. 아래 상가는 2005년 1월에 소유권이 이전되었고, 소유자는 정모 씨이고 경산시에 살고 있다. 특히 불법 건축물일 경우 불법증축이나 용도변경 등이 을구에 기록된다. 그러므로 입찰 전에는 불법 건축물인지 여부를 파악하기 위해 반드시 건축물대장을 확인해야 한다.

**❶ 소유자 현황**: 소유자의 현황과 변동일 및 변동원인을 알 수 있다.

## 실습 건축물대장 열람하기

**1.** 정부24 사이트에 접속한 후 화면 중앙의 '자주 찾는 민원'에서 '건축물대장'을 클릭한 다음, '건축물대장 등·초본 발급(열람) 신청'의 〈발급〉을 누른다.

| 정부24 | www.gov.kr |
|---|---|

**2.** 로그인 화면이 뜨면 회원가입을 한 후 로그인을 한다. 회원가입이 번거로우면 〈비회원 신청하기〉를 누른 다음, 이름과 간단한 신상정보를 입력하고 개인정보 수집에 동의하면 된다.

**3.** 건축물대장 발급 화면이 열리면 건축물 소재지를 입력하고, 대장구분과 대장종류를 선택한다. 온라인에서 바로 출력하는 것이 가장 빠르고 편하다. '온라인발급(본인출력)'을 선택하고 〈민원 신청하기〉를 누른다.

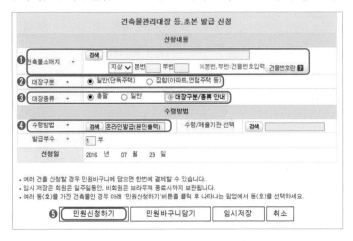

❶ **건축물 소재지:** 〈검색〉을 눌러 동 이름을 입력해 검색한 뒤 선택한다. 뒤의 지번은 직접 입력하면 된다.

❷ **대장구분:** 단독주택이면 '일반', 아파트·연립주택 등 집합건물이면 '집합'을 선택한다.

❸ **대장 종류:** 단독주택은 대장 종류를 '일반'으로 선택한다. 집합건물일 경우 '총괄'을 선택하면 해당 지번에 있는 모든 건축물을 표시하고, '전유부'를 선택하면 특정 동의 호수를 지정할 수 있다. 집합건물의 특정 동, 호수만 볼 때는 '전유부'를 선택하면 된다.

❹ **수령방법:** '온라인발급'을 선택한다.

**잠깐!** 집합건물인 경우 '동'을 선택하는 화면이 나온다. 동이 있으면 선택하고, 없으면 '동명칭 없음'을 선택한다. 그러면 그 건물의 이름이 보이는데 이것을 선택하면 동 번호는 자동으로 입력된다. 〈민원신청〉을 누르면 다시 건물의 전체 호수가 나오고 호수를 클릭하면 역시 자동으로 입력된다. 이제 마지막으로 〈민원 신청하기〉를 다시 누르면 된다.

* 간혹 민원발급 지원 가능 프린터 목록 창이 뜬다. '민원발급가능'이라고 뜨는 프린터를 선택한 다음 〈민원신청 계속〉을 클릭한다.

**4.** 건축물대장 발급 화면이 열리면 〈문서출력〉을 누른다.* 건축물대장은 무료로 발급받을 수 있다. 인쇄 창이 뜨면 〈인쇄하기〉를 클릭하면 된다.

## 건폐율과 용적률 마스터하기

건폐율은 대지면적에 대한 건물의 수평투영 면적*의 비율로, '건물을 얼마나 넓게 지을 수 있는지'를 알려준다. 용적률은 대지면적에 대한 지상층(지하층 제외)의 총면적의 비율로 '건물을 얼마나 높게 지을 수 있는지'를 보여준다.

'국토의 계획 및 이용에 관한 법률'은 각 용도지역별로 건폐율과 용적률의 상한선을 정해 놓았으며, 각 지방자치단체들은 조례로 그 상한선 아래에서 건폐율과 용적률을 정한다.

예를 들어 서울시의 제1종 전용주거지역은 건폐율이 50% 이하, 용적률이 100% 이하이다. 대지 100평에 집을 짓는다면 수평투영 면적은 50평 이하여야 하고, 건물의 지상층 총면적이 100평을 넘을 수 없다.

* **수평투영 면적** 그 건물 위의 하늘에서 건물을 내려다보면서 찍었을 때의 면적

또한 서울시의 경우 제1종 일반주거지역의 용적률은 150% 이하, 건폐율은 60% 이하이다. 대지 100평에 건축한다면 수평투영 면적은 최대 60평, 지상층의 면적 합계가 150평 이하여야 한다. 예를 들어 1층 60평, 2층 50평, 3층 40평처럼 지으면 총 150평이 된다.(주거지역의 건폐율과 용적률은 각 지방자치단체마다 다르며 바뀔 수 있다.)

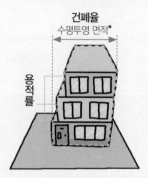

건폐율
수평투영 면적*

용적률

# 04 >>> 토지대장에서 꼭 확인할 것

토지대장은 토지에 관한 기초사항이 모두 들어 있다.
면적과 지목, 개별공시지가 등을 꼭 확인해야 한다.

토지 등기부가 소유권, 근저당권 등 권리관계를 알아보는 것이라면, 토지 대장은 면적, 토지의 종류인 지목, 소유자, 개별공시지가를 알 수 있다.

특히 토지대장의 지목과 면적 등이 등기부와 일치하는지 반드시 확인 해야 한다. 앞에서 살펴보았듯이 등기부는 사법부(법원), 대장은 행정부가 관할하는데, 이 둘이 다르다면 소유권 등 권리사항은 등기부를, 지목이나 면적 등 물리적 현황은 대장을 우선시하면 된다.

| | | | | | | | | | |
|---|---|---|---|---|---|---|---|---|---|
| 문서확인번호  1369-9785-1906- | | | | | | | | | 1/2 |
| ❶ 고유번호 1144012500 - 10226 - | | | **토지 대장** | 도면번호 20 | | 발급번호 20  0531-0165- | | | |
| 토지소재 서울특별시 마포구 성산동 | | | | 장 번 호 2-1 | | 처리시각 14시 33분 31초 | | | |
| 지 번 | | 축 척 1:600 | | 비 고 | | 작성자 인터넷민원 | | | |

토지대장 본문 표시 및 소유자 정보:

| 토지 표시 | | | | 변동일자 | 소유자 | | |
|---|---|---|---|---|---|---|---|
| ❷ 지 목 | 면적(㎡) | 사 유 | | 변동원인 | 성명 또는 명칭 | 주소 | 등록번호 |
| (08) 대 | *144.5* | (62)1974년06월12일 구획정리 완료 | | ❸ 1980년 12월 23일 (03)소유권이전 | 외 4인 | | 0702-1***** |
| | | | | 1992년 09월 28일 (04)주소변경 | 삼능구주공동 | | |
| | | --- 이하 여백 --- | | 1993년 07월 02일 (03)소유권이전 | 외 4인 | | 0702-1***** |
| | | | | 1997년 06월 20일 (03)소유권이전 | 삼봉구 북동 911 | | 0116-2***** |
| | | | | (03)소유권이전 | | | 1218-1***** |

| ❹ 등급수정 년월일 | 1983. 05. 16. 수정 | 1984. 07. 01. 수정 | 1985. 07. 01. 수정 | 1986. 08. 01. 수정 | 1989. 01. 01. 수정 | 1990. 01. 01. 수정 | 1991. 01. 01. 수정 | 1992. 01. 01. 수정 | |
|---|---|---|---|---|---|---|---|---|---|
| 토지 등급 (기준수확량등급) | 76 | 200 | 202 | 203 | 207 | 216 | 220 | 226 | 용도지역 등 |
| ❺ 개별공시지가기준일 | 20  년 01월 01일 | 20  년 01월 01일 | 20  년 01월 01일 | 20  년 01월 01일 | 20  년 01월 01일 | | | | |
| 개별공시지가(원/㎡) | 3010000 | 3070000 | 3100000 | 3230000 | 3330000 | | | | |

| 수 수 료 전자결제 민 원 | | 토지대장에 의하여 작성한 등본입니다. 20  년 05월 31일 서울특별시 마포구 |
|---|---|---|

◆ 본 증명서는 인터넷으로 발급되었으며, 민원24(minwon.go.kr)의 인터넷발급문서진위확인 메뉴를 통해 위·변조 여부를 확인할 수 있습니다.(발급일로부터 90일까지) 또한 문서하단의 바코드로도 진위확인(스캐너용 문서확인프로그램 설치)을 하실 수 있습니다.

**❶ 고유번호/토지소재/지번/축척:** 고유번호는 토지마다 붙이는 일련번호로 토지의 주민등록번호라고 생각하면 된다. 그리고 토지의 주소가 나온다. 축척은 이 토지의 측량 비율을 말한다.

**❷ 지목:** 토지의 현황을 구분하여 등록한다. 이 토지는 건축물이 지어져 있는 '대'이다. 만약 지목이 바뀌었다면 가장 최근 것을 현재의 지목으로 보면 된다.

**❸ 변동일자/원인:** 소유권의 변동사항에 대해 날짜와 원인을 기록한다. 만약 대장의 소유자와 등기부의 소유자가 다르면 등기부의 소유자를 우선한다.

**❹ 토지등급:** 세금을 매기기 위한 토지등급이 기록되어 있다. 그런데 1996년부터 개별공시지가가 부과되면서 사실 토지등급은 별 의미가 없어졌다.

**❺ 개별공시지가:** 개별공시지가는 양도소득세·상속세·종합토지세·취득세·등록세 등 국세와 지방세를 산정하는 데 기초자료로 활용되며, 원칙적으로 매년 1월 1일이 기준이다.

## 실습 토지대장 열람하기

**1.** 정부24 사이트에 접속해 로그인한다. 화면 중앙의 '자주 찾는 서비스'에서 '토지(임야)대장'을 누른 다음, '토지(임야)대장 열람·등본발급 신청'에서 〈발급〉을 클릭한다.

| 정부24 | www.gov.kr |
|---|---|

**2.** 토지나 임야대장을 열람할 수 있는 화면이 나온다. '대상토지 소재지' 란에 찾아볼 토지의 주소를 입력하고 〈민원 신청하기〉를 누른다.

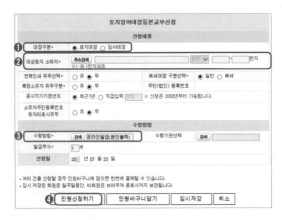

**3.** 그러면 수수료 결제화면이 나온다. 결제방법을 선택한 후 이후 과정을 진행하면 토지대장을 열람할 수 있다.

# 05 | 지적도/임야도 제대로 보는 법

>>>

지적도는 권리분석을 할 때도 필요하지만 현장답사를 갈 때 꼭 지참해야 한다.

각각 구획된 논이나 밭, 임야 등을 세는 단위는 '필'(필지)이다. 우리나라의 토지는 무려 3천여 만 필지나 된다. 평균으로 보면 적어도 국민 2명 중 1명 이상에게는 돌아갈 만큼 많은 것이다.

그런데 우리나라는 50만 명, 즉 국민의 1%가 전체 국토의 48.1%를 소유하고 있으며, 자산 불평등을 보여주는 지표인 개인토지의 지니계수는 0.81(최대 불평등 상태 1)이나 된다. 어쨌거나 이 3천여 만 필지는 각 필지마다 일반 토지는 지적도, 임야는 임야도가 있다.

## 지적도, 무엇을 챙겨봐야 하나?

지적도는 쉽게 말하자면 토지의 모양, 경계선 등을 알기 쉽게 지도로 표시해 놓은 것이다. 그 토지의 소재지·지번·지목·경계선·축척, 그리고 상태와 인접 도로의 폭 등을 알 수 있다. 그래서 어디까지가 내 토지이고 남의 토지인지 구분하려면 지적도를 보면 된다. 또한 건축허가를 받으려면 지적도를 토대로 건축설계도를 작성해야 한다.

뒤쪽에 내가 관심을 두고 열람한 지적도를 실어 놓았다. 지적도의 위쪽은 북쪽이다. 지적도에는 수평적인 경계만 표시되며 등고선 같은 지형적인 요소들은 없다. 하지만 지적도를 보면 토지의 방향과 모양, 경계선을 알 수 있다.

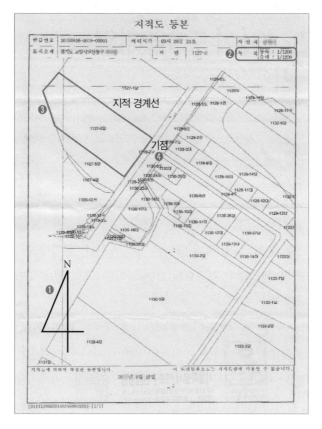

① **방위:** 지적도의 위쪽이 북쪽이다.

② **축척:** 1,200분의 1 축척에서 1㎝는 12m에 해당된다. 이를 통해서 현장에서 실제 거리를 대략 계산해 볼 수 있다.

③ **지적 경계선:** 토지의 경계선이다. 논이라면 논둑이 경계선이 된다.

④ **기점:** 현장답사에서 토지를 찾는 데 기준이 되는 것이다. 대개는 도로와 하천, 근처에 집 등이 있다면 기점으로 유용하다.

구글어스에 주소와 지번을 입력하면 위성을 통해 찍은 사진을 볼 수 있다.

지적도와 임야도는 전국 어느 행정관청(시·군·구청, 주민센터 등)에서나 발급받을 수 있고, 인터넷에서 무료로 열람할 수도 있다. 요즘은 위성사진이 잘 나오므로 구글어스를 다운받아 설치한 후 주소를 입력해도 볼 수 있다. 지적도와 임야도는 토지이용계획확인서에도 나온다.

# 지적도와 실제 토지를 맞추어 보는 법

요즘은 내비게이션의 성능도 우수하고 인터넷이나 스마트폰 어플로도 손쉽게 지도를 볼 수 있다. 하지만 종이 지적도를 중심으로 설명해 보겠다.

첫째, 먼저 지적도의 북쪽과 실제의 북쪽이 정확하게 일치하도록 지적도를 돌려 놓는다. 나침반을 지적도 위에 올려놓고, 북쪽을 가리키는 바늘이 지적도의 북쪽을 향하도록 지적도를 이리저리로 돌려 맞추면 된다. 그러면 지적도와 실제 토지의 방향이 일치된 것이다. 나침반이 없다면 스마트폰에서 다운받을 수 있다.

둘째, 이 상태에서 지적도의 1cm는 실제로 12m이고(1/1,200), 임야도의 1cm는 실제로 60m(1/6,000)라는 점을 감안하여 현황을 파악하면 된다. 도심의 지적도는 축척이 1/600인 경우도 있다. 이때 지적도의 1cm은 실제 6m이다.

## 실습 지적도 열람하기

1. 정부24 사이트에 접속한 다음 화면 중앙의 '자주 찾는 서비스'에서 '지적도(임야도)'를 누른 다음, '지적도(임야도) 등본발급 및 연람'의 〈발급〉을 클릭한다.

   | 정부24 | www.gov.kr |
   |--------|------------|

2. 지적도 등본 교부신청 화면이 나타나면, 신청내용에는 부동산의 주소를 입력하고, 수령방법은 '온라인발급─본인출력'을 선택한다. 발급부수 항목에는 필요한 만큼 숫자로 기입하면 된다. 입력이 다 끝나면 〈민원 신청하기〉를 클릭하고 인쇄를 하면 된다.

# 06

# 토지이용계획확인서 보는 법

토지이용계획확인서에서는 특히 지역, 지구, 용도와
도시계획도로 저촉 여부를 유심히 보아야 한다.

**사례** 유씨가 토지이용계획확인서를 보고 화들짝 놀란 이유

유성국 씨(39세)는 자그마한 디자인 사무실을 운영 중인데, 단독주택을
사서 사무실로 쓰다가 작은 사옥을 짓는 게 꿈이다.

근처 공인중개사무소에 들렀더니 마침 괜찮은 물건이 있다고 소
개를 했다. 대지가 76평쯤인데, 지하철역과 공원도 가까우며 작은 길
에 접해 있었다. 게다가 인근 땅값이 평당 3,300만원인데 공인중개사
가 3,100만원 선으로 협상을 해 보겠다고 했다.

내게 "이 물건 어떤가요?"라며 묻길래, 주소를 물어 인터넷으로
기초 서류들을 열람했다.

다음 그림은 내가 인터넷에서 열람한 그 단독주택의 토지이용계획확인서
이다. '국토의 계획 및 이용에 관한 법률에 따른 지역·지구 등' 부분을 보
면, '소로1류(폭 10M~12M)(저촉)'라고 되어 있다. 지적도에도 이 집의 양쪽을 파
고 들어가는 빨간 선이 보인다. 대지가 약 76평인데, 앞으로 도로가 확장되
면 무려 35평이 거기로 들어가 버리고 집마저 헐어야 한다. 내 설명을 들은
성국 씨는 큰일날 뻔했다며 그동안 부동산에 대해 너무 몰랐고, 이참에 경
매공부를 해야겠다고 말했다.

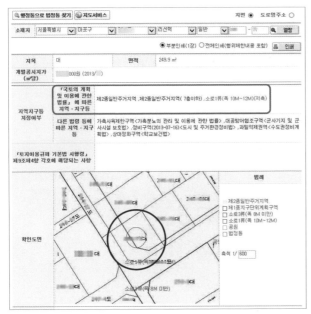

## 토지이용계획확인서, 무얼 보아야 할까?

우리나라의 모든 토지는 이미 용도가 정해져 있다. 토지의 용도를 단순히 지목으로 판단하는 사람들이 많다. 하지만 사실 지목은 그 토지의 현황에 관한 표시에 불과하다. 지목보다 지역·지구·구역 등 용도지역이 훨씬 유용한 정보이다.

토지이용계획확인서에는 소재지·지번·지목·경계·면적·용도지역까지 나온다. 도시계획도로 저촉 여부나 도시개발계획, 공원녹지계획 등 토지의 활용에 영향을 미칠 수 있는 정보도 확인할 수 있다.

그러나 초보자라면 토지이용계획확인서를 보고 그 토지의 용도를 정확히 파악하기가 쉽지 않을 것이다. 여기서 찬찬히 설명해 보겠다.

토지이용계획확인서를 열람한 결과, 집의 1/2이 뜯겨 나갈 위험이 있는 경우.

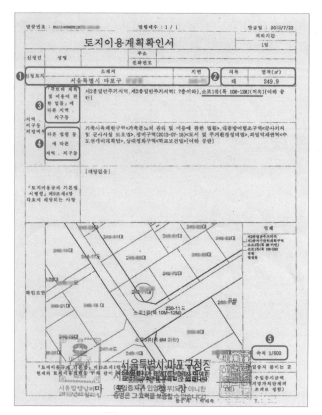

❶ 토지의 소재지와 지번이 나온다.

❷ **지목/면적**: 이 토지의 지목은 '대'이고 면적은 약 76평이다.

❸ **국토의 계획 및 이용에 관한 법률에 따른 지역 · 지구 등**: 이 토지가 속한 지역은 '제2종 일반주거지역'이다. 단독주택 · 공동주택 · 판매시설 · 의료시설 · 종교시설 · 교육연구시설 등을 지을 수 있다.

❹ **다른 법령 등에 따른 지역 · 지구 등**: 국토법이 아닌 다른 법에 의한 규제가 표시된다. 이 지역은 가축사육이 제한되어 있으며, 대공방어 협조구역이고, 주거환경 정비구역이며, 과밀억제권역이다.

❺ **축척**: 지적도의 축척이 쓰여 있다. 1/600 축척이면 지적도상 1cm가 6m이다.

반드시 토지이용계획확인서를 열람하여 이용에 제한이 없는지 살펴보아야 한다. 만약 내용을 파악하기 어렵다면 등기부등본, 토지대장, 지적도, 토지이용계획확인서를 발급받아 시·군·구청의 도시계획과 담당직원과 상담하는 것이 가장 확실한 방법이다.

**실습** 토지이용계획확인서 열람하기

**1.** 국토교통부의 토지이음 사이트에 접속한 후, 화면 중앙에서 해당 토지의 주소를 입력하고 〈열람〉을 클릭한다. 토지이음에서는 열람만 가능하다. 토지이용계획확인서가 필요하면 정부24(www.gov.kr) 사이트에서 '토지이용계획확인'을 클릭하면 된다.

| 토지이음 | www.eum.go.kr |
|---|---|

**2.** 토지이용계획확인서가 나타나면, 축척란의 숫자를 바꾸어 지적도를 더 넓게, 또는 더 좁게 볼 수도 있다.

축척란의 숫자를 바꾸어 지적도를 더 넓게, 또는 더 좁게 볼 수 있다.

# 07 지목과 용도지역 알아보기

부동산의 가격을 좌우하는 지목과 용도지역을 살펴본다.

## 지목은 개인이 바꿀 수 있다

지목은 토지의 현황, 즉 이용 형태를 보여주는 것이다. 지목은 전·답·임야·대 등 28개나 되지만, 모두 알 필요는 없고 중요한 것만 살펴보자.

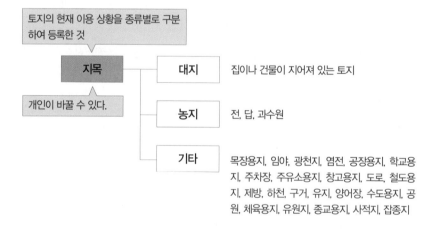

토지의 현재 이용 상황을 종류별로 구분하여 등록한 것

지목 → 개인이 바꿀 수 있다.

대지: 집이나 건물이 지어져 있는 토지

농지: 전, 답, 과수원

기타: 목장용지, 임야, 광천지, 염전, 공장용지, 학교용지, 주차장, 주유소용지, 창고용지, 도로, 철도용지, 제방, 하천, 구거, 유지, 양어장, 수도용지, 공원, 체육용지, 유원지, 종교용지, 사적지, 잡종지

전: 물을 대지 않고, 곡물이나 원예작물 · 약초 · 뽕나무 · 닥나무 · 묘목 · 관상수 등의 식물을 재배하는 토지.

답: 물을 직접 대어 벼 · 연 · 미나리 등의 식물을 주로 재배하는 토지.

대: 집이나 건물이 지어져 있는 토지.

구거: 용수, 배수 등을 목적으로 한 인공수로나 그 부속 시설물의 부지. 농촌에 있는 구거는 그 활용도와 가치가 매우 높다.

잡종지: 갈대밭 · 채석장 · 노천시장 · 비행장 · 공동우물처럼 다른 지목에 속하지 않는 토지.

# 용도지역이 중요한 이유

공인중개사무소의 한쪽 벽에서 '제1종 전용주거지역', '제3종 일반주거지역' 등이 붉은 글씨로 쓰인 큰 지도를 본 적이 있을 것이다. 경매로 집이나 토지를 사서 개발할 사람이라면 이제부터 소개할 내용을 꼭 기억하자.

토지의 용도지역이 표시되어 있는 지도.

## 용도지역에 따라 무엇이 달라지나?

용도지역이란 건축허가를 받을 때 허용되는 세부 용도(단독주택, 다가구주택, 근린생활시설 등)를 구분하는 기준이다. 우리나라는 '국토의 계획 및 이용에 관한 법률'에 의하여 전국의 모든 토지를 도시지역, 관리지역, 농림지역, 자연환경보전지역으로 구분한다. 용도지역은 중복으로 지정할 수 없다.

각 용도지역·지구·구역에 따라 지을 수 있는 건축물의 종류나 규모가 다르다(지방자치단체마다 기준과 건축물의 종류가 다르다). 또한 같은 용도의 건물이라도 건축허가 여부, 건폐율과 용적률이 달라진다. 그래서 부동산 경매를 하거나 매매를 할 때는 반드시 용도지역이나 지구를 확인해야 한다.

지목은 개인이 바꿀 수 있지만, 용도지역은 개인이 바꿀 수 없으며 중앙정부에서만 바꿀 수 있다. 간혹 지방 유지라는 사람들이 용도지역을 바꾸어 주겠다고 호언장담하는 경우가 있는데, 절대 과신하면 안 된다.

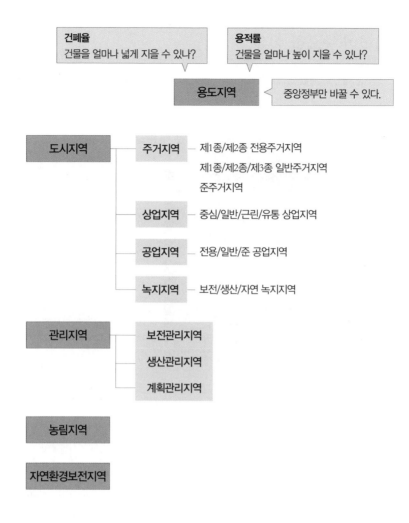

## 핵심 용도지역 살펴보기

위의 그림과 같이 모든 토지는 세부지역으로 구분된다. 모두 알아야 할 필요는 없지만 이름만 간략히 눈에 익히고 넘어가자.

**주거지역의 종류** | 우리가 살고 있는 지역은 대부분 주거지역일 것이다. 주거지역이라고 해서 모두 같지는 않다. 전용주거지역보다는 일반주거지역이, 일반주거지역보다는 준주거지역이 상가도 많고 토지를 다양하게 개발할

수 있어서 활용가치가 더욱 높다.

만약 여러분이 살고 있는 곳이 전용주거지역이라면, 앞으로 개발될 가능성보다 보존될 가치가 높은 지역이다. 서울시 종로구 평창동, 서대문구 연희동 일대가 주로 단독주택이 밀집해 있는 전용주거지역의 예이다.

도시지역의 주거지역은 종류에 따라 용적률과 건폐율이 달라진다. 다음은 서울시 조례에 기초한 용적률과 건폐율이다(시간이 지나면 바뀔 수 있다).

서울시 주거지역의 용적률과 건폐율

| 구분 | 건축 가능 층수 | 용적률 | 건폐율 |
|---|---|---|---|
| 제1종 전용주거지역 | 단독주택 중심으로 2층 이하. | 100% 이하 | 50% 이하 |
| 제2종 전용주거지역 | 공동주택 중심으로 층수 규제는 없다. | 120% 이하 | 40% 이하 |
| 제1종 일반주거지역 | 저층주택 중심으로 4층 이하. | 150% 이하 | 60% 이하 |
| 제2종 일반주거지역 | 중층주택 중심으로 완화 규정에 따라 7층 이하, 12층 이하. (시장정비사업시 15층 이하) | 200% 이하 | 60% 이하 |
| 제3종 일반주거지역 | 중고층주택 중심으로 층수 규제는 없음. | 250% 이하 | 50% 이하 |
| 준주거지역 | 주거 기능 위주로 일부 상업기능 및 업무 기능 보완. | 400% 이하 | 60% 이하 |

**상업지역** | 도시지역의 상업지역은 상업 및 그외 업무의 편익을 높이기 위한 고밀도 개발지역으로 국토교통부나 시도지사 또는 대도시 시장에 의해 도시관리계획으로 지정된 지역이다.

**공업지역** | 공업지역으로 지정된 지역은 법률에 의해 건폐율이 70% 이하, 용적률이 200~400% 이하이며, 도시계획 조례에 따라서 세부사항이 정해진다.

**녹지지역** | 자연환경·농지·산림을 보호하고 도시의 무질서한 확산을 막기 위해 녹지보전이 필요한 지역으로 규제가 가장 강한 지역이다.

잠깐!

## 시나리오로 알아보는 지목과 용도지역

지목은 현재 토지가 사용되고 있는 현황을 보여주며, 용도지역은 건축허가를 받을 때 허용되는 세부 용도를 구분하는 기준으로 중앙정부에서 정한다.

❶ 여러분이 강화도에 작은 전원주택을 짓기 위해 논을 100평 샀다고 하자. 토지등기부를 확인해 보니 지목이 '답'이었다. '답'은 물을 직접 대어서 벼, 연, 미나리 등을 재배하는 토지이다. 지목은 그저 현재 그 토지가 무엇으로 이용되고 있는가, 즉 현황을 보여주는 것이다.

❷ 전원주택을 지으려면 그 토지의 용도지역을 확인해야 한다. 토지이용계획확인서를 떼어 봤더니, 용도가 자연환경보전지역이라면 집을 지을 수 없다. 다행히 여러분이 산 토지가 비록 현재 논으로 사용되고 지목이 '답'이지만, 용도지역은 주거지역이라면 집을 지을 수 있다.

❸ 강화도의 그 토지 위에 작은 전원주택을 지었다고 치자.

❹ 이제 지목을 변경해야 한다. 예전에는 '답'이었으나, 이제 해당 지방자치단체의 지적과에서 지목을 '대'로 변경하면 된다.

## 다가구주택/다세대주택/연립주택 쉽게 정리하기

다가구주택, 다세대주택, 연립주택 등은 비슷해 보이지만 엄연히 다르다. 각 주택의 특징과 차이점을 확실히 기억해 두자.

**단독주택**은 연면적이나 층수 제한이 없다.

**다가구주택**은 660㎡ 이하, 3층 이하이며, 소유권 등기가 구분되어 있지 않다.

**다세대주택**은 660㎡ 이하, 4층 이하이며, 전유부분마다 구분등기가 되어 있다. 만약 다가구주택을 사서 101호, 102호 식으로 따로 구분등기를 하면 이제 다세대주택이 된다.

**연립주택**은 연면적 660㎡ 초과, 4층 이하이다.

**아파트**는 연면적 기준이 없으며 5층 이상이다.

**4**

# 권리분석의 기본기 ①

## - 등기부상의 권리가 사례와 함께 쏙쏙

부동산 경매 투자에서 정말 중요한 권리분석! 단순암기가 아니라
원리를 이해하면 아무리 복잡한 권리관계라도 손쉽게 풀 수 있다.
이번 장에서는 실제 사례를 통해 등기부상의 권리들을 단순 명쾌
하게 풀어본다.

# 이 아파트는 왜 낙찰자들이
# 자꾸 매수를 포기할까?

"마음에 드는 경매물건을 몇 개 골라서 권리분석을 하는 중인데 머리가 아파요. 누가 대신 좀 해 주었으면 좋겠어요."

"그렇다고 그 중요한 걸 남에게 덥석 맡기면 안 돼요. 만에 하나 권리분석이 틀려서 손해라도 본다면 그 사람이 대신 책임져 주는 것도 아닌데…… 일단 해 보고 다른 사람의 의견을 참조하는 식으로 해야 해요."

★

전화통화가 끝난 뒤 다시 생각해 보니 '오죽 답답했으면 그랬을까?'라는 생각이 들었다. 그래서 퇴근한 뒤 술 한잔 하자고 불렀다. 호프집으로 헐레벌떡 들어서는 선영 씨의 가방에 서류뭉치들이 한가득 담겨 있었다.

"그게 다 뭐예요?"

"감정평가서랑 현황조사서, 매각물건명세서에요. 마음에 드는 경매물건이 몇 개 있는데 낙찰받아도 괜찮을지 걱정되네요."

그중 부평의 한 경매 아파트가 눈에 띄었다. 감정가가 2억 7,500만원인데, 4차까지 유찰되어 최저매각가격이 6천만원대로 떨어졌다. 결국 8,100만원에 낙찰되었는데, 어쩐 일인지 낙찰자가 잔금을 내지 않아 재매각으로 나왔고, 6차 매각에는 7,500만원에 낙찰되었지만 또다시 미납이 되었다.

"부평의 이 아파트는 왜 낙찰자들이 번번이 낙찰잔금을 내지 않아 매수를 포기했을까요?"

"글쎄요. 막상 낙찰받고 보니 돈이 부족했던 것 아닐까요?"

"그런 경우도 있지요. 하지만 이 경우는 낙찰자들이 권리분석을 제대로 하지 않고 입찰했기 때문이에요. 권리상 큰 하자가 있었거든요. 이 아파트는 입찰가를 4천만원 정도로 해야 손해를 안 봅니다."

실제로 부동산 경매사건을 검토하다 보면 이런 일이 드물지 않다.

"권리분석은 좀 어려운 것 같아요. 저도 얼른 해 보고 싶은데 쉽지 않네요."

"처음에는 막연하고 막막한 게 당연해요. 하지만 자꾸 공부하다 보면 패턴이 보이고 자신만의 방법도 생기게 마련입니다. 무엇보다 마음을 편하게 가지는 것이 중요해요. 끈기 있게 밀어붙이세요."

지금부터 부동산과 관련 있는 권리들을 차근차근 공부하며 준비한다면, 6개월 정도 후에는 선영 씨 혼자서도 충분히 안전한 첫 낙찰을 받을 수 있을 것이다.

# 01 권리분석은 왜 중요한가?

>>>

"권리분석이 중요하다던데, 어렵다고 남에게 맡길 수도 없고……"

**사례** **권리분석을 잘못해서 입찰보증금을 날린 경우**

신동욱 씨(32세)는 직장동료가 신혼집을 부동산 경매로 싸게 장만하는 것을 보고 경매에 관심을 갖게 되었다. 경매서적을 몇 권 읽어보니 금방 상당한 이익을 얻을 수 있다는 희망에 부풀었다. 그중에서도 특히 마음에 드는 것은 "경매는 법원에서 매각을 진행하므로 안전하다"는 내용이었다고 한다.

드디어 동욱 씨는 신도시 14평 아파트에 입찰해 첫 입찰에서 바로 낙찰에 성공했다. 그런데 기쁨도 잠시, '누구든 선호할 만한 아파트인데 왜 입찰자가 나뿐이었을까?' 하는 생각이 들었다.

그는 수소문 끝에 경매 전문가를 만난 후 뒤늦게 후회했다. 그 아파트 세입자의 보증금 6천만원을 자신이 돌려주어야 한다는 것이다. 생각지도 못한 돈을 더 지출해야 하는 셈이다.

왜 이런 실수를 했을까? 동욱 씨는 "경매는 법원에서 매각을 진행하므로 안전하다"는 말의 의미를 오해한 것이다. 이 말은 일반매매로 부동산을 살 때 상대방이 계약의 내용을 이행하지 않아 발생할 수 있는 위험으로부터 안전하다는 말이다. 결코 '권리관계가 모두 안전하다'는 의미가 아닌데, 권리분석조차 제대로 하지 않고 입찰한 것이다. 그는 결국 그 아파트의 매수를 포기하기로 결정했고 입찰보증금 1,400만원을 날렸다.

경매로 매각되는 부동산에는 여러 이해 관계인이 다양한 권리를 가지고 있게 마련이다. 권리분석이란 부동산상의 권리 및 그 관계 등에 하자가 있는지 여부를 분석하는 작업이다.

부동산에 설정된 권리 중에는 매각 후에 그 부담이 낙찰자에게 고스란히 인수되는 경우가 있다. 결국 권리분석은 매각 후에 어떤 권리는 나에게 인수되고, 어떤 권리는 소멸되어 없어지는지를 분석하는 것이다.

권리분석을 소홀히 해서 낙찰잔금 외에 추가비용을 더 내야 하는 경우가 더러 있다. 우리가 경매를 고집하는 이유는 단 하나! 좀더 저렴한 비용으로 구입해서 이익을 더 많이 얻기 위해서이다. 그런데 권리분석을 잘못해서 일반매매보다 비용과 노력이 오히려 더 든다면 억울할 수밖에 없다. 그러므로 부동산 경매에서 권리분석은 투자의 성패를 가르는 중요한 요소이다.

## '권리가 있다'고 알리는 게시판, 등기부

부동산의 모든 권리는 제3자에게도 효력이 발생하게 하려면 반드시 공시를 해야 한다. 만약 공시하지 않은 권리도 제3자에게 영향을 미친다면, 마치 숨어 있다가 갑자기 튀어나와 뒤통수를 치는 것과 같은 비겁한 행위를 인정하는 셈이기 때문이다.

권리의 종류에 따라 공시 방법이 다르다. 등기로 공시해야 하는 경우도 있고(근저당권 등), 등기를 하지 않아도 일정한 요건을 갖추면 효력이 발생하는 권리도 있다(유치권 등). 결국 등기부만으로는 모든 권리를 분석할 수 없다는 말이다. 5장에서 상세히 설명한다.

# 02

# 말소기준권리 바로보기

말소기준권리, 편리하지만 조심도 해야 한다.

'말소기준권리'는 경매 부동산에 있는 권리들이 매각 후 사라지는지, 아니면 낙찰자에게 인수되는지를 판단하는 기준이 되는 특정 권리를 말한다.

　말소기준권리보다 후순위에 있는 권리들은 모두 소멸(말소)되고, 선순위에 있는 권리는 소멸되지 않아 그 부담이 낙찰자에게 인수된다는 것이다. 그렇다면 어떤 권리가 말소기준권리가 될 수 있을까?

**말소기준권리**

| | | |
|---|---|---|
| ① (근)저당권 | ② (가)압류 | ③ 담보가등기 |
| ④ 배당요구를 하거나 경매를 신청한 전세권자 | | ⑤ 경매개시 결정 등기 |

만약 말소기준권리가 2개 이상이라면, 그중에서 순위가 가장 빠른 권리가 말소기준권리가 된다.

　이제 말소기준권리를 통해 경매 부동산의 권리분석을 해 보자. 근저당권, 가압류 등 생소한 말이 등장하는데, 일단 여기서는 그냥 따라해 보자. 원래 말소기준권리 이론은 단순히 외워서 기계적으로 적용하는 것이기 때문이다. 다양한 권리의 의미에 대해서는 뒤에서 쉽게 다시 설명한다.

# 말소기준권리로 권리분석을 해 보자

[사례1] 재팔 씨의 아파트에 아래와 같은 권리들이 설정되어 있는데, A은행이 근저당권을 내세워 임의경매를 신청했다. 우선 말소기준권리가 될 수 있는 권리를 찾아보자.

| 순위 | 권리자 | 권리내용 | 설정일자 | 비 고 | 인수/소멸 |
|---|---|---|---|---|---|
| 1 | 김재팔 | 소유권 | 2005. 3. 16. | | |
| ☑ 2 | A은행 | 근저당권 | 2009. 12. 17. | | 소멸 (말소기준권리) |
| ☑ 3 | 나부자 | 가압류 | 2010. 7. 08. | | 소멸 |
| 4 | 강부자 | 가처분 | 2010. 7. 10. | | 소멸 |
| ☑ 5 | 김삼순 | 전세권 | 2020. 11. 11. | 배당요구 | 소멸 |
| ☑ 6 | 이재벌 | 가압류 | 2021. 1. 17. | | 소멸 |
| 7 | A은행 | 임의경매 신청 | 2022. 10. 18. | | 소멸 |

❶ 말소기준권리가 될 수 있는 것: 근저당권, 배당요구를 한 전세권, 가압류 2건
❷ 말소기준권리: 가장 선순위인 A은행의 근저당권

말소기준권리인 A은행의 근저당권을 포함한 아래의 모든 권리가 사라지고, 낙찰자에게 인수되는 권리는 없다. 안전한 경매물건이다.

[사례2] 다음에서 말소기준권리는 무엇일까? 입찰할 만한 경매사건일까?

| 순위 | 권리자 | 권리내용 | 설정일자 | 비 고 | 인수/소멸 |
|---|---|---|---|---|---|
| 1 | 김재팔 | 소유권 | 2005. 3. 16. | | |
| 2 | 나부자 | 가처분 | 2009. 12. 17. | | 인수 |
| ☑ 3 | A은행 | 근저당권 | 2010. 7. 08. | | 소멸 (말소기준권리) |
| ☑ 4 | 김삼순 | 전세권 | 2020. 7. 10. | 배당요구 | 소멸 |
| ☑ 5 | 강부자 | 가압류 | 2021. 11. 11. | | 소멸 |
| ☑ 6 | 이재벌 | 가압류 | 2022. 1. 17. | | 소멸 |
| 7 | A은행 | 임의경매 신청 | 2022. 10. 18. | | 소멸 |

❶ 말소기준권리가 될 수 있는 것: 근저당권, 배당요구를 한 전세권, 가압류 2건
❷ 말소기준권리: 말소기준권리가 될 수 있는 것 중 가장 선순위인 A은행의 근저당권

경매로 매각된 후에는 A은행의 근저당권을 포함한 아래의 모든 권리가 소멸되어 낙찰자에게 인수되지 않는다. 하지만 나부자 씨의 가처분은 A은행의 근저당권보다 선순위이기 때문에, 매각된 후에도 소멸되지 않고 그 부담이 낙찰자에게 고스란히 인수된다. 위험한 경매물건이다.

## 말소기준권리 이론만 알면 권리분석이 끝이라고?

경매 부동산의 권리를 말소기준권리로 분석해 보면, 일단 복잡해 보이던 권리 관계들이 간단하고 명료하게 정리된 듯 보인다.

그런데 말소기준권리 이론은 출처가 불명확하며, 현행법이나 판례 어디에서도 비슷한 말조차 찾아볼 수 없다. 그런데도 부동산 경매서적이나 강의에서 이 이론에 바탕을 두고 권리분석을 하는 경우가 매우 많다.

심지어 어떤 책에서 "말소기준권리에 관해 민사집행법이 규정하고 있다"는 어처구니없는 문구를 본 적도 있다. 과연 저자가 민사집행법을 한 번이라도 읽어본 적이 있는지 의심이 드는 대목이다.

### 말소기준권리 이론은 편법일 뿐

무엇보다 말소기준권리 이론은 왜 어떤 권리는 말소기준권리가 되고, 어떤 권리들은 안 되는지 설명이 없다.

"왜 근저당권은 말소기준권리가 되고, 가처분은 안 되나요?"

이런 질문을 떠올려 보는 것이 중요하다. 하지만 안타깝게도 많은 사람들이 말소기준권리를 그저 기계적으로 암기해 적용한다.

사실 말소기준권리 이론은 편법에 불과하다. 가르치는 사람들조차 그렇게 배웠고, 아무런 의심이나 사명감도 없이 그렇게 가르치고 있다. 그런데 이 이론으로는 깊이 있고 정확하게 권리분석을 하기가 어렵다. 왜 그럴까?

# 권리분석은 이론이 아니라 법이다

부동산 경매는 개인 간의 돈에 관한 분쟁을 해결하기 위해 필요한 절차이므로, 결국 권리분석은 민법에 따라 이루어져야 한다. 그런데 법은 기존 규정에 하자가 있다면 그것을 보수하고 끊임없이 개정한다.

민법의 기본 취지는 '억울함 없는 분쟁해결'이다. 그러므로 민법의 하자란 '억울함'이다. 어떤 규정을 사건에 적용했더니 억울한 사람이 생긴다면, 그 규정은 하자가 있기 때문에 개정해야 한다. 법은 이처럼 수백 년에 걸쳐 '억울한 사람이 없도록' 개정을 거듭했으므로 각 규정에는 순리가 담겨 있다. 경매와 관련된 법도 밑도 끝도 없는 말소기준권리 이론으로는 그 순리를 설명할 수 없다.

## 권리분석의 정석

나는 예전에 말소기준권리 이론을 아예 강의하지 않았다. 하자가 많은 이론으로 초보자에게 혼란을 주고 싶지 않았기 때문이다. 그랬더니 나에게 배운 사람들이 이런 소리를 들었다고 한다.

"도대체 부동산 경매를 누구한테 배웠기에 말소기준권리도 모르냐?"

그후부터는 나도 말소기준권리를 강의한다. 다만 더욱 철저히 분석하고 어떤 하자가 있는지에 대해 꼭 설명한다.

본질은 존중되어야 한다. 본질을 이해하지 못한 편법은 항상 위험을 가지고 있기 때문이다. 그리고 "왜?"라는 질문을 끊임없이 던지지 않는다면 그 본질을 이해할 수 없다.

이제 권리분석의 정석을 살펴보면서 그때그때 말소기준권리 이론이 간과한 부분을 확인해 보겠다. 먼저 채권과 물권부터 알아보자.

말소기준
권리

# 03 채권과 물권에 대해 알아보자

>>>

부동산 권리의 가장 큰 줄기를 먼저 파악해 보자.

*생소한 용어들이 나와서 이해가 잘 안 될 수도 있다. 여기서는 편안한 마음으로 그냥 읽고 넘어가자. 뒤에서 그림과 현장 사례를 곁들여 쉽게 하나하나 설명한다.

우선 부동산에 설정된 권리는 크게 채권과 물권으로 나눈다.* 채권과 물권이 각각 무엇인지부터 살펴보자.

## 채권이 뭐지?

채권이란 특정인에게 일정한 행위를 청구할 수 있는 권리이다. 채권을 '돈을 받을 권리'로만 아는 경우가 많은데, 돈으로 산정할 수 없는 것도 채권이 될 수 있다.

가령 재팔 씨가 아파트를 달봉 씨에게 파는 매매계약을 했다면, 재팔 씨는 매매대금 지급 청구권, 달봉 씨는 소유권 이전 청구권을 가지게 된다. 돈을 달라는 권리도, 소유권을 이전해 달라는 권리도 모두 채권이다.

채권은 당사자들의 계약에 따라 종류와 내용이 다양하다. 다만 채권의 목적이 되는 행위는 실천할 수 있고, 법에 어긋나지 않으며, 사회적 타당성이 있어야 한다. 밤하늘의 별을 따 주기로 한 약정, 다른 사람을 폭행해 주기로 한 약정 따위는 법적 효력이 없다.

## 물권이 뭐지?

물권은 물건과 직접적으로 관련된 권리이다. 즉, 물건을 직접 지배하여 이익을 얻는 배타적인 권리이다. 하지만 물권은 법이 정해진 것만 인정되는데 이를 '물권 법정주의'라고 한다. 부동산의 물권에는 전세권, 근저당권,

소유권, 점유권, 지상권, 지역권, 유치권 등이 있다. 그 외에 분묘기지권 같은 관습법상의 물권도 있다. ¯4.5장

## 물권과 채권의 차이

첫째, 물권은 물건을 대상으로 하고, 채권은 특정한 사람의 행위를 대상으로 한다.

둘째, 물권은 절대적 지배권이다. 예를 들어 물권인 전세권을 가지고 있으면, 계약기간 안에는 집주인이 협조하지 않더라도 그 집을 사용하고 수익을 얻을 수 있다. 반면 채권은 상대적인 청구권이다. 가령 채무자가 돈을 갚아야 나의 채권이 만족된다.

셋째, 물권은 배타적 권리이다. 하나의 물건에 서로 양립할 수 없는 물권이 2개 이상 동시에 성립될 수 없다. 가령 나의 소유권이 100%인 아파트는 다른 누구도 소유권을 가질 수 없다. 반면 채권은 배타성이 없다. 같은 내용의 채권이 동시에 2개 이상 양립할 수 있다.

넷째, 물권은 절대성이 있어서 모든 사람에게 주장할 수 있다. 가령 토지를 빌린 임차인이 지상권을 설정했다면, 땅주인이 바뀌더라도 새 주인에게 지상권을 주장할 수 있다. 반면 채권은 절대성이 없어서 채무자에게만 주장할 수 있다. 내가 A에게 돈을 빌려주고 B에게 갚으라고 주장할 수는 없다.

물권과 물권끼리 충돌할 때는 먼저 성립한 것이 우선하며, 물권과 채권이 충돌하면 물권이 우선하는 것이 원칙이다.

강의를 하며 "물권의 반대는 무엇인가요?"라고 물으면 대부분 "채권이요"라고 한다. 그러면 나는 다시 묻는다. "그럼, 채무의 반대는 무엇인가요?"

물권과 채권은 서로 상반되는 개념이 아니다. 채권과 채무가 반대개념이고, 물권은 채권을 강화한 개념이다. 그런데도 많은 사람들이 채권과 물권을 서로 반대개념으로 알고 있는데, 둘의 차이점만 무작정 암기하다 보니 의미를 제대로 파악하지 못해 이런 착각을 하는 것이다.

채권을 강화한 것

# 04 권리분석의 2가지 기본원칙

>>>

권리분석의 기본원칙을 알아보자. 권리분석의 명확한 기준을 세울 수 있을 것이다.

우리는 살아가면서 분쟁이 생기면 법으로 풀고, 법률로 명확히 규정되지 않은 문제라면 판례를 통해 답을 찾곤 한다. 민사의 판례는 판사가 내린 판결을 하나의 예로 삼은 것이다.

그런데 법률에 명확한 규정도 없고 기존의 판례도 없는 분쟁이 생기면 판사들은 무엇을 참고하여 판결할까? 바로 민사의 대원칙인 '신의성실의 원칙'에 따라 판결한다.

신의성실의 원칙이란 모든 사람이 사회 공동생활의 일원으로 상대방의 신뢰에 어긋나지 않도록 성의 있게 행동해야 한다는 것이다. 쉽게 말하면 내가 어떤 권리와 의무를 행사하든 간에, 남에게 '예측하지 못한 피해에 따른 억울함'이 생기면 안 된다는 것이다.

신의성실의 원칙은 부동산 경매의 권리분석에도 적용된다. 결국 매각 후 어떤 권리가 낙찰자에게 인수되고, 어떤 권리는 소멸되는지를 결정할 때, 누구에게도 예측하지 못했던 억울한 피해가 생겨서는 안 된다는 것이다. 이 대원칙을 이해하면, 법률이 구체적이고 직접적으로 규정하지 않은 권리들의 인수와 소멸에 대해서도 분석할 수 있다.

부동산 경매는 다음에서 설명하는 2가지 대원칙만을 기억하고 적용하면 모든 권리를 쉽게 분석할 수 있다.

## 돈이 목적인 권리와 처분

돈이 목적인 권리와 처분들은 그 부동산이 경매로 팔리면 낙찰 대금으로 배당을 해 주면 된다. 돈을 갚았다면, 설령 배당재원이 부족해 배당받지 못한 사람이 생기더라도 이제 그 권리는 더 이상 인정해 줄 필요가 없다. 그러므로 돈이 목적인 권리나 처분은 매각 후 그 효력이 소멸된다.

## 돈이 목적이 아닌 권리나 처분

경매는 부동산을 강제로 팔아서 현금화하는 절차이므로, 그 매각 대금으로 배당은 줄 수 있지만 돈 외의 목적은 충족시켜 줄 수 없다. 그래서 돈이 목적이 아닌 권리나 처분은 그 부동산이 경매로 매각되더라도 효력이 없어지지 않고 낙찰자에게 인수된다.

| 권리분석의 제1원칙 | 경매 부동산에서 돈이 목적인 권리나 처분은 매각 후 소멸되고, 그밖의 것은 인수된다. |
| --- | --- |

권리분석의 제2원칙은 이처럼 제1원칙을 적용했을 때 억울한 피해를 보는 사람이 있다면 그를 보완해 주는 기능을 한다. 요점은 제1원칙을 적용할 때 선의의 제3자에게 피해가 발생하면 안 된다는 것이다. 처음에는 조금 어려울 수 있다. 하지만 걱정할 필요 없다. 앞으로 권리분석의 제1원칙과 제2원칙을 계속 반복해 설명할 것이다.

| 권리분석의 제2원칙 | 제1원칙을 적용할 때 선의의 제3자에게 피해가 발생하면 안 된다. |
| --- | --- |

# 05 >>> 경매사건의 단골손님 근저당권

경매사건에서는 근저당권이 자주 등장한다. 그러나 제대로 알고 있는 사람은 의외로 드물다.

### 사례 근저당권을 제대로 몰라 보증금을 날린 용주 씨

30대 초반 직장인 권용주 씨(33세)로부터 다급하게 연락이 왔다. 전세로 살고 있는 아파트가 경매로 넘어가게 생겼는데 보증금을 돌려받을 수 있을지 걱정이라고 했다.

용주 씨에게 경매 사건번호를 불러달라고 해서 내용을 파악해 보니, 안타깝게도 보증금 1억원을 한푼도 받을 수 없었다. 현재 아파트 시세가 2억 5천만원인데 선순위로 2억 1,600만원의 근저당권이 설정되어 있었던 것이다.

"계약 당시 대출이 이렇게 많은 줄 몰랐나요?"

"등기부등본을 봐서 근저당권이 있다는 것은 알고 있었어요. 그런데 공인중개사가 근저당권의 채권최고액은 2억 1,600만원이지만 집주인이 이미 많이 갚았고, 실제로 남은 대출금은 7천만원이라고 했어요."

용주 씨뿐만 아니라 공인중개사도 근저당권의 의미를 정확히 이해하지 못해 큰 손해를 보게 된 것이다. 왜 그럴까?

## 저당권이 뭐지?

"집을 저당잡혔어요", "저당권이 1억원이 있는 집입니다" 등과 같이 저당권이라는 말을 자주 들어보았을 것이다.

저당권은 채권자가 채무자가 담보로 제공한 부동산에 대해 후순위 채권자보다 먼저 돈을 돌려받을 수 있는 권리이다. 예를 들어 재팔 씨가 달봉 씨의 집을 담보로 돈을 빌려주고 저당권을 설정하면, 나중에 그 저당권을 근거로 경매를 신청할 수 있다. 이 경우 재팔 씨는 다른 후순위 채권자들보다 먼저 돈을 돌려받을 수 있다. 이러한 권리를 '우선 변제권'이라고 한다.

근저당권은 우선 변제권이 있어요.

이때 담보로 삼는 부동산은 반드시 대출자의 소유일 필요가 없으며, 다른 사람의 부동산을 담보로 잡을 수도 있다. 우리가 흔히 말하는 '보증'이 이것이며, 이때 자신의 물건을 담보로 제공한 보증인을 '물상보증인'이라고 한다.

**상황** 은행이 재팔 씨 아파트에 근저당권을 설정했다

A은행이 재팔 씨에게 5천만원을 빌려주었는데 2천만원을 갚았다면, 이제 채권액은 3천만원으로 줄어든다. 반대로 재팔 씨가 사정이 어려워 이자조차 밀렸다면 채권액은 5천만원보다 커진다.

## 근저당권이 뭐지?

그런데 채권액이 바뀔 때마다 저당권을 말소하고 다시 설정하거나, 감액이나 증액 등기를 한다면 번거로울 것이다. 근저당권은 바로 이런 불편을 해소하기 위한 것으로, 장래의 채권을 일정액의 한도에서 미리 담보하는 저당권을 말한다.

이를테면 재팔 씨의 대출금은 5천만원이지만, A은행이 채권최고액을 넉넉잡아 6,500만원으로 근저당권을 설정하는 것이다. 그러면 실제 채권액이 늘거나 줄 때마다 저당권을 다시 설정하거나 변경하지 않아도 된다. 결국 근저당권의 채권최고액은 말 그대로 채권액의 최고 한도이며, 실제로 빌린 돈은 그보다 적을 수 있다.

대출금이 1억원이라면, 은행은 근저당권의 채권최고액을 120~130%

인 1억 2천만원이나 1억 3천만원으로 설정하는 경우가 많다. 채무자가 이자를 제때 내지 않았을 때를 감안하여 근저당권을 설정하기 때문이다. 거의 대부분의 채권자가 저당권이 아닌 '근저당권'을 설정한다.

등기부등본의 근저당권

| 【 을 　　　 구 】 | | ( 소유권 이외의 권리에 관한 사항 ) | | |
|---|---|---|---|---|
| 순위번호 | 등기목적 | 접수 | 등기원인 | 권리자 및 기타사항 |
| 1 | 근저당권설정 | 2022년 2월 19일 제5030호 | 2022년 2월 17일 설정계약 | 채권최고액 금 48,000,000원 채무자 김** 서울특별시 송파구 잠실동 ** 아파트 ***-*** 근저당권자 주식회사미래은행 1101**-****** 서울특별시 중구 을지로1가 ***-* ( 을지로3가지점 ) |

미래은행이 2022년에 김씨의 아파트에 채권최고액 4,800만원의 근저당권을 설정했다.

## 한정 근저당권과 포괄 근저당권

근저당권은 다시 한정 근저당권과 포괄 근저당권으로 나눌 수 있다. 한정 근저당권은 채권을 특정한 근저당권이고, 포괄 근저당권은 특정하지 않고 장래에 생길 모든 채권을 담보하는 근저당권이다.

**상황** **재팔 씨가 주택담보대출뿐 아니라 카드대금도 연체했다면**

A은행이 돈을 빌려주면서 재팔 씨의 아파트를 담보로 잡고 근저당권을 설정했다. 그런데 그는 아파트 담보대출도 갚지 못한 데다가 카드대금도 연체했다. 이에 은행은 재팔 씨의 아파트를 경매로 넘겼다.

이때 A은행이 '한정 근저당권'을 설정해 두었다면, 대출금은 배당으로 돌려받을 수 있지만 연체된 카드대금은 돌려받을 수 없다. 반면 '포괄 근저당권'이라면, 매각 후에 대출금뿐만 아니라 연체된 카드대금까지 우선 변제권을 주장하여 배당받을 수 있다.

그런데 저당권과 근저당권은 등기부에 각각 구별하여 기록하지만, 한정 근저당권과 포괄 근저당권은 모두 '근저당권'으로만 되어 있기 때문에 어느 것인지 알 수 없다. 다만 근저당권 설정 계약서에 "장래의 불특정 채권을 모두 피담보 채권으로 한다"는 특약이 있다면 포괄 근저당권으로 인정된다. 은행은 대출을 할 때 거의 대부분 한정 근저당권을 설정한다.

## 근저당권은 어떤 효력이 있을까?

저당권과 근저당권은 효력이 같은데, 현실에서 훨씬 자주 등장하는 근저당권으로 설명해 보겠다.

첫째, 근저당권은 경매 신청권이 있다.

채무자가 빚을 갚지 않으면, 소송 없이도 바로 담보 부동산의 경매를 신청할 수 있다.

둘째, 근저당권은 우선 변제권이 있다.

근저당권은 다른 후순위 채권보다 우선적으로 돈을 배당받을 수 있다. 만약 한 부동산에 근저당권이 여러 개 있다면 배당은 등기의 순서에 따르며, 후순위 근저당권자는 선순위 근저당권자가 배당을 받고 남은 돈에서 배당을 받게 된다.

셋째, 근저당권은 경매로 부동산이 매각되면 모두 소멸된다.

근저당권은 돈을 돌려받기 위해 설정된 권리이니 배당을 받으면 목적을 이룬 셈이다. 그러므로 매각과 동시에 효력이 사라지고, 낙찰자는 등기에 있는 근저당권을 말소해 달라고 신청할 수 있다.

그런데 만약 근저당권자가 경매로 돈을 모두 돌려받지 못한다면 어떻게 될까? 안타깝지만 일단 경매로 부동산이 매각되면, 근저당권은 한푼도 배당을 못 받았더라도 소멸되고 만다.

근저당권은 매각 후 소멸

**실습** 아파트의 근저당권 권리분석

**사례** 근저당권이 있는 신도시 아파트

경기도 모 신도시의 42평 아파트가 8억원으로 꼭지를 쳤을 때, 김세연 씨(38세)는 A은행에서 3억원의 근저당권을 설정하고 2억 5천만원을 대출했다. 그리고 2년 후 이번에는 B새마을금고에서 3억원의 근저당권을 설정하고 2억 5천만원을 빌렸다.

현재 이 아파트는 시세가 5억원으로 내린 상태이다. 경매로 나온 이 아파트의 권리분석을 해 보자.

| 등기순위 | 권리자 | 권리내용 | 채권액 | 조건 |
|---|---|---|---|---|
| 1순위 | A은행 | 근저당권 | 3억원<br>(실채권액 2억 5천만원) | 부동산 시세: 5억원<br>예상 낙찰가: 4억원 |
| 2순위 | B새마을금고 | 근저당권 | 3억원<br>(실채권액 2억 5천만원) | |

이 신도시 아파트의 시세가 5억원이라면, 낙찰가는 약 4억원 선이 될 가능성이 높다. 일단 선순위인 A은행은 경매 후 실채권액인 2억 5천만원을 모두 돌려받을 수 있다. 이제 배당금이 약 1억 5천만원밖에 남지 않았다. 그래서 후순위인 B새마을금고는 대출금 2억 5천만원 중에서 1억원은 돌려받지 못할 것으로 예상된다.

이때 낙찰자가 B새마을금고의 1억원을 대신 갚아야 한다면, 아무도 이 사건에 입찰하지 않을 것이다. 이처럼 입찰자가 없으면 아무 잘못도 없는 선순위 근저당권자인 A은행은 돈을 돌려받을 수 없게 된다. 그래서 근저당권은 매각 후 채권자가 돈을 일부만 돌려받더라도 그 효력이 소멸되는 것이다. 이런 이유로 은행들은 선순위에 근저당권이 있으면 후순위로는 대출을 잘 안해준다.

**기억하자!** 경매 부동산의 모든 근저당권은 매각과 동시에 소멸되며, 어떤 경우라도 낙찰자에게 그 부담이 인수되지 않는다.

잠깐! 근저당권의 '채권최고액'에 주의해야 하는 이유

근저당권은 채권최고액을 정해놓고 그 한도 내에서 얼마든지 실제 채권액을 늘리거나 줄일 수 있다고 했다. 그리고 이 권리의 순위는 증액 또는 감액한 시점이 아니라 '등기상에 근저당권이 설정된 시점'으로 결정된다.

### 용주 씨가 보증금을 날린 이유

128쪽의 사례에서 용주 씨가 전세로 임대한 아파트에는 채권최고액 2억 1,600만원의 근저당권이 설정되어 있었다. 용주 씨는 집주인이 대출을 많이 갚아서 7천만원만 남았다는 말을 듣고 전세계약을 한 것이다.

그런데 임대차 계약 당시 근저당권의 실제 채권액이 7천만원이었더라도, 이후 집주인이 추가 대출을 받아서 2억 1,600만원으로 불어났다면, 이 돈이 모두 용주 씨의 임대차보다 선순위가 된다. 그래서 용주 씨가 보증금 1억원을 한 푼도 돌려받지 못하게 된 것이다.

안타깝게도 아직도 계약 당시의 실채권액을 기준으로 근저당권을 분석하는 공인중개사들이 더러 있다. 그러나 근저당권은 항상 '등기부에 기록된 채권최고액'을 기준으로 분석해야 한다.

여러분도 만약 용주 씨의 아파트처럼 실채권액(7천만원)이 채권최고액(2억 1,600만원)에 비해 매우 작은 경우라면, 임대차 계약을 할 때 근저당권의 채권최고액을 낮추어 다시 등기를 해 달라고 집주인에게 당당히 요구해야 한다.

## NPL이 뭐지? – 근저당권도 사고팔 수 있다

부동산을 매매한다는 것은 그 부동산의 소유권을 매매하는 것이다. 마찬가지로 근저당권도 사고팔 수 있다.

서울시 송파구 신천동의 한 아파트가 경매로 매각된다. 감정평가금액은 13억 2 천만원이고, 현재 한 번 유찰되어 2회차의 매각을 앞두고 있다. 그런데 등기사 항을 보니 의아한 부분이 있다.

| 구분 | 권리명 | 접수일 | 권리자 | 금액 | 기타 | 소멸 |
|------|--------|--------|--------|------|------|------|
| 집합 | 소유 | 2001-08-16 | | | 전소유자: | |
| | 근저 | 2001-08-30 | 한빛은행 양재동 | 650,000,000 | 말소기준권리 | 소멸 |
| | 근저 | 2006-07-27 | 우리은행 양재동 | 240,000,000 | | 소멸 |
| | 근저 | 2008-11-24 | 우리은행 여신관리부 | 240,000,000 | | 소멸 |
| | 보처 | 2010-08-20 | 서울중앙지방법원 | | | 소멸 |
| | 이전 | 2010-09-07 | 신용보증기금 성남 | 211,987,165 | 우리은행(08.11.24) | |
| | 임의 | 20  -12-08 | 우리파인제4차유동화전문 | 청구금액: 1,087,671,031 | 20  타경10 | 소멸 |
| | 압류 | 20  -01-26 | 서울시송파구 | | | 소멸 |

이 경매사건은 담보권의 실행으로 개시된 임의경매 사건인데, 경매를 신청한 '우 리파인제4차유동화전문'회사는 담보권을 가지고 있지 않다. 어떻게 된 일일까?

이 회사는 채권 양도·양수를 전문으로 하는 회사(유동화자산 회사)로서 선순위 로 설정된 우리은행(한빛은행)의 근저당권을 양수하여 그 근저당권으로 경매를 신청한 것이다.

요즘은 돈을 빌려준 은행이 원리금을 반환받지 못할 경우, 경매신청 전이 나 경매진행 중에 그 근저당권을 제3자에게 양도하는 경우가 많다. 이처럼 금융

134

기관이 보유하고 있는 채권 중에 회수할 가능성이 없거나 어렵게 된 부실채권을 NPL(Non Performing Loan)이라고 하는데, 보통 실제 채권액보다 낮은 금액으로 거래된다.

부동산 경매에 대한 관심이 커지면서 NPL 투자에 대한 관심도 높아져 요즘은 이와 관련된 책이나 강의를 쉽게 접할 수 있다. 그러나 NPL 투자가 그리 녹록하지만은 않다.

유동화자산회사는 그 경매사건의 예상 낙찰금액을 분석해, 자기가 보유하고 있는 NPL을 배당 예상 금액보다 높은 가격으로 매각한다. 물론 낙찰가격은 실제로 매각이 되어 봐야 알 수 있지만, 그런 가격으로 NPL을 취득한다면 이익보다는 손해를 볼 가능성이 더 높을 수밖에 없다.

그래서 NPL을 낮은 가격으로 양수한 후, 그 부동산이 높은 금액에 낙찰되기를 기다려 양수 금액보다 더 높은 배당을 받는 식의 투자는 성공을 기대하기 어려울 뿐만 아니라 올바른 투자방법이라 할 수도 없다. 물론 NPL을 양수한 후 그 부동산을 직접 낙찰받는다면 실제의 취득가격에 비해 많은 금액의 대출을 받을 수 있거나, 나중에 매도할 때 양도소득세를 절세할 수 있는 등의 이익을 기대할 수 있기는 하다.

그러나 이제 일반인들은 NPL을 양수하는 것조차 불가능하게 되었다. 2015년 7월 24일 신설되어 1년의 유예기간을 거쳐 2016년 7월 24일 발효된 법률규정(대부업의 등록 및 금융이용자보호에 관한 법률 제9조의4 제3항)에 따라 대부업을 등록한 대부업자, 여신금융기관 등 대통령령으로 정한 자가 아닌 자는 채권(NPL)을 양수할 수 없게 되었기 때문이다.

# 06

>>>

## 토지경매에서 매우 중요한 지상권

지상권이 있는 토지, 무조건 두려워하지는 말자.

**상황** 남의 땅 위에 건물을 지은 경우

김 사장(43세)이 나부자 씨의 토지를 빌려 토지 임대차 계약을 하고 2억 원을 들여 할인 브랜드 상가를 지었다. 이때 김 사장은 그 토지에 대해 임차권을 가진다. 임차권은 채권이라서 배타적인 권리가 아니므로 제3자에게는 주장할 수 없다. 예를 들어 새 땅주인이 상가를 철거하라고 하면 어쩔 수 없이 나가야 한다. 그러면 김 사장은 상가를 지을 때 든 2억원을 고스란히 날리게 된다.

## 지상권이 뭐지?

지상권이란 다른 사람의 토지 위에 건물이나 기타 공작물(담, 굴뚝, 광고탑 등), 수목을 소유하기 위해 그 토지를 사용하는 권리를 말한다.

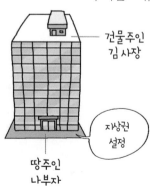

김 사장처럼 남의 토지에 건물을 지은 경우 그 토지에 '지상권'을 설정할 수 있다. 가건물, 창고, 그리고 조경수, 유실수 등의 나무가 서 있는 토지에도 지상권을 설정할 수 있다. 김 사장과 땅주인인 나씨가 계약을 하고 토지등기부에 지상권을 설정하면, 김 사장은 이제 땅주인이 바뀌더라도 계속 그 토지를 사용할 수 있다.

건물주인
김 사장

지상권
설정

땅주인
나부자

등기부등본의 지상권

| 【 을 　　　구 】 | | ( 소유권 이외의 권리에 관한 사항 ) | | |
|---|---|---|---|---|
| 순위번호 | 등기목적 | 접수 | 등기원인 | 권리자 및 기타사항 |
| 1 | 지상권설정 | 2012년 5월 19일 제62413호 | 2012년 5월 19일 설정계약 | 목적 수목 및 건물 기타 공작물의 소유 범위 토지전부 존속기간 2012년 5월 19일부터 만 30년 지료 없음 지상권자 서울미래협동조합 1149**-****** 서울특별시 강서구 등촌동 ***-** ( 우장산역지점 ) |

서울미래협동조합이 토지 사용료(지료) 없이 30년 동안 토지를 사용할 수 있는 지상권이 설정되어 있다.

## 지상권은 얼마나 오래 존속될까?

지상권은 토지에 관한 물권이어서 절대적이고 배타적인 권리이다. 그래서 그 토지 위에 자기 소유의 건물을 신축하거나 임대할 수 있으며, 땅주인이 바뀌더라도 권리를 계속 주장할 수 있다.

지상권은 임대료가 없더라도 성립된다.(담보권을 강화하기 위해 지상권을 설정하는 경우, 대체로 토지 사용료가 없다.) 건물주가 땅주인에게 보증금을 냈더라도 지상권은 담보물권이 아니므로 경매에서 배당을 받을 수 없으며, 보증금을 돌려받으려면 별도로 보증금 반환 청구소송을 해야 한다.

만약 김 사장이 지상권을 1년으로 계약했다면, 1년 후 건물을 철거해야 하므로 국가경제로 봐서도 손실이다. 그래서 민법은 지상권의 최단 존속기간을 규정해 두었다.

지상권의 최단 존속기간은 석조·석회조·연와조 등의 견고한 건물, 토지에 수목을 심은 경우에는 30년, 그외의 건물은 15년, 담·굴뚝·광고탑 등의 공작물은 5년이다. 별도로 약정하지 않은 경우는 물론이고, 가령 3년으로 서로 합의했더라도 최하 5년 이상 지상권을 유지할 수 있다. 지상권은 토지 경매에서 중요한 문제이니 꼭 기억해야 한다.

# 30년이 지나도 건물이 멀쩡하다면

김 사장이 나부자 씨의 토지에 지상권을 설정하고 상가를 지어 임대사업을 하다가 계약기간이 끝났다고 하자. 하지만 아직 멀쩡한 건물을 철거해야 한다면 경제적 손실이 크다. 그래서 민법은 지상물이 계속 남아 있는 상태에서 기간이 만료되면, 김 사장에게 두 가지 특별한 권리를 인정해 준다.

### 계약 갱신 청구권
김 사장은 땅주인 나씨에게 지상권 설정 계약을 갱신해 달라고 청구할 수 있다. "아직 건물을 헐어 버리기에는 아까우니 지상권 설정 계약을 갱신해 주세요." 땅주인인 나씨는 이 요구를 거절할 수 있다. 그러면 김 사장은 지상물 매수 청구권을 행사할 수 있다.

### 지상물 매수 청구권
김 사장이 땅주인 나씨에게 내 건물을 사라고 청구하는 권리이다. "계약을 갱신해 주지 않으려면 이 건물을 사세요." 그러면 나씨는 김 사장의 지상물 매수 청구를 더 이상 거절할 수 없다.

## 지상권은 매각 후에도 사라지지 않는다

특히 토지 경매에서는 지상권의 인수와 소멸에 관한 분석이 매우 중요하다. 지상권은 경매로 땅주인이 바뀌더라도 사라지지 않고 낙찰자에게 인수된다. 이 경우 건물주에게 그 토지의 사용권이 있으니 땅주인의 소유권은 껍데기에 불과하다. 토지의 가치는 흙이 아니라 그 지상과 지하에 걸친 공간을 사용해서 이익을 얻을 수 있는 권리의 가치이기 때문이다.

내 땅이라도 내 맘대로 못해

지상권은 인수

그렇다면 지상권이 있는 토지는 무조건 입찰을 포기해야 할까? 아니다. 원칙이 있다면 예외가 있게 마련이다.

실제 경매 사건에서는 지상권이 소멸되는 경우가 더 많다. 토지에 설정된 권리가 지상권뿐이라면 낙찰자에게 인수되지만, 다른 권리들과 함께 설정되어 있다면 지상권의 순위에 따라 운명이 달라진다.

## 이런 경우에는 지상권이 사라진다

### 사례 김포시, 지상권이 있는 91평 토지의 가치

경기도 김포시의 4차선 도로를 낀 300㎡(약 91평) 토지가 경매로 나왔다. 최저매각가격은 2억 7천만원으로 평당 약 300만원 꼴이었다. 인근 도로를 낀 토지가 평당 350~400만원이므로 가격이 싼 편이었다.

그런데 등기부를 보았더니 송경숙 씨가 먼저 지상권을 설정하고, 후에 곽우석 씨가 근저당권을 설정했다. 현장답사를 나가 보니 스포츠 브랜드 할인매장이 있었다. 자, 이 토지가 입찰할 가치가 있는지 권리분석을 해 보자.

| 등기순위 | 권리자 | 권리내용 |
|---|---|---|
| 1순위 | 송경숙 | 지상권 |
| 2순위 | 곽우석 | 근저당권 |

(지상권이 선순위)

원래 지상권은 토지가 매각되어도 소멸되지 않고 그대로 낙찰자에게 인수된다. 하지만 위 사례에서 송씨의 지상권이 먼저 설정된 후 곽씨가 근저당권을 설정했다.

그런데 곽씨가 근저당권을 설정할 당시에 등기부등본을 보았다면 이미 선순위로 지상권이 있음을 알았을 것이다. 이 사실을 알면서도 땅주인에게 돈을 빌려주었다면 고의이고, 모르고 빌려주었다면 과실이다. 이러한 곽씨의 행동은 법률용어로 '악의의 법률행위'라고 한다.(이때의 '악의'는 나쁜 의도라는 의

**지상권이 선순위인 경우**

> **지상권은 낙찰자에게 인수되겠군.**
> 권리분석의 제1원칙 적용
>
> ⇩
>
> **피해를 보는 선의의 제3자도 없구나.**
> 권리분석의 제2원칙에 위배됨이 없음
>
> ⇩
>
> **지상권 낙찰자에게 인수**

미가 아니라 '선의'의 반대말일 뿐이니 오해하지 말자.)

어쨌든 곽씨는 '선의의 제3자'가 아니므로 손해를 보더라도 스스로 책임을 져야 한다. 이 경우 지상권은 낙찰자에게 인수된다. 그러므로 감정가 수준에서 입찰하면 큰 손해를 보게 된다.

### [사례] 고양시, 지상권이 있는 151평 토지의 가치

경기도 고양시 덕양구의 2차선 도로를 낀 500㎡(약 151평) 토지가 경매로 나왔다. 최저매각가격은 4억 5,300만원, 평당 약 300만원이다.

그런데 등기부를 열람해 보았더니, A은행이 땅주인에게 2억원을 빌려주고 근저당권을 설정한 후 기형식 씨가 지상권을 설정했다. 현장답사를 나가보았더니 2차선 도로치고는 통행량이 많았으며, 주위에는 음식점도 여럿 있었다. 이 토지가 입찰할 가치가 있는지 권리분석을 해 보자.

| 등기순위 | 권리자 | 권리내용 |
|---|---|---|
| 1순위 | A은행 | 근저당권 |
| 2순위 | 기형식 | 지상권 |

(지상권이 후순위)

보통 토지 경매에서 근저당권은 배당을 받은 후 소멸되고, 지상권은 낙찰자에게 인수된다.

그런데 이 사건은 좀 다르다. A은행이 근저당권을 설정할 당시에 그 토지에는 지상권이 없었다. A은행은 고의나 과실이 없는 선의의 제3자이다.

반면 기씨는 은행의 근저당권이 있는 줄 알면서도 건물을 짓고 지상권을 설정한 것이다. 이런 경우 기씨의 지상권은 낙찰 후에 소멸된다. 만약 지상권이 낙찰자에게 인수된다면 입찰가가 낮아져 선의의 제3자인 A은행이 피해를 보기 때문이다.

지상권 부담이 없으므로 좀더 치밀한 시세분석

**지상권이 후순위인 경우**

지상권이 낙찰자에게 인수되면
권리분석의 제1원칙 적용

⇩

선의의 제3자(선순위 권리자)에게
예측 못한 피해가 발생한다.
권리분석의 제2원칙에 위배됨

⇩

선의의 제삼자를 보호하기 위해
지상권이 소멸된다.
권리분석의 제2원칙 적용

과 현장답사를 통해 입찰을 고려해 볼 만한 물건이다.

### 상황 근저당권자와 지상권자의 이름이 같은 경우

강부자 씨가 김은택 씨의 토지를 담보로 잡고, 1억원을 빌려준 후 근저당권을 설정했다. 그런데 나중에 땅주인인 김씨가 다른 사람에게 그 토지에 건물을 짓는 것을 허락하고 지상권을 설정해 준다면, 강부자 씨는 큰 손해를 보게 될 것이다.

채권자는 이런 일을 막기 위해 돈을 빌려줄 때, 아예 토지에 근저당권뿐만 아니라 지상권을 함께 설정하는 경우도 있다. 지상권은 남의 토지 위에 건축물 등을 소유하려고 설정하는 권리지만, 현실에서는 이처럼 담보권을 강화하기 위해서 쓰이기도 한다. 그러면 땅주인이 자기 마음대로 지상권을 설정하지 못하며, 담보권이 더욱 튼튼해지기 때문이다.

다음 2가지 사례의 권리분석은 어떻게 다를까?

**상황 1**

| 등기순위 | 권리자 | 권리내용 |
|---|---|---|
| 1순위 | 강부자 | 근저당권 |
| 2순위 | 강부자 | 지상권 |

(1순위에 '말소기준권리' 표시)

**상황 2**

| 등기순위 | 권리자 | 권리내용 |
|---|---|---|
| 1순위 | 강부자 | 지상권 |
| 2순위 | 강부자 | 근저당권 |

(2순위에 '말소기준권리' 표시)

[상황1]처럼 강부자 씨가 근저당권을 선순위로 하여 지상권도 설정했다면, 이 경우 지상권은 근저당권을 강화하기 위한 목적으로 설정된 것이다. 그러므로 매각 후 강씨는 돈을 돌려받고 지상권도 소멸된다.

### 지상권 말소 동의서를 제출했다면

반면 [상황2]처럼 지상권이 선순위라면, 후순위인 근저당권은 매각 후에 소멸되지만 지상권은 인수된다. 이런 경우 입찰을 포기하는 것이 원칙이다.

그런데 경매에서 지상권 인수가 부담스러워 아무도 입찰하지 않으면 강부자 씨는 빌려준 돈을 제대로 못 받을 수 있다. 이런 경우 지상권자이자 근저당권자인 강씨가 법원에 '지상권 말소 동의서'를 제출하기도 한다. 즉, 경매 매각 후 낙찰자가 지상권을 말소해 달라고 하면, 설령 전액을 배당받지 못했더라도 협조하겠다는 것이다. 그러면 법원은 매각물건명세서에 "지상권 말소 동의서가 제출됐다"고 기록한다. 이런 토지는 위치 등 다른 조건이 좋다면 입찰을 해 볼 만하다.

이 경우 이미 지상권 말소에 동의했으니, 낙찰자는 강씨의 협조를 얻어 지상권을 말소할 수 있다. 그러므로 토지의 가치에 비해 근저당권의 채권최고액이 눈에 띄게 낮다면, 이보다 높은 가격으로 입찰을 고려해 볼 만하다.

또한 만약 [상황2]의 선순위 지상권이 지상 건축물을 소유할 목적이 아니라 담보권을 강화하기 위한 것이 명백하다면, 경매 후 강부자 씨가 돈을 모두 돌려받으면 지상권은 소멸된다. 빌려준 돈을 모두 받았는데도 지상권을 인정한다면, 권리의 이중행사를 용인하는 결과가 되기 때문이다.

### 사례 인천의 근린상가를 낙찰받았는데, 구분지상권이 있었다

권미애 씨(45세)는 1년 전 인천의 작은 근린상가를 경매로 낙찰받았다. 건물이 너무 낡아서 임대를 놓기엔 별로였지만, 상업지역의 대로변이어서 나중에 건축업자에게 팔면 큰 매매차익을 얻을 수 있을 것 같았다.

그런데 상가는 도무지 팔리지 않고, 임대료는 너무 작아서 생돈으로 대출이자를 낼 때마다 한숨이 절로 나왔다. 문제는 '지상권'이었다. 건물 앞의 도로 아래로 지하철 1호선이 지나가는데 지방자치단체가 이 토지에 일정 범위를 쓸 수 있는 구분지상권을 설정해 놓았던 것이다. 국가나 지방자치단체가 공익을 목적으로 설정한 지상권은 설령 선순위가 아니더라도 사라지지 않고 낙찰자에게 인수되는 경우가 있다. 그런 특별 매각조건은 매각물건명세서에 분명히 기록되어 있는데, 권씨는 미처 확인하지 못한 것이다. 구분지상권의 효력 범위가 지하에만 해당되니 대수롭지 않게 생각했다가 큰코다친 것이다.

# 후순위 지상권이 인수되는 경우도 있다

등기상 최선순위 설정 권리(말소기준권리)보다 후순위로 설정된 지상권이라고 모두 소멸하는 것은 아니다.

철도시설이나 송전시설 등처럼 연속된 시설이 있는 토지 중에 어느 한 토지의 사용권(지상권)이 소멸한다면, 그 토지 위를 지나는 철도나 송전선을 끊어내야 하는 문제가 발생한다. 그렇다고 서울부터 부산까지 철도가 지나는 모든 토지를 매수하거나, 등기상 아무 권리도 설정되지 않은 토지만을 골라 지상권을 설정할 수도 없는 노릇이다.

이처럼 공익을 위해 설치된 공공시설의 존치를 목적으로 한 지상권이 소멸된다면 공익을 해할 수 있기 때문에, 설령 후순위로 설정된 지상권이라도 경매나 공매로 소멸하지 않는다.

그렇다면 지상권의 인수와 소멸을 판단하기 위해서 그 지상에 설치된 시설이 공익시설인지에 대한 판단이 필요한 것일까? 걱정할 필요는 없다. 등기상에 설정된 권리 중에 낙찰자에게 그 부담이 인수되는 권리는 매각물건명세서에 분명히 기재된다. 그렇기 때문에 말소기준권리로만 권리분석을 하는 것은 위험하고 매각물건명세서를 꼼꼼히 살펴보아야 한다.

**잠깐!**

## 내 토지의 편익을 위한 지역권

실제 경매에서 지역권은 자주 등장하지 않는다. 따라서 그 개념만 간단히 살펴보자.

지역권이란 일정한 목적을 위해서 남의 토지를 자기 토지의 편익에 이용할 수 있는 물권이다. 예를 들어 달봉 씨는 지적도상 도로와 접하지 않은 '맹지'를 가지고 있다. 자기 땅으로 들어가려면 어쩔 수 없이 김 영감님의 땅을 지나야 한

저가…, 당신 땅으로 지나다녀도 될까요?

그렇게 하세요.

요역지

승역지

도로로 나가는 길이 없는 맹지

다. 이런 경우 김 영감님의 토지에 지역권을 설정하게 되면, 달봉 씨는 자유롭게 지나다닐 수 있다. 이때 달봉 씨의 토지는 일정한 편익을 요구하는 토지이므로 '요역지'라고 하고, 김 영감님의 토지는 그 요구를 승낙한 토지라는 의미로 '승역지'라고 한다. 지역권은 요역지와 승역지에 함께 등기된다.

### 지역권과 지상권의 다른 점

지역권은 남의 토지를 이용한다는 점에서 지상권과 비슷해 보이지만 사실 엄격하게 다른 물권이다. 앞에서 살펴본 지상권은 사람, 즉 지상권자를 위해 설정하지만, 지역권은 토지(요역지)를 위해 설정한다. 따라서 지역권은 항상 요역지의 처분에 따라 결정된다. 달봉 씨가 김 영감님에게 통행해도 좋다고 토지 사용 승낙을 받으면, 맹지더라도 건축허가를 받을 수 있다. 그런데 달봉 씨가 집을 지은 후 병만 씨에게 팔았다면, 병만 씨는 김 영감님의 토지를 지나다닐 수 없다. 하지만 달봉 씨가 자신의 토지를 요역지, 김 영감님 토지를 승역지로 하는 지역권을 설정해 놓았다면, 병만 씨는 지역권도 함께 취득한 것이기 때문에 당연히 김 영감님 토지를 지나다닐 수 있다.

## 입찰할 토지에 지역권이 설정되어 있다면

지역권의 인수와 소멸에 관한 권리분석은 그 지역권이 승역지역권인지 요역지역권인지에 따라 다르다. 승역지역권은 지상권처럼 토지 소유권을 일부 제한하는 등기라서 배당받을 권리(말소기준권리)보다 선순위로 설정된 경우 낙찰자에게 인수된다. 그러나 요역지역권은 오히려 소유권자에게 이로운 등기라서 순위를 불문하고 말소되지 않고, 낙찰자는 요역지로서의 이익을 고스란히 승계받을 수 있다.

# 07
>>>

# 주택 입찰자라면
# 꼭 알아야 할 전세권

아파트, 다세대주택, 단독주택 등 주택 경매에 관심이 있다면
꼭 체크해야 할 전세권에 대해 알아보자.

**사례** **건물에만 전세권이 설정된 경우**

김경진 씨(49세)는 전근을 가게 된 충주 외곽의 작은 농가주택을 전세
로 얻었다. 좀 낡았지만 대지가 제법 넓어 마당 한켠에 텃밭을 가꾸기
에도 딱이었다.

공인중개사에게 시세를 물어보니 대지가 넓어 2억원은 족히 될
것이라고 했다. 등기부등본에 선순위로 3천만원의 근저당권이 있었지
만, 이 정도라면 전세보증금 5천만원을 날릴 위험은 없어 보였다. 서
울의 가족들과 주민등록상 세대를 분리하지 않고 그대로 두고, 전세
권 설정을 조건으로 임대차 계약을 했다.

그런데 김씨가 전세권 설정 등기를 한 후 집주인이 또 대출을 받
았고, 결국 경매로 집이 넘어갔다. 그런데 경매 후 보증금 5천만원 중
고작 1천만원밖에 돌려받지 못했다. 왜 이런 일이 벌어졌을까? 토지
와 건물은 각각 별도의 부동산인데, 김씨는 달랑 집에만 전세권을 설
정했던 것이다. 건물 감정가는 고작 2천만원이었고, 배당금은 1천만
원에 불과해 무려 4천만원의 보증금을 날린 것이다.

주택이나 상가를 임차하면서 건물에만 전세권을 설정하는 사람들이 많다.
토지와 건물은 분명히 별도의 자산이므로 반드시 그 건물의 부속 토지에도
전세권을 설정해 두어야 한다.

# 전세권의 설정 요건

전세권을
내고 전세권 등기도
해야 해요.

**전세권**

전세권은 전세금을 내고 다른 사람의 부동산을 점유하여 사용할 수 있는 물권이다. 이때 전세권은 우리가 일반적으로 말하는 전세가 아니며, 우리가 보통 쓰는 전세(월세를 지급하지 않는 임대차)는 '채권적 전세'라고도 한다.

전세권은 2가지 요건이 필요한데, '반드시' 전세금을 내야 하며 등기를 해야 한다. 전세권 설정 계약서를 쓰고 보증금을 주고 등기부에 전세권 등기를 하면 '전세권'이 되고, 임대차 계약서만 쓰고 등기를 하지 않으면 '임대차'가 된다. 다만 그 임대차가 월세의 지급 여부에 따라 전세와 월세로 구분되는 것이다. 전세가 아니라 월세로 살기로 계약했더라도, 보증금을 돌려받기 위해 전세권 등기를 했다면 전세권이 된다.

**전세권과 전월세의 구분**

| 구분 | 전세권 | 임대차 | |
|---|---|---|---|
| | | 전세 | 월세 |
| 등기 여부 | 등기 | 미등기 | 미등기 |
| 월세 지급 여부 | 상관없음 | 미지급 | 지급 |

## 전세권의 효력

전세권을 설정할 경우 집주인이 보증금을 돌려주지 않으면 별도의 소송절차 없이 바로 법원에 경매를 신청할 수 있다. 또 다른 채권자가 경매를 신청했더라도 후순위 채권보다 우선 변제권이 인정된다. 하지만 전세금을 내지 않았거나 등기를 하지 않았다면 효력이 없으며, 경매에서도 우선 변제를 받을 권리가 없다.

**등기부등본의 전세권**

| 【 을      구 】 ( 소유권 이외의 권리에 관한 사항 ) | | | | |
|---|---|---|---|---|
| 순위번호 | 등기목적 | 접수 | 등기원인 | 권리자 및 기타사항 |
| 1 | 전세권설정 | 2022년 2월 19일 제5268호 | 2022년 2월 17일 설정계약 | 전세금 금340,000,000원 범 위 주거용 및 건물 5층 501호 전부 존속기간 2022년 2월 17일부터 2024년 2월 16일까지 전세권자 최○○ 75****-******* 서울특별시 영등포구 국회대로 000 ***동 ***호 |

임차인 최모 씨는 5층 건물의 501호에 대해 전세권을 설정했다.

## 전체를 빌려야 전세권이 생길까?

다가구주택은 3층 이하이고 건물면적이 660㎡ 이하인 주택이다. 각 호실별로 부엌, 화장실 등이 있는 독립공간으로 이루어져 있지만, 소유권이 따로 분리되어 있지 않다는 게 다세대주택과 차이점이다.

다가구주택의 일부(1층)에만 전세권을 설정한 경우, 전세권자는 집주인이 보증금을 돌려주지 않더라도 경매를 신청할 수 없다. 2층에는 전세권의 효력이 미치지 않으므로 건물 전체를 경매로 매각할 수도 없고, 1층과 2층이 등기상 분리되어 있지 않으므로 1층만 따로 매각할 수도 없기 때문이다.

이런 경우 전세금을 돌려받으려면 '보증금 반환 청구소송'을 통해 판결을 받고, 그 확정판결을 집행권원으로 하여 '강제경매'를 신청해야 한다. 다만 자신이나 제3자가 신청한 경매사건에서 우선 변제권은 부동산의 매각대금 전체에 대해 행사할 수 있다.

## 세입자가 전세권을 행사하는 의도에 따라 다르다

많은 입찰자들이 경매 주택의 전세권이 매각과 동시에 소멸되는지, 아니면 낙찰자에게 인수되는지 판단하기 어렵다고 한다. 그 이유는 전세권이 가지고 있는 2가지의 효력 때문이다.

전세권은 기본적으로 집이나 건물 등을 사용하기 위한 권리이므로 물권 중에서도 용익권이다. 한편 집주인이 만기 후에도 보증금을 돌려주지 않으면 경매를 신청할 수 있고, 후순위 채권자보다 먼저 배당받을 수도 있으므로 담보권의 성격도 있다.

전세권이 집이나 건물을 사용할 수 있는 권리인 용익권의 성격을 가진다면, 매각 후에도 소멸되지 않고 낙찰자에게 인수된다. 반면 전세권이 보증금을 돌려받기 위한 담보권이라면 배당 후 소멸되어 낙찰자에게 인수되지 않는다.

결국 전세권이 경매 후 소멸될지 여부는 전세권자가 현재 그 전세권을 용익권으로 쓰는지, 담보권으로 쓰는지에 따

전세권은 집이나 건물을 사용할 권리

전세권은 원래 낙찰자에게 인수됨

라 다르다. 전세권은 본질적으로는 집이나 건물을 빌려 사용하기 위해 설정하는 권리이므로 용익권이다. 그렇다면 전세권이 어떤 경우에 담보권이 되는지를 안다면 권리분석은 그리 어렵지 않을 것이다.

## 전세권이 매각 후 사라지는 경우

### 전세권자가 배당요구를 했다면

원래 전세권자는 계약기간이 끝나야 집주인에게 보증금을 돌려달라고 청구할 수 있다. 그런데 집이 경매로 넘어가면 계약 만기 전이라도 보증금을 돌려받기 위해 배당을 요구할 수 있다. 이 경우에 전세권은 돈을 돌려받기 위한 담보권이 되므로 낙찰대금으로 배당을 받고 나면 소멸된다. 그러므로 전세권자가 배당요구를 했다면, 경매 후 전세권이 소멸되므로 입찰자가 부담을 느낄 필요가 없다.

### 전세권자가 경매를 신청했다면

전세권자는 집주인에게 보증금을 돌려받지 못하면 경매를 신청할 수 있다. "집주인이 보증금을 돌려주지 않으니, 집을 경매로 매각하여 내 돈을 돌려주세요."

결국 돈을 돌려달라는 소리이니, 이때 전세권은 배당을 받고 소멸되므로 입찰자가 부담이 없다.

배당요구,
또는
경매 신청

세입자

전세권
소멸

전세권의 인수와 소멸

| 전세권자의 행동 | 선순위의 전세권 | 후순위의 전세권 |
|---|---|---|
| 배당요구도 안 하고 경매 신청인도 아닌 경우 | 인수 | 소멸 |
| 배당요구를 했거나 경매 신청인인 경우 | 소멸 | 소멸 |

> 낙찰자가 전세보증금을 돌려주어야 한다.

선순위의 전세권자가 배당요구도 하지 않고 경매 신청인도 아니라면 전세권은 낙찰자에게 인수된다. 이런 경우에는 낙찰자가 전세금을 돌려주어야 하므로, 입찰을 포기하거나 임차인에게 돌려줄 보증금을 감안하여 입찰가를 낮추어 써야 한다. 하지만 전세권자가 배당요구를 하거나 경매 신청인인 경우에 전세권은 매각으로 소멸되므로 안심해도 된다.

## 실습 전세권의 인수와 소멸

전세권은 낙찰 후에 어떤 경우에 인수되거나 소멸될까? 각 사례별로 정리해 보겠다. 주택이나 건물 경매에서 전세권의 인수와 소멸은 매우 중요하므로 꼼꼼히 익혀두자.

전세권자가 배당요구를 한 경우

| 순위 | 권리자 | 권리내용 | 배당요구 | 인수/소멸 |
|---|---|---|---|---|
| 1 | 김재팔 | 전세권 | O | ( ) |
| 2 | 송달봉 | 근저당권 | X | ( ) |
| 3 | 송달봉 | 임의경매 신청 | O | |

> 전세권 등의 권리가 낙찰자에게 인수될지, 또는 소멸될지 써보자.

선순위의 전세권자가 배당을 요구했다. 이 경우 전세권은 담보권으로서 부동산이 경매로 매각되면 낙찰자에게 인수되지 않고 소멸된다. 모든 근저당권은 매각으로 소멸된다는 것도 꼭 기억해 두자.
입찰해도 되는 안전한 경매물건이다.

1. 소멸 2. 소멸

### 전세권자가 경매를 신청한 경우

| 순위 | 권리자 | 권리 내용 | 배당요구 | 인수/소멸 |
|------|--------|-----------|----------|-----------|
| 1 | 김재팔 | 전세권 | X | ( ) |
| 2 | 송달봉 | 근저당권 | O | ( ) |
| 3 | 김재팔 | 임의경매 신청 | O | |

선순위의 전세권자가 배당요구는 하지 않았지만, 경매 신청인이라서 배당요구를
한 것과 다름없다. 이 전세권은 매각으로 소멸된다.
입찰을 고려해 볼 수 있는 안전한 경매물건이다.

1. 소멸   2. 소멸


### 전세권자가 배당요구도 하지 않고, 경매 신청인도 아닌 경우

| 순위 | 권리자 | 권리내용 | 배당요구 | 인수/소멸 |
|------|--------|-----------|----------|-----------|
| 1 | 김재팔 | 전세권 | X | ( ) |
| 2 | 송달봉 | 근저당권 | O | ( ) |
| 3 | 송달봉 | 임의경매 신청 | O | |

선순위의 전세권자가 배당요구도 하지 않고 경매 신청인도 아니다. 이 전세권은
경매 후에 낙찰자에게 인수된다.
조심해야 할 경매물건이다.

1. 인수   2. 소멸


### 전세권자가 후순위인 경우

| 순위 | 권리자 | 권리내용 | 배당요구 | 인수/소멸 |
|------|--------|-----------|----------|-----------|
| 1 | 송달봉 | 근저당권 | X | ( ) |
| 2 | 김재팔 | 전세권 | X | ( ) |
| 3 | 송달봉 | 임의경매 신청 | O | |

후순위의 전세권은 전세권자가 배당요구를 했는지, 경매 신청인인지의 여부에 상관없
이 무조건 매각으로 소멸된다.
입찰을 할 수 있는 안전한 경매물건이다.

1. 소멸   2. 소멸

# 내 자리 맡아줄래?, 가등기

가등기는 임시로 만든 등기라고 보면 된다.

사례 **주택에 가등기가 설정되어 있는 경우**

소유진 씨(38세)는 경매 주택을 알아보다가 서울시 관악구의 아파트를 발견했다. 그런데 등기부등본을 열람했더니, 집주인이 아닌 김가연 씨의 '소유권 이전 청구권 가등기'가 설정되어 있다. 어찌된 사정일까?

김씨는 2021년 2월에 매매계약서를 쓰면서 계약금 3천만원을 지불하고, 사정상 잔금 2억원은 3개월 후에 치르기로 했다. 이처럼 잔금을 치르지 않은 경우 매도인이 소유권을 넘겨줄 리 없다.

그런데 김씨는 이미 계약금을 주었는데, 집주인이 다른 사람에게 아파트를 또 팔아 버리면 어떻게 될까? 이중매매의 책임을 따질 수 있지만, 절차가 매우 복잡하고 손해를 모두 배상받을 수 있다는 확신도 없다. 이런 경우 '소유권 이전 청구권 가등기'를 하면 된다.

**등기부등본의 가등기**

| 【 갑　　　구 】 | | | (소유권에 관한 사항) | |
|---|---|---|---|---|
| 순위번호 | 등기목적 | 접수 | 등기원인 | 권리자 및 기타사항 |
| 3 | 소유권 이전 청구권 가등기 | 2021년 2월 27일 제3389호 | 2021년 2월 26일 매매예약 | 가등기권자 김가연 46****-******* 서울 관악구 남현동 000-0 한국△△△ *** |

김씨가 아파트 매매계약을 하면서 소유권 이전 청구권 가등기를 설정했다.

가등기는 본등기를 할 요건을 갖추지 못했을 때, 본등기의 순위를 보전하

순위를 지키기위해 임시로 하는 등기

가등기는 인수

기 위해 임시로 하는 등기이다. 나중에 할 본등기는 소유권 이전, 근저당권 설정, 전세권 설정 등기 등 다양하다. 권리의 설정·이전·변경·말소 등 등기를 할 수 있는 것은 모두 가등기의 대상이 된다.

그러나 부동산 경매에서 권리분석에 영향을 미치는 가등기는 대부분 소유권에 관한 것이고, 이것을 잘 이해하면 다른 가등기는 유추하여 해석할 수 있다. 그러므로 여기서는 '소유권 이전 청구권 가등기'(이하 '소유권 가등기'로 줄임)를 집중적으로 살펴보겠다. 이 가등기는 말 그대로 '소유권을 이전해 달라고 청구할 수 있는 권리'를 설정해 놓는 것이다.

## 소유권 가등기가 있는 아파트

가등기는 오로지 순위를 미리 찜하는 효력이 있을 뿐 그 자체로는 아무 힘이 없다. 다음의 사례를 살펴보자.

| 순위 | 권리자 | 권리내용 | 설정일자 |
|---|---|---|---|
| 1 | 김재팔 | 소유권 | 2005. 3.16. |
| 2 | 나부자 | 소유권 이전 청구권 가등기 | 2019. 12. 17. |
| 3 | 김삼순 | 소유권 이전 | 2020. 7. 8. |
| 4 | A캐피탈 | 근저당권 설정 | 2020. 7. 10. |
| 5 | 임오순 | 전세권 설정 | 2021. 11. 11. |

❶ 김재팔 씨가 2005년 3월에 이 아파트의 소유권 등기를 했다.

❷ 나부자 씨는 2019년 12월에 집주인인 재팔 씨와 합의하에 이 아파트에 소유권 가등기를 설정했다. 가등기는 순위 보전의 효력이 있을 뿐이며, 나씨가 아직 소유권을 취득한 것은 아니다. 그러므로 재팔 씨는 여전히 소유권을 행사할 수 있다.

❸ 김삼순 씨가 2020년 7월에 이 아파트를 재팔 씨로부터 매수하고, 소유권 이전 등기를 했다.

❹ A캐피탈사는 2020년 7월에 이 아파트를 담보로 삼순 씨에게 대출을 하고, 근저당권을 설정했다.

❺ 임오순 씨는 2021년 삼순 씨에게 전세금을 주고, 전세권을 설정했다.

아직까지는 아무 문제도 발생하지 않는다. 그런데 나부자 씨가 소유권 가등기에 근거해 2022년 3월에 본등기를 했다. 이제 어떤 일이 발생하는지 보자.

| 순위 | 권리자 | 권리내용 | 설정일자 |
|---|---|---|---|
| 1 | 김재팔 | 소유권 | 2005. 3. 16. |
| 2 | 나부자 | 소유권 이전 청구권 가등기 | 2019. 12. 17. |
| ❶ 2-1 |  | 본등기 | 2022. 3. 13. |
| ❷ ~~3~~ | ~~김삼순~~ | ~~소유권 이전~~ | ~~2020. 7. 8.~~ |
| ❸ ~~4~~ | ~~A캐피탈~~ | ~~근저당권 설정~~ | ~~2020. 7. 10.~~ |
| ❹ ~~5~~ | ~~임오순~~ | ~~전세권 설정~~ | ~~2021. 11. 11.~~ |

❶ 나부자 씨는 소유권 가등기를 2022년 3월에 본등기로 바꾸었다. 그러면 그의 본등기 날짜는 가등기 시점인 2019년 12월 17일로 인정된다.

❷ 나씨가 본등기를 함과 동시에, 삼순 씨의 소유권이 소멸해 버린다. 나씨의 소유권 이전 본 등기 날짜는 2019년 12월이고, 삼순 씨의 소유권 이전 등기는 2020년 7월이기 때문이다.

❸ 진짜 소유자가 아닌 삼순 씨에게 돈을 빌려준 A캐피탈사의 근저당권은 소멸된다.

❹ 임오순 씨의 전세권도 효력을 잃는다. 소유자도 아닌 삼순 씨에게 전세금을 낸 셈이기 때문이다.

물론 삼순 씨는 재팔 씨에게 매매대금을 돌려달라고 청구할 수 있고, A캐피탈사와 임오순 씨는 삼순 씨에게 부당이득의 반환을 청구할 수 있다. 하지만 재팔 씨에게 재산이 남아 있지 않다면, 삼순 씨가 잃은 돈을 찾기가 만만치 않을 것이다.

# 다재다능한 담보가등기

한 번에 2가지 역할을 할 수 있는 담보가등기를 살펴보자.

**상황** **담보가등기가 있는 경매 주택**

　나부자 씨가 재팔 씨의 아파트를 담보로 돈을 빌려주면서 근저당권을 설정했다. 재팔 씨가 돈을 갚지 않으면 근저당권을 근거로 법원에 경매를 신청하면 되지만, 이는 여간 성가신 일이 아니다. 경매 신청 후 적어도 6개월을 기다려야 겨우 배당을 받을 수 있는데, 그나마도 절차상의 하자가 없을 때이고, 만약 하자가 있다면 언제 돈을 받을지 장담할 수 없기 때문이다.

　이에 나씨는 1억원을 빌려주는 대신, 재팔 씨의 3억원짜리 아파트에 소유권 이전 청구권 가등기(이하 '소유권 가등기'로 줄임)를 해달라고 요구했다. 재팔 씨는 "어차피 기한 내에 갚으면 가등기를 말소해 줄 테니 아무 문제도 없을 거야"라며 조건을 받아들였다.

소유권 가등기는 원래 본등기의 순위를 보전하기 위한 예비등기지만, 특성상 이처럼 담보권으로도 사용할 수 있다. 나부자 씨는 돈을 돌려받지 못하면, 소유권 가등기를 본등기로 바꾸어 빌려준 돈 1억원 대신 3억원짜리 아파트를 가지려 들 것이다. 이 경우 재팔 씨는 큰 손해를 보게 된다.

　이와 같은 약자의 억울함을 없애기 위해 제정된 법이 바로 '가등기담보 등에 관한 법률'이다. 이 법에서는 등기부에 '소유권 이전 청구권 가등기'라고 표시되어 있어도, 빌려준 돈을 돌려받기 위한 가등기는 '담보가등기'로 본다. 그래서 나씨는 대여금(1억원)과 아파트 가격(3억원)의 차액인 2억원을 청산금으로 재팔 씨에게 주어야 소유권 이전 본등기를 할 수 있다. 경매에서는 이런 담보가등기를 저당권으로 본다.

## 담보가등기와 소유권 가등기 구분하는 법

선순위 가등기가 낙찰자에게 인수될지 여부를 알려면, 우선 그 가등기가 소유권 가등기인지 담보가등기인지 판단해야 한다. 그런데 이 둘은 외형적으로 차이가 없다. 담보가등기도 등기부에는 소유권 가등기로 표시되기 때문이다. 그렇다면 어떻게 구분할 수 있을까?

소유권에 관한 가등기가 설정된 부동산이 경매되는 경우, 법원은 그 가등기권자에게 해당 가등기가 소유권가등기인지 담보가등기인지를 신고하도록 최고한다. 이에 가등기권자가 담보가등기라는 취지의 신고를 하면 담보가등기로, 소유권가등기라는 취지의 신고를 하거나 신고를 하지 않으면 소유권가등기로 보면 된다. 물론 이런 취지는 매각물건명세서에 분명히 표시된다.

## 소유권 가등기가 부담스러운 경우

사실상의 소유권 가등기라면, 빌려준 돈을 받는 것이 목적이 아니므로 배당을 받을 자격이 없다. 그러므로 원칙적으로 소유권 가등기는 매각 후에도 사라지지 않고 낙찰자에게 인수된다. 단, 선순위로 근저당권이나 가압류처럼 돈이 목적인 다른 권리가 있는 경우에는 선순위의 권리를 보호하기 위해 소멸된다.

한편 소유권 가등기가 사실상 담보가등기라면, 저당권으로 보기 때문에 순위를 불문하고 무조건 매각으로 소멸된다.

담보(소유) 가등기의 인수와 소멸

| 구 분 | 선순위 소유권 가등기 | 후순위 소유권 가등기 |
|---|---|---|
| 사실상 소유권 가등기인 경우<br>(가등기 권리자의 신고가 없거나<br>소유권 가등기로 신고한 경우) | 인수 | 소멸 |
| 사실상 담보가등기인 경우<br>(가등기 권리자가 경매 신청인이거나<br>담보가등기로 신고한 경우) | 소멸 | 소멸 |

소유권 가등기가 인수되면 골치아프다. 이런 경매물건은 피해야 한다.

# 가등기의 제척기간은 10년

서울 성북구 장위동의 대지 약 12평이 경매로 나왔다. 감정평가금액은 133,920,000원이고 2번 유찰되어 3회차 매각절차를 앞두고 있었다.

등기사항을 확인해 보니 선순위로 소유권이전청구권가등기가 설정되어 있다. 법원은 가등기권자에게 소유권 가등기인지 담보가등기인지 신고하라고 최고서를 발송했지만, 가등기권자가 아무런 신고도 하지 않았다. 그래서 이 가등기는 소유권 가등기로 보고 권리분석을 해야 하고, 지금까지 공부한 대로라면 낙찰자에게 인수되는 가등기이다. 그런데 다음과 같은 대법원 판례가 있다.

> 매매의 일방예약에서 예약자의 상대방이 매매예약 완결의 의사표시를 하여 매매의 효력을 생기게 하는 권리, 즉 매매예약의 완결권은 일종의 형성권으로서 당사자 사이에 그 행사기간을 약정한 때에는 그 기간 내에, 그러한 약정이 없는 때에는 그 예약이 성립한 때로부터 10년 내에 이를 행사하여야 하고, 그 기간을 지난 때에는 예약 완결권은 제척기간의 경과로 인하여 소멸할 뿐만 아니라 당사자 사이에 매매예약 완결권을 행사할 수 있는 시기를 특별히 약정한 경우에도 그 제척기간은 당초 권리의 발생일로부터 10년간의 기간이 경과되면 만료되는 것이다. (대법원 1995.11.10. 선고 94다22682 판결[토지소유권이전등기])

결국 2006년 3월 21일에 설정된 이 가등기는 제척기간 10년이 경과한 가등기로서 이미 효력이 소멸된 가등기로 볼 수 있다. 그러나 가등기의 효력이 소멸했다는 사정만으로 모든 위험으로부터 안전하다는 의미는 아니다.

| ✕ 등기된 부동산에 관한 권리 또는 가처분으로 매각허가에 의하여 그 효력이 소멸되지 아니하는 것 |
| --- |
| 갑구 순위 10번 소유권이전청구권가등기(2006. 3. 21, 등기)는 말소되지 않고 매수인이 인수함. 만약 가등기된 매매예약이 완결되는 경우에는 매수인이 소유권을 상실하게 됨. |

| ✕ 매각허가에 의하여 설정된 것으로 보는 지상권의 개요 |
| --- |
| 매각에서 제외되는 건물을 위해 이 사건 토지의 대지 부분에 법정지상권 성립여지 있음. |

| ✕ 비고란 |
| --- |
| 1. 토지만 매각대상임. 감정평가서에 의하면 본 건 토지는 "장위5구역 주택재개발정비사업구역"내에 소재하고 있으며, 본 건 토지와 197-10번지, 199-35번지 토지 지상에 본 건 소유자 명의의 건물이 소재하고 있음. 3. 현황조사서에 의하면 건물 지하층은 임차인이 거주하지 않고, 2층은 공실로 비어 있다고 소유주가 진술했다고 함. |

우선 설령 가등기의 효력이 소멸했더라도 권리분석의 기본원리에 따라 이 사건의 가등기는 낙찰 후 낙찰자에게 인수되고, 그러한 취지는 매각물건명세서에도 분명하게 기재되어 있다. 따라서 낙찰자가 이 가등기를 등기부에서 말소시키기 위해서는 가등기권자의 협조가 필요하고, 만약 가등기권자가 협조하지 않으면 소송을 통해 제척기간의 경과를 원인으로 가등기의 효력이 소멸하였음을 주장하여 판결을 받아야 비로소 가등기를 말소할 수 있다. 위험은 그뿐만이 아니다. 만약 제척기간 내에 매매예약이 완결되지 못한 것이 아니라, 완결됐음에도 본등기를 하지 않은 상황이라면, 낙찰자는 소유권을 잃게 될 수도 있다.

가등기의 제척기간과 매매예약의 완결은 매우 복잡한 문제라서 완벽하게 이해하려면 상당한 공부가 필요하다. 하지만 여러분께 그런 정도의 공부를 권하고 싶지는 않다. 다만 가등기가 제척기간의 경과로 그 효력이 소멸하였더라도 무조건 안전한 것은 아니라는 사실만큼은 분명히 기억해야 한다.

# 10 >>> 아는 만큼 보이는 환매특약 등기

용어만 어렵지 내용은 쉬운 환매특약 등기. 첫인상에 속지 말고 쉽게 배워보자.

**사례** **환매특약 등기가 있는 전원주택을 낙찰받은 이유**

경기도 성남시의 공자철 씨(41세)는 투자목적으로 경매물건을 검색하던 중 수도권 변두리의 전원주택을 발견했다. 집에 딸린 농지도 넓고 건물 외관이나 구조, 입지도 나무랄 곳이 없었다. 그런데 어찌된 일인지 유찰을 거듭하여 최저매각가격이 감정가 대비 41%까지 떨어졌다.

원인을 분석해 보니 역시 권리상 하자가 있었다. 선순위로 환매특약 등기가 있어서 경매로 매각된 후에도 소멸되지 않고 낙찰자에게 인수되는 것이다.

"그럼 그렇지." 잠시 실망했지만 포기하기에는 아깝다는 생각이 들어 곧바로 환매특약 등기에 대해 공부하기 시작했고, 결국 낙찰을 받아 큰 수익을 얻었다. 환매특약은 무엇이고, 공씨는 어떻게 큰 수익을 얻었을까?

## 환매특약 등기가 뭐지?

환매특약 등기란 부동산을 팔면서 일정기간 후에 다시 살 수 있는 권리를 나타내는 등기이다. 예를 들어 내가 아파트를 2억 5천만원에 팔면서 3년 후에 3억원에 다시 사겠다고 특별히 따로 약속을 해두는 것이다. 소유권 이전 청구권 가등기는 단순히 장래에 있을 매매를 예약하는 것인 반면, 환매

특약 등기는 매매와 동시에 매도자가 그 부동산을 다
시 사겠다고 예약해 놓는 것이다.

환매특약 등기를 하면 그 효력이 제3자
에게 미친다. 소유권이 다른 사람에게 넘어
가더라도 그에게 환매권을 행사할 수 있다.
무엇보다 환매권을 행사하면, 환매특약 등기 이후에 설정된 근저당권이나
전세권 등 모든 권리가 효력을 잃어버린다.

환매특약 등기

단, 환매특약 등기는 단독으로 등기상 순위번호를 가지지는 못하고,
소유권 이전 등기와 동시에 신청해야 한다. 그러면 주등기인 매매등기의
부기등기로 기재되며, 등기 접수번호도 소유권 이전 등기와 같다.

**등기부등본의 환매특약 등기**

| 【 갑    구 】 | ( 소유권에 관한 사항 ) | | | |
|---|---|---|---|---|
| 순위번호 | 등기목적 | 접수 | 등기원인 | 권리자 및 기타사항 |
| 1 | 소유권이전 | 2006년 7월 6일 제656**호 | 2006년 7월 5일 매매 | 소유자 정○○ 64****-******* 인천 계양구 효성동 00-00 ***아파트 203-*** |
| 2 | 소유권이전 | 2020년 6월 21일 제680**호 | 2020년 6월 21일 환매특약부 매매 | 소유자 신○○ 67****-******* 경기도 부천시 원미구 약대동 000-0 |
| 2-1 | 환매특약 | 2020년 6월 21일 제680**호 | 2020년 6월 21일 특약 | 환매대금 금 477,000,000원 환매기간 2020년 6월 21일부터 2023년 6월 21일 환매권자 정○○ 64****-******* |

정씨가 신씨에게 아파트를 팔면서, 소유권 이전 등기와 같은 접수번호로 환매특약 등기를 설정했다.

## 가등기와 환매특약 등기의 차이점

환매특약 등기는 환매 가격 및 기간을 반드시 표시해야 한다. 환매기간은 5
년을 넘을 수 없으며, 기간에 대한 약정이 없거나 초과하여 약정하더라도
최대 5년이 적용되고, 당사자끼리 합의했더라도 연장할 수 없다. 만약 환
매권자가 약정기간 안에 환매권을 행사하지 않으면, 설령 등기부에서 말소
되지 않았더라도 자동으로 효력이 사라진다.

# 환매특약 등기 권리분석

환매특약 등기는 돈을 받을 목적이 아니라 그 부동산을 되돌려받기 위해 설정하는 것이다. 그러므로 환매특약은 매각에도 불구하고 소멸되지 않고, 낙찰자에게 인수되는 것이 '원칙'이다.

그런데 원칙적으로는 그렇지만, 환매특약 등기가 매각 후에 소멸되는 경우도 있다. 아래에서 살펴보자.

| 순위 | 권리자 | 권리내용 | |
|------|--------|----------|------|
| 1 | 나부자 | 소유권 | 선순위 |
| 2 | 강남순 | 근저당권 | |
| 3 | 김삼순 | 소유권 이전 등기 | 후순위 |
| 3-1 | 나부자 | 환매특약 등기 | |
| 4 | 강남순 | 임의경매 신청 | |

❶ 나부자 씨가 아버지에게 상속을 받아 소유하고 있는 농지이다.

❷ 강남순 씨가 돈을 빌려주고 근저당권을 설정했다.

❸ 나씨는 삼순 씨에게 농지를 판 후, 소유권 이전 등기와 환매특약 등기를 했다.

❹ 나씨가 돈을 갚지 않자, 근저당권을 가진 강씨는 경매를 신청했다.

## 환매특약 등기가 후순위라면

이런 경우 만약 나씨의 환매특약 등기를 인정해 준다면, 입찰자들은 입찰을 포기하거나 매우 낮은 가격으로 입찰할 것이다. 그러면 선순위로 돈을 빌려주고 근저당권을 설정한 강씨가 큰 손해를 본다. 강씨가 돈을 빌려줄 당시, 나중에 나씨가 이 집을 팔며 환매특약 등기를 할 것이라고 예측할 수 없었는데도 말이다. 즉, 강씨가 '선의의 피해자'가 된다.

이런 경우 후순위로 설정된 환매특약 등기는 '원칙'에도 불구하고, 근저당권자를 보호하기 위해 낙찰 후 소멸된다. 그래야 입찰자들이 부담 없이 입찰할 수 있고 배당할 돈도 생기기 때문이다.

## 환매특약 등기가 선순위라면

환매특약 등기가 선순위이면, 매각 후에도 소멸되지 않고 낙찰자에게 인수된다. 나중에 환매권자가 약정기간 안에 환매대금을 주며, 소유권의 이전을 청구하면 소유권을 돌려주어야 한다. 그래서 큰 부담을 느끼고 아예 입찰을 포기하는 사람들이 많다.

그런데 환매특약 등기는 '낙찰자에게 인수된 권리=낙찰자의 손해'인 다른 권리들과는 조금 다르다. 즉, 낙찰자 입장에서는 아무 보상도 받지 못하고 속수무책으로 소유권을 잃는 것이 아니다.

## 환매특약 등기가 오히려 돈이 된 경우

앞에서 소개한 공자철 씨의 사례를 통해 환매특약 등기의 이면을 들여다보자.

공씨가 입찰한 전원주택은 환매기간이 약 1년 6개월 남았고, 환매대금은 5억원이었다. 이미 몇 차례 유찰된 물건이라 공씨가 입찰할 당시 최저매각가격이 3억 2천만원이었는데, 그는 약 3억 5천만원에 낙찰받았다. 설혹 1년 6개월 후에 환매권이 행사되어도 5억원에 되팔면 되기 때문이다.

공씨의 분석은 정확했고, 그는 1억 5천만원의 이익을 기대하며 1년 6개월을 기다렸다. 그런데 환매권자가 약정기간이 되었는데도, 어찌된 일인지 환매권을 행사하지 않았다. 결국 그 특약은 효력을 잃었고 전원주택은 이제 완벽하게 공씨의 소유가 되었다.

현재 그 전원주택의 시세는 경매 당시의 감정가인 8억원을 넘는다. 공씨는 무려 4억 5천만원 이상의 수익을 얻은 셈이다. 지금 그는 10억원 이하로는 팔 생각이 없다고 한다.

# 11 >>> 돈 받을 때까지 꼼짝 마, 가압류

가압류 등기가 있는 경매물건, 입찰해도 될지 살펴보자.

**사례** **돈을 받지 못한 납품업자 방씨의 희망**

초콜릿 재료를 납품하는 방진수 씨(37세)는 A회사로부터 4개월이나 대금을 제대로 받지 못했다. 주요 거래처이다 보니 대금을 달라고 제대로 독촉도 못 해 보고 벙어리 냉가슴을 앓고 있었다.

그러던 어느 날 A사의 대표가 재산을 빼돌리고 사업을 접을 거라는 소문을 접했고, 아직 처분 전인 부동산이 있다는 걸 알게 되었다. 방씨에게 이 부동산은 돈을 조금이라도 회수할 수 있는 마지막 희망이다. 그는 A사 대표가 부동산을 팔아서 돈을 빼돌리기 전에 막을 수 있을까?

## 가압류 제대로 알아보기

내가 돈 받을 때까지 꼼짝 마!

가압류

가압류는 돈을 돌려받으려는 소송에서 판결이 확정될 때까지 채무자의 부동산을 그대로 붙잡아 두려는 보전처분이다. 만약 가압류를 신청한 후 결정까지 시간이 오래 걸리면, 채무자가 재산을 빼돌릴 수 있다. 그래서 가압류는 매우 신속하고 은밀하게 결정된다. 채권자가 가압류를 신청하면, 법원은 채무자에게 변론의 기회를 주지 않고 최소한의 형식만 확인한 후 바로 결정하여 일단 등기부에 기재한다.

가압류 등기를 해 두면, 설령 채무자가 그 부동산을 부인이나 지인에게 양도하더라도 경매를 신청하여 배당을 받을 수 있다. 이 경우 가압류가 등기된 시점으로 소급하여 배당 순위를 인정받을 수 있다.

가압류는 그 자체로는 권리가 아니다. 등기부에 가압류가 있다고 채권이 확정되는 것도 아니고, 가압류가 말소되었다고 그 채권이 소멸되는 것도 아니다.

가압류는 나중에 경매를 쉽게 신청하기 위한 절차일 뿐이다. 그러므로 채무자가 재산을 빼돌릴 위험이 없다면, 예를 들어 50억원의 부동산을 가지고 있는데 빚이 5천만원이라면 굳이 가압류를 신청할 필요가 없다. 상식적으로 5천만원의 빚을 안 갚으려고 채무액보다 훨씬 많은 세금을 내면서까지 부동산을 차명으로 돌려놓을 사람은 없기 때문이다.

'돈 또는 돈으로 환산할 수 있는 모든 채권'은 가압류로 보전할 수 있다. 대여금 반환, 보증금 반환, 손해배상, 위자료, 판매대금, 공사대금 청구권 등이 이에 속한다.

등기부등본의 가압류 등기

| 【 갑 구 】 ( 소유권에 관한 사항 ) | | | | |
|---|---|---|---|---|
| 순위번호 | 등기목적 | 접수 | 등기원인 | 권리자 및 기타사항 |
| 3 | 가압류 | 2022년 1월 31일 제31315호 | 2022년 1월 31일 서울서부지방법원의 가압류결정(2022카단000) | 청구금액 금 20,000,000 원 채권자 방○○ 서울 마포구 공덕동 000-0 |

서울서부지방법원이 채권자 방씨의 가압류 신청을 받아들여 등기부에 기재되었다.

## 가압류 권리분석 하는 법

가압류는 돈을 받기 위해 설정하기 때문에 배당을 받을 자격이 있다. 그러므로 모든 가압류는 매각 후 배당을 받고 소멸되며, 설령 순위가 늦어 배당을 한푼도 못 받았더라도 소멸된다. 하지만 '전 소유자의 가압류'는 매각 후에도 소멸되지 않고 낙찰자에게 인수될 수도 있고, 그렇지 않을 수도 있다. 그럼, 전 소유자의 가압류 등기가 무엇인지 살펴보자.

**상황** **아파트에 전 소유자의 가압류가 있는 경우**

나부자 씨는 재팔 씨가 돈을 갚지 않자 그의 아파트에 가압류를 걸었
다(2). 그런데 김삼순 씨가 이 아파트를 사서 소유권을 이전했고(3), 후
에 A캐피털사는 삼순 씨에게 대출을 해 주고 근저당권을 설정했다(4).
그리고 나신혼 씨가 삼순 씨에게 보증금을 주고 전세권을 설정했다
(5). 근저당권자인 A캐피털사는 삼순 씨가 돈을 갚지 않자 경매를 신
청했다(6). 이 아파트의 권리분석을 해 보자.

| 순위 | 권리자 | 권리내용 |
|---|---|---|
| 1 | 김재팔 | 소유권 |
| ❷ 2 | 나부자 | 가압류 |
| ❶ 3 | 김삼순 | 소유권 이전 |
| 4 | A캐피털 | 근저당권 |
| 5 | 나신혼 | 전세권 |
| 6 | A캐피털 | 임의경매 신청 |

(가압류와 소유권 이전 사이에 ❸ 표시)

❶ 경매시점의 소유자는 삼순 씨이며, 경매 매각대금도 그녀의 것이다. 하지만 매각대금은 빚을
갚는 데 사용될 뿐이다.(어찌되었든 매각대금은 삼순 씨를 위해 사용해야 한다.)

❷ 그런데 가압류를 신청한 나부자 씨는 삼순 씨가 아니라 재팔 씨에게 받을 돈이 있다. 그러므
로 나씨는 이 경매사건의 매각대금에서 배당을 받을 수 없다. 나씨가 배당을 받는다면, 삼순
씨의 입장에서는 자기 아파트를 매각하여 남의 빚을 갚아주는 셈이 되기 때문이다.
결국 이 사건에서 나씨의 가압류(전 소유자의 가압류)는 '배당 자격이 없는 등기'이며, 원래는 낙
찰자에게 인수되어야 한다.

❸ 그런데 삼순 씨가 이 아파트를 살 당시, 이미 등기부에 나씨의 가압류 등기가 있었다. 그럼에
도 불구하고 삼순 씨가 이 아파트를 샀다면, 가압류로 인한 부담을 스스로 용인했다고 볼 수
있다. 이런 경우 나씨는 전 소유자에 대한 채권자지만 배당을 받고, 가압류는 소멸되어 낙찰
자에게 인수되지 않는다.


결국 판례에 따르면, 집행법원이 매각조건으로 전 소유자의 가압류를 인수
시킬 수도 있고, 소멸시킬 수도 있다. 매우 드물긴 하지만, 만약 가압류 인
수가 특별 매각조건일 경우, 법원은 매각물건명세서에 그 취지를 명확하게
기재한다. 그러므로 매각물건명세서의 매각조건을 꼼꼼히 살펴보아야 한다.

# 12 가처분이 무서운 이유
>>>

가처분은 개 조심 표지판과 비슷하다. 가처분이 설정되어 있는 경매물건을 살펴보자.

2011년 애플이 삼성전자를 상대로 특허권 침해 소송을 제기했고, 캘리포니아 연방북부지법에 삼성전자 특정 모델의 스마트폰에 대해 판매금지 가처분을 신청했다.

특허권 침해와 관련된 소송인 데다가 세계 시장 점유율 1, 2위를 다투는 기업 간의 소송이어서 한두 달에 끝날 일이 아니었다. 게다가 패소한 쪽에서 판결에 불복하여 항소와 상고를 한다면 몇 년이 걸릴 수도 있었다. 즉, 애플이 소송에서 이기더라도 그 판결시점은 그 제품의 생산이 중단된 후가 될 가능성이 높다. 그래서 애플은 판결이 확정될 때까지 그 제품의 판매행위를 금지시켜 달라고 가처분 신청을 한 것이다. 결과적으로 기각되었지만, 만약 이 신청이 받아들여졌다면 삼성전자는 소송에서 승소해 가처분의 효력을 소멸시키지 않는 한 그 제품을 미국에서 팔지 못했을 것이다.

## 가처분은 왜 신청할까?

부동산에서 '가압류'는 나중에 돈을 돌려받을 목적으로 그 부동산을 현재 상태에서 묶어 두는 것이고, '가처분'은 특정한 행위를 청구할 목적으로 집행하는 것이다. 그래서 '가압류'가 돈, 또는 돈으로 환산할 수 있는 채권이 대상이라면, '가처분'은 돈으로 환산할 수 없는 모든 행위채권을 보전하기 위한 것이다.

소송 걸린 집이야. 꼼짝 마.

가처분

**[상황]** 사기를 당해 아파트 소유권이 이전된 경우

재팔 씨가 이뻐꾹 씨에게 사기를 당해 아파트의 소유권을 이전해 주었다. 그런데 사기꾼 이씨는 이 아파트를 김삼순 씨에게 팔아 버렸고, 나부자 씨는 삼순 씨에게 돈을 빌려주고 근저당권을 설정했다. 이 아파트가 경매로 넘어간다면 앞으로 어떻게 될까?

| 순위 | 권리자 | 권리내용 | 비고 |
|------|--------|----------|------|
| 1 | 김재팔 | 소유권 | |
| ❶ 2 | 이뻐꾹 | 소유권 이전 | 사기로 소유권을 얻음 |
| ❷ 3 | 김삼순 | 소유권 이전 | |
| ❸ 4 | 나부자 | 근저당권 | |

## 가처분 신청의 이유

이뻐꾹 씨가 사기를 친 것이므로 소유권 이전을 취소할 수 있지만, 이로 인해 제3자가 피해를 입어서는 안 된다.

만약 김삼순 씨와 나부자 씨 중 한 명이라도 이씨가 사기로 아파트를 취득했다는 걸 몰랐다면, 선의의 피해자가 생기는 것이다. 이 경우 재팔 씨는 아파트의 소유권을 되찾을 수 없다. 반면 두 사람 모두 이씨의 사기임을 알았다면, 이들의 소유권과 근저당권은 사라지고, 원 소유주였던 재팔 씨가 소유권을 되찾을 수 있다.

그런데 민법은 기본적으로 '선의추정의 원칙'이 있으므로(예외도 있음), 삼순 씨와 나씨의 행위를 기본적으로 선의로 추정한다. 그러므로 재팔 씨는 이들이 이씨의 사기 사실을 알았다는 것을 입증해야 하는데, 이것은 매우 어렵다. 재팔 씨는 이런 위험을 방지하기 위해 최대한 빨리 소송과는 별도로 미리 법원에 가처분 신청을 하는 것이다. 가처분 등기에는 가처분으로 보전하는 권리(피보전권리)와 금지사항도 기재된다. 위의 예에서는 '소유권 이전 등기 말소 청구권'이 기재된다.

가처분을 하면 매매, 양도, 전세권·저당권·임차권의 설정, 기타 모든 처분행위가 금지된다. 가처분으로 보전되는 권리를 '본안'이라고 하며, 그

본안을 다투는 소송을 '본안 소송'이라고 한다.

## 가처분 신청이 받아들여지면

이제 재팔 씨의 가처분 신청이 받아들여져 등기가 되면, 권리관계가 어떻게 바뀌는지 살펴보자.

| 순위 | 권리자 | 권리내용 |
|---|---|---|
| ❸1 | 김재팔 | 소유권 |
| 2 | 이뻐꼭 | 소유권 이전 |
| ❶3 | 김재팔 | '이뻐꼭'의 소유권 이전 등기 말소 청구 가처분 |
| ❷┌4 | 김삼순 | 소유권 이전 |
| └5 | 나부자 | 근저당권 설정 |

❶ 재팔 씨가 가처분 등기를 해 놓았다.

❷ 삼순 씨와 나부자 씨는 이미 이 아파트에 소유권 분쟁이 발생했음을 알았거나 알 수 있었다. 그런데도 이 아파트를 사거나 돈을 빌려주고 근저당권을 설정했다면, 선의의 제3자가 아니다.

❸ 재팔 씨는 본안 소송에서 승소하여 아파트를 다시 되찾고, 삼순 씨와 나씨의 소유권과 근저당권도 말소해 달라고 신청할 수 있다.

가처분 등기는 제3자에게 분쟁사실을 알려 더 이상 그 부동산을 임대하거나 담보로 돈을 빌려주는 등의 행위를 하지 못하도록 미리 방지하는 것이다. 또한 가처분 등기를 해놓았는데도, 그 부동산을 사거나 임대한 사람들에게 자신의 권리를 주장할 수 있다.

가처분은 본안이 확정되지 않으면 권리관계에 영향을 주지 않으며, 그저 분쟁사실을 제3자에게 경고하는 것이다. 또한 가처분 채권자가 소송에서 승소할 경우 후순위 등기들을 말소해 달라고 신청할 수 있는데, 그 권리의 순위를 보전하는 효력이 있을 뿐이다.

등기부등본의 가처분 등기

| 【 갑    구 】 | (소유권에 관한 사항) | | | |
|---|---|---|---|---|
| 순위번호 | 등기목적 | 접수 | 등기원인 | 권리자 및 기타사항 |
| 5 | 가처분 | 2020년 11월 10일 제102449호 | 2020년 11월 10일 서울북부지방법원의 가처분결정(2020카합0000) | 피보전권리 소유권이전등기말소청구권 채권자 김재팔 7305**-******* 서울특별시 서초구 서초동 ***-* 금지사항 매매, 증여, 전세권, 저당권, 임차권의 설정 기타 일체의 처분행위 금지 |

재팔 씨가 서초동의 단독주택에 가처분 등기를 했다.

# 가처분이 가압류보다 무서운 이유

결론부터 말하면, 가처분은 돈을 받는 것이 목적이 아니므로, 선순위의 가처분 등기는 인수되고 후순위의 가처분 등기는 소멸된다. 이것은 권리분석의 제1원칙과 제2원칙의 적용 결과이다. 하지만 가처분은 매각 후 인수되는지의 여부만으로 권리분석을 해서는 절대 안 된다. 왜 그런지 살펴보자.

### 가처분 등기와 개 조심 표지판의 공통점

가처분 등기는 '개 조심' 표지판과 유사하다. 개 조심 표지판을 떼어냈다고 사나운 개가 온순해지는 것도 아니고 사라지는 것도 아니다. 반대로 개 조심 표지판이 있다고 해서 반드시 사나운 개가 있다고 단정할 수도 없다. 예전에 사나운 개가 있을 때 붙인 표지판을 아직 안 뗐을 수도 있기 때문이다.

마찬가지로 권리분석을 해보니 매각 후 가처분이 소멸될 것 같아도 안전한 경매사건이라고 단정할 수 없다. 또한 가처분 등기가 낙찰자에게 인수될 것 같아도, 그 본안소송의 다툼이 해결된 상태라면 안전할 수도 있다.

## 가압류와 가처분 비교하기

'가압류'는 돈, 또는 돈으로 환산할 수 있는 채권을 보전하기 위한 처분이다. 결국에는 돈을 달라는 것이다. 그 돈이 채무자가 빌려간 돈, 손해배상금, 임대보증금 등인지는 모르겠지만, 어쨌든 돈을 달라는 게 모든 가압류의 본안이다.

그래서 가압류는 그것이 보전하려는 권리와 금지사항을 등기에 굳이 기재할 필요가 없다. 오로지 가압류가 보전하는 것은 돈을 받을 권리이기 때문이다. 그러니 돈을 주면 끝이다. 따라서 모든 가압류는 그 부동산이 경매로 매각되면 소멸된다. 이것이 입찰자가 가압류 등기를 두려워하지 않아도 되는 이유이다.

하지만 '가처분'은 다르다. 가처분은 돈으로 환산할 수 없는 모든 채권(권리)을 보전하기 때문에, 그 대상이 소유권 이전 청구권, 소유권 이전 등기 말소 청구권, 근저당권 설정 청구권, 심지어는 건물철거 청구권일 수도 있다.

그래서 본안 소송의 결과에 따라서 낙찰자에게 어떤 불똥이 튈지 한마디로 단정지을 수 없다. 소유권을 이전해야 할 수도 있고, 건물을 철거해야 할 수도 있다. 이것이 말소기준권리 이론이 가처분 등기가 매각 후에 인수될지 소멸될지만을 설명하고, 그 이상에 대한 언급을 피하는 이유일지도 모르겠다.

## 가처분, 왜 권리분석이 어려울까?

결국 가처분 등기는 본안 소송의 내용을 파악하고 낙찰자에게 어떤 영향을 미칠지 정확하게 분석하지 않으면, 권리분석이 아무 의미가 없다. 단순히 가처분의 인수와 소멸만 판단하고 입찰하면 위험하다.

그런데 가처분의 본안 소송 내용은 이해 관계인이 아니면 열람할 수 없다. 가령 등기부등본에 '소유권 이전 등기 말소 청구권'에 대한 가처분 등기가 있더라도, 왜 가처분 채권자가 이런 요구를 하는지 알 수 없다. 그러므로 소송의 결과도 예측할 수 없으며, 그 결과가 낙찰자에게 미칠 영향도 분석할 수 없다. 그래서 가처분 경매물건의 권리분석이 어려운 것이다.

# 13 >>> 경매에 자주 등장하는 가처분 유형

가처분에 대한 권리분석은 어렵긴 하지만 의외의 기회가 될 수도 있다.

다소 민망한 결론이지만, 결국 가처분 등기가 있는 경매물건은 권리분석을 완벽하게 하는 것이 불가능하다. 다만 경매사건에서 자주 등장하는 가처분 등기 유형이 있는데, 이것을 좀더 자세히 살펴보자.

## 의사표시를 취소하는 경우

매번 약속시간에 늦는 친구에게 "단 한 번이라도 약속시간을 지키면 전 재산을 주겠다"고 했다면, 민법에서는 진심이 아닌 의사표시라고 해서 무효로 본다. 또는 폭력배에게 감금당해 어쩔 수 없이 호텔을 헐값에 파는 매매계약서에 도장을 찍었다면 이 또한 취소할 수 있다. 하지만 이때 피해를 보는 선의의 제3자가 발생하면 안 된다.

**상황** 경매 상가에 가처분 등기가 있는 경우

재팔 씨는 이뻐꾹 씨에게 사기를 당해 상가의 소유권을 이전해 주었다. 사기꾼인 이씨는 그 상가를 담보로 A은행에서 돈을 빌렸고, A은행은 근저당권을 설정했다.

사기를 당했다는 사실을 안 재팔 씨는 부랴부랴 사기꾼 이씨의 소유권 이전 등기를 말소하기 위해 법원에 가처분을 신청했다. 그럼에도 불구하고 임차호 씨는 사기꾼 이씨에게 임대료를 주고, 전세권을 설정하고 식당을 개업했다. 이 상가가 경매로 나왔다면 안심하고 입찰해도 될까?

| 순위 | 권리자 | 권리내용 | 비고 |
|---|---|---|---|
| 1 | 김재팔 | 소유권 | 원 소유자 |
| 2 | 이뻐꾹 | 소유권 이전 | 사기로 소유권 얻음 |
| 3 | A은행 | 근저당권 | 선의 또는 악의 |
| 4 | 김재팔 | '이뻐꾹'의 소유권 이전 등기 말소 청구 가처분 | 원인: 의사표시 취소 |
| 5 | 임차호 | 전세권 | 무조건 악의 |
| 6 | A은행 | 임의경매 신청 | |

※ 표 왼쪽에 '말소기준권리'(3번 A은행 근저당권 표시) 말풍선 있음

먼저 말소기준권리 이론으로 권리분석을 해 보자. 여기서 말소기준권리는 A은행의 근저당권이다. 그러므로 그 근저당권과 후순위인 가처분, 전세권은 모두 낙찰 후 소멸된다.

내가 주장하는 권리분석의 제1원칙과 제2원칙에 따르더라도 결과는 마찬가지이다. 가처분 등기는 원래 인수되는 것이 원칙이지만(제1원칙), 선의의 제3자인 근저당권자(A은행)를 보호하기 위해 소멸된다(제2원칙). 그런데 이것은 가처분 등기를 낙찰 후 등기부에서 말소할 수 있느냐에 대한 분석 결과일 뿐, 본안 소송의 결과에 따라 발생할 수 있는 위험이 전혀 고려되지 않은 것이다.

**가처분 경매사건의 위험**

재팔 씨가 소송에서 이길지 여부는 입찰할 때는 알 수 없다. 재팔 씨가 패소한다면 권리상에 아무런 변동도 발생하지 않을 테니, 그가 승소한다는 것을 전제로 권리분석을 해 보자.

근저당권자인 A은행이 선순위인 이뻐꾹 씨의 사기 사실을 사전에 알고 있었다면, 선의의 제3자가 아니므로 근저당권이 효력을 잃는다. 이 경우 A은행이 신청해 진행된 경매절차도 무효가 되므로, 낙찰자는 경매로 이 상가의 소유권을 얻었더라도 결국 잃게 된다. 고생만 한 것이 된다.

결국 이 경매사건의 안전성 여부는 'A은행이 사전에 사기 사실을 알았느냐?'의 여부에 달려 있다. 그런데 입찰자가 어떻게 A은행이 선의였는지 또는 악의였는지 판단할 수 있을까? 그러므로 이 경매사건은 이해 관계인이 아니라면 누구도 안전성을 장담할 수 없다.

## 그래도 포기하기 아쉽다면

그렇다면 이런 경매사건은 쳐다보지도 말아야 할까?

첫째, 이미 본안 소송이 끝났는데도 등기부에서 가처분 등기가 말소되지 않고 그대로 남아 있는 경우가 있다. 소송내용까지는 알 수 없더라도, 만약 재팔 씨가 이미 패소했다면 그가 신청한 가처분은 효력이 없다.

둘째, 누가 근저당권을 설정했는지 살펴보아야 한다.

이런 경매사건의 안전성은 근저당권자의 선의 여부에 달려 있다. 그런데 은행이나 공기업이라면, 이씨의 사기 사실을 알고도 돈을 빌려주었을까? 물론 추측에 불과하지만, 이는 판사도 재판과정에서 고려하는 부분이다.

재팔 씨가 소송에서 은행이나 공기업의 악의를 입증하는 것은 거의 불가능하다. 그런데 그가 만에 하나 이들의 고의나 실수를 증명한다면 낙찰자는 그 부동산의 소유권을 잃게 된다. 하지만 은행이나 공기업이므로 이들을 상대로 '부당이득의 반환'을 청구하여 돈을 돌려받기가 수월하다. 최악의 경우라도 '수고'는 하더라도 '손해'를 보지는 않을 가능성이 매우 크다.

실제 경매사건의 80% 이상은 은행이 1순위 근저당권자이다. 그러므로 '은행은 선의다'라는 명제를 권리분석의 전제로 둔다면, 낙찰받아도 안전하다고 판단되는 경매사건이 훨씬 많아진다. 결단은 독자의 몫이다. 그러나 나는 이와 같은 사건에서 근저당권자가 은행이나 공기업이면, 본안 소송에 관한 정확한 정보를 입수하지 못했더라도 입찰에 참여하는 편이다.

# 사해행위를 당했다며 취소하는 경우

채무자가 채권자에게 해가 된다는 것을 알면서도 한 모든 행위를 '사해(詐害)'라고 한다. 이 사해행위도 앞에서 살펴보았던 의사표시처럼 취소할 수 있다. 가장 자주 등장하는 가처분이 바로 사해행위 취소에 따른 청구권이다.

### 상황 고의로 소유권을 이전해 준 경우

재팔 씨는 나부자 씨에게 돈을 빌려주면서 아파트에 근저당권을 설정하지 않았다. 그런데 돈을 받지 못하자 대여금 반환 청구 소송을 걸어 경매를 신청하기로 결심했다. 그런데 이게 웬 날벼락인가? 등기부를 보니 나씨가 이미 소유권을 강남순 씨에게 넘겼으며, 김삼순 씨가 강씨에게 돈을 빌려주고 근저당권까지 설정해 놓았다. 이 상태에서는 재팔 씨는 돈을 돌려받기가 매우 어렵다.

　　이때 나씨의 행동은 민법에 따르면 '사해행위'이다. 아파트를 팔아버려 결국 채권자인 재팔 씨가 돈을 돌려받기 어렵게 만들었기 때문이다. 따라서 재팔 씨는 이 사해행위를 취소하고 소유권 이전 등기를 말소하여 원상회복을 요구할 수 있다. 이 아파트가 삼순 씨의 신청으로 경매로 나왔다면 낙찰받아도 안전할까?

재팔 씨가 나부자 씨에게 돈을 빌려줌

| 순위 | 권리자 | 권리내용 | 비고 |
|---|---|---|---|
| 1 | 나부자 ◄ | 소유권 | 채무자 |
| 2 | 강남순 | 소유권 이전 | 수익자 |
| 3 | 김삼순 | 근저당권 | 전득자 |
| ❶ 4 | 김재팔 | '강남순'의 소유권 이전 등기 말소 청구권 가처분 | 원인: 사해행위 취소 |
| 5 | 김삼순 | 임의경매 신청 | |

(말소기준권리)

❶ 일단 이 아파트를 낙찰받는다면 가처분 등기를 말소할 수 있다. 가처분은 본질적으로 인수되는 권리지만(제1원칙), 선순위에 돈이 목적인 근저당권이 있으니 그것을 보호하기 위해 소멸되는 것이다(제2원칙).

❷ 그러나 가처분 등기의 말소에도 불구하고, 본안 소송의 절차는 그대로 계속된다.

결국 이 경매사건도 제3자의 선의 여부에 따라 낙찰자의 안전성이 달라진다. 제3자인 강씨와 삼순 씨가 선의인지는 알 수 없다. 일반 입찰자들은 소송의 내용조차 파악할 수 없기 때문이다.

민법은 기본적으로 선의추정의 원칙을 채택하고 있지만, 사해행위 취소의 경우는 제3자의 행위를 악의로 추정한다. 그러므로 소송에서 강씨와 삼순 씨는 스스로 선의임을 입증해야 하며, 그렇지 못하면 사해행위는 취소된다. 다만, 사해행위 취소의 방법은 원물반환이 원칙이지만, 부동산의 소유권이 이미 낙찰자에게 이전됐다면 채권자 간 가액배상의 방법에 의하므로 낙찰자는 소유권을 잃지 않을 수도 있다.

### 사해행위에 대한 오해

부동산이 경매로 넘어갈 것 같으면, 친척이나 지인에게 판 것처럼 '허위로' 계약서를 작성하고, 채무자의 은행계좌로 송금하기도 한다. 하지만 이는 부질없는 짓이다. 허위로 부동산을 빼돌린 경우뿐 아니라, 실제로 팔았더라도 그로 인해 채권자가 돈을 돌려받기 힘들어졌다면 무조건 사해행위로 보기 때문이다. 그래서 제3자가 사전에 사해행위임을 알았는지 몰랐는지만이 쟁점이 되는 것이다.

**사례** **경매 아파트에 소유권 이전 말소 가처분이 있는 경우**

아래와 같은 경매물건에 입찰해도 괜찮을까?

| 순위 | 권리자 | 권리내용 | 비고 |
|---|---|---|---|
| 1 (말소기준권리) | 김재팔 | 소유권 | 원 소유자 |
| ❶ 2 | A은행 | 근저당권 | '김재팔'에 대한 근저당권 |
| ❷ 3 | 김뻐꾹 | 소유권 이전 | 사해행위 |
| ❸ 4 | 나부자 | 근저당권 | '김뻐꾹'에 대한 근저당권 |
| ❹ 5 | 강남순 | '김뻐꾹'에 대한 소유권 이전 등기 말소 청구권 가처분 | 원인: 사해행위 취소 |
| ❺ 6 | A은행 | 임의경매 신청 | |

❶ 재팔 씨는 A은행에서 근저당권을 설정하고 돈을 빌렸다.

❷ 재팔 씨는 다른 채무에서 벗어나기 위해 김뻐꾹 씨에게 소유권을 넘겼다. 사해행위이다.

❸ 나부자 씨는 김씨에게 돈을 빌려주고 근저당권을 설정했다.

❹ 오래전 재팔 씨에게 돈을 빌려준 강남순 씨가 김씨의 소유권 이전 등기를 말소해 달라는 가처분을 설정했다.

❺ A은행이 근저당권을 근거로 경매를 신청했다.

강남순 씨가 가처분 신청 판결에서 승소한다면, 김뻐꾹 씨의 소유권 이전 등기는 무효가 되고, 그에게 돈을 빌려준 나부자 씨의 근저당권도 효력이 없어진다. 하지만 A은행의 근저당권은 원래 소유주였던 재팔 씨에게 돈을 빌려주고 설정한 것이므로 여전히 효력이 있다. 경매로 매각되면 A은행의 근저당권을 포함한 모든 권리가 소멸된다. 그러므로 낙찰을 받아도 안전한 경매사건이다.

### 사례 경매물건에 근저당권 말소 가처분이 있는 경우

나부자 씨가 김재팔 씨에게 돈을 빌려줌

| 순위 | 권리자 | 권리내용 | 비고 |
|---|---|---|---|
| ❶ 1 | 김재팔 | 소유권 | |
| ❷ 2 | 김뻐꾹 | 근저당권 | 사해행위 |
| ❸ 3 | 나부자 | 가압류 | |
| 4 | A은행 | 가압류 | |
| ❹ 5 | 나부자 | '김뻐꾹'의 근저당권 설정 등기 말소 청구권 가처분 | 원인 : 사해행위 취소 |
| 6 | A은행 | 강제경매 신청 | |

❶ 나부자 씨가 재팔 씨에게 돈을 빌려주었는데, 근저당권은 설정하지 않았다.

❷ 나씨가 뒤늦게 아파트에 가압류를 신청하려고 등기부등본을 열람해 보았더니, 이미 김뻐꾹 씨가 근저당권을 설정해 놓았다. 그런데 근저당권은 우선 변제권이 있으므로 후순위 채권보다 먼저 배당을 받을 것이고, 만약 낙찰가에 비해 근저당권의 채권액이 크다면 나씨는 돈을 모두 돌려받지 못할 수도 있다.

❸ 이에 나씨가 가압류를 신청하고, 받을 돈이 있던 A은행도 가압류를 신청했다.

❹ 채무자가 채권자에게 손해가 된다는 것을 알면서도 소유권을 이전하거나 근저당권이나 전세권을 설정하면 사해행위가 된다. 나씨는 재팔 씨가 김씨에게 근저당권을 설정해 준 것은 채권자인 자기에게 해가 되는 사해행위라고 주장하며, 근저당권의 말소를 청구하는 소송을 시작했다.

만약 입찰자가 이 부동산을 낙찰받은 후 나씨가 소송에서 승소한다면, 김삐꾹 씨의 근저당권은 무효가 된다. 그렇지만 애초부터 소송으로 청구한 것은 김씨의 근저당권을 말소해 달라는 것이었기 때문에, A은행의 가압류는 아무런 영향도 받지 않는다. 따라서 A은행의 신청으로 진행된 이 경매사건에서 본안 소송의 결과와 무관하게 낙찰자는 소유권을 잃을 위험이 전혀 없다.

앞에서 살펴보았듯이, 가처분 등기 중에는 본안 소송의 결과가 어떻든 낙찰자에게 아무 영향을 미치지 않는 것도 있다. 그런데 말소기준권리를 기계적으로 외워 권리분석을 하면, 경우에 따른 변수들을 이해하고 예측할 수 없어서 위험을 안고 있는 셈이다. 그것이 권리분석을 말소기준권리 이론에만 의존하지 말아야 하는 명백한 이유이다.

## 잠깐! 가처분과 닮았지만 다른 예고등기

2012년 7월 26일부터 시행된 부동산 등기법에 따르면, 예고등기에 관한 규정은 현재 폐지된 상태이다. 그러나 그전에 이미 등기된 예고등기는 그대로 유효하기 때문에 간혹 경매물건에서 볼 수도 있다. 따라서 개념만 잠깐 살펴보고 넘어가겠다.

예고등기는 "등기 원인의 무효나 취소로 인한 등기의 말소 또는 회복의 소가 제기된 경우"에 이런 분쟁이 있다고 알리기 위해 한다는 점에서는 가처분 등기와 비슷하다.

예고등기는 승소를 해도 선의의 제3자에게 대항할 수 없는 소송의 경우에는 등기를 할 수 없다. 이런 경우에는 가처분을 통해 분쟁을 공시하면 된다. 예고등기는 제3자가 선의이냐 아니냐와 상관없기 때문에 "무조건 낙찰자에게 인수된다"는 말이 경매시장에 정설처럼 떠돌았다. 하지만 사실 낙찰자에게 인수되지 않는 예고등기도 많다. 이미 폐지된 규정이므로 예고등기는 이 정도로만 알아두고 넘어가자.

# 14 >>> 주택 입찰자라면 임차권

임차권이 대항력을 가지려면 구비요건이 뭘까? 임차권의 권리분석을 하는 방법을 알아보자.

김태순(30세) 씨는 작년 봄에 새 빌라로 이사를 했다. 어머니가 바로 전입신고를 하고 확정일자를 받아놓으라고 했고 그에 따라 대비를 해놓았다. 그런데 이제 경매 입찰자 입장이 되고 보니, 임차권의 권리를 분석하는 것이 어려웠다. 세입자일 땐 권리를 보호해 주는 임차권이 그저 좋기만 했는데, 지금은 너무나 헷갈린다고 한다. 아파트, 빌라, 연립 등 경매 주택에 설정된 임차권이 무엇이고, 권리분석은 어떻게 하는지 살펴보자.

## 임차인의 대항력은 어떻게 생기나?

입찰자들은 임차인의 권리 중 특히 대항력에 주의해야 한다. 대항력에 관한 권리분석을 잘못하면 시간적, 경제적으로 큰 손해를 볼 수 있다.

### 임차인의 대항력이란?
임차인의 대항력은 '전입신고'와 '점유'의 두 요건이 모두 충족되어야 한다. 임차인의 대항력은 주민센터에 전입신고를 하고, 그 주택에 입주(점유)를 한 그다음 날(새벽 0시)부터 생긴다. 예를 들어 이사를 먼저 하고 전입신고를 나중에 했다면 전입신고 다음 날 0시부터 생기고, 전입신고를 먼저 하고 나중에 이사를 했다면 이사 다음 날 0시부터 생긴다.

그런데 입찰자가 임차인이 실제로 이사한 날짜를 알기 힘들다. 그러므로 전입신고일을 기준으로 임차인의 대항력 발생시점을 판단하게 된다.

한편 임차인의 대항력은 그 요건이 연속성이 있어야 한다. 중간에 다른 곳으로 이사가면 효력이 사라지고, 다시 전입신고를 해도 그다음 날에 새로운 대항력이 생긴다.

선순위 임차인이 대항력이 있으면, 낙찰자는 원래 임대차 계약에 명시된 집주인의 권리와 의무를 이어받는다. 만기 전에 방을 빼라고 할 수 없으며, 만기가 되면 임대차 보증금을 반환해 주어야 한다. 물론 권리도 이어받으므로, 임차인이 내는 월세는 당연히 낙찰자가 받게 된다.

## 임차권의 권리분석은 이렇게!

임차권의 권리를 분석할 때는 다음과 같은 원칙이 적용된다.

❶ 전입신고와 입주 등 대항요건을 구비하지 못한 임차권은 대항력이 없으므로, 어떠한 경우라도 낙찰자에게 인수되지 않는다.

❷ 대항요건을 구비한 임차권은 낙찰자에게 인수된다(제1원칙). 그러나 그 임차권보다 선순위에 '돈이 목적인 권리'가 있다면, 임차권은 그 권리를 보호하기 위해 대항력에도 불구하고 소멸된다(제2원칙).

임차권도 등기를 할 수 있는데, 여기서는 먼저 등기를 하지 않은 임차권의 권리분석을 해 보겠다. 그러므로 다음의 두 표는 등기순서가 아니라 권리 취득의 순서를 표시한 것이다.

임차인의 대항력=전입신고 +점유

**임차인이 대항력이 있으면 인수**
선순위에 돈이 목적인
권리가 있으면 **소멸**

**사례 근저당권이 있는 아파트의 임차권**

재팔 씨는 아파트를 담보로 A은행에서 돈을 빌렸고, 은행은 근저당권을 설정했다. 이후 삼순 씨가 전세로 들어와 임차인의 대항력을 갖추었고, 나부자 씨는 가압류에 근거해 경매를 신청했다. 이 경우 삼순 씨의 임차권은 경매 후 낙찰자에게 인수될까?

| 순위 | 권리자 | 권리내용 | 순위의 기준 |
|---|---|---|---|
| 말소기준권리 1 | 김재팔 | 소유권 | 등기 접수일 |
| ❷ 2 | A은행 | 근저당권 | 등기 접수일 |
| ❶ 3 | 김삼순 | 임차권 | 대항요건을 구비한 다음날 |
| 4 | 나부자 | 가압류 | 등기 접수일 |
| 5 | 나부자 | 강제경매 신청 | 등기 접수일 |

❶ 삼순 씨의 임차권은 전입신고와 점유 등 대항요건을 갖추고 있으니 원래는 경매 뒤에도 낙찰자에게 인수되어야 한다(제1원칙).

❷ 그런데 선순위 근저당권자인 A은행은 삼순 씨의 임차권이 낙찰자에게 인수되면 피해를 본다. 입찰자들이 보증금을 돌려주어야 한다는 부담감 때문에, 아예 입찰을 포기하거나 매우 낮은 금액으로 입찰할 것이기 때문이다.

그러므로 임차권은 선순위에 '돈이 목적인 권리'(여기에서는 근저당권)가 있으면 소멸된다.

## 사례 임차권이 있는 아파트의 근저당권

재팔 씨의 아파트에 삼순 씨가 전세를 얻었고, 임차인의 대항력을 갖추었다. 그후 재팔 씨는 이 아파트를 담보로 A은행에서 대출을 받고 은행은 근저당권을 설정했다. 그리고 나부자 씨가 이 아파트에 가압류를 걸었고 A은행은 경매를 신청했다. 이때 삼순 씨의 임차권은 경매 후 낙찰자에게 인수될까?

| 순위 | 권리자 | 권리내용 | 비고 |
|---|---|---|---|
| 1 | 김재팔 | 소유권 | 등기 접수일 |
| 말소기준권리 ❶ 2 | 김삼순 | 임차권 | 대항요건을 구비한 다음날 |
| ❷ 3 | A은행 | 근저당권 | 등기 접수일 |
| 4 | 나부자 | 가압류 | 등기 접수일 |
| 5 | A은행 | 임의경매 신청 | 등기 접수일 |

❶ 삼순 씨의 임차권은 대항력을 갖추었으므로, 매각 후에도 소멸되지 않고 낙찰자에게 인수된다(제1원칙).

❷ 근저당권자인 A은행과 가압류를 건 나씨는 설정 당시 이미 선순위인 임차권이 있음을 알았거나 알 수 있었기 때문에 선의의 피해자가 아니다.

결국 이 주택의 낙찰자는 임대인의 지위를 이어받아 삼순 씨에게 보증금을 돌려주어야 한다. 조심해야 할 경매 주택이다.

### 사례 임차권과 근저당권 설정일이 같은 경우

재팔 씨의 아파트에 삼순 씨가 이사를 오고(점유), 전입신고를 한 날에 A은행이 근저당권을 설정했다. 삼순 씨의 임차권은 낙찰 후 어떻게 될까?

| 순위 | 권리자 | 권리내용 | 비고 |
|------|--------|----------|------|
| 1 | 김재팔 | 소유권 | 등기 접수일 |
| 2 | ❷ A은행 | 근저당권 | 근저당권의 등기 접수일과 |
|  | ❶ 김삼순 | 임차권 | 임차인의 이사, 전입신고일이 같음 |
| 4 | 나부자 | 가압류 | 등기 접수일 |
| 6 | A은행 | 임의경매 신청 | 등기 접수일 |

*(순위 2 옆 말풍선: 말소기준권리)*

❶ 등기부상의 권리는 순위가 같을 수 없다. 같은 날에 등기를 접수하더라도 순위를 명확하게 판단할 수 있다. 임차인의 대항력은 이사(점유)와 전입신고를 한 다음 날 0시에 발생한다.
❷ 임차인 삼순 씨의 전입신고일과 A은행의 근저당권 접수일이 같다면, A은행의 근저당권이 선순위이다.

이 경우 삼순 씨의 임차권은 선순위의 근저당권에 대항하지 못하고 매각으로 소멸된다. 즉, 낙찰자가 임차인의 보증금을 돌려줄 부담이 없는 경매물건이다.

# 15 >>> 임차권에서 주의할 점

안전한 경매 주택을 낙찰받기 위해 임차권에 대한 권리분석을 좀더 들여다보자.

**사례** **아파트를 낙찰받았는데, 전세금을 물어주게 생겼다**

김주원 씨(35세)는 서울시 노원구의 경매 아파트에 입찰했다. 주민센터에 가서 임대세대의 세대주인 최대철 씨의 전입신고일을 확인해 보니 2021년 5월 19일이었다. 등기부등본을 열람해 보니 은행의 근저당권 설정일이 2021년 3월 2일로 선순위였다. 선순위에 돈이 목적인 근저당권이 있으면 임차권은 매각 후 소멸된다. 김씨는 낙찰받아도 안전한 아파트라고 생각해 입찰했다.

그런데 낙찰 후 전세금을 물어주게 생겼다. 왜 이런 일이 생겼을까? 여기서는 임차권의 권리를 분석하는 요령을 다양한 사례를 통해 알아보자.

## 임차인의 대항력이 언제 발생했는지 확인하자

임차인에게 대항력이 발생한 시점은 입찰자에게 매우 민감한 사항이다. 대항력이 발생한 시점이 근저당권처럼 '돈이 목적인 권리'보다 빠르면, 낙찰자는 임대차의 부담을 고스란히 떠안을 수 있기 때문이다.

원칙적으로 임차인이 이사를 하고 전입신고를 한 다음 날 0시에 대항력이 발생한다. 하지만 상황에 따라서는 다른 경우도 있으므로 주의깊게 살펴보아야 한다.

### 임차인의 전입신고일을 확인하는 법

주택 경매사건의 현황조사서에는 임차인의 전입신고일이 있다. 하지만 주민센터를 방문하여 전입신고가 된 세대의 세대주 성명과 전입신고일을 직접 확인하는 것이 좋다. 아무나 정보를 열람할 수는 없으므로, 주민센터에 갈 때는 대한민국 법원경매정보 사이트 또는 사설 경매정보 사이트에서 해당 경매사건 페이지를 출력하고 신분증을 가지고 가야 한다.

## 세대합가에 주의하자

입찰자는 주민센터에서 임차인 세대주의 이름과 전입신고일을 알 수 있지만, 그 정보만을 믿고 입찰하면 앞에서 소개한 김씨처럼 큰 손해를 볼 수도 있다.

### 김씨는 왜 큰 손해를 보았을까?

김씨가 낙찰받은 아파트의 임차인인 최대철 씨는 부인과 자녀들만 먼저 이 아파트로 이사하여 주민등록도 이전했다(2021년 2월 21일). 세대분가가 이루어진 것이다. 세대주인 최씨는 약 3개월 후에 이 아파트로 이사하고 전입신고를 했다(2021년 5월 19일). 다시 세대합가를 한 것이다.

그런데 임차인의 대항력은 세대주가 아니라 가장 먼저 전입신고를 한 세대원의 전입신고일이 기준이 된다. 그러므로 최씨의 가족들이 먼저 이사하고 전입신고를 한 다음 날인 2021년 2월 22일 새벽 0시에 대항력이 생겼다. 은행의 근저당권 설정일이 같은 해 3월이었으므로, 최씨의 임차권은 선순위여서 낙찰자인 김씨는 보증금 1억 5천만원을 돌려주어야 한다. 입찰 전에 이 사실을 알았다면, 입찰을 포기하든지 입찰가를 팍 낮추어 썼을 텐데…….

최씨의 부인과 자녀가 먼저 2월 21일에 이사한 뒤, 최씨가 5월 19일에 전입신고를 마치고 세대합가를 했다.

임차인이 세대합가를 했다면 법원의 현황조사서에

그 내용이 기재되므로, 입찰자는 세대주의 전입신고일과 함께 혹시 세대합가를 했는지도 꼼꼼히 살펴보아야 한다.

## 임차권의 양도와 전대차의 위험

간혹 임차인이 이사를 가면서 임대차를 해지하지 않고, 그대로 다른 사람에게 양도하는 경우가 있다. 집주인의 동의가 있다면, 새 임차인은 원래 살던 임차인의 대항력을 이어받는다.

그런데 입찰자는 주민센터에서 세대열람을 해도 이런 사실을 알 수 없으며, 새 임차인의 전입신고일을 기준으로 대항력이 언제 생겼는지를 판단할 수밖에 없다.

### 상황 세입자가 임차권을 이어받은 경우

재팔 씨가 아파트를 담보로 은행에서 돈을 빌렸고, 은행은 2020년 12월에 근저당권을 설정했다. 김삼순 씨는 2021년 1월에 전입신고를 했지만, 사실은 2020년 5월에 대항력을 갖춘 강남순 씨의 임차권을 이어받은 것이었다. 이 경우 삼순 씨의 임차권은 매각 후 어떻게 될까?

| 순위 | 권리자 | 권리내용 | 비고 |
|------|--------|----------|------|
| 1 | 김재팔 | 소유권 | 2019. 3. 2. 취득 |
| 2 | A은행 | 근저당권 | 2020. 12. 17. 등기 접수 |
| 3 | 김삼순 | 임차권 | 2021. 1. 13. 전입신고 ❶ |
| 4 | 나부자 | 가압류 | 2022. 1. 17. 등기 접수 |
| 5 | A은행 | 임의경매 신청 | 2022. 4. 26. 개시 결정 |

❷ 실제는 2020년 5월 8일에 대항력을 갖춘 강남순 씨의 임차권을 이어받은 것임.

❶ 원래는 임차인인 김삼순 씨의 전입신고일이 A은행의 근저당권 설정일보다 늦으므로, 선순위에 돈이 목적인 근저당권이 있으면 임차권은 사라지게 된다.

❷ 그런데 실제 삼순 씨의 임차권은 2020년 5월 8일에 대항력을 갖춘 강남순 씨의 임차권을 이어받은 것이다. 이 경우 삼순 씨의 임차권은 근저당권보다 선순위이므로 낙찰자에게 인수된다.

### 전대차의 숨은 위험

전대차란 임차인이 세든 주택을 제3자에게 사용하여 수익을 얻을 수 있도

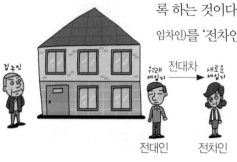

록 하는 것이다. 이때 원래의 임차인을 '전대인', 제3자(새로운 임차인)를 '전차인'이라고 하며, 이러한 관계를 '전대차'라고 한다. 집주인이 전대차에 동의했다면, 전차인은 원래 임차인의 대항력을 대신하여 행사할 수 있다.

그런데 양도·양수나 전대차는 개인 간의 약정에 불과하다. 계약서를 썼더라도 스스로 법원에 신고하지 않는 한, 입찰자는 물론 법원조차도 세부 내용을 알 수 없다. 입찰자가 아무리 주의를 기울여도 피하기 힘든 함정이므로 법률적 보완이 필요하다고 생각한다.

현재의 임차인이 혹시 전 임차인으로부터 계약을 이어받은 것은 아닌지 특히 주의해야 한다.

## 근저당권이 빈 깡통이라면, 임차권은 어떻게 되나?

**상황** 등기부에는 근저당권이 있는데, 실제로는 빚이 없는 경우

은행이 돈을 빌려주고, 재팔 씨의 아파트에 2020년 12월 근저당권을 설정했다. 김삼순 씨는 2021년 1월에 전입신고를 했다. 그리고 2022년 1월 나부자 씨가 가압류를 설정했고, 그해 4월에 경매를 신청했다.

이 경우 삼순 씨의 임차권은 돈이 목적인 근저당권보다 후순위라서 아파트가 매각된 후 소멸된다. 그런데 선순위인 근저당권의 효력이 이미 상실된 상태라면 어떻게 될까?

| 순위 | 권리자 | 권리내용 | 비고 |
|---|---|---|---|
| ❶ 1 | 김재팔 | 소유권 | 2019. 3. 2. 취득 |
| ❷ 2 | A은행 | 근저당권 | 2020. 12. 17. 등기 접수 |
| 3 | 김삼순 | 임차권 | 2021. 1. 13. 전입신고 |
| 4 | 나부자 | 가압류 | 2022. 1. 17. 등기 접수 |
| 5 | 나부자 | 강제경매 신청 | 2022. 4. 26. 개시 결정 |

❶ 집주인인 재팔 씨가 이미 A은행의 빚을 갚았더라도, 말소 등기를 신청하지 않으면 근저당권은 그대로 등기부에 남아 있다. 하지만 근저당권의 효력은 없다.

❷ 선순위인 근저당권이 효력을 잃었으므로, 삼순 씨의 임차권은 낙찰자에게 인수되며, 낙찰자는 보증금을 물어주어야 한다.

## 근저당권이 실제로 살아 있는지 확인하려면

근저당권은 실제로 빚을 다 갚았다면, 비록 등기부에서 말소되지 않았더라도 그 효력을 잃는다. 그렇다면 근저당권의 효력이 실제로 살아 있는지 확인하려면 어떻게 해야 할까?

첫째, 이해 관계인들의 문건접수 내역을 꼼꼼히 살펴보고, 근저당권자가 법원에 아무 서류도 제출하지 않았다면 일단 주의해야 한다.

원래 근저당권자는 채권계산서나 배당요구서를 제출하지 않아도 배당을 받을 수 있다. 하지만 실제 경매사건에서 근저당권자들은 대부분 관련 서류를 낸다. 그런데 아무 서류도 내지 않았다면, 등기부상에 근저당권만 남아 있을 뿐 실제는 빚이 없을 가능성이 있다.

둘째, 근저당권자가 은행이라면 입찰 전에 담당직원에게 전화를 걸어 실제 근저당권이 살아 있는지, 즉 은행 대출금이 남아 있는지 직접 문의해 보는 것이 좋다.

셋째, 낙찰을 받은 후라면 매각허가가 결정되기 전에 근저당권의 효력이 소멸되었는지 다시 한 번 확인한다. 만약 근저당권이 소멸되었다면 법원에 매각 불허가를 신청해야 한다. 이런 경우 후순위였던 임차권이 선순위가 되므로, 임차인의 보증금을 물어주어야 될 수도 있기 때문이다. 법원이 매각을 불허한 경우 낙찰자는 입찰보증금을 돌려받을 수 있다.

# 16 >>> 확정일자를 받은 임차인 / 소액 임차인

주택 경매의 권리분석에는 임차인 분석이 가장 중요하다. 임차인의 우선 변제권과 최우선 변제권을 알아보자.

## 확정일자를 받은 임차인의 우선 변제권

임차인의 권리를 더욱 보호하기 위해 만들어진 것이 바로 확정일자이다. 임대차 계약서를 들고 법원이나 등기소, 주민센터에 가면 여백에 확정일자 도장을 찍어 준다. 적어도 확정일자 시점에는 그 계약서가 실제로 있었다는 증거력을 확보하는 셈이다.

보통 주민센터에 가서 주민등록 전입신고를 하면서 동시에 확정일자를 받는다. 물론 나중에 받을 수도 있지만, 그만큼 배당순위가 뒤로 밀릴 수 있으니 되도록 전입신고와 동시에 하는 경우가 많다.

임대차 계약서를 들고 주민센터를 방문하면 확정일자 도장을 찍어 준다.

### 우선 변제권은 어떻게 생기는가?

확정일자를 받은 임차인은 다른 후순위 채권자보다 우선하여 보증금을 돌려받을 수 있는 우선 변제권이 생긴다. 그러나 확정일자를 받았더라도 전입신고와 점유의 요건을 갖추지 못한 경우 보증금을 돌려받을 수 없다.

입찰자는 주택 경매사건에서 선순위로 대항력과 확정일자를 모두 확보하고 있는 임차인이 있다면, 그가 배당요구를 했는지 살펴보아야 한다. 배당요구를 하지 않았다면 그 임차권은 낙찰자에게 인수되어 보증금을 돌려주어야 하기 때문이다.

## 소액 임차인의 최우선 변제권

최우선 변제권이란 보증금 중 일정액의 보장금을 최우선 순위로 배당받을
수 있는 권리이다. 하지만 전입신고와 점유의 요건을 구비하지 않아 대항
력이 없는 임차인이라면 인정되지 않는다. 전세보증금이 오름에 따라 최우
선 변제권이 적용되는 보증금과 보장금의 한도도 인상되었다. 경매물건이
있는 지역의 정확한 규정을 알아야 권리분석을 할 때 실수하지 않는다.

### 소액 임차인이 배당요구를 했는가?

소액 임차인의 최우선 변제권도 배당요구 종기 전에 배당요구를 해야 돈을
돌려받을 수 있다. 그러므로 입찰자는 소액 임차인이 배당요구를 했는지
알아보고, 배당을 예상한 다음 권리분석에 반영해야 한다.

### 최우선 변제권의 적용 예

서울시를 기준으로 최우선변제권이 어떻게 적용되는지 그 원리를 살펴보
겠다. 우선 현재(2024년 1월) 서울시에서 임차보증금이 1억 6,500만원 이하라
면 소액 임차인에 해당되며, 경매개시결정등기 전에 대항요건을 갖추었으
면 확정일자를 받았는지 여부와 상관없이 5,500만원 한도까지 최우선으로
배당을 받는다. (5,500만원 미만일 경우 보증금만큼만 배당을 받는다.)

주택임대차 최우선 변제권의 보증금과 보장금

| 적용기간 | 지역 | 최우선 변제를 받을 임차보증금의 범위 | 최우선 변제를 받을 금액의 한도 |
|---|---|---|---|
| 1984. 1. 1.~ 1987. 11. 30. | 서울시 및 직할시 | 300만원 이하 | 300만원 |
| | 그밖의 지역 | 200만원 이하 | 200만원 |
| 1987. 12. 1.~ 1990. 2. 18. | 서울시 및 직할시 | 500만원 이하 | 500만원 |
| | 그밖의 지역 | 400만원 이하 | 400만원 |

| 1990. 2. 19.~<br>1995. 10. 18. | 서울시 및 직할시 | 2,000만원 이하 | 700만원 |
|---|---|---|---|
| | 그밖의 지역 | 1,500만원 이하 | 500만원 |
| 1995. 10. 19.~<br>2001. 9. 14. | 서울시 · 광역시(군지역 제외) | 3,000만원 이하 | 1,200만원 |
| | 그밖의 지역 | 2,000만원 이하 | 800만원 |
| 2001. 9. 15.~<br>2008. 8. 20. | 과밀억제권역*(인천광역시 포함) | 4,000만원 이하 | 1,600만원 |
| | 광역시(군지역, 인천광역시 제외) | 3,500만원 이하 | 1,400만원 |
| | 그밖의 지역(광역시 군지역 포함) | 3,000만원 이하 | 1,200만원 |
| 2008. 8. 21.~<br>2010. 7. 25. | 과밀억제권역(인천광역시 포함) | 6,000만원 이하 | 2,000만원 |
| | 광역시(군지역, 인천광역시 제외) | 5,000만원 이하 | 1,700만원 |
| | 그밖의 지역(광역시 군지역 포함) | 4,000만원 이하 | 1,400만원 |
| 2010. 7. 26.~<br>2013. 12. 31. | 서울시 | 7,500만원 이하 | 2,500만원 |
| | 과밀억제권역(서울시 제외) | 6,500만원 이하 | 2,200만원 |
| | 광역시(과밀억제권역, 군지역 제외), 안산시, 용인시, 김포시, 광주시 | 5,500만원 이하 | 1,900만원 |
| | 그밖의 지역(광역시 군지역 포함) | 4,000만원 이하 | 1,400만원 |
| 2014. 1. 1.~<br>2016. 03. 30. | 서울시 | 9,500만원 이하 | 3,200만원 |
| | 과밀억제권역(서울시 제외) | 8,000만원 이하 | 2,700만원 |
| | 광역시(과밀억제권역, 군지역 제외), 안산시, 용인시, 김포시, 광주시 | 6,000만원 이하 | 2,000만원 |
| | 그밖의 지역(광역시 군지역 포함) | 4,500만원 이하 | 1,500만원 |
| 2016. 03. 31.~<br>2018. 09. 17. | 서울시 | 1억원 이하 | 3,400만원 |
| | 과밀억제권역(서울시 제외) | 8,000만원 이하 | 2,700만원 |
| | 광역시(과밀억제권역, 군지역 제외), 안산시, 용인시, 김포시, 광주시, 세종시 | 6,000만원 이하 | 2,000만원 |
| | 그밖의 지역(광역시 군지역 포함) | 5,000만원 이하 | 1,700만원 |
| 2018.09.18 ~<br>2021.05.10. | 서울시 | 1억 1,000만원 이하 | 3,700만원 |
| | 과밀억제권역(서울시 제외, 용인시, 화성시, 세종시 포함) | 1억원 이하 | 3,400만원 |
| | 광역시(과밀억제권역에 포함된 지역과 군지역 제외), 안산시, 김포시, 광주시, 파주시 포함 | 6,000만원 이하 | 2,000만원 |
| | 그밖의 지역(광역시 군지역 포함) | 5,000만원 이하 | 1,700만원 |
| 2021.05.11.~<br>2023.02.20 | 서울시 | 1억 5,000만원 이하 | 5,000만원 |
| | 과밀억제권역(서울시 제외) | 1억 3,000만원 이하 | 4,300만원 |
| | 광역시(과밀억제권역, 군지역 제외), 안산시, 용인시, 김포시, 광주시, 세종시 | 7,000만원 이하 | 2,300만원 |
| | 그밖의 지역(광역시 군지역 포함) | 6,000만원 이하 | 2,000만원 |

| | | | |
|---|---|---|---|
| 2023.02.21. ~ 현재 | 서울시 | 16,500만원 이하 | 5,500만원 |
| | 수도권과밀억제권역(서울시 제외) 용인시, 화성시, 세종시, 김포시 | 14,500만원 이하 | 4,800만원 |
| | 광역시(수도권과밀억제권역, 군지역 제외) 안산시, 광주시, 파주시, 이천시, 평택시 | 8,500만원 이하 | 2,800만원 |
| | 그 밖의 지역(광역시 군 포함) | 7,500만원 이하 | 2,500만원 |

> * 과밀억제권역
> • 서울특별시, 의정부시, 구리시, 하남시, 고양시, 수원시, 성남시, 안양시, 부천시, 광명시, 과천시, 의왕시, 군포시, 시흥시(반월특수지역은 제외)
> • 인천광역시(강화군, 옹진군, 서구 대곡동·불로동·마전동·금곡동·오류동·왕길동·당하동·원당동, 인천경제자유구역 및 남동 국가산업단지는 제외)
> • 남양주시(호평동, 평내동, 금곡동, 일패동, 이패동, 삼패동, 가운동, 수석동, 지금동 및 도농동만 해당)

그래서 은행은 아파트를 담보로 대출할 때, 서울시라면 방 1칸마다 5,500만원을 빼고 대출가능금액을 계산한다. 은행이 선순위이고 대출 당시 임차인이 없더라도, 나중에 채무자가 방 1칸당 1명씩 소액 임차인을 받으면 최우선으로 각각 5,500만원까지 보증금을 돌려주어야 하므로 손해를 볼 수 있기 때문이다.

## 최우선 변제권 권리분석은 이렇게!

소액 임차인을 보호한다는 '대의'가 있더라도 선의의 제3자가 생기면 안 된다는 민사의 대원칙을 깨뜨릴 수는 없다. 그래서 최우선 변제권에 관한 권리분석은 좀 복잡해 보이지만, 원리를 이해한다면 그리 어려운 것도 아니다.

**사례 1** **서울시 임차보증금 1억 2천만원인 세입자가 있는 경우**

서울시에 있는 재팔 씨의 아파트에 A은행이 2020년 10월에 근저당권을 설정하고, 나부자 씨가 2022년 6월에 근저당권을 설정했다. 그리고 2022년 6월 삼순 씨가 보증금 1억 2천만원을 주고 임차해 전입신고를 했다. 이 아파트가 경매에 나왔다면 삼순 씨의 보증금은 어떻게 될까?

| 순위 | 권리자 | 권리내용 | 비고 |
|---|---|---|---|
| 1 | 김재팔 | 소유권 | 2009. 3. 2. 취득 |
| ❶ 2 | A은행 | 근저당권 | 2020. 10. 20. 접수 |
| ❷ 3 | 나부자 | 근저당권 | 2022. 6. 20. 접수 |
| 4 | 김삼순 | 임차권(보증금 1억 2천만원) | 2022. 6. 22. 전입신고 |
| 5 | A은행 | 임의경매 신청 | 2022. 9. 17. 개시 결정 |

❶ A은행이 근저당권을 설정한 2020년에는 서울시에서 보증금이 1억 1천만원 이하일 때, 3,700만원 한도로 최우선 변제권을 인정했다. 그러므로 보증금이 1억 2천만원인 삼순 씨는 A은행에 대해서는 소액 임차인이 아니다. 삼순 씨는 A은행보다 먼저 최우선 변제 보장금을 배당받을 수 없다.

❷ 서울시는 2021년 5월 11일부터 최우선 변제권을 보증금 1억 5천만원 이하일 때 5천만원까지 보장해 주는 것으로 바꾸었다. 나부자 씨가 근저당권을 설정했던 2022년 6월 20일은 이미 관련 규정이 개정된 후이다. 그러므로 나씨의 근저당권이 선순위이지만, 소액 임차인인 삼순 씨에게 먼저 최우선 변제 보장금 5천만원을 배당해 준다.

배당순위는 낙찰가가 높아 채권자 모두가 돈을 돌려받을 수 있는 경우에는 그리 중요하지 않지만, 낙찰가가 채무보다 적다면 매우 중요한 문제이다. 잘못하면 돈을 모두 돌려받지 못하는 경우도 생기기 때문이다.

**사례 1의 배당 순서**

| 배당순위 | 권리자 | 권리내용 | 배당액의 한도 |
|---|---|---|---|
| 1 | A은행 | 근저당권 | 실 채권액 |
| 2 | 김삼순 | 소액 임차인 | 5천만원 |
| 3 | 나부자 | 근저당권 | 실 채권액 |

\* 배당재원이 모두 소진되면 배당 종결

**사례 2** 서울시 임차보증금 1억원인 세입자가 있는 경우

만약 앞의 예와 같은 상황인데, 삼순 씨의 보증금이 1억원이라면 낙찰 후 배당이 어떻게 달라질까?

| 순위 | 권리자 | 권리내용 | 비고 |
|---|---|---|---|
| 1 | 김재팔 | 소유권 | 2009. 3. 2. 취득 |
| ❶ 2 | A은행 | 근저당권 | 2020. 10. 20. 접수 |
| ❷ 3 | 나부자 | 근저당권 | 2022. 6. 20. 접수 |

| 4 | 김삼순 | 임차권(보증금 1억원) | 2022. 6. 22. 전입신고 |
| 5 | A은행 | 임의경매 신청 | 2022. 9. 17. 개시 결정 |

❶ 우선 A은행은 2020년 10월 20일에 근저당권을 설정하며, 최우선 변제권이 보증금 1억 1천만원 이하일 때 3,700만원까지 보장해 주는 것을 알고 있었다. 임차인 삼순 씨는 보증금이 1억원이므로 소액 임차인에 해당된다. 그래서 삼순 씨가 A은행보다 먼저 3,700만원을 돌려받는다.

❷ 반면 2022년 6월 20일에 근저당권을 설정한 나부자 씨에게는 5천만원 전부에 대해 최우선 변제권을 주장할 수 있다. 그래서 삼순 씨는 나씨보다 먼저 1,300만원을 배당받게 된다.

소액임차인의 최우선 변제권은 각 권리들이 설정된 시점이 언제인지에 따라 적용되는 보증금과 보장금이 달라진다. 꼭 기억해 두어야 한다.

사례 2의 배당 순서

| 배당순위 | 권리자 | 권리내용 | 배당액의 한도 |
| --- | --- | --- | --- |
| 1 | 김삼순 | 소액 임차인 | 3,700만원 |
| 2 | A은행 | 근저당권 | 실 채권액 |
| 3 | 김삼순 | 소액 임차인 | 1,300만원 |
| 4 | 나부자 | 근저당권 | 실 채권액 |

\* 배당재원이 모두 소진되면 배당 종결

# 최우선 변제권이 제한되는 경우

**사례** **쪽방주택과 임차인 10명**

강석구 씨(41세)는 서울시에 대지 30평, 시가 3억원의 방 10개짜리 쪽방주택을 가지고 있다. 그는 2018년에 은행에서 1억원을 빌리고 근저당권을 설정했다. 이 쪽방주택에는 임차인이 모두 10명이다. 8명은 보증금 1천만원에 20만원, 2명은 2천만원에 월 12만원의 월세로 살았다. 그런데 강씨가 돈을 갚지 못해 이 집이 경매로 넘어갔다.

한편 김석헌 씨(36세)는 유찰을 거듭하던 이 쪽방주택을 1억 4천만원에 입찰해 낙찰받았다. 주변 대지가격이 평당 1천만원이어서 땅값

만도 3억원의 가치는 있다고 판단한 것이다. 보증금이 1천만~2천만원인 임차인 10명이 받은 보장금의 총 액수는 얼마일까?

## 보장금은 낙찰가의 1/2을 넘지 못한다

소액 임차인을 배려한다는 사회적 대의도 중요하지만, 아무 죄도 없는 제3자에게 큰 피해가 발생해서는 안 된다. 주택임대차보호법에는 최우선 변제금의 합이 주택가액(낙찰대금에다가 입찰 보증금에 대한 배당기일까지의 이자, 몰수된 입찰 보증금 등을 포함한 금액에서 경매집행비용을 공제한 실제 배당할 금액)의 1/2을 초과하면 안 된다고 규정되어 있다. 결국 소액 임차인 10명은 최우선 변제권으로도 보장금을 모두 받을 수 없고, 낙찰가액에서 경매비용(약 200만원 가정)을 공제한 금액의 1/2인 6,900만원을 안분배당으로 받게 된다.

### 사례 임차권을 분리해도 소용없다

안재석 씨(39세)는 서울시에서 전세가가 매우 저렴한 아파트를 발견했다. 원래 전세시세가 2억 5,000만원이지만, 선순위로 설정된 근저당권의 채권액이 커서 싸게 나온 물건이라고 했다.

안씨는 시세보다 5천만원이나 저렴한 보증금에 욕심이 났지만, 선순위인 근저당권의 채권액이 커서 계약을 망설였다. 그런데 주택임대차보호법을 검색하다가 좋은(?) 생각이 떠올랐다.

서울시에서 보증금이 1억 6,500만원 이하인 경우 소액 임대차로 5,500만원까지 보장해 준다. 식구 4명이 방 3칸과 거실을 각각 보증금 5천만원으로 하여 계약서를 작성한다면, 모두 소액임차인이 되는 것이 아닐까? 혹시 집이 경매에 넘어가더라도 보증금을 모두 돌려받을 수 있지 않을까? 그런데 친구인 공인중개사에게 물었더니 어림없는 소리라고 하면서 웃었다.

임차권을 분리해서 계약서를 따로 작성하더라도, 사실상 가정 공동생활을 하고 있다면 보증금을 모두 합해 하나의 임대차로 본다. 그러므로 이 경우

안씨는 최우선 변제권으로는 한푼도 배당을 받을 수 없다.

## 법인의 대항력과 우선 변제권

주택임대차보호법은 임차인이 법인인 경우라도 일정한 요건을 충족하면 대항력을 인정하고 있다.

첫째, 주택도시기금을 재원으로 하여 저소득층 무주택자에게 주거생활 안정을 목적으로 전세임대주택을 지원하는 법인(토지주택공사 등)이 주택을 임차한 후, 지방자치단체의 장 또는 그 법인이 선정한 입주자가 그 주택을 인도받고 주민등록을 마치면 대항력이 발생한다.

둘째, 중소기업기본법에 따른 중소기업에 해당하는 법인이 소속 직원의 주거용으로 주택을 임차한 후, 그 법인이 선정한 직원이 그 주택을 인도받고 주민등록을 마치면 대항력이 발생한다. 법인은 주민등록의 대상이 아니다. 따라서 법인 스스로 임차권을 공시할 수 있는 방법이 없기 때문에 사실상 입주하는 직원의 주민등록으로 공시를 대신하는 것이다.

만약 임대차 기간 중에 그 주택에서 거주하는 직원이 바뀌는 경우에는 그 법인이 선정한 새로운 직원이 주택을 인도받고 주민등록을 마친 다음 날에 새롭게 대항력이 발생한다.

그뿐만 아니라 임대차 계약서상에 확정일자를 받은 경우 우선 변제권, 보증금액이 소액인 경우 최우선 변제권도 인정되니, 사실상 임차인으로서 자연인이 가질 수 있는 모든 권리를 법인도 가질 수 있는 셈이다.

## 임대차 보증금 반환 채권의 양도·양수

은행이나 우체국, 보험회사, 한국주택금융공사, 주택도시보증공사 등(이하 '금융기관 등')이 확정일자나 임차권 등기로 우선 변제권을 취득한 임차인의 보증금 반환 채권을 계약으로 양수한 경우, 양수한 금액의 범위에서 우선 변제권을 승계한다.

주의해야 할 점은 임차권 양도와는 차이가 있다는 점이다. 임대인의 동의를 얻어 임차권 자체를 양도하는 경우는 임차인의 모든 권리와 의무가 양수인에게 승계되지만, 금융기관 등은 임차권 자체를 양수하는 것이 아니라 임대차의 만기에 임차인이 돌려받을 보증금의 반환 채권만 양수하는 것이다. 따라서 반환 채권을 양도했더라도 임차인은 여전히 임차인으로서 만기까지 그 주택에서 거주할 수 있다.

간혹 정작 임차인은 배당요구를 하지 않았는데, 보증금 반환 채권을 양수한 금융기관 등이 배당요구를 한 경매사건을 볼 수 있다. 이 경우 임차인에게 배당이 될까?

그렇지 않다. 주택임대차보호법은 금융기관 등이 우선 변제권을 행사하기 위해 임차인을 대리하거나 대위하여 임대차를 해지할 수 없다고 규정하고 있는데, 경매절차에서 배당요구를 하는 것은 임대차를 해지하는 행위에 해당한다. 임차인이 보증금을 돌려받으면 당연히 집을 비워 주어야 하는데, 배당요구는 보증금을 돌려달라는 요구이니 말이다.

이런 임차인이 경매사건의 선순위 임차인이라면 낙찰자는 그 보증금을 물어주어야 할 수도 있다. 따라서 이런 경우 임차인 스스로 배당요구를 한 것이 아니라면 위험한 경매사건이다.

# 17 >>> 임차권만 알고, 임차권 등기를 모르면 헛공부

입찰자들은 왜 임차권 등기가 있는 경매물건을 힘들어할까?

**사례** **입지가 뛰어난 소형 아파트, 왜 입찰자가 혼자였을까?**

송지혜 씨(35세)는 마음에 드는 소형 아파트를 발견하고 세대열람을 해 보았는데, 전입신고가 된 세대가 없었다. 입찰을 한 송씨는 낙찰에 성공했다. 그런데 입지, 편의시설 등이 좋았음에도 왜 입찰자가 송씨뿐이었을까? 뒤늦게 알고 보니 송씨가 세대열람을 했을 때는 분명히 없었는데, 선순위 임차인이 있었던 것이다.

부동산 경매사건은 배당요구의 종기가 지난 후에 일반인들에게 공고된다. 그런데 그 임차인은 배당요구 종기가 지나자마자 다른 주소지로 이사를 갔기에, 송씨가 세대열람을 했을 때 세입자가 없는 것으로 나온 것이다. 선순위 임차권은 매각 후에도 인수되므로 낙찰자인 송씨가 보증금을 돌려주어야 한다. 결국 송씨는 물건을 포기했고 입찰보증금을 손해를 보았다.

## 임차권 등기, 무엇을 조심해야 하나?

임차인이 배당을 받을 때까지 전입신고와 점유의 대항요건을 유지해야 하는 줄 아는 사람들이 있다. 하지만 배당요구 종기 때까지만 대항요건을 갖추고 있으면 되며, 그후에는 이사를 가더라도 대항력은 그대로 인정받을 수 있다.

송씨와 같은 실수를 하지 않으려면, 주민센터에서 세대열람을 한 뒤에 반드시 법원의 현황조사서와 비교해 보아야 한다. 집행관은 배당요구 종기일 전에 현황을 조사하므로, 현황조사서에는 당시의 임차인에 관한 정보가 나와 있을 것이기 때문이다.

## 임차권·전세권 등기가 인기를 잃었던 이유

집주인과 임대차 계약을 하면 자동으로 임차권이 생긴다. 임차권은 오직 계약 당사자인 집주인에게만 주장할 수 있고, 새 주인에게는 주장할 수 없다. 그래서 임차인들은 대항력을 갖추는 것이다. 그런데 임차권이든 전세권이든 등기를 하려면 집주인이 협력해 주어야 하는데, 집주인의 협조를 받기가 쉽지 않았다. 이에 주택임대차보호법은 임차인이 대항요건을 갖추고 확정일자를 받으면, 임차권이나 전세권을 등기한 것과 같은 효력을 가지게 한다. 그래서 집주인의 동의를 얻어야 하는 임차권·전세권 등기는 하지 않는 추세였다.

## 집주인의 동의 없이도 임차권 등기를 할 수 있는 경우

앞에서 임차인이 대항요건을 갖추면 임차권으로 제3자에게 대항할 수 있고, 확정일자를 받으면 우선 변제권도 인정된다고 했다. 그렇다고 모든 경우에 안전한 것은 아니다.

예를 들어 만기가 지났는데도 집주인이 보증금을 돌려주지 않으면, 임차인은 소송으로 확정판결을 받은 후 경매를 신청해야 한다. 이는 시간이 오래 걸리므로 당장 이사해야 할 처지라면 더욱 난감하다.

보증금은 나중에 소송을 통해 받기로 하고 이사부터 하고 싶어도, 주민등록을 다른 곳으로 이전하면 대항력과 우선 변제권을 잃게 된다. 그렇다고 주민등록을 지금 집에 남겨두고 이사만 갈 경우, 새집에 전입신고를 못하니 그야말로 진퇴양난이다.

이런 경우에 법원에 신청하면 집주인의 동의가 없이도 임차권을 등기할 수 있다. 최근 불경기로 인해 만기가 지났는데도 보증금을 돌려받지 못한 사람들이 늘고 있다. 그래서 임차권 등기가 있는 경매물건을 자주 볼 수 있다. 법원이 임차권 등기를 결정하면 다음과 같이 표시된다.

등기부등본의 임차권 등기

| 【 을      구 】 | | ( 소유권 이외의 권리에 관한 사항 ) | | |
|---|---|---|---|---|
| 순위번호 | 등기목적 | 접수 | 등기원인 | 권리자 및 기타사항 |
| 4 | 주택임차권 | 2022년 1월 26일 제3584호 | 2022년 1월 20일 서울동부지방법원의 임차권등기명령 (2022카기***) | 임차보증금 금73,000,000원 범위 제3층 제301호 전부 임대차계약일자 2018. 9. 22. 주민등록일자 2018. 10. 7. 점유개시일자 2018. 10. 5. 확정일자 2018. 10. 7. 임차권자 김○○ 서울특별시 광진구 능동 *** 미래주택 ***호 |

세입자 김씨가 2018년부터 미래주택에 살아오다가 2022년 1월 26일 임차권 등기를 했다.

# 임차권 등기 권리분석은 이렇게!

## 임차권 등기의 효력

임차권 등기를 하면 임차인은 전입신고를 안 하거나 실제로 살지 않아도, 그리고 계약서에 확정일자를 받지 않아도 대항력과 우선 변제권이 생긴다. 그래서 다른 곳으로 이사를 가더라도 기존의 대항력과 우선 변제권을 잃지 않는다.

대항력과 우선 변제권은 임차권 등기가 등기부등본에 기재됨과 동시에 발생한다. 그런데 그전에 이미 전입신고를 하고 살았거나 확정일자를 받았다면, 기존의 날짜가 그대로 이어지는 것으로 본다.

만약 임차권이 등기에 기재되기 전에 이사를 가면, 임차권 등기와 동시에 대항력과 우선 변제권이 새로 생기므로 그만큼 배당순위가 후순위로 밀린다. 그러므로 반드시 임차권 등기가 등기부에 기재된 후에 주민등록을 이전해야 한다. 또한 이미 임차권 등기가 있는 집에 후순위로 임차권을 얻었을 경우, 설령 소액 임차인이라도 최우선 변제권이 인정되지 않는다.

## 임차권 등기는 매각 후 어떻게 될까?

임차권은 전월세 보증금을 돌려달라는 권리지만 그 자체가 '돈이 목적인 권리'는 아니다. 그러므로 매각 후에 낙찰자에게 인수된다(제1원칙). 다만 선순위에 '돈이 목적인 권리'가 있다면, 또는 임차권이 선순위이며 매각 후 배당으로 보증금을 모두 돌려받았다면 소멸된다. 그러므로 입찰자는 선순위의 임차권 등기가 있으면 그 임차인이 배당요구를 했는지 알아보고, 예상 낙찰가로 그 보증금을 모두 줄 수 있을 것으로 예상되면 입찰에 참여해도 된다.

## 주택 임차권 등기는 두 종류가 있다

주택에 설정된 임차권 등기라고 모두 같은 것은 아니다. 임차권 등기는 두 종류가 있는데, 하나는 민법의 규정에 따른 것이고, 다른 하나는 주택임대차보호법의 규정에 따른 것이다.

민법의 임차권 등기는 임대차의 만기가 되기 전이라도 임대인과 임차인이 약정하여 등기를 신청해 설정되지만, 대항력만 인정되고 우선 변제권은 인정되지 않는다.

반면 주택임대차보호법의 임차권 등기는 임차인이 만기에 보증금을 돌려받지 못할 경우, 임대인의 동의 없이 단독으로 신청하여 설정되고 대항력뿐만 아니라 우선 변제권도 인정된다.

이처럼 두 법의 임차권 등기의 효력이 다르다 보니 문제가 발생할 수 있다. 그래서 주택과 상가건물임대차보호법의 적용을 받는 상가 건물의 경우는 민법에 의한 임차권 등기에도 우선 변제권을 인정해서 두 임차권 등기의 효력이 같다.

**경매가 갑자기 취소되었는데, 세입자가 왜 당황했을까?**

지방으로 발령이 난 안지훈 씨(29세)는 전세 만기가 지났지만, 집주인이 보증금을 차일피일 미루기만 하던 차에 전셋집이 경매로 넘어갔다. 안씨는 은행의 근저당권에 이어 2순위였고, 배당요구까지 한 상태라서 권리분석상 보증금을 모두 돌려받을 수 있었다.

안씨는 배당요구 종기일이 지나자마자, 직장과 가까운 곳으로 이사하고 주민등록도 이전했다. 법적으로 배당요구 종기일까지만 대항요건을 유지하면, 나중에 이사를 가더라도 아무 문제가 없다는 전문가의 말만 믿었던 것이다.

그러나 그 전문가도 간과한 부분이 있다. 경매가 개시된 후 집주인이 은행의 대출을 갚았고, 이에 경매 자체가 취하되었다.

안씨는 급하게 원래 전셋집으로 전입신고를 다시 했지만, 이제 그의 임차권은 다른 권리들보다 후순위가 되었다. 만약 그 주택이 다시 경매로 넘어간다면 보증금을 돌려받지 못할 위험에 처하게 된 것이다.

# 18 >>> 상가 입찰 시 주의할 점

월 임대료를 받을 수 있는 상가를 경매로 사고 싶다면 다음의 내용을 놓치지 말자.

### 사례 법을 잘 몰라 알짜 상가를 놓쳤다

노기철 씨(47세)는 대형 식당을 할 상가를 찾고 있었는데, 마침 상가건물의 2층 전체가 경매로 나왔다. 현재 교회가 입주해 있는데, 현황조사서를 보니 입주시점이 등기상의 최선순위 설정일보다 빨랐다. 노씨는 이 상가를 낙찰받으면 교회의 임대차 보증금을 돌려주어야 하고, 계약 만기까지 내보낼 수도 없을 것 같아 입찰을 포기했다.

그런데 경매 결과를 열람해 보고 깜짝 놀랐다. 아무도 입찰하지 않을 줄 알았는데 무려 9명이나 입찰표를 냈던 것이다.

노씨는 자신이 무엇을 놓쳤는지 그제서야 깨달았다. 교회는 영리를 목적으로 하는 기업이 아니므로 사업자등록을 하지 않는다. 그리고 사업자등록을 하지 않은 임대차는 상가건물임대차보호법의 적용 대상이 아니므로, 보증금을 돌려줄 걱정은 하지 않아도 되었던 것이다. 그는 입찰도 해 보지 못하고 좋은 물건을 놓친 것 같다며 속상해했다.

## 상가라고 모두 임대차보호법의 대상은 아니다

상가건물임대차보호법은 사업자등록을 할 수 있는 자연인(외국인 포함)과 법인을 대상으로 한다. 그래서 종교단체, 자선단체, 동창회 등의 친목모임 사무실처럼 사업자등록을 하지 않으면 이 법의 보호를 받지 못한다.

상가건물임대차보호법은 임대차 보증금의 한도를 규정하여 그 안의 보증금에 대해서만 보호한다. 보증금이 큰 임차인은 큰 사업을 하고 있으므로, 민법의 특례를 적용하면서까지 보호해야 할 사회적 약자가 아니라는 것이다. 보증금이 클 경우 상가건물임대차보호법이 아니라 민법의 임대차에 관한 규정이 적용된다.

상가건물임대차보호법이 적용되는 보증금 한도 시행일: 2019년 4월 2일

| 적용지역 | 보증금 |
|---|---|
| 서울시 | 9억원 이하 |
| 과밀억제권역 및 부산광역시 | 6억 9천만원 이하 |
| 광역시(「수도권정비계획법」에 따른 과밀억제권역에 포함된 지역과 군지역, 부산광역시 제외), 세종시, 안산시, 용인시, 김포시, 광주시, 파주시, 화성시 | 5억 4천만원 이하 |
| 그밖의 지역 | 3억 7천만원 이하 |

월세를 낸다면, 그 월세에 100을 곱한 금액을 보증금에 합해 계산한다. 예를 들어 서울시 강남구에서 식당을 경영하는 권씨는 가게의 보증금이 3억원, 월세가 700만원이다. 이 경우 환산보증금은 10억원이므로 상가건물임대차보호법의 보호를 받을 수 없다.

보증금 3억원, 월세 700만원인 상가의 환산 보증금

환산 보증금 = 3억원(보증금) + 700만원(월세) X 100 = 10억원

그런데 2015년 5월 13일 관련 규정이 개정되어, 이제는 환산 보증금액에 상관없이 사업자등록과 점유만으로 대항력을 가지게 되었다. 단, 2015년 5월 13일 이전의 기존 계약이 갱신되지 않고 그대로 유지된 경우 과거의 규정을 적용받는다.

# 상가 임차인 권리분석은 이렇게!

상가를 빌린 사람이 사업자등록을 신청하고 입주하면 그다음 날 0시에 대항력이 생긴다. 대항력의 효력은 주택 임차권과 같다. 그러므로 매각 후에도 임차인의 권리는 없어지지 않고 낙찰자에게 인수된다(제1원칙). 다만 선순위에 '돈이 목적인 권리'가 있다면 임차권은 매각 후 사라진다(제2원칙). 이때는 임차인에게 보증금을 줄 필요가 없다.

## 상가 임차인의 우선 변제권, 최우선 변제권

상가 임차인은 세무서에 사업자등록을 신청하고 임대차 계약서에 확정일자를 받으면 우선 변제권이 있다.(사업자등록이 없으면 확정일자를 받아도 우선 변제권이 인정되지 않는다.)

상가 소액 임차인은 2013년까지는 부동산 가액의 1/3, 2014년 1월 1일부터는 1/2을 한도로 최우선 변제권이 인정된다. 따라서 2013년 이전에 담보권이 설정됐다면 임차인은 1/3 한도로 최우선 변제권을 주장할 수 있다.

상가 임대차의 최우선 변제권

| 적용기간 | 지역 | 최우선 변제를 받을 환산 보증금의 범위 | 최우선 변제를 받을 금액의 한도 |
|---|---|---|---|
| 2002.11.01 ~ 2010.07.25 | 서울시 | 4,500만원 이하 | 1,350만원 |
| | 과밀억제권역 | 3,900만원 이하 | 1,170만원 |
| | 광역시(군지역 및 인천광역시제외) | 3,000만원 이하 | 900만원 |
| | 그 밖의 지역 | 2,500만원 이하 | 750만원 |
| 2010.07.26 ~ 2013.12.31 | 서울시 | 5,000만원 이하 | 1,500만원 |
| | 과밀억제권역 | 4,500만원 이하 | 1,350만원 |
| | 광역시(수도권정비계획법에 따른 과밀억제권역에 포함된 지역과 군지역 제외), 안산시,용인시,김포시,광주시 포함 | 3,000만원 이하 | 900만원 |
| | 그 밖의 지역 | 2,500만원 이하 | 750만원 |

| | | | |
|---|---|---|---|
| 2014.01.01 ~ 2018.01.25 | 서울시 | 6,500만원 이하 | 2,200만원 |
| | 과밀억제권역 | 5,500만원 이하 | 1,900만원 |
| | 광역시(수도권정비계획법에 따른 과밀억제권역에 포함된 지역과 군지역 제외), 안산시,용인시,김포시,광주시 포함 | 3,800만원 이하 | 1,300만원 |
| | 그 밖의 지역 | 3,000만원 이하 | 1,000만원 |
| 2018.01.26 ~ | 서울시 | 6,500만원 이하 | 2,200만원 |
| | 과밀억제권역 | 5,500만원 이하 | 1,900만원 |
| | 부산광역시(기장군 제외) | 3,800만원 이하 | 1,300만원 |
| | 부산광역시(기장군) | 3,000만원 이하 | 1,000만원 |
| | 광역시(수도권정비계획법에 따른 과밀억제권역에 포함된 지역과 군지역, 부산광역시는 제외), 경기도 안산시, 용인시, 김포시, 광주시 포함 | 3,800만원 이하 | 1,300만원 |
| | 세종특별시, 파주시, 화성시 | 3,000만원 이하 | 1,000만원 |
| | 그 밖의 지역 | 3,000만원 이하 | 1,000만원 |

상가 임대차는 월세에 100을 곱한 금액을 보증금에 합하여 소액 임대차 여부를 판단하므로, 실제로 소액 임대차에 해당되는 경우는 거의 없다.

상가 임차인의 배당액은 실제 보증금을 기준으로 한다.* 소규모 자영업자는 대부분 사업자등록을 하지 않으므로 이 규정은 실익이 별로 없다. 실제 경매에서도 임차인이 최우선 변제권이 있는 경우는 매우 드물다.

* 가령 서울시에서 보증금 500만원에 월세가 40만원인 임대차라면, 결국 경매로 배당받을 수 있는 금액은 500만원이다.

## 상가 권리금은 어떻게 될까?

권리금이란 상가건물에서 장사를 하거나 하려는 사람이 영업시설 및 비품, 거래처, 신용, 영업상의 노하우, 상가건물의 위치에 따른 영업상의 이점 등 유·무형의 재산적 가치의 양도, 또는 이용대가로서 임대인, 임차인에게 보증금과 차임 이외에 지급하는 금전 등의 대가를 말한다. 예전에는 권리금에 대한 규정이 없어서 권리금을 주고 장사를 시작한 사람이 계약이 끝났을 때, 임대인이 권리금을 인정하지 않아 큰 손해를 보는 일이 많았다. 그렇지만 2015년 5월 13일 신설된 상가건물임대차보호법의 규정(일명 '권리금법')에 따라 이제 권리금도 보호받게 되었다. 같은 날 개정된 대항력에 관한 규정(보증금의 한도 미적용)과 달리, 권리금법은 2015년 5월 13일 이전부터 존속 중인 임대차에 대해서도 적용된다.

### 권리금법의 구체적인 내용

상가건물의 임대차 만기 6개월 전부터 만기 때까지, 임대인은 임차인이 새 임차인으로부터 권리금을 지급받는 것을 방해할 수 없다. 결과적으로 임대인은 임차인이 주선한 신규 임차인과 임대차 계약을 해야 한다는 의미이다.

만약 임대인이 이를 거절하면, 임차인은 임대인을 상대로 손해배상을 청구할 수 있다. 손해배상액은 새 임차인이 기존 임차인에게 지급하기로 한 권리금과 임대차 종료 당시의 권리금(감정평가로 결정) 중 낮은 금액을 넘지 못한다.

물론 임차인이 주선한 새 임차인이 되려는 사람이 보증금, 또는 차임을 지급할 자력이 없거나, 임차인으로서의 의무를 위반할 우려가 있거나, 그 밖에 임대차를 유지하기 어려운 상당한 사유가 있는 경우, 그리고 상가건물을 1년 6개월 이상 영리목적으로 사용하지 않은 경우라면 권리금법의 규정에도 불구하고 임대인은 새 임대차 계약을 거절할 수 있다.

경매로 상가건물을 낙찰받을 경우, 그 임차인이 낙찰자에게 대항할 수 없는 임차인(사업자등록일이 등기상 최선순위 설정일보다 늦은 임차인)이라면 권리금법도 의미가 없다. 하지만 만약 대항력이 있는 임차인이라면 낙찰자는 권리금법의 규정에 따른 임대인의 부담도 함께 이어받게 된다. 즉, 만기에 임차인에게 보증금을 반환해 주고, 직접 장사를 하려는 목적으로 상가건물을 낙찰받는 경우라면 보증금과는 별도로 권리금까지 부담하게 될 수 있다는 점을 명심해야 한다.

# 19
>>>

# "토지 별도 등기 있음" 문구를 보았다면

등기부나 매각물건명세서에서 "토지 별도 등기 있음"이라는 문구를 보았을 때의 대응요령을 살펴보자.

집합건물의 경우, 전유부분의 등기부등본에 "토지 별도 등기 있음"이라는 문구가 있다면, 반드시 토지 등기부등본을 확인해서 내용을 파악한 후 입찰 여부를 결정해야 한다.

가령 토지에 이미 설정되어 있던 권리가 말소되지 않은 상태에서 대지권이 등기된 경우, 또는 그 건물에 큰 영향을 주지 않는 선에서 지상권 등이 설정된 경우가 여기에 해당된다.

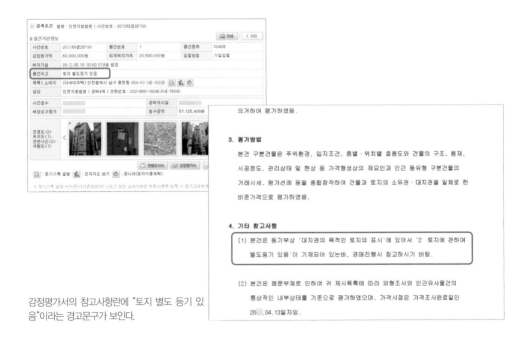

감정평가서의 참고사항란에 "토지 별도 등기 있음"이라는 경고문구가 보인다.

## '토지 별도 등기'가 무조건 나쁜 신호는 아니다

토지 별도 등기의 내용이 반드시 입찰자에게 나쁜 것은 아니며, 오히려 이득인 경우도 있다. 예를 들어 상가건물이나 아파트 단지로 지하철 출입구가 바로 연결되는 경우에 지하철공사는 그 토지에 지상권을 설정한다. 이때도 등기부나 매각물건명세서에 "토지 별도 등기 있음"이라고 표시되는데, 이는 오히려 건물의 가치를 매우 높이는 요인이다.

### 집합건물 경매에서 알박기

황순성 씨(43세)는 서울시 마포구의 오피스텔 지하상가 B203호, B204호, B205호를 한꺼번에 낙찰받아서 대형음식점을 열 생각이다.

만약 3곳 모두 낙찰받거나 입찰에서 모두 떨어진다면 문제가 없다. 그런데 B203호와 B205호는 낙찰받았지만, B204호는 낙찰받지 못했다면 활용도가 크게 떨어진다. 각 호실을 개별적으로 팔거나 임대할 계획이라면 그나마 다행인데, 황씨처럼 전체를 식당이나 사무실로 사용할 목적이었다면 문제가 심각해진다.

전체를 모두 사용해야 제 가치를 하는 집합건물의 개별매각 사건에서 이른바 '알박기'를 노리고, 중간의 호실에 입찰하는 투자자도 있다는 사실도 알아두자.

# 5
**Chapter**

# 권리분석의 기본기 ②
## - 등기부 외의 권리 마스터하기

부동산에 관한 권리가 모두 등기부에 나오는 것은 아니다. 등기부에 나오지 않는 권리들은 어떤 것이 있고, 권리분석을 어떻게 해야 할까?
이번 장에서는 유치권, 법정지상권, 분묘기지권 등 등기부에 나오지 않는 권리들의 분석방법을 살펴본다.

# 등기에 나오지 않는 권리도 있다고?

"등기부만 보면 권리분석이 끝나는 줄 알았는데, 등기부에 나오지 않는 권리도 있다면서요? 특히 유치권이 어려워요. 유치권이 있는 경매물건은 정말 고수들만 하는 것인가요?"

"전문가들도 유치권이 있는 경매물건이 어려울 때가 있어요. 마치 보이지 않는 적과 싸우는 기분이랄까요?"

"맞아요. 근저당권 같은 걸 봐요. 채권자 누구, 받을 돈 얼마, 딱 등기부에 나오잖아요."

"입찰할 아파트에 무슨 문제가 있어요?"

"신축 아파트도 아닌데 유치권 신고가 있더라고요. 혹시나 해서 가 봤더니, 입구나 창문 어디에도 '유치권 행사 중'이라는 현수막 같은 것도 없고요. 마침 그 집에서 나오는 사람이 있길래 물어보니 그런 일 모른다는 거예요. 심지어 최근에 공사한 적도 없다는데……. 황당하다니까요."

"그러게요. 유치권은 그곳을 점유하고 있어야 성립되는데. 허위 유치권일 것 같은데요."

"저야 그렇다면 좋겠지만, 낙찰받아도 나중에 불이익은 없을까요?"

유치권이 있는 물건이 유찰을 거듭해서 최저매각가격이 낮아지면 구미가 몹시 당길 만하다. 하지만 싸다고 무조건 덤벼서는 안 된다. 유치권이 어떤 이유로 생겼는지, 진짜 성립되는지 알아내고, 그 유치권 액수까지 고려해서 입찰 여부를 결정해야 하는데, 입찰자가 그 내막을 정확히 알아보기는 힘들다.

"일단 유치권이 진짜인지 확신이 들 때까지 속사정을 더 정확히 알아보세요. 지금 점유하지 않고 있으니, 어쨌든 유치권이 성립되진 않네요."

"신고는 신고일 뿐, 성립은 별개의 문제이다?"

"네. 그리고 유치권이 있는 물건은 은행이 대출을 잘 안해 주려고 해요. 그러니 입찰 전에 미리 은행 직원이랑 상담을 하세요. 낙찰받은 후 잔금을 못 내면 보증금만 날릴 수도 있으니까요."

"그럼, 이 유치권자는 어떻게 해야 하죠?"

"유치권을 주장하는 사람이 지금 점유하지 않는다면 나중에 소유자를 대상으로 인도명령을 신청하면 돼요. 만약 점유를 하고 있다면, 제가 유치권자와 흥정하는 법을 알려드릴 테니 한번 만나보고요."

사실 유치권에 관해 상담할 때가 가장 조심스럽다. 유치권은 현장에 가보지 않고, 또는 사건의 전말을 다 알지 않고는 결론을 내리는 것이 정말 위험하기 때문이다.

"그렇게 이야기를 해 주시니 힘이 나네요."

그럼, 이제 선영 씨가 이 경매사건을 어떻게 잘 해결했는지, 그녀가 공부한 내용을 따라가 보자.

# 유치권자와 흥정하는 법

유치권은 어떨 때, 누가 사용할 수 있는 권리인지 알아보고 대응하는 방법을 살펴보자.

### 사례 신축건물에 들어선 유치권 현수막

경매 초보 황아름 씨(28세)가 사는 동네의 대로변에 신축상가가 들어섰다. '무슨 업종이 들어올까? 음식점, 학원, 의류점, 병원?' 궁금했다. 그런데 석 달이 지나도 오픈을 하지 않더니 어느 날 현수막이 걸렸다. '공사대금 미납 유치권 행사 중'. 그러고 보니 유치권이란 말을 얼핏 들은 것 같긴 한데, 도대체 유치권을 행사한다는 게 무슨 말일까?

## 유치권은 왜 등기부에 안 나올까?

A씨가 고장난 시계를 고쳐 달라고 수리업자에게 맡겼다. 이 경우 수리비를 내지 않으면 수리업자는 당연히 시계를 돌려주지 않아도 된다. 그런데 A씨가 수리 중인 시계를 B씨에게 팔아 버렸다고 치자. 그리고 새 주인인 B씨가 수리업자에게 시계를 돌려 달라고 했다. 이 경우 수리업자는 B씨에게 '수리비를 달라'고 청구할 수 없다. 그가 시계를 고쳐 달라고 맡긴 게 아니기 때문이다. 하지만 "둘 중 누구든 수리비를 주지 않으면, 시계를 돌려주지 않고 유치하겠다"고 할 수는 있다. 이때 수리업자의 권리가 바로 '유치권'이다.

　　부동산 경매에서 유치권은 남의 부동산과 관련해 생긴 채권을 돌려받지 못했을 때, 돈을 갚을 때까지 그 부동산을 인도하지 않고 점유(유치)할 수 있는 권리이다. 경매에서는 건물의 신축공사나 리모델링 공사를 한 건축업자가 공사비를 받지 못해 유치권을 행사하는 경우가 자주 있다.

앞에서 살펴보았던 근저당권·지상권·지역권·전세권 등은 등기를 해야만 성립되지만, 유치권은 등기를 할 수 없다. 왜 그럴까?

첫째, 근저당권·지상권·전세권은 부동산을 목적으로 한 권리이다. 하지만 유치권은 동산이든 부동산이든 상관없이 성립할 수 있는 권리여서 등기를 요건으로 하지 않는다.

둘째, 등기는 등기 의무자와 권리자가 공동으로 신청해야 한다. 그런데 공사비도 안 주는 건물주가 유치권 등기를 순순히 해 줄 리가 없기 때문이다.

## 유치권은 어떨 때 생길까?

### 딱 그 부동산에만

A건물의 건축업자가 공사대금을 못 받았다면 그 건물에 대해서만 유치권을 걸 수 있으며, 그 건물주의 다른 부동산에는 유치권을 행사할 수 없다. 또 건축업자가 건물주에게 빌려준 돈을 못 받았다고 유치권을 주장할 수도 없다. 빌려간 돈은 그 부동산과는 상관없기 때문이다.

실제로 임차인들이 보증금을 못 받았으니 집이라도 유치하겠다며 유치권을 주장하는 경우가 많다. 하지만 판례를 보면, 보증금이나 권리금을 못 받았다고 유치권을 주장할 수는 없다.

### 점유를 하고 있어야 한다

유치권을 주장하려면 압류의 효력이 발생하기 전부터 그 부동산을 점유하고 있어야 한다. 경매가 시작된 후에 점유해 봤자 그 경매사건의 낙찰자에게는 대항하지 못한다. 그래도 나가지 않으면, 낙찰자가 법원에 인도명령을 신청하고 강제집행을 하기도 한다.<sup>9장 참조</sup>

**유치권 신고는 성립과 상관없다**

"경매개시 결정 등기 후에 유치권을 신고했다면 성립되지 않는 거죠?" 간혹 이런 질문을 받곤 한다.

유치권의 성립과 신고를 혼동하면 안 된다. 유치권은 등기나 신고를 해야 하는 권리가 아니므로, 경매개시 전에는 유치권자가 법원에 신고할 수가 없다.

간혹 매각물건명세서에서 "유치권 신고 있음"이라는 문구를 볼 수 있다. 법원이 경매를 준비할 때, 관련자들에게 권리를 신고하라고 알리는데 유치권자가 그때 신고한 것이다. 성립이 아니라 신고이다. 유치권은 설령 신고를 하지 않았더라도, 채권과 점유의 내용이 요건을 충족하면 인정된다는 것을 꼭 기억해야 한다.

## 유치권은 어떤 힘이 있을까?

유치권은 물권이므로 이전 주인이든 새로운 낙찰자든 누구에게나 주장할 수 있다. 다만 공사대금은 이전 주인에게 청구할 수 있겠지만 말이다. 어쨌든 유치권은 그 건물이 다른 사람에게 팔리더라도 돈을 모두 받을 때까지 계속 인도를 거부하고 버틸 수 있다.

법률적으로 따지면, 낙찰자가 전주인의 공사대금을 줄 필요가 없으며, 유치권자도 낙찰자에게 공사대금을 달라고 청구할 수는 없다. 그러나 유치권자는 전주인이 돈을 주지 않으면 건물을 계속 점유하거나 경매를 신청할 수 있다. 결국 낙찰자는 기껏 낙찰받은 부동산을 사용할 수 없으니, 전주인 대신에 유치권자에게 공사대금 등을 주고 합의하는 경우가 많다.

**사례** **공사대금을 받기 전에는 못 나간다는 리모델링 업자**

양선숙 씨(47세)는 2021년 시가 10억원의 상가건물을 담보로 윤성대 씨(43세)에게 6억원을 빌렸고, 최근 리모델링 업자 황사장(38세)에게 의뢰하여 3억원의 리모델링 공사를 마쳤다. 그런데 리모델링을 해도 임대가 잘되지 않았으며, 공사대금을 받지 못한 황사장은 유치권을 주장했다. 한편 이자가 몇 달째 밀리자, 윤씨는 근저당권을 근거로 경매를 신청했다.

만약 입찰자가 이 경매사건에서 매매차익으로 2억원을 남기려면, 시가가 10억원이니 황사장의 유치권 비용 3억원을 빼면 결국 입찰가는 5억원 정도로 써야 한다. 하지만 이 상가건물이 5억원에 매각되면, 근저당권자인 윤씨는 빌려준 6억원을 모두 돌려받지 못해 손해를 본다. 그가 근저당권을 설정할 당시에는 나중에 유치권이 발생할 것을 미리 알 수 없었는데도 말이다. 결국 선의의 제3자가 피해

'유치권 행사 중'이라는 현수막이 붙은 건물.

를 입으면 안 된다는 민사의 대원칙에 위배되는 것처럼 보인다.

그런데 법에서는 3억원의 리모델링 공사비가 들었다면, 건물의 가치가 그만큼 높아져 근저당권자인 윤씨가 피해를 입지 않는다고 본다. 실제 경매사건에서는 입찰가가 크게 떨어지는 경우가 많은데도 말이다. 이런 불합리 때문에 이미 등기가 된 부동산에 관한 유치권은 인정하지 않는 것으로 법을 개정해야 한다는 목소리가 높다.

## 유치권자와 흥정하는 법

경매사건을 검색하다 보면 "유치권 신고 있음"이라는 문구를 자주 볼 수 있다. 물론 유치권이 있는 물건을 잘못 낙찰받으면, 전주인 대신 공사대금을 갚는 최악의 상황에 처할 수도 있다.

그러나 유치권이 신고되어 있다고 해서 무조건 입찰을 포기할 필요는 없다. 앞에서 말했듯이 유치권의 성립은 신고와는 아무 상관이 없다. 유치권이 신고되어 있다고 무조건 입찰을 피하면 좋은 기회를 놓칠 수 있으며,

**물건상세검색**

검색조건 | 법원 : 서울중앙지방법원 | 사건번호 : 20■타경17■■

물건기본정보

| 사건번호 | 20■타경17■■ | 물건번호 | 1 | 물건종류 | 오피스텔 |
|---|---|---|---|---|---|
| 감정평가액 | 822,000,000원 | 최저매각가격 | 822,000,000원 | 입찰방법 | 기일입찰 |
| 매각기일 | 20■.05.02 10:00 경매법정 | | | | |
| 물건비고 | -대금지급기일(기한)이후 지연이자율:연2할<br>-임대차:매각물건명세서와같음<br>-본건 오피스텔 점유자 ■■ 대표 이■■ 진술에 의하면 시설비, 채권 관계 등으로 유치권 행사중이라고 진술하였으나 성립여부는 불분명함. | | | | |
| 목록1 소재지 | (근린생활시설) 서울특별시 관악구 신림동 ■■■ ■ ■ ■■ 🖼 📷 ⊙ | | | | |
| 담당 | 서울중앙지방법원 | 경매4계 | 전화번호 : 530-1816(구내:1816) | | |
| 사건접수 | 20■.06.01 | | 경매개시일 | 20■.06.05 | |
| 배당요구종기 | 20■.01.02 | | 청구금액 | 245,000,000원 | |

▷ 비고란

-대금지급기일(기한)이후 지연이자율:연2할 -임대차 : 물건명세서와 같음 -주식회사 ■■■■■로부터 공사대금으로 110억원, 주식회사 ■■■■■■으로부터 시설물설치대금 22억원 및 임차보증금 17억원의 각 20■ 4. 11.자 유치권신고가 있으나 성립여부는 불분명

※ 주1 : 경매, 매각목적물에서 제외되는 미등기건물 등이 있을 경우에는 그 취지를 명확히 기재한다.
　　2 : 최선순위 설정보다 먼저 설정된 가등기담보권, 가압류 또는 소멸되는 전세권이 있는 경우에는 그 담보가등기, 가압류 또는 전세권 등기일자를 기재한다.

유치권 신고가 있는 건물의 매각공고.

반면 명확한 근거도 없이 유치권 신고를 무시하고 입찰하는 것도 무모한 도박이다. 그렇다면 유치권이 신고된 경매사건은 어떻게 해야 할까?

첫째, 입찰 전에 유치권 주장자를 만나보자.

유치권은 그 부동산을 점유하고 있어야 주장할 수 있으므로, 현장을 방문하면 유치권자를 만나거나 연락처라도 얻을 수 있다. 만약 현장에서 만날 수도 없고 연락처조차 얻을 수 없다면, 유치권 신고가 허위일 가능성이 상당히 높다.

둘째, 유치권 주장자와 만나면 일단 낙찰받을 경우 얼마를 주면 건물을 인도해 줄 것인지 흥정을 한다. 금액이 결정되면 합의내용을 문서로 작성해 둔다. 낙찰 후에 그가 말을 바꿀 때를 대비하는 것이다.

셋째, 이제 입찰가에서 협의된 유치권 변제액만큼을 빼고 입찰하면 된다. 3억원에 입찰할 생각이었고, 유치권 변제액으로 1억원을 주기로 했다면 2억원에 입찰하면 되는 것이다.

# 등기된 건물의 유치권, 어떻게 바뀔까?

## 허위 유치권 신고가 왜 많았을까?

경매개시 결정이 나면 유치권 주장자는 법원에 유치권을 신고한다. 그런데 문제는 낙찰받기 전에는 그 유치권이 실제로 성립되는지 여부를 판단할 수 없다는 것이다. 그저 '유치권 신고가 있다'는 것만 알 뿐 왜 유치권을 신고했는지, 실제로 공사를 했는지, 공사대금을 정말 못 받았는지 등 어떤 정보도 공개되지 않는다.

그동안 유치권의 이런 맹점을 악용하는 사람들이 많았다. 건물주나 임차인, 심지어 전혀 관련 없는 경매 투자자들조차 유치권을 허위로 신고하여 입찰을 방해했다.

법원이 미리 유치권의 성립 여부를 판단해 주면 좋겠지만, 현실은 그렇지 않다. 민사사건은 당사자들이 분쟁을 해결해 달라고 소송 등으로 요청하지 않는 한 법원이 개입할 수 없기 때문이다.

## 유치권 신고와 부동산 대출

유치권 신고가 있으면 입찰자들이 불리해진다. 유치권이 실제로 성립된다면 낙찰대금 외에 유치권 비용이 들기 때문이다. 또한 은행은 유치권이 신고된 부동산에는 대출을 잘 안해주므로 낙찰잔금 대출을 받기 힘든 경우가 많다. 결국 유치권에 대한 정확한 지식과 경험, 그리고 자금력을 갖춘 사람들만의 싸움이 될 수밖에 없다. 그런 사람이 얼마나 될까?

## 공사업자가 유치권을 헐값에 사라는 경우

간혹 유치권 주장자가 입찰 전에 미리 돈을 내고 유치권을 가져가라는 경우가 있는데 그러면 절대 안 된다.

유치권을 이어받는 순간, 이제 내가 유치권 주장자가 되어 그 건물을 계속 점유하고 있어야 한다. 게다가 만약 다른 사람이 낙찰을 받으면 그가 여러분에게 건물을 비워 달라고 명도소송을 할 수도 있다.

입찰자에게 유치권에 관한 분쟁은 '남의 싸움'이다. 여러분은 그 공사를 맡긴 사람도, 공사업자도, 분쟁과정을 처음부터 끝까지 지켜본 사람도 아니다. 겉으로 보이는 것만 가지고 유치권의 성립 여부를 속단해서는 안 된다.

경매에 입찰하는 것은 내 이익을 위한 것이지, 사회정의를 실현하기 위한 것이 아니다. 설령 유치권을 허위로 신고한 사람이 다소 이익을 본다 한들, 결국 내가 원하는 가격에 부동산을 가질 수만 있으면 되고, 가격이 비싸면 입찰을 포기하면 그만이다. 절대로 유치권 주장자와 싸워서 이길 생각 따위는 하지 말자.

## 토지에 대한 유치권을 행사할 수 없는 경우

경매 토지에 유치권이 신고된 사건은 대부분 건물이 신축되던 중에 토지가 경매로 넘어간 경우이다. 보통 상가를 개발할 때는 땅주인이 토지를 담보로 돈을 빌려 건물을 지은 다음, 분양이 완료되면 그 분양대금으로 빌린 돈을 갚는다. 그런데 분양이 잘되지 않으면, 땅주인의 자금계획에 큰 차질이 생기고 토지가 경매로 넘어간다. 이때 건설업자는 공사대금을 받을 길이 없으니 유치권을 주장한다.

그런데 공사가 사회통념상 건물이라고 볼 수 없는 정착물을 세운 상태에서 중단되었다면, 건축업자의 유치권은 성립되지 않는다. 그런 정착물은 토지의 부합물에 불과하기 때문이다. 이런 경우 공사대금은 토지가 아닌 건물에 대한 것이므로, 토지에 대한 유치권을 행사할 수 없다.

## 대여금이나 매매대금으로는 유치권을 주장할 수 없다

서울 마포구에 재개발로 신축된 아파트가 경매로 나왔다. 이 아파트는 감정가 10억 3천만원으로 당시 1회 유찰된 상태였다.

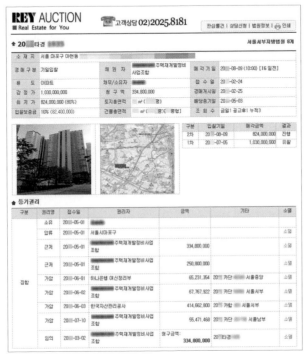

그런데 매각물건명세서를 살펴보니 아파트 경매에서는 좀처럼 보기 힘든 문구가 발견된다.

신청채권자 ○○주택재개발정비사업조합에서 20××.5.9. 제출한 유치권신고서와 20××. 5.27. 제출한 보완서에 따르면, 1) 신축, 분양 아파트와 관련된 징수금 채권으로 서울남부지방법원 2015가합○○○ 대여금 사건에 의한 원금 574,000,000 원 및 이에 대하여 20××.1.1.부터 완제일까지 연 15% 이자와 서울서부지방법원 20○○가단225○○ 분양대금 등 사건에 의한 원금 66,000,000원 및 이에 대하여 20○○.7.25.부터 완제일까지 연 15% 이자금 중 근저당권자(을구1번, 을구2번)로서 배당금을 제외한 나머지 금액에 대하여 유치권 신고가 있다.

등기부 내용과 유치권 신고 내용을 종합하여 추정하고, 내가 직접 서울남부지방법원과 서울서부지방법원에 판결서 사본을 신청하여 확인해 보았다.

그 결과, 재개발조합이 조합원 중 한 명인 이 사건 소유자에게 재개발 공사기간 중에 다른 곳에서 거주할 수 있도록 대여해 준 이주비, 그리고 재개발 전의 아파트 보상가격과 조합원 분양가격의 차액인 추가분담금에 대하여 지급을 청구하는 소송을 제기하여 승소하였다. 그리고 그 지급을 담보하기 위하여 근저당권을 설정했으나, 근저당권의 채권최고액이 실제로 받을 돈보다 작아 청구액 전부를 배당받을 수는 없을 것으로 판단하여 경매절차에서 배당받지 못한 나머지 금액에 대하여 유치권을 주장한 것이다. 매각물건명세서의 앞 문구에 등장하는 두 소송사건의 사건명을 보더라도 하나는 '대여금 사건'이고, 다른 하나는 '분양대금 사건'이다.

일단 두 소송에서 모두 승소했으니, 재개발조합이 이 사건 소유자에게 받을 돈이 있다는 것은 확정된 것이다. 그러나 대법원 판례는 대여금 반환 채권과 매매대금 지급 채권은 그 부동산과 관련이 있는 채권으로 볼 수 없다는 이유로 유치권을 인정하지 않는 입장이다. 따라서 이 사건의 재개발조합은 경매절차에서 근저당권에 기한 배당을 받을 수는 있지만, 배당받지 못한 나머지 금액에 대한 유치권은 인정받을 수 없을 것이다.

# 02 법정지상권이 있는 토지

>>>

토지를 살 때는 법정지상권이 있는지 꼭 체크해 보아야 한다.

**사례** **경매 토지에 주인이 다른 건물이 있는 경우**

2012년 자영업자인 한광복 씨(45세)는 경기도의 토지를 낙찰받았다. 그런데 그 토지 위의 상가 주인인 전재석 씨(38세)에게 나가 달라고 했더니, 경매 전에 이미 법정지상권을 얻었다며 거부했다.

어찌된 일인지 알아보니, 예전 땅주인이 건물을 짓고 난 후 토지는 그냥 두고 건물만 전씨에게 팔았는데 이 과정에서 관습법상의 법정지상권이 생겼던 것이다. 이 경우 한씨는 토지를 낙찰받았지만, 법정지상권이 있으니 맘대로 사용할 수 없다.

## 내 땅이라도 맘대로 할 수 없는 법정지상권

앞에서 살펴본 지상권은 그 토지를 사용할 지상권자와 땅주인이 약정에 따라 공동으로 등기를 신청해야 한다. 반면 법정지상권은 법률이 정한 요건이 충족되면 자동적으로 성립된다. 법정지상권은 어떤 경우에 생길까?

**경매로 인한 법정지상권 |** 원래는 토지와 건물의 주인이 같았는데, 토지 또는 건물 한쪽에만 설정된 근저당권을 근거로 경매가 진행되어 땅주인과 건물주가 달라진 경우 법정지상권이 생긴다.

**전세권 설정에 의한 법정지상권 |** 토지와 건물의 소유자가 같은 경우, 건물에 전세권을 설정한 후 토지의 소유자가 바뀌면 법정지상권이 생긴다. 이 경우 땅주인은 다른 사람에게 토지를 빌려줄 수 없다.

법정지상권이 있는 경매사건.

**가등기 담보에 의한 법정지상권 |** 토지와 건물의 소유자가 같은 경우, 소유권 가등기의 본등기, 또는 담보가등기의 실행에 따른 경매로 인해 토지와 건물의 소유자가 달라지게 되면 법정지상권이 생긴다.

**입목과 관련된 법정지상권 |** 경매나 그밖의 사유로 토지와 그 위의 나무들이 각각 다른 사람의 소유가 된 경우, 땅주인은 나무 소유자에게 지상권을 설정해 준 것으로 본다.

**관습법상 법정지상권 |** 관습법은 법률로 제정된 것이 아니라 오랜 시간을 거치면서 관습적으로 인식되어 법률과 같은 효력을 가지는 사회규범이다. 토지와 건물의 주인이 같았는데 건물만 판 경우, 그 건물을 철거한다는 특약이 없다면 등기 없이도 관습법상 법정지상권이 생긴 것으로 본다.

## 법정지상권의 사례를 찾아보자

법정지상권은 지상권과 효력은 똑같지만, 약정이 아니라 법률의 규정으로 성립된다. 그래서 존속기간이나 토지 사용료에 관한 약정이 없다. 또한 지상권처럼 특별한 규정이 없어도 30년간 존속된다. 그러나 토지 사용료는 당사자들이 요구하면 법원이 결정한다. 물론 당사자들끼리 원만하게 합의했다면 법원에 결정을 청구할 필요가 없다.

## 토지 경매로 인해 법정지상권이 생긴 경우

원래 건물과 토지의 주인이 나부자 씨였는데, 경매로 토지만 강남순 씨에게 매각했다. 이제 땅주인은 강씨, 건물주는 나씨이다. 이 경우 법정지상권이 생기므로 강씨는 토지를 맘대로 사용할 수 없다. 입찰을 피해야 할 물건이다.

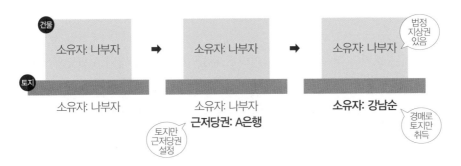

## 경매로 건물만 낙찰받은 경우

토지와 건물이 모두 나부자 씨의 소유였는데, 강남순 씨가 경매로 건물만 낙찰받았다. 이 경우 강씨는 토지 소유권은 없지만, 법정지상권자가 되면서 토지까지 사용할 수 있다.

## 토지에 근저당권을 설정할 때 건물이 없었던 경우

A은행은 건물이 없는 나부자 씨의 토지에 근저당권을 설정하고 돈을 빌려주었고, 이후 나씨는 토지 위에 건물을 신축했다. 그러다가 빚을 갚지 못하자 A은행은 근저당권에 근거해 토지의 임의경매를 신청했다. 이런 경우 법정지상권이 생길까?

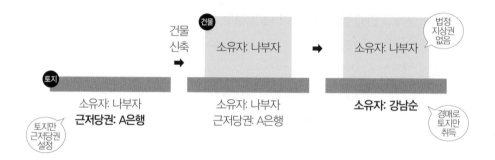

원래는 토지와 건물이 모두 나씨의 소유였다가 토지만 경매로 팔렸으므로 법정지상권이 생겨야 한다. 그런데 A은행이 근저당권을 설정할 당시에는 건물이 없었다. 이 경우 선의의 제3자인 은행을 보호하기 위해 법정지상권이 인정되지 않는다. 낙찰자인 강씨는 비록 토지만 샀지만, 건물주인 나씨에게 나가라고 할 수 있다.

### 근저당권 설정 당시, 신축 중인 건물이 보였다면

A은행이 근저당권을 설정할 당시, 토지에 신축공사를 하고 있었고 곧 완공될 건물의 규모나 종류를 외형상 예상할 수 있었다면 어떻게 될까? 이런 경우 법정지상권을 인정하더라도 A은행이 예측하지 못한 피해를 입었다고 볼 수 없다.

미등기 건물인지 불법 건물인지는 상관없다. 근저당권이 설정될 당시 그 건물이 있었는지, 또는 신축 중이었지만 건물의 외형을 어느 정도 갖추었는지가 중요하다.

결국 건축이 진전된 시점을 정확히 판단해야 하는데, 이는 건축물대장의 사용승인일(준공일)이나 등기부등본의 소유권 보존 등기일만으로는 알기 어렵다. 그 시점을 파악하기도 힘들 뿐만 아니라, 설령 파악했더라도 입증하기가 매우 어렵다.

### 근저당권 설정 당시, 토지와 건물의 주인이 다른 경우

땅주인은 나부자 씨이고, 그 토지 위에 강남순 씨의 건물이 있었다. 이후 A

은행이 땅주인인 나씨에게 돈을 빌려주고 근저당권을 설정했는데, 돈을 갚지 않자 경매가 시작되었다. 그리고 이재벌 씨가 이 토지를 낙찰받았다. 이런 경우 법정지상권이 생길까?

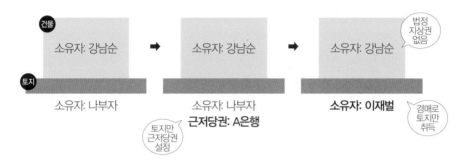

이런 경우에는 법정지상권이 성립되지 않는다. 처음부터 이미 토지와 건물이 각각 다른 사람의 소유였기 때문이다.

### 사례 근저당권이 설정된 토지의 주인이 건물을 산 경우

땅주인인 나부자 씨가 경매 전에 건물을 샀다면, 그리고 토지가 경매로 넘어가 이재벌 씨에게 매각되었다면 법정지상권이 생길까?

이 경우 근저당권 설정 당시 건물은 채무자인 나씨의 것이 아니었다. 만약 이 토지에 법정지상권이 생긴다면 A은행은 예측할 수 없었던 손해를 볼 수밖에 없다. 그러므로 이 경우는 법정지상권이 인정되지 않는다.

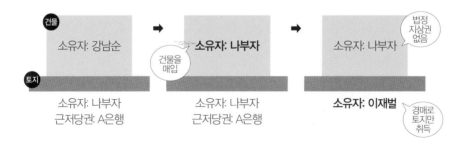

앞에서 소개한 예를 보면, 결국 법정지상권은 예전에는 토지와 건물의 주인이 같았는데 이후 달라진 경우에 생긴다. 땅주인과 건물주가 달라지는 경위만 다를 뿐이다.

또한 그 과정에서 선의의 제3자(근저당권자 등)가 피해를 보면 안 된다는 원칙은 모두 같다. 선의의 제3자가 피해를 보는 경우는 일일이 그 형태를 나열할 수 없을 만큼 매우 다양하다. 그러므로 단순히 규정을 외우지 말고, 법정지상권의 본질과 민법의 법리를 이해하는 것이 다양한 사례마다 권리 분석을 응용하는 정확한 방법이다.

## 법정지상권이 있는 토지를 낙찰받은 경우

### 토지 사용료를 받자

만약 법정지상권이 있는 토지를 낙찰받았다면 맘대로 사용할 수 없다. 건물을 적당한 금액에 구입하면 좋겠지만, 그렇지 못한 경우에는 토지 사용료를 받을 수 있다.

양측이 토지 사용료에 대해 합의하지 못했다면 법원에 청구하여 결정할 수 있다. 토지 사용료는 정해진 규정은 없지만, 보통 토지를 빌려 쓰고 치르는 값에 한하며, 땅주인이 법정지상권으로 인해 손해를 보는 주관적인 사정은 고려되지 않는다.

### 건물주가 토지 사용료를 안 내는 경우

토지사용료를 안 낼 거면 건물 철거해요.

내 땅인데 내 마음대로 못하고…

토지 낙찰자

건물주

땅주인과 건물주가 합의하거나 법원의 결정으로 토지 사용료를 결정했는데, 2년 동안 연체하면 땅주인은 건물주에게 지상권이 소멸된다고 통보한다. 이제 건물주는 땅주인이 나가라고 하면 거절할 수 없으며, 땅주인에게 자기 건물을 사라고 할 수 있는 지상물 매수 청구권도 없어진다.

# 법정지상권이 성립하지 않는 토지라면

## 건물을 철거하라고 요구한다

경매로 낙찰받은 토지에 법정지상권이 없으면, 건물주에게 건물을 철거하고 토지를 돌려달라고 요구할 수 있다. 그러면 건물주는 철거하고 토지를 돌려주어야 한다.

그런데 실제로는 건물주가 스스로 철거하는 경우는 거의 없다. 대부분 땅주인이 건물철거 소송을 통해 강제로 철거한다.

법정지상권이 성립하지 않는 경우, 간혹 땅주인에게 건물철거청구권 외에도 지료(토지 사용료) 청구권과 건물매도청구권이 있다고 오해하는 사람들도 있다. 그런데 엄밀하게 법적으로만 따지면, 땅주인에게는 오직 토지인도청구권(건물철거청구권)만이 인정된다.

그렇지만 현실에서 건물주 입장은 어떨까? 만약 건물이 철거된다면 한 푼도 받지 못하고 건물을 잃을 뿐만 아니라 건물 철거비용까지 부담해야 한다. 그래서 땅주인이 비싼 토지 사용료를 요구하거나 헐값에 건물을 매도하라고 요구해도 이를 거절할 수 없는 것이다. 이를 거절하면 땅주인은 철거를 강행할 것이기 때문이다.

**토지뿐 아니라 집도 담보로 요구하는 경우**

법정지상권은 토지와 건물의 주인이 같았다가 서로 달라질 때 발생한다. 그러므로 은행은 대출을 할 때 토지와 건물을 모두 담보로 잡으려고 한다. 토지와 건물을 일괄하여 경매를 신청할 수 있고, 법정지상권이 생기는 위험도 막을 수 있기 때문이다.

은행이 토지에만 근저당권을 설정한 경우 법정지상권이 생기는 부담을 스스로 인정한 셈이 된다. 그래서 나중에 피해가 발생하더라도 어쩔 수 없다.

## 법정지상권이 없는 건물주는 선택의 여지가 없다

낙찰받은 토지 위에 주인이 다른 건물이 있다고 해 보자. 이 경우 법정지상권이 성립되지 않더라도 건물을 철거하고 내보내기까지 시간이 오래 걸린다. 그동안 땅주인은 손해를 보고, 건물주는 부당이득을 얻는 셈이 된다.

그래서 토지 위에 법정지상권이 없는 건물이 있다면, 어떤 이들은 토지를 낙찰받고 소유권을 얻자마자 건물철거 소송과 부당이득반환청구 소송을 시작한다. 그리고 소송에서 이기면 건물 철거에 대한 강제집행은 미루어 두고 강제경매를 신청한다.

물론 집행법원에 의견서를 제출하여 매각물건명세서에 "철거 확정 판결이 있음"이 기재되도록 한다. 그러면 아무도 입찰하지 않을 것이다. 몇 차례 유찰이 되어 헐값이 되더라도, 맘놓고 이 건물을 낙찰받을 수 있는 사람은 오직 땅주인뿐이다.

이때 건물주는 땅주인에게 토지 사용료를 내면서 매각을 막을 수는 있지만 손해가 커진다. 경매가 된다면 헐값이라도 받겠지만, 경매를 막더라도 토지 사용료를 내다가 결국 철거를 당할 수 있다. 법정지상권이 없는 건물의 주인은 이처럼 선택의 여지가 없다.

# 03 >>> 경매 토지에 나무나 농작물이 있다면

농지나 임야 입찰자가 꼭 챙겨야 할 법정지상권을 알아보자.

사례 **땅값 못지않은 나무 값**

황광수 씨(42세)는 3년 전 전라남도 강진의 나대지를 경매로 구입했다. 주변에 고속국도가 뚫릴 계획이어서 약 400㎡(120평)를 구입했지만 실상 낙찰가는 높지 않았다. 잘 손질된 논이나 밭도 아니고 나무들만 덩그러니 있는 땅이었기 때문이다. 돌보는 사람이 없으니 나무도 있는 그대로 자란 상태였다. 그는 별다른 기대 없이 이 땅을 낙찰받고 시간이 흘렀다.

그러다가 얼마 전 도로공사로 인해 토지 보상금을 받고, 나무를 처분하려고 감정평가사에게 의뢰를 했다. 그런데 의외로 나무 값이 엄청 높았다. 잡목인 줄 알았는데, 알고 보니 20년 이상인 관상수였다. 황씨는 나무 값만으로도 땅값 못지않은 돈을 벌게 되었다.

## 토지를 빌려 나무를 심은 경우

경매 토지에 나무나 농작물이 심어져 있는 경우, 각 상황마다 권리분석이 다르다.

### '맘대로' 심은 경우

누군가 '무단으로' 나무를 심어 놓은 경우, 그 나무들은 토지의 부합물이 되

어떤 경우에는 나무가 땅값보다 큰 값어치가 있다.

어 낙찰자의 소유가 된다. 그래서 현장답사를 할 때, 혹시 수명이 긴 나무가 있는지도 반드시 체크해 보아야 한다. 수명이 긴 나무들은 때에 따라서는 꽤 큰돈이 된다.

### 토지를 임대하여 심은 경우

조경업자가 토지를 빌려 나무를 심은 경우, 그 나무는 토지의 부합물이 아니며 별도의 소유권이 인정된다. 타인이 그 토지를 낙찰받더라도 나무의 소유권은 여전히 조경업자의 것이다. 하지만 처음부터 토지와 나무의 주인이 달랐으므로 법정지상권은 성립되지 않는다. 그러므로 낙찰자는 조경업자에게 나무들을 다른 곳으로 옮기고 토지를 돌려달라고 청구할 수 있다.

## 땅주인이 나무를 심은 경우

### 사례 나무를 등기한 경우

조경업자인 변기웅 씨(43세)는 경기도 파주시 문산읍 인근에서 토지를 평당 30만원씩 총 3억원에 사서 나무를 심었다. 이때 돈이 부족하여 A은행으로부터 2억원을 빌리고 근저당권을 설정했다. 변씨는 이 땅에 소나무, 주목나무 등을 심고 각각 이름을 붙여놓았으며 등기부에 등기를 했다. 그런데 사업이 여의치 않자 땅이 경매로 넘어가게 되었다. 이 토지의 나무들도 낙찰자의 소유가 될까?

한편 또 다른 조경업자인 박흥수 씨(38세)는 사업을 확장하던 차에 이 경매토지를 보았다. 1차 매각의 최저매각가격은 4억원, 평당 40만원이었다. 인근 토지는 평당 50만원이 넘는다. 이 토지가 투자가치가 있을까?

토지 위에 심어진 나무도 부동산처럼 등기를 할 수 있다. 또한 나무 따위에 이름을 써넣거나, 새끼줄을 치고 팻말을 세워 명인(明認; 나무에 소유자의 이름을 표시하는 짓)을 하기도 한다. 등기나 명인을 한 경우 그 나무들은 토지의 부합물이 아니므로 낙찰자가 소유권을 가질 수 없다.

앞에서 살펴본 것처럼 토지와 나무의 주인이 같았다가 서로 달라지면 법정지상권이 성립된다. 하지만 조경업자 변씨처럼, 이미 토지에 근저당권이 설정된 후 명인과 등기를 했다면 법정지상권은 성립되지 않는다. 그래서 나무는 애초에 그것을 심었던 변씨의 것이지만, 낙찰자가 나무를 뽑아 나가라고 할 수 있다. 즉, 매각 후 토지의 이용은 자유로우므로 투자가치가 있다.

## 농작물을 재배 중인 토지

경매로 나온 토지에 벼, 배추, 파 등 농작물이 심어져 있는 경우는 어떨까? 농작물이라면 무조건 낙찰자의 것이 아니다.

나무는 경우에 따라 낙찰자의 소유가 될 수 있지만, 농작물은 무조건 경작자의 소유이다. 그러므로 농작물이 재배되고 있는 토지의 낙찰자는 수확이 끝날 때까지 기다린 후에야 토지를 사용할 수 있다.

농작물이 자라는 토지의 낙찰자는 수확이 끝날 때까지 기다려야 한다.

# 04 >>> 분묘기지권이 있는 토지

토지 입찰자들이 특히 주의해야 할 분묘기지권에 대해 살펴보자.

---

**사례** **무덤 덕에 전원주택을 짓게 된 사연**

정희덕 씨(40세)는 경매사건을 검색하던 중 여러 번 유찰되어 최저매각 가격이 감정가의 34%까지 떨어진 토지를 발견했다.

'입지도 괜찮고, 지적도를 열람해 보니 토지의 모양이나 진입도로에도 문제가 없는데 왜 여러 번 유찰되었을까?'라는 의문이 들었다. 그러나 현장답사를 해 보니 토지 한복판에 무덤 2기가 있었다.

"세상에 공짜는 없다"는 말을 실감했지만, 마을의 정취는 좋았다. 그래서 기왕 먼길을 왔으니 이장님이라도 만나고 가야겠다고 마음먹었다.

이장님 댁을 찾은 정씨는 그를 마을 입구 주점으로 데리고 가서 막걸리 잔을 기울였다. 마을을 찾은 이유와 무덤 때문에 실망한 일, 마을이 마음에 쏙 들어 꼭 토지를 사고 싶으니 적당한 물건이 있으면 언제라도 소개해 달라는 부탁 등 이런저런 이야기를 나누던 중에 정신이 번쩍 드는 소리를 들었다. 그 무덤들은 가묘(假墓)라는 것이다. 그 때서야 정씨는 낮에 보았던 무덤들에 묘비가 없었던 것을 기억해 냈다.

그는 서울로 돌아와서 판례를 뒤지기 시작했고 어렵지 않게 희망을 찾았다.

"앞으로 무덤으로 쓸 목적으로 겉모습은 분묘의 형태를 갖추었지만 현재 시신이 안장되어 있지 않다면, 실제 분묘라고 할 수 없으니 그 소유를 위하여 지상권이 생길 수 없다."

결국 정씨는 그 토지를 최초 감정가의 40% 가격으로 낙찰받았고, 그림 같은 전원주택을 지을 계획으로 하루하루가 행복하다.

# 토지 입찰자가 꼭 챙겨야 할 분묘기지권

분묘기지권이란 남의 토지에 무덤을 쓴 사람이 다른 곳으로 이장하지 않고, 토지의 사용권을 돌려달라는 땅주인의 요구를 거부할 수 있는 관습법상의 권리로 법정지상권 중 하나이다.

### 분묘기지권이 생기는 경우

토지를 사려는 입찰자들은 현장답사를 할 때 무덤이 있는지 꼼꼼하게 살펴보아야 한다. 그럼, 어떤 경우에 분묘기지권이 성립될까?

첫째, 땅주인의 허락을 받아 무덤을 썼다면 설치와 동시에 무조건 분묘기지권이 생긴다.

둘째, 남의 토지에 허락 없이 무덤을 쓰면 원칙적으로 분묘기지권이 인정되지 않는다. 그러나 20년 동안 무덤이 뚜렷하게 보이는 상태에서 땅주인이 이장을 요구하지 않았다면 분묘기지권이 생긴다.

셋째, 땅주인이 자기 토지에 설치한 무덤의 소유권을 포기하거나, 무덤도 함께 옮긴다는 특약 없이 토지의 소유자가 바뀐 때에도 분묘기지권이 생긴다. 경매에서 볼 수 있는 분묘기지권은 대부분 이 경우에 해당된다.

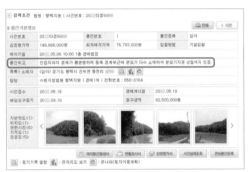

물건비고란에 "분묘기지권 성립 여지 있음"이라고 적힌 토지를 심심찮게 볼 수 있다.

분묘기지권이 있는 전형적인 토지.

### 분묘기지권의 존속기간

분묘기지권은 존속기간에 대한 규정이 따로 없다. 조금 과장하면 '영원히' 인정되는 권리라고 할 수 있다. 무덤의 소유자와 땅주인이 따로 기간을 정했다면 그에 따르지만, 경매로 낙찰받은 토지라면 이런 약정이 있을 리 없다. 이 점이 분묘기지권이 다른 법정지상권과 비슷하면서도 더욱 무서운 이유이다.

## 분묘기지권이 있는데도 입찰할 만한 경우

경매 토지에 무덤이 있다면, 무조건 분묘기지권이 성립된다고 전제하고 입찰 여부를 결정해야 한다. 설령 남의 땅에 허락 없이 무덤을 쓴 지 20년이 지나지 않았더라도, 매각 후에 전 땅주인이 일일이 그런 사정을 입증하는 데 도움을 줄 것이라고 기대할 수 없기 때문이다.

### 무덤이 토지의 귀퉁이에 있다면

무덤이 있는 토지라고 해서 무조건 입찰을 포기해야만 하는 것은 아니다. 대부분의 무덤은 토지 한가운데가 아니라 귀퉁이에 치우쳐 터를 잡으므로, 그 부분을 빼고도 토지를 활용할 수 있다면 입찰을 고려해 볼 만하다.

### 나만 부담스러운 게 아니다

분묘기지권이 부담스러운 것은 나만이 아니라 그 토지를 원하는 모든 입찰자에게 마찬가지이다. 무덤이 있으니 당연히 입찰가가 매우 낮아질 가능성이 높다.

예를 들어 1,000평 토지의 한쪽 귀퉁이에 무덤이 있는데, 위치를 보니 약 200평은 사용할 수 없다고 가정해 보자. 이때 무덤이 없을 경우 예상 낙찰가가 약 3억원이라면, 사용 가능한 800평의 토지 가격은 2억 4천만원 정도이다. 그런데 이 경우 실제로 낙찰가가 2억원 이하로 떨어지는 경우가 태반이다. 위험이 오히려 기회가 될 수 있는 것이다.

**사례** **분묘기지권에 대한 편견을 뒤집은 전설**

경기도의 모처에 무덤 수십 기가 있는 약 5만 평의 임야가 경매로 나온 적이 있다. 그런데 무덤들이 한 귀퉁이에 몰려 있는 것이 아니라 전역에 걸쳐 드문드문 있었고 주인들을 찾는 일도 불가능해 보였다.

현장을 답사한 투자자들은 모두 입찰을 포기했고, 유찰을 거듭해 최저매각가격이 감정가 대비 약 17%까지 떨어졌다.

그런데 아무짝에도 쓸모가 없어 보였던 이 토지를 누군가 단독으로 응찰해 낙찰을 받았다. 낙찰가는 평당 3만원이 조금 넘었다. 많은 사람들이 그를 "정신 나간 사람 아니냐?"고 했다. 그러나 몇 개월 후 그 임야 앞에 커다란 현수막이 걸렸고 사람들은 입이 떡 벌어졌다.

경매로 평당 약 3만원에 산 토지를 평당 50만원에 팔았던 것이다. 경매업계에서 회자되는 전설이다. 실화인지 확인할 수는 없지만, 분묘기지권이 있는 토지의 입찰을 무조건 포기하지는 말라는 교훈을 주는 사례인 것만은 틀림없다.


## 매각물건명세서에서 "분묘기지권 성립 여지 있음"을 보았다면

첫째, 입찰 전에 반드시 현장을 답사하여 꼼꼼히 확인해야 한다.

둘째, 현장에서도 확신이 서지 않는다면, 동네 사람들에게 그 토지에 누가 무덤을 쓰고 있는지 물어본다.

셋째, 무덤의 소유자를 찾았다면 낙찰 후 이장할 의사가 있는지 미리 협의해 보아야 한다.

# 05 >>> 다세대주택, 연립주택의 대지권 미등기

다세대주택, 연립주택 등 집합건물의 경매에서 자주 볼 수 있는
대지권 미등기에 대해 알아보자.

경매 초보자라면 토지나 단독건물보다는 아파트, 다세대주택, 연립주택,
오피스텔 등의 집합건물을 노려볼 만하다. 집합건물은 한 동의 건물이지만,
독립적으로 사용할 수 있는 각 부분에 대해 개별적으로 소유권이 인정된다.

경매 초보자들에게는 왜 집합건물이 적합할까?

첫째, 규모나 가격 부담이 적고 취득한 후 관리도 수월하다.

둘째, 매매가나 임대시세를 비교하기 쉽기 때문에 터무니없이 높은 가
격으로 낙찰받는 실수를 줄일 수 있다.

## 대지 사용권과 대지권 등기

집합건물은 크게 전유부분과 공유부분으로 나눈다. 전유부분은 102호 식
으로 단독 소유권이 인정되는 부분이며, 공유부분은 복도나 계단, 엘리베
이터, 지하주차장 등 공동으로 사용하고 소유하는 부분이다. 이때 전유부
분에 대한 소유권을 '구분소유권', 그러한 소유권이 있는 사람을 '구분소유
자'라고 한다.

아파트의 경우 보통 분양평수가 33평이라면 실평수는 약 25평이다. 이때
실평수는 전유부분의 면적이고, 분양평수는 공유부분까지 합한 면적이다.

'대지 사용권'이란 집합건물에서 개별 소유자가 대지에 대해 가지는 권
리이다. 즉, 대지가 200평이고 같은 평수의 아파트 20세대라면, 대지 사용

권은 각각 10평이다.

이때 대지 사용권은 단순히 전체 대지 200평 중 20분의 1이며, 특정 부분에 대한 사용권이 아니다. 우리가 흔히 말하는 대지 지분은 바로 이 대지 사용권의 면적을 말한다.

집합건물에서 대지 사용권은 전유부분의 처분에 따른다. 아파트를 팔면 별도로 계약을 하지 않더라도 대지 사용권도 함께 양도된

집합건물 등기부등본의 표제부.

다. 대지 사용권만을 팔거나, 대지 사용권에만 근저당권·전세권·지상권 등을 설정할 수 없다. 거의 모든 집합건물은 대지 사용권의 취지를 등기하는데, 이 등기가 바로 '대지권 등기'이다.

## 대지권 미등기 빌라

연립이나 빌라 같은 집합건물의 경매사건에서 "대지권 미등기"라는 문구를 자주 볼 수 있다. 대지권 미등기란 대지 사용권이 등기가 안 되어 있다는 것이다. 많은 입찰자들이 대지권 미등기 건물은 대지권이 무조건 없다고 오해하고 기피한다. 하지만 대지권 미등기라고 반드시 대지 사용권이 없다는 것은 아니다. 단지 등기를 하지 않았을 수도 있다. 대지권 미등기인 경매물건을 보았다면 어떻게 해야 할까?

첫째, 토지 등기부등본을 열람해 최초 분양 당시 그 구분소유자가 대지권을 함께 취득했는지 파악한다. 당시에 대지권이 있었다면 감정평가서에서 제외되었더라도, 심지어 미등기여도 낙찰자는 전유부분과 함께 대지권을 가질 수 있다.

둘째, 관리사무소나 공인중개사에게 대지권이 왜 미등기인지 물어보고 정보를 얻는 것도 좋은 방법이다.

대지권 미등기인 경매물건.

셋째, 낙찰 후 대지권을 함께 얻었더라도 대지권이 자동적으로 등기가 되는 것은 아니다. 미등기인 대지권을 등기를 하려면 전 소유자들을 상대로 대지권 등기에 협력해 달라고 소송을 해야 할 수도 있다. 이러한 사정을 충분히 고려하여 입찰을 결정해야 한다.

### 대지권이 없는 집합건물을 낙찰받았다면

만약 단독건물이라면 건물을 철거하고 토지를 돌려주어야 할 것이다. 하지만 집합건물이라면 상황이 다르다.

가령 303호가 대지권이 없다고 그 호실(전유부분)만 철거할 수는 없다. 그래서 집합건물은 땅주인에게 건물매도 청구권이 있다. 즉, 땅주인이 낙찰자에게 그 호실을 자기에게 팔라고 청구할 수 있다.

하지만 대지 사용권이 없는 집합건물은 최저매각가격이 크게 낮아진 상태가 아니라면 입찰하지 않는 것이 좋다.

# 6

## Chapter

# [실전]
# 현장 경매물건
# 분석하기

실제 경매시장에 나온 경매물건들의 권리분석을 해 보자. 과연 입
찰해도 문제가 없을까? 투자가치가 있는 경매물건일까? 경매 부
동산을 보는 눈을 길러준다.

# 권리분석이 몇 분만에 뚝딱

"예전에 말씀드린 그 아파트, 권리분석을 제대로 했는지 걱정돼요. 특히 세입자의 보증금이 저한테 얼마나 인수될지 잘 모르겠어요. 그래도 일단 위험해 보이지는 않으니 입찰할까요?"

"음…, 낙찰 후 인수되는 금액이 얼마일지 계산도 안 하고 입찰을 하게요?"

며칠 후 경매 강의시간, 맨 앞줄에 앉은 선영 씨가 손을 번쩍 들고 물었다.

"어차피 낙찰자는 채권자나 세입자가 얼마를 배당받든 상관없지 않나요?"

"좋은 질문입니다. 여러분, 경매가 애초에 시작된 목적이 뭐였죠?"

"누군가 빌려준 돈을 받으려는 거죠."

"네. 그러니까 누가 얼마를 배당받는지, 그리고 나에게 인수될 권리가 무엇인지, 내가 낙찰 후 세입자에게 줄 돈이 얼마인지 미리 알아보면 입찰가를 산정할 때 도움이 되지요."

"아하, 세입자에게 보증금 5천만원을 주어야 한다면 입찰가에서 5천만원을 빼고, 낙찰 후 전세권이 사라진다면 그냥 상관없이 입찰하면 되는 거네요?"

역시 경매 열혈학생 선영 씨의 대답이다.

"네. 그래서 권리분석에서 임차인 분석과 배당표 작성이 꼭 필요해요. 보증금을 많이 떼인 세입자일수록 집을 안 비워 주려고 해요. 배당금을 누가 얼마나 받는지 알면, '이 사람과는 이사날짜를 합의하기가 수월하겠구나', 또는 '시간이 걸리겠구나' 하는 느낌이 오니 미리 대비할 수 있죠. 돈이 더 들 것 같으면 입찰가를 정할 때 반영하고요."

★

사람들은 실전에서 권리분석이 자신 없다고 한다. 어디서부터 시작할지 몰라 우왕좌왕하기도 하고, '틀리게 분석한 것은 아닐까?' 하며 불안해한다.

문제는 연습 부족이다. 이미 배당이 끝난 다양한 경매물건을 가지고 권리를 분석하고 배당표를 작성하는 연습을 자신감이 붙을 때까지 계속해야 한다.

경매 고수들은 입찰 전에 보증금을 모두 받는 세입자, 일부만 받는 세입자, 전혀 못 받는 세입자 등 상황과 인수금액을 모두 고려하고 명도비용도 계산한다. 그래야 입찰가를 손해보지 않게 결정할 수 있다.

미리 배당표를 작성해 보지도 않고, 권리분석만 하고 입찰가를 정하는 것은 위험천만한 일이다. 경매는 '대충대충'이란 말이 통하지 않는다.

뒤풀이 자리에서 처음에는 누구나 권리분석과 배당표 작성에 몇 시간씩 걸리기도 한다고 용기를 북돋아 주었다.

절대 조바심내지 말자. 반복하다 보면 웬만한 경매사건에 대한 권리분석은 몇 분 만에 끝내는 날이 온다. 또 그렇게 하다 보면 '이 사건은 입찰 경쟁률이 세겠구나', '2~3회는 유찰되겠구나' 하는 감도 기를 수 있다.

이번 장에서 배당표를 작성하는 연습을 충분히 해 보자.

# 01

# 배당표가 왜 중요할까?

경매에서 대충대충은 없다. 배당표 작성법을 살펴보자.

## 배당의 기본원칙

### 배당은 선순위부터

부동산 경매의 궁극적인 목적은 배당이다. 배당이란 채무자의 부동산을 경매로 팔아 그 매각대금으로 빚을 갚는 절차이다.

그런데 입찰자가 왜 남들이 받을 배당까지 알아야 할까? 입찰 전에 무심코 넘겼는데, 낙찰 후 임차인의 보증금 1억원을 떠안게 된다면 상상만 해도 등골이 오싹하다. 그래서 권리분석을 할 때 각 채권자들이 얼마를 배당받을지도 분석하면, 입찰 여부와 입찰가를 현명하게 결정할 수 있다.

배당의 원칙은 단순하다. 선순위의 채권자를 우선으로 배려한다. 그렇다고 무조건 선순위 채권자부터 돈을 모두 돌려주는 것은 아니며, 물권은 물권의 본질대로, 채권은 채권의 본질대로 인정해 준다.

흡수배당

내가 먼저 가져간다~.

다른 후순위 채권보다 우선해서 돈을 모두 돌려받는다.

### 물권은 흡수배당

근저당권·전세권 등은 물권이다. 이 경우 다른 후순위 채권자보다 먼저 돈을 돌려받는 우선 변제권이 있다. 먼저 배당한 다음에 남은 돈을 후순위 채권에 배당한다. 이를 '흡수배당'이라고 한다. 후순위 채권자의 배당 몫까지 흡수하여 돈을 돌려받는다는 의미이다.

## 채권은 안분배당

안분배당이란 우선 변제권이 없는 모든 채권끼리 '채권자 평등의 원칙'에 따라 순위에 상관없이 평등하게 배당을 받는 것이다. 여기서 평등이란 '똑같이'가 아니라 '공평하게'라는 의미이다. 각 채권액의 비율에 따라 고르게 나누는 것이다.

가령 나부자 씨의 채권은 100원, 강남순 씨는 200원인데 전체 배당금이 90원밖에 없다면, 채권액의 비율에 따라 나씨에게는 30원, 강씨에게는 60원을 배당해 주는 것이 안분배당이다.

# 배당은 순서가 중요하다

### 사례 선순위/후순위 근저당권 있는 빌라

재팔 씨는 시가 1억원짜리 빌라를 담보로 A은행에서 5천만원, B새마을금고에서는 4천만원을 빌리고, 각각 근저당권을 설정했다. 그가 이자조차 갚지 못하자 A은행이 임의경매를 신청했다. 낙찰금액이 7,500만원이라고 가정할 때 배당은 어떻게 될까? 입찰해도 될까?

| 순위 | 권리자 | 권리내용 | 권리금액 | 배당금액 | 남은 배당금 |
|---|---|---|---|---|---|
| 1 | 김재팔 | 소유권 이전 | | | 7,500만원 |
| ❶ 2 | A은행 | 근저당권 | 5천만원 | 5천만원 | 2,500만원 |
| ❷ 3 | B새마을금고 | 근저당권 | 4천만원 | 2,500만원 | 0원 |
| 4 | A은행 | 임의경매 신청 | | | |

\* 경매 집행비용은 고려하지 않음

❶ A은행의 근저당권은 선순위이며 우선 변제권이 있다. 그래서 우선 5천만원을 모두 배당으로 돌려받는다. 이렇게 배당금이 확정되면 이는 다시 바뀌지 않는다. 이제 낙찰금액 7,500만원에서 남은 돈은 2,500만원이다.

❷ B새마을금고도 근저당권자로 우선 변제권이 있지만 배당금이 2,500만원밖에 남지 않았다. 그래서 이것만 받고 배당절차가 끝난다. 결국 B새마을금고는 대출금 4천만원 중 1,500만원은 돌려받지 못해 손해를 보았다.

❸ 근저당권은 매각 후 모두 소멸되므로 안전한 경매물건이다.

**선순위 근저당권, 후순위 가압류 있는 아파트**

A은행은 재팔 씨의 시가 1억원의 아파트를 담보로 5천만원을 빌려주고 근저당권을 설정했다. 후에 나부자 씨가 재팔 씨에게 4천만원을 빌려주고 가압류를 했다면 배당은 어떻게 될까? 이 경매 아파트에 입찰해도 될까?

| 순위 | 권리자 | 권리내용 | 권리금액 | 배당금액 | 남은 배당금 |
|------|--------|----------|----------|----------|-------------|
| 1 | 김재팔 | 소유권 이전 | | | 7천만원 |
| ❶ 2 | A은행 | 근저당권 | 5천만원 | 5천만원 | 2천만원 |
| ❷ 3 | 나부자 | 가압류 | 4천만원 | 2천만원 | 0원 |
| 4 | A은행 | 임의경매 신청 | | | |

\* 경매 집행비용은 고려하지 않음

❶ A은행은 선순위 근저당권자로서 우선 변제권이 있으므로, 먼저 5천만원을 모두 배당받는다. 이제 낙찰금액 7천만원 중 2천만원이 남았다.

❷ 가압류를 건 나부자 씨는 남은 돈 2천만원을 가져간다. 결국 그는 4천만원 중 2천만원은 돌려받지 못했다.

❸ A은행의 근저당권 이하 모든 권리가 낙찰자에게 인수되지 않으므로 안전한 경매물건이다.


**선순위 가압류, 후순위 근저당권 있는 오피스텔**

나부자 씨는 5천만원을 빌려주고 오피스텔에 가압류 등기를 했고, 후에 강남순 씨는 4천만원을 빌려주고 근저당권을 설정했다. 나씨가 경매를 신청했다면 배당은 어떻게 될까? 입찰해도 되는 안전한 물건일까?

| 순위 | 권리자 | 권리내용 | 권리금액 | 배당금액 | 남은 배당금 |
|------|--------|----------|----------|----------|-------------|
| 1 | 김재팔 | 소유권 이전 | | | 6,300만원 |
| 2 | 나부자 | 가압류 | 5천만원 | 3,500만원 | 2,800만원 |
| ❶ 3 | 강남순 | 근저당권 | 4천만원 | 2,800만원 | 0원 |
| ❷ 4 | 나부자 | 강제경매 신청 | | | |

❶ 배당 선순위는 가압류 채권자인 나부자 씨이다. 그런데 가압류는 우선 변제권이 없으며, 채권자 평등 원칙에 따라 안분배당을 해야 한다. 채권액의 비율에 따라 고르게 나누어야 한다. 나씨의 배당금을 계산해 보자.

$$\text{나부자 씨의 배당금} = \cfrac{\text{나부자 씨의 채권(5천만원)}}{\text{모든 채권의 합(5천만원+4천만원)}} \times \text{배당재원(6,300만원)} = \text{3,500만원}$$

나씨의 배당금은 3,500만원이고, 이제 낙찰금액 6,300만원에서 2,800만원이 남았다.

❷ 근저당권자인 강남순 씨에게 남은 돈 2,800만원을 돌려주고 배당절차가 종결된다. 강씨는 4천만원 중 1,200만원을 돌려받지 못했다.

❸ 낙찰자에게 근저당권이나 가압류가 인수되지 않는다. 입찰해도 안전한 물건이다.

### 사례 선순위/후순위 가압류 있는 10평 상가

나부자 씨가 5천만원을 빌려주고 부천의 10평 상가에 가압류를 했고, 강남순 씨는 4천만원을 빌려주고 가압류를 했다. 나씨가 경매를 신청했다면 배당은 어떻게 될까? 이 상가는 안전한 경매물건일까?

| 순위 | 권리자 | 권리내용 | 권리금액 | 배당금액 | 남은 배당금 |
|------|--------|----------|----------|----------|-------------|
| 1 | 김재팔 | 소유권 이전 | | | 5,400만원 (낙찰금액) |
| ❶ 2 | 나부자 | 가압류 | 5천만원 | 3,000만원 | 2,400만원 |
| ❷ 3 | 강남순 | 가압류 | 4천만원 | 2,400만원 | 0원 |
| 4 | 나부자 | 강제경매 신청 | | | |

❶ 역시 나부자 씨의 가압류 채권이 선순위이다. 가압류는 우선 변제권이 없으며 안분배당을 한다. 그래서 다음과 같이 계산하면 낙찰대금 5,400만원 중 나씨에게 3천만원을 배당한다.

$$\text{나부자 씨의 배당금} = \cfrac{\text{나부자 씨의 채권(5천만원)}}{\text{모든 채권의 합(5천만원+4천만원)}} \times \text{배당재원(5,400만원)} = \text{3천만원}$$

❷ 또 다른 가압류권자인 남순 씨는 남은 2,400만원을 받는다.

❸ 매각 후 권리들이 없어지므로 안전한 물건이다.

경매사건에서는 권리가 2개 이상, 심지어 수십 개가 설정되어 있는 경우도 있다. 하지만 걱정할 필요 없다. 그저 똑같은 작업을 몇 번 더 하면 된다.

**사례** **권리가 여러 개 설정된 아파트**

재팔 씨의 아파트인데 사건이 조금 복잡하다. A은행은 5천만원의 근저당권을 설정했고, 나부자 씨와 강남순 씨는 각각 4천만원과 2천만원의 가압류를 걸었다. 그리고 삼순 씨는 5천만원의 전세권을 설정했다. 이 상태에서 안심해 씨가 근저당권을, 이재벌 씨는 가압류를 걸었다. 실제 경매사건에서는 이처럼 권리관계가 복잡한 물건도 자주 볼 수 있다.

재팔 씨의 아파트에 복잡하게 얽히고설킨 권리관계와 함께 누가, 얼마나 배당받을 수 있는지 살펴보자. 이 아파트의 낙찰가는 1억 6,900만원이다.

| 순위 | 권리자 | 권리내용 | 권리금액 | 배당금액 | 남은 배당금 |
|---|---|---|---|---|---|
| 1 | 김재팔 | 소유권 이전 | | | 1억 6,900만원 |
| ❶ 2 | A은행 | 근저당권 | 5,000만원 | 5,000만원 | 1억 1,900만원 |
| ❷ 3 | 나부자 | 가압류 | 4,000만원 | 2,800만원 | 9,100만원 |
| ❸ 4 | 강남순 | 가압류 | 2,000만원 | 1,400만원 | 7,700만원 |
| ❹ 5 | 김삼순 | 전세권 | 5,000만원 | 5,000만원 | 2,700만원 |
| ❺ 6 | 안심해 | 근저당권 | 3,500만원 | 2,700만원 | 0원 |
| ❻ 7 | 이재벌 | 가압류 | 2,500만원 | 0원 | 0원 |
| 8 | 나부자 | 강제경매 신청 | | | |

(낙찰금액)

❶ 선순위인 A은행의 근저당권은 후순위 채권보다 우선 변제권이 있으므로, 먼저 모두 배당받는다. 이제 낙찰금액은 1억 1,900만원이 남았다.

❷ 나부자 씨는 4천만원의 가압류 채권을 가지고 있다.

가압류 채권은 채권자 평등 원칙에 따라 후순위의 모든 채권, 물권과 안분배당을 한다.

$$\text{나부자 씨의 배당금} = \frac{\text{나부자 씨의 채권(4천만원)}}{\text{모든 채권의 합(4천만원+2천만원+5천만원+3,500만원+2,500만원)}} \times \text{배당재원(1억 1,900만원)} = 2,800\text{만원}$$

나씨는 2,800만원을 배당받고 1,200만원을 손해본다. 이제 배당금은 9,100만원이 남았다.

❸ 강남순 씨가 가진 2천만원의 가압류도 안분배당을 한다.

$$강남순\ 씨의\ 배당금 = \frac{강남순\ 씨의\ 채권(2천만원)}{모든\ 채권의\ 합(2천만원+5천만원+3,500만원+2,500만원)} \times 배당재원(9,100만원) = 1,400만원$$

강씨는 1,400만원을 배당받고 600만원의 손해를 본다. 이제 배당금은 7,700만원이 남았다.

❹ 삼순 씨는 전세금 5천만원을 모두 돌려받을 수 있을까?

전세권은 후순위 채권보다 우선 변제권이 있으므로, 우선적으로 모두 배당을 받는다. 다행히 지금 남은 배당금이 7,700만원이므로, 삼순 씨는 전세금 5천만원을 모두 돌려받을 수 있다. 이제 남은 배당금은 2,700만원이다.

❺ 안심해 씨의 근저당권 3,500만원은 우선 변제권이 있다.

하지만 지금 남은 배당금이 2,700만원밖에 없으니, 이 돈만 받고 800만원은 손해를 본다. 속이 상하겠지만 근저당권·가압류·전세권이 복잡하게 설정되어 있는 부동산을 담보로 돈을 빌려준 탓이다.

❻ 마지막으로 이재벌 씨의 가압류 채권 2,500만원은 채권자 평등 원칙에 의해 안분배당을 해야 하지만, 이미 배당금이 모두 바닥나고 0원이다. 이씨는 한푼도 돌려받지 못하고 경매절차가 끝나 버린다.

❼ 매각 후 낙찰자에게 인수되는 권리가 없는 안전한 물건이다.

# 02

# 선순위 임차인이 있는 다세대주택

선순위 임차인이 왜 배당요구를 안했을까?

## 4번이나 유찰된 화곡동 다세대주택의 속사정

서울시 강서구 화곡동의 다세대주택이 경매로 나왔다. 조사를 해 보니 시세가 약 1억 5천만원인데 감정가는 1억 7천만원으로 다소 높았다. 이런 경우 보통 1억 2천만원 정도에 낙찰되는데, 어찌된 영문인지 4회나 유찰을 거듭했다.

이제 최저매각가격은 감정가의 41%까지 떨어져 7천만원도 안 되었다. 뭔가 권리상의 하자가 있음에 틀림없다. 하나하나 살펴보자.

| 소 재 지 | 서울 강서구 화곡동 ***-** **빌라 *층 ***호 | | | | |
|---|---|---|---|---|---|
| 경 매 구 분 | 임의(기일) | 채 권 자 | ****(새) | 매 각 기 일 | 2022. 3. 5(10:00) |
| 용 도 | 다세대 | 채무 / 소유자 | 강**/김** | 다 음 예 정 | 2022. 4. 9 |
| 감 정 가 | 1억 7천만원 | 청 구 액 | 46,256,640원 | 경 매 개 시 일 | 2021. 4. 6 |
| 최 저 가 | 69,632,000원(41%) | 토 지 총 면 적 | 33.55㎡(10.15평) | 배 당 종 기 일 | 2021. 6. 21 |
| 입 찰 보 증 금 | 10%(6,963,200원) | 건 물 총 면 적 | 53.75㎡(16.26평) | 낙 찰 가 격 | |
| 주 의 사 항 | · 현황조사서상 대항력 있는 임차인 박**이 있으나 권리신고는 하지 않음. | | | | |

## ❶ 등기상의 권리부터 분석하자

등기상의 권리는 단순하다. 새마을금고의 근저당권만 설정되어 있고, 그 새마을금고가 경매를 신청한 사건이다. 근저당권은 어떠한 경우라도 낙찰자에게 인수되지 않으므로 등기상으로 보면 이 주택은 안전한 물건이다.

**선순위 임차인 권리분석**

| 주소/감정서 | 물건번호/면적 | 감정가/최저가/과정 | 임차조사 | 등기권리 |
|---|---|---|---|---|
| 서울 강서구 화곡동 ***-** **빌라 *층 ***호<br><br>감정평가서 정리<br>─철콘조평슬래브지붕<br>─신정초등학교 동측 인근 위치<br>─주위 다세대주택 및 단독주택 등 혼재<br>─차량 접근 용이<br>─버스(정) 인근 소재<br>─대중교통사정 무난<br>─2필1단 남하향 부정형 완경사지<br>─남측, 동측 각각 6m, 5m 도로 접함<br>─도시가스 보일러 개별난방<br><br>─도시지역<br>─2종 일반주거지역 (7층 이하)<br>─공항시설보호지구<br>─최고고도지구 (원추표면:해발57.86~112.86m미만)<br>─가축사육제한구역 (지역경제과 확인 요망)<br>─대공방어협조구역 (위탁고도77~257m)<br>─과밀억제권역<br>─학교환경위생정화구역 (강서교육청에 반드시 확인)<br>─원추표면구역 (원추 표면)<br><br>2021. 5. 24 △△감정 | 물건번호: 단독물건<br><br>대지 33.55/365.6 (10.15평)<br>건물 53.75 (16.26평)<br>방3.용 : 19.87<br>4층-02.06.18보존<br>10세대 | 감정가 170,000,000<br>· 대지 68,000,000 (40%) (평당 6,699,507)<br>· 건물 102,000,000 (60%) (평당 6,273,063)<br><br>최저가 69,632,000 (41.0%)<br><br>경매 진행과정<br><br>최저매각가격:<br>170,000,000<br>① 유찰 2021-10-16<br>20%↓<br>136,000,000<br>② 유찰 2021-11-14<br>20%↓<br>108,800,000<br>③ 유찰 2021-12-20<br>20%↓<br>87,040,000<br>④ 유찰 2022-01-29<br>20%↓<br>69,632,000<br>⑤ 진행 2022-03-05 | 법원 임차인 조사<br><br>❷ 박**<br>전입 2012. 9. 18<br>확정 2012. 9. 18<br>(보) 88,000,000<br><br>주거/전부<br>점유기간 2012.9.–<br>조사서상<br><br>*임차인 점유<br>총보증금: 88,000,000 | 소유권 김**<br>2006. 6. 16<br>전소유자: 송**<br><br>❶ 근저당 ****(새)<br>2018. 5. 26<br>61,600,000<br><br>임의 ****(새)<br>2021. 4. 6<br>*청구액:46,256,640원<br><br>등기부 채권총액<br>61,600,000원 |

## ❷ 임차인의 전입일자를 살펴보자

법원의 현황조사서를 보니 임차인이 1명 있는데, 2012년 9월 18일에 전입신고를 했고, 새마을금고가 근저당권을 설정한 날보다 빠르다. 일단 이 임차인은 근저당권보다 선순위이므로, 배당에서 보증금을 전부 돌려받지 못한다면 낙찰자가 보증금을 주어야 한다.

### ❸ 임차인이 우선 변제권이 있는지 살펴본다

임차인 박씨는 전입신고와 동시에 2012년 9월 18일에 확정일자도 받아놓았다. 박씨는 우선 변제권이 있으므로 후순위인 근저당권보다 우선하여 모두 배당받을 수 있다. 똑똑한 임차인이다.

### ❹ 왜 4번이나 유찰되었을까?─임차인의 배당요구

왜 이 다세대주택은 4번이나 유찰되어 최저매각가격이 감정가의 절반까지 떨어졌을까? 문제는 임차인의 배당요구이다. 임차인이 우선 변제권이 있더라도 배당요구를 하지 않으면, 우선 변제권을 행사하지 않겠다는 것이다. 그러면 낙찰자가 이 임차권을 이어받아야 하며, 만기까지 방을 빼라고 할 수도 없고, 만기가 되면 보증금 8,800만원을 돌려주어야 한다.

### ❺ 입찰가는 얼마가 적당할까?

앞에서 말한 것처럼 이 다세대주택을 1억 2천만원에 매수하는 셈이 되려면, 낙찰가가 최대 3,200만원이 되어야 겨우 밑지는 장사를 면한다. 임차인의 보증금 8,800만원을 돌려주어야 하기 때문이다.

하지만 4회 유찰 후의 최저매각가격은 아직 6,963만원이다. 이 집을 꼭 원한다면 몇 차례 더 유찰되어 가격이 더 떨어지기를 기다려야 한다. 만약 낙찰 후 입주하여 살 예정이라면 입찰을 포기하는 것이 좋다. 임대 계약이 끝날 때까지 세입자에게 이사를 가라고 할 수도 없기 때문이다.

결국 이 경매사건은 입찰가가 3천만원대로 떨어질 가능성이 높으므로, 새마을금고는 대출금 중에서 3천만원 정도만 회수할 수 있다.

예상 배당표                예상 낙찰가: 3,200만원

| 순위 | 권리자 | 권리내용 | 권리금액 | 배당금 | 남은 배당금 | 인수/소멸 |
|---|---|---|---|---|---|---|
| 1 | | 경매비용 | | 약 150만원 | 3,050만원 | |
| 2 | 박○○ | 임차인 | 8,800만원 | 0원 | 3,050만원 | 인수 |
| 3 | 새마을금고 | 근저당권 | 6,160만원 | 3,050만원 | 0원 | 소멸 |
| 4 | 새마을금고 | 임의경매 신청 | ─ | ─ | ─ | 소멸 |

## 경매비용은 얼마나 드나?

경매 신청인은 경매절차를 진행할 때 필요한 신문공고료, 현황조사 수수료, 매각 수수료, 감정 수수료, 송달료 등의 대략적인 계산액을 예납해야 한다. 경매를 신청하는 채권자가 먼저 비용을 내고, 부동산이 매각되면 매각대금에서 가장 선순위로 경매 신청 예납금을 돌려준다.

아래의 예납금 산정방식에 따르면, 시세가 5억원인 부동산의 경매를 신청할 경우 예납액은 약 320만원이다.

### 부동산 경매 신청에 따른 예납액 산정 기준

| 구분 | 수수료 | |
|---|---|---|
| 신문공고료 | 건당 20만원 | |
| 현황조사 수수료 | 건당 63,260원 | |
| 매각 수수료 | 매각대금 1천만원 이하 | 매각대금×0.02+5,000원 |
| | 매각대금 1천만원 초과 5천만원 이하 | (매각대금−1천만원)×0.015+203,000원 |
| | 매각대금 5천만원 초과 1억원 이하 | (매각대금−5천만원)×0.01+803,000원 |
| | 매각대금 1억원 초과 3억원까지 | (매각대금−1억원)×0.005+1,303,000원 |
| | 매각대금 3억원 초과 5억원까지 | (매각대금−3억원)×0.003+2,303,000원 |
| | 매각대금 5억원 초과 10억원까지 | (매각대금−5억원)×0.002+2,903,000원 |
| | 매각대금 10억원 초과 | 3,903,000원(상한선) |
| 감정 수수료* | 평가가액 5천만원까지 | 15만원 |
| | 평가가액 5천만원 초과 5억원까지 | (평가가액×0.0011+95,000원)×0.8 |
| | 평가가액 5억원 초과 10억원까지 | (평가가액×0.0009+195,000원)×0.8 |
| | 평가가액 10억원 초과 50억원까지 | (평가가액×0.0008+295,000원)×0.8 |
| | 평가가액 50억원 초과 100억원까지 | (평가가액×0.0007+795,000원)×0.8 |
| | 평가가액 100억원 초과 500억원까지 | (평가가액×0.0006+1,795,000원)×0.8 |
| | 평가가액 500억원 초과 1천억원까지 | (평가가액×0.0005+6,795,000원)×0.8 |
| | 평가가액 1천억원 초과 | (평가가액×0.0004+16,795,000원)×0.8 |
| 송달료 | (신청서상 이해관계인 수+3)×10회분(1회분 5,200원, 2022년 10월 18일 현재) | |

\* 감정 수수료는 매각대금 대신 평가가액으로 계산함

# 03

# 선순위 전세권자가 있는 오피스텔

오피스텔 전세권자가 경매 신청을 한 경우의 권리분석을 해 보자.

## 숭인동 오피스텔의 속사정

서울시 종로구 숭인동의 업무용 오피스텔에 입찰하려고 한다. 전용면적이 10평 남짓으로 감정가는 1억 3천만원이고, 1회 유찰되어 최저매각가격은 1억 400만원으로 낮아졌다. 입찰하는 게 좋을까? 어떤 위험이 있을까?

| 소 재 지 | 서울시 종로구 숭인동 ***-** **오피스텔 4층 401호 | | | | |
|---|---|---|---|---|---|
| 경 매 구 분 | 임의(기일) | 채 권 자 | **산업개발 | 매 각 기 일 | 2022. 2. 14 |
| 용 도 | 오피스텔(업무용) | 채 무 / 소 유 자 | 김놀부 외 1 | 다 음 예 정 | |
| 감 정 가 | 1억 3천만원 | 청 구 액 | 7,500만원 | 경 매 개 시 일 | 2021. 5. 21 |
| 최 저 가 | 1억 400만원(80%) | 토 지 총 면 적 | 5.81㎡(1.76평) | 배 당 종 기 일 | 2021. 8. 7 |
| 입 찰 보 증 금 | 10%(1,040만원) | 건 물 총 면 적 | 34.38㎡(10.4평) | 낙 찰 가 격 | |
| 주 의 사 항 | | | | | |

### ❶ 선순위인 전세권부터 살펴본다

가장 선순위로 2016년 1월 25일에 전세권이 설정되어 있다. 전세권은 선순위에 돈이 목적인 권리가 있으면 매각 후 소멸되고 낙찰자에게 인수되지 않는다. 하지만 이 사건은 전세권이 선순위이다. 이런 경우에는 전세권자의 의지에 따라 낙찰자에게 인수 여부가 결정된다. 전세권은 용익물권과 담보물권의 성격을 동시에 가진다. 전세권자가 배당을 원한다면 전세권은 돈이 목적인 담보물권이 되어 낙찰 후 소멸되고, 배당을 희망하지 않으면 소멸되지 않고 낙찰자가 보증금을 돌려주어야 한다.

## 선순위 전세권 권리분석

| 주소/감정서 | 물건번호/면적 | 감정가/최저가/과정 | 임차조사 | 등기권리 |
|---|---|---|---|---|
| 서울 종로구 숭인동 ***-** **오피스텔 4층 401호<br><br>감정평가서 정리<br>–일반철골구조<br>  철콘평슬래브지붕<br>–업무시설,<br>  근린생활시설<br>–숭신초등교 북동측 인근<br>–주위업무시설, 상업시설,<br>  공동주택, 근린시설 혼재<br>–차량출입 가능<br>–버스(정) 및 지하철 1,6호선<br>  동묘앞역 인근<br>–대중교통사정 양호<br>–난방설비<br>–부정형토지<br>–도로접함<br>–승인지구단위계획결정:<br>  2007. 1. 11(서고시제4호)<br>건폐율 :60%<br>용적률: 기준500%,허용800%<br>최대개발규모: 2000㎡ 이하<br>최고높이: 70m 이하<br>용도 등 기타 세부사항은 건<br>축과로 문의<br><br>–도시지역<br>–일반상업지역<br>–방화지구<br>–중심지미관지구<br>  (건축선지정구역–<br>  세부문의:건축과)<br>–지구단위계획구역<br>–가축사육제한구역<br>–대공방어협조구역<br>  (위탁고도:77–257m)<br>–과밀억제권역<br><br>2021. 4. 30 △△감정 | 물건번호: 단독물건<br><br>대지 5,81/659.9<br>  (1,76평)<br>건물 34.38<br>  (10.4평)<br>13층–05.12.12 보존 | ⑤ 감정가 130,000,000<br>· 대지 44,200,000<br>  (34%)<br>  (평당 25,113,636)<br><br>· 건물 85,800,000<br>  (66%)<br>  (평당 8,250,000)<br><br>최저가 104,000,000<br>  (80.0%)<br><br>경매 진행과정<br><br>최저매각가격:<br>130,000,000<br>① 유찰 2022–01–10<br>  20%↓<br>  104,000,000<br>② 낙찰 2022–02–14<br>  113,120,000<br>  (87%) | ⑤ 법원 임차인 조사<br><br>*소유자 점유.<br>2회 방문했으나 폐문 부재이고, 관할 주민센터 전입세대 확인 의뢰 결과 본건에는 전입세대 없다고 함. | ① 전세권 **산업개발<br>  2016. 1. 25<br>  75,000,000<br>  존속기간: 2018. 1. 23<br><br>③ 가처분 김갑돌<br>  2016. 1. 30<br>  2016 카단 50050<br>  수원지법 안산지원<br><br>④ 가압류 조정치<br>  2017. 6. 2<br>  78,000,000<br><br>압류 수원시팔달구<br>  2017. 11. 25<br><br>압류 파주시<br>  2018. 12. 21<br><br>압류 파주세무서<br>  2019.01.06<br><br>압류 서울시종로구<br>  2019. 11. 2<br><br>② 임의 **산업개발<br>  2021. 5. 21<br><br>*청구액: 75,000,000원<br><br>등기부 채권총액<br>153,000,000원 |

## ❷ 전세권자가 배당요구를 했는지 체크한다

사건기록에는 '전세권자가 배당 요구서를 제출했다'는 말이 없지만, 좀더 살펴보니 전세권자인 ××산업개발이 보증금을 돌려받기 위해 경매를 신청했다. 그러므로 이 전세권은 가장 선순위로 배당을 받은 후 효력이 소멸되어 인수되지 않는다. 즉, 낙찰자가 보증금을 돌려주지 않아도 된다.

## ❸ 낙찰 후 가처분을 없앨 수 있을까?

2016년 김갑돌 씨가 한 가처분 등기는 어떻게 될까?

가처분 등기는 제3자에게 전세나 매매 등을 하지 말라고 경고하고 순위를 보전하는 것이다. 가처분은 부동산이 매각되더라도 소멸되지 않고 낙찰자에게 인수되지만, 돈이 목적인 권리가 선순위에 있다면 그 권리를 보호하기 위해 소멸된다. 결국 김갑돌 씨의 가처분은 선순위의 전세권과 같이 소멸된다. 낙찰자는 가처분 등기의 말소를 신청하면 된다.

### ❹ 가압류와 압류의 부담은 없을까?

가압류와 압류 등기는 돈을 목적으로 하는 것이므로, 오피스텔이 경매로 매각되면 당연히 소멸되고 낙찰자에게 인수되지 않는다.

### ❺ 임차인을 분석해 보자

임차인으로 권리신고를 한 사람도 없고, 주민센터에 확인해 보니 전입세대가 없다는 문구도 보인다. 따라서 임차권 분석은 따로 할 필요가 없다.

### ❻ 입찰해도 안전한 물건일까?

매각 후 낙찰자에게 인수되는 권리가 없으므로 낙찰받아도 안전한 물건이다. 다음은 예상 배당표이다. 어떤 권리가 낙찰 후 소멸되는지 살펴보자.

예상 배당표                             예상 낙찰가: 1억 1천만원

| 순위 | 권리자 | 권리내용 | 권리금액 | 배당금 | 남은 배당금 | 인수/소멸 |
|---|---|---|---|---|---|---|
| 1 | | 경매비용 | | 약 200만원 | 1억 800만원 | |
| 2 | **산업개발 | 전세권 | 7,500만원 | 7,500만원 | 3,300만원 | 소멸 |
| 3 | 김갑돌 | 가처분 | 돈이 목적이 아님 | 0원 | 3,300만원 | 소멸 |
| 4 | 조정치 | 가압류 | 7,800만원 | | | 소멸 |
| 5 | 수원시 팔달구 | 압류 | 미상 | | | 소멸 |
| 6 | 파주시 | 압류 | 미상 | 4~8순위 모두 안분배당 | | 소멸 |
| 7 | 파주세무서 | 압류 | 미상 | | | 소멸 |
| 8 | 서울시 종로구 | 압류 | 미상 | | | 소멸 |
| 9 | **산업개발 | 임의경매 신청 | – | – | – | 소멸 |

조세체납에 따른 압류는 그 금액이 등기부에 기재되지 않으므로, 이 경매사건에 관계된 사람이 아니라면 정확한 액수를 알 수 없다.

# 04 선순위 가등기가 있는 빌라

>>>

빌라에 선순위로 소유권 이전 청구권 가등기가 있는데, 어떻게 해야 할까?

## 반값에 낙찰된 인천의 빌라, 실속이 있을까?

인천시 부평구 십정동의 빌라가 감정가 7천만원에 경매로 나왔다. 3회 유찰 후 감정가의 약 55%인 3,858만원에 낙찰되었다. 실속이 있었을까? 가등기·압류·가압류 등이 설정되어 있으며 임차인도 있는 사건이다.

| 소 재 지 | 인천시 부평구 십정동 ***-** **빌라 가동 지하층 3호 | | | | |
|---|---|---|---|---|---|
| 경 매 구 분 | 강제경매 | 채 권 자 | 이태백 | 매 각 기 일 | 2022. 1. 3 |
| 용 도 | 다세대 | 채무/소유자 | 두보 | 다 음 예 정 | |
| 감 정 가 | 7천만원 | 청 구 액 | 2천만원 | 경 매 개 시 일 | 2021. 3. 8 |
| 최 저 가 | 2,4010만(34%) | 토지총면적 | 22㎡(6.65평) | 배 당 종 기 일 | 2021. 8. 2 |
| 입 찰 보 증 금 | 10%(2,401,000) | 건물총면적 | 39.6㎡(11.98평) | 낙 찰 가 격 | 3,858만원 |
| 주 의 사 항 | ❶ 1. 최선순위 가등기권자로부터 담보가등기의 소멸 있음. 2. 위 가등기의 담보된 채권 최고금액은 3,450만원임. 2021. 7. 19 가등기권자 한비자 권리신고 및 배당요구 신청서 제출 | | | | |

### ❶ 선순위의 소유권 이전 청구권 가등기부터 살펴보자

선순위로 2018년 3월 12일에 한비자 씨의 소유권 이전 청구권 가등기가 있다. 사건기록을 자세히 살펴보면, 주의사항에 가등기를 설정한 한씨가 스스로 담보가등기라고 밝히며 배당을 요구했다. 금액은 3,450만원이다. 그렇다면 이 가등기는 채권액이 3,450만원인 저당권으로 볼 수 있다. 저당권은 매각 후 배당을 받으면 소멸되어 입찰자의 부담이 없다.

선순위 가등기 권리분석

| 주소/감정서 | 물건번호/면적 | 감정가/최저가/과정 | 임차조사 | 등기권리 |
|---|---|---|---|---|
| 인천 부평구 십정동 ***-** ** 빌라 *동 지하층 3호<br><br>감정평가서 정리<br>-철근조슬래브지붕<br>-백운초등교 북서측 인근<br>-주위 다세대주택, 아파트, 근린생활시설 등의 주거지대<br>-차량출입 가능<br>-인근버스(정) 및 지하철1호선 백운역<br>-대중교통 이용 편의도 양호<br>-세장형 토지<br>-북측도로 접함<br>-도로 저촉<br>-북구에서 행정구역 명칭 변경<br>-도시가스보일러 개별난방<br><br>-3종 일반주거지역<br>-정비구역<br>(십정4구역주택재개발)<br>-과밀억제권역<br>-상대정화구역<br>-1종지구 단위계획구역<br>(도시재생과 별도 확인)<br><br>2021. 4. 30 △△감정 | 물건번호: 단독물건<br><br>대지 22/344<br>(6.65평)<br>건물 39.6<br>(11.98평)<br>4층-92.07.11 보존 | 감정가<br>70,000,000<br>· 대지 28,000,000 ❸<br>(40%) ❹<br>(평당 4,210,526)<br>· 건물 42,000,000 ❺<br>(60%) ❻❼<br>(평당 3,505,843)<br><br>최저가 24,010,000<br>(34.3%)<br><br>경매 진행과정<br><br>최저매각가격:<br>70,000,000<br>① 유찰 2021-09-28<br>30%↓<br>49,000,000<br>② 유찰 2021-11-01<br>30%↓<br>34,300,000<br>③ 유찰 2021-11-30<br>30%↓<br>24,010,000<br>④ 낙찰 2022-01-03<br>38,580,000<br>(55.1%) | 법원 임차인 조사<br><br>이태백<br>전입 2014. 4. 16<br>확정 2016. 9. 3 ❶<br>배당 2021. 3. 7<br>(보) 20,000,000<br><br>주거/전부<br>점유기간<br>2016. 8. 30.–<br><br>*현장에 현황조사를 하고자 했으나, 폐문 부재로 이해관계인을 만나지 못했으므로 상세한 점유 및 임대관계는 미상 | 소유권 김묵자<br>2016. 8. 23<br>전 소유자:강가딘<br><br>가등기 한비자 ❶<br>2018. 3. 12<br>소유이전청구가등기<br><br>압류 인천시 서구 ❷<br>2018. 7. 16<br><br>가압류 이태백<br>2019. 9. 13<br>20,000,000<br><br>압류 서인천세무서<br>2019.10.27<br><br>강제 이태백 ❺<br>2021. 3. 8<br>*청구액:20,000,000원 |

## ❷ 가압류, 압류 등기를 분석한다

이태백 씨의 가압류와 세무서의 압류를 분석할 차례이다. 가압류와 압류 모두 돈이 목적인 등기이므로 매각 후 낙찰자에게 인수되지 않는다.

## ❸ 임차인은 배당받을 권리가 있을까?

임차인 이태백 씨는 가등기 설정일(2018년 3월 12일)보다 먼저 대항력을 갖추었다(2014년 4월 16일). 따라서 만약 경매 후 받지 못한 보증금이 있다면 낙찰자가 대신 주어야 한다. 그렇다면 배당 자격이 있는지, 보증금을 모두 받을 수 있는지 알아봐야 한다.

그는 2014년 전입신고를 하고 2016년에 확정일자를 받아두었으니 우선 변제권이 있다. 보증금이 2천만원인 소액 임차인이므로 최우선 변제권도 있다. 게다가 2019년 9월 13일에는 가압류까지 했다. 사실 우선 변제권을 이미 확보한 상태이므로 굳이 가압류를 할 필요는 없었다. 괜히 가압류 비용만 허비한 셈이다.

## ❹ 임차인은 배당요구를 했을까?

임차인에게 우선 변제권이 있더라도 배당요구를 하지 않으면 배당을 받을 수 없다. 그러므로 임차인이 배당요구를 했는지 꼭 살펴보아야 한다. 이씨는 배당요구 종기 전에 배당을 요구했다. 그러므로 임차인은 보증금을 전액 배당받을 수 있고, 이 임대차는 낙찰자에게 인수되지 않는다.

## ❺ 임차인의 배당요구일이 왜 이리 빨랐을까?

그런데 재미있는 부분이 있다. 임차인의 배당요구 시점(2021년 3월 7일)이 경매개시 결정일(2021년 3월 8일)보다 빠르다. 경매개시가 결정되고 나서 배당요구 종기가 정해지고, 비로소 권리자들이 배당요구서를 제출하는 게 순서인데 어찌된 일일까?

바로 임차인 이씨가 경매 신청인이다. 그리고 법원은 임차인의 경매 신청 자체를 배당요구로 보아 경매 신청일을 배당요구일로 기록해 놓았다. 채권자가 경매를 신청하면 배당요구의 의미가 있음을 알 수 있는 부분이다.

## ❻ 안전한 경매물건일까?

앞에서 살펴보았듯이, 이 경매사건에서 매각 후 낙찰자에게 인수되는 권리는 없다. 그러므로 입찰해도 안전한 경매물건이라고 할 수 있다.

예상 배당표

예상 낙찰가: 3,853만원

| 순위 | 권리자 | 권리내용 | 권리금액 | 배당금 | 남은 배당금 | 인수/소멸 |
|---|---|---|---|---|---|---|
| 1 | | 경매비용 | | 약 100만원 | 3,758만원 | |
| 2 | 이태백 | 임차인 | 2,000만원 | 2,000만원 | 1,758만원 | 소멸 |
| 3 | 한비자 | 가등기 | 3,450만원 | 1,758만원 | 0원 | 소멸 |
| 4 | 인천시 서구 | 압류 | 미상 | 0원 | 0원 | 소멸 |
| 5 | 이태백 | 가압류 | 이미 전액 배당받음 | 0원 | 0원 | 소멸 |
| 6 | 서인천세무서 | 압류 | 미상 | 0원 | 0원 | 소멸 |
| 7 | 이태백 | 강제경매 신청 | – | – | – | 소멸 |

# 05 아파트 세입자의 증액 보증금

세입자가 보증금을 높여 다시 계약을 연장한 것 같은데,
입찰자가 이 보증금까지 돌려주어야 할까?

## 창동 아파트 세입자의 속사정

서울시 도봉구 창동에 경매로 나온 아파트를 살펴보자. 현재 임차인이 거주하는데, 감정가 3억 7천만원에서 1회 유찰되어 최저매각가격이 2억 9,600만원으로 떨어졌다.

| 소 재 지 | 서울 도봉구 창동 *** ***아파트 37동 3층 ***호 | | | | |
|---|---|---|---|---|---|
| 경 매 구 분 | 강제경매 | 채 권 자 | 김갑돌 | 매 각 기 일 | 2022. 3. 11 (10:00) |
| 용 도 | 아파트 | 채무/소유자 | 강갑순 | 다 음 예 정 | 2022. 4. 15 |
| 감 정 가 | 3억 7천만원 | 청 구 액 | 1억 3,500만원 | 경 매 개 시 일 | 2021. 8. 24 |
| 최 저 가 | 2억 9,600만원 (80%) | 토 지 총 면 적 | 53.72㎡(16.25평) | 배 당 종 기 일 | 2021. 11. 1 |
| 입 찰 보 증 금 | 10% (2,960만원) | 건 물 총 면 적 | 84.41㎡(25.53평) | 낙 찰 가 격 | |
| 주 의 사 항 | · 대항력 있는 임차인 나신혼이 2021. 10. 31. 권리신고를 했으나 배당요구는 하지 않았으며, 2021. 11. 22.자 보정서를 통하여 배당요구를 하지 않았음을 명백히 밝혔음 | | | | |

### ❶ 등기상의 권리부터 분석하자

2020년 9월에 오해다 씨가 1억 5천만원, 11월에 진심이 씨가 1억 3,500만

256

원의 가압류를 걸었다. 등기부상으로는 특이점이 없다. 두 건의 가압류와 경매개시 결정 등기가 있으며, 채권자가 모두 3명이고, 낙찰자에게 인수될 권리(등기)는 없다.

임차인의 증액 보증금 권리분석

| 주소/감정서 | 물건번호/면적 | 감정가/최저가/과정 | 임차조사 | 등기권리 |
|---|---|---|---|---|
| 서울 도봉구 창동 *** **아파트 37동 3층 ***호<br><br>감정평가서 정리<br>-창북중학교 남동측 인근<br>-부근 아파트단지 주를 이루는 주거지대<br>-인근 다양한 편의시설 및 근린생활시설 등<br>-차량출입 가능, 교통사정 보통<br>-버스(정), 창동역 인근<br>-부정형 등고평탄지<br>-단지내 도로 외곽 공도접함<br>-도로 접함<br>-도시가스난방<br><br>-3종 일반주거지역 (347번지)<br>-2종 일반주거지역 (350번지-7층 이하)<br><br>2021. 10. 3 △△감정 | 물건번호: 단독물건<br><br>대지 53.72/124817.4 (16.25평)<br>건물 84.41 (25.53평)<br><br>방3, 다용도실<br>5층-90.12.29 보존 | 감정가 370,000,000<br>·대지 284,900,000 (77%)<br>(평당 17,532,308)<br><br>·건물 85,100,000 (23%)<br>(평당 3,333,333)<br><br>최저가 296,000,000 (80.0%)<br><br>경매 진행과정<br><br>최저매각가격:<br>370,000,000<br>① 유찰 2022-02-04<br>20%↓<br>296,000,000<br>② 진행 2022-03-11 | 법원 임차인 조사 ❷<br>나신혼<br>전입 2009. 6. 5<br>(보) 110,000,000<br><br>1차확정 2014. 4. 1 ❸<br>(보) 110,000,000<br><br>2차확정 2021. 1. 30<br>(보) 145,000,000<br><br>주거/전부<br>점유기간<br>2014. 3. 31~ | ❶ 소유권 강갑순<br>2014. 3. 31<br>전 소유자:나신혼<br><br>가압류 오해다<br>2020. 9. 9<br>150,000,000<br><br>가압류 진심이<br>2020. 11. 3<br>135,000,000<br><br>강제 이상<br>2021. 8. 24<br>*청구액: 135,000,000 |

## ❷ 임차인의 대항력은 언제 발생했을까?

그런데 이 사건의 임대차는 좀 특이하다. 차근차근 따져보자.

현재 임차인인 나신혼 씨가 전 소유자이다. 즉, 그의 최초 전입일은 2009년 6월 5일이지만, 현 소유자인 강갑순 씨에게 집을 판 2014년 3월 31일까지는 소유자로서 거주했고, 2014년 4월 1일부터는 임차인으로 지금까지 살고 있다. 따라서 임차인의 대항력은 최초 전입일이 아니라 2014년 4월 1일에 생겼다. 등기상에 이보다 설정일자가 빠른 등기가 없으니, 만약 임차인이 매각 후 받지 못한 보증금이 있다면 낙찰자에게 인수될 것이다.

## ❸ 임차인은 우선 변제권이 있을까?

임차인이 확정일자를 받았으니 우선 변제권이 있다. 그런데 최초의 보증금 1억 1천만원에 대해서는 2014년 4월에 확정일자를 받았지만, 이후 증액된

보증금 3,500만원에 대해서는 등기상 가압류 2건이 집행된 후인 2021년 1월에 확정일자를 받았다. 그렇다면 임차인은 보증금 1억 1천만원에 대해서는 1순위로 배당받지만, 나머지 3,500만원에 대해서는 순위가 빠른 2건의 가압류와 안분배당을 받게 된다.

### ❹ 임차인은 배당요구를 했을까?

임차인 나씨는 확정일자를 받았지만 배당은 요구하지 않았다. 심지어 "배당요구를 하지 않았음을 명백히 밝혔음"이라고 주의사항까지 적혀 있다. 결국 나씨는 아파트가 매각되더라도 배당으로 보증금을 돌려받고 임대차를 해지할 의사가 없어 보인다.

### ❺ 임차인이 배당요구를 했다면 어떻게 될까?

꽤 재미있는 사건이니 결론으로 바로 가지 말고, 여러 경우를 가정해 배당표를 써 보자. 만약 임차인 나씨가 배당을 요구했다면 어땠을까?

이 경우 그는 보증금 1억 4,500만원을 전액 돌려받을 수 있었을 것이다. 비록 매각과 동시에 임대차가 해지되어 아파트를 낙찰자에게 내주고 이사를 해야 했겠지만 말이다.

예상 배당표                                       예상 낙찰가: 3억원

| 순위 | 권리자 | 권리내용 | 권리금액 | 배당금 | 남은 배당금 | 인수/소멸 |
|---|---|---|---|---|---|---|
| 1 | | 경매비용 | | 약 270만원 | 2억 9,730만원 | |
| 2 (최우선 변제 5,000만원 포함) | 나신혼 | 임차인 (최초 보증금) | 1억 1,000만원 | 1억 1,000만원 | 1억 8,730만원 | 소멸 |
| 3 | 오해다 | 가압류 | 1억 5,000만원 | 6,174만원 | 1억 2,555만원 | 소멸 |
| 4 | 진심이 | 가압류 | 1억 3,500만원 | 5,557만원 | 6,998만원 | 소멸 |
| 5 | 나신혼 | 임차인 (증액 보증금) | 3,500만원 | 3,500만원 | 3,498만원 | 소멸 |
| 6 | 이상 | 경매신청 | 1억 3,500만원 | 3,498만원 | 0원 | 소멸 |

### ❻ 임차인이 배당요구를 하지 않았다면?

실제 이 사건에서 임차인 나씨는 배당요구를 하지 않았다. 그래서 배당을 받을 수 없다. 다만 보증금 1억 4,500만원 중 1억 1천만원은 등기상 최초 설정일자(오해다 씨의 가압류)보다 선순위이므로 먼저 대항력이 생겼다. 그래서 이 보증금은 낙찰자에게 인수된다. 하지만 나중에 증액한 3,500만원은 낙찰자에게 인수되지 않는다.

입찰자가 만약 3억원에 이 아파트를 매수할 생각이라면, 보증금 1억 1천만원을 빼고 입찰가를 1억 9천만원으로 낮추어야 한다. 그래야 결과적으로 3억원에 이 아파트를 사는 셈이 된다.

예상 배당표                                                    예상 낙찰가: 1억 9천만원

| 순위 | 권리자 | 권리내용 | 권리금액 | 배당금 | 남은 배당금 | 인수/소멸 |
|---|---|---|---|---|---|---|
| 1 | | 경매비용 | | 약 270만원 | 1억 8,730만원 | |
| 2 | 나신혼 | 임차인<br>(최초 보증금) | 1억 1,000만원 | 0원 | 1억 8,730만원 | 인수 |
| 3 | 오해다 | 가압류 | 1억 5,000만원 | 6,689만원 | 1억 2,040만원 | 소멸 |
| 4 | 진심이 | 가압류 | 1억 3,500만원 | 6,020만원 | 6,020만원 | 소멸 |
| 5 | 나신혼 | 임차인<br>(증액 보증금) | 3,500만원 | 0원 | 6,020만원 | 소멸 |
| 6 | 이상 | 경매신청 | 1억 3,500만원 | 6,020만원 | 0원 | 소멸 |

### ❼ 나씨는 왜 배당요구를 하지 않았을까?

임차인이 배당요구를 하지 않았으니, 입찰자는 낙찰 후 인수되는 보증금만큼 낮추어 입찰하면 된다. 그런데 도대체 임차인은 왜 배당요구를 하지 않았을까?

임차인이 배당요구를 한 경우⑤와 안 한 경우⑥, 그의 손익은 매우 차이가 난다. 배당요구를 했다면 보증금 1억 4,500만원을 모두 돌려받지만, 배당요구를 하지 않으면 낙찰자에게 1억 1천만원만 받으므로 3,500만원을 손해보는 셈이다. 그런데 왜 배당요구를 하지 않았을까?

## 보증금을 올려준 시점이 언제일까?

남의 속을 알 수 없으나, 여러분이 이 사건에 입찰한다면 분명히 짚고 넘어 가야 할 것이 있다. 정말 임차인 나씨가 배당을 요구하지 않으면 3,500만원 을 손해볼까?

먼저 앞의 배당분석이 정확하다는 확신을 얻으려면 전제가 필요하다. 즉 나씨가 보증금 3,500만원을 증액한 시점이 확정일자를 받은 2021년 1월 30일이 맞아야 한다.

보통 임차인은 전입신고를 하면서 확정일자를 동시에 받는다. 그러나 몇 년 거주하다가 보증금을 올려주는 경우는 확정일자를 다시 받는 것을 깜빡하기도 한다.

나씨가 이 아파트를 매도하고 임차인이 된 시점은 2014년 4월 1일이 다. 보통 주택임대차 계약은 2년마다 갱신되었으므로 최종 갱신시일은 2020년 4월 1일일 가능성이 높고, 보증금 3,500만원을 증액한 시점도 같은 날일 가능성이 크다.

임차인이 보증금을 높여준 후 확정일자를 깜빡하고 있다가 가압류가 집행되자 깜짝 놀라 뒤늦게 받았을 수도 있다. 만약 그렇다면 이 3,500만원 에 대한 우선 변제권은 나중의 가압류 2건보다 후순위지만, 대항력이 생긴 시점은 선순위가 되어 낙찰자가 그 보증금을 돌려주어야 한다.

그런데 다시 사건을 살펴보자. 사건기록 어디에도 증액분에 대한 확정 일자만 표시되어 있을 뿐, 실제 보증금 인상 시점은 알 수 없다. 입찰자는 이 부분에 대한 확신이 없다면 이 3,500만원도 인수하는 것으로 보고 입찰 가를 산정해야 한다.

# 06 >>> 임차인이 많은 다가구주택

임차인이 여러 명인 다가구 주택, 권리분석도 차근차근 하면 쉽다.

## 장위동 다가구주택의 속사정

서울시 성북구 장위동의 다가구주택이 감정가가 약 5억원이고, 최저매각 가격은 약 4억원이다. 특이한 점은 없지만 임차인이 여러 명이다. 임차인이 많다고 권리분석의 기본이 달라지지는 않으니 복잡하게 생각할 필요 없다. 임차인을 한 명씩 개별 권리자로 보고 분석하면 수월하게 해결된다.

| 소 재 지 | 서울특별시 성북구 장위동 ***-** | | | | |
|---|---|---|---|---|---|
| 경매구분 | 강제경매 | 채 권 자 | 흥부새마을금고 | 매 각 기 일 | 2022. 3. 19(10:00) |
| 용       도 | 다가구주택 | 채무/소유자 | 오해심 | 다 음 예 정 | 2022. 4. 23 |
| 감  정  가 | 504,925,350원 | 청 구 액 | 2억 5천만원 | 경매개시일 | 2021. 8. 29 |
| 최  저  가 | 403,940,000원(80%) | 토지총면적 | 139㎡(42.05평) | 배당종기일 | 2021. 11. 19 |
| 입찰보증금 | 10%(40,394,000원) | 건물총면적 | 363.34㎡(110평) | 낙 찰 가 격 | |
| 주 의 사 항 | | | | | |

**❶ 등기상의 권리부터 분석하자**

등기상의 권리로는 근저당권이 2건, 가압류가 2건, 그리고 강제경매 개시 결정 등기가 있다. 모두 돈을 돌려받는 것이 목적인 권리이니 어떠한 경우도 낙찰자에게 인수되지 않는다.

**다수의 임차인 권리분석**

| 주소/감정서 | 물건번호/면적 | 감정가/최저가/과정 | 임차조사 | 등기권리 |
|---|---|---|---|---|
| 서울 성북구 장위동 ***–** <br><br> 감정평가서 정리 <br>-적벽돌조 슬래브지붕 <br>-장위1동주민자치센터 남측 근거리 위치 <br>-주위 다가구용 단독주택, 빌라 등, 북측 근거리 학교, 상가, 관공서, 은행 등 편의시설 <br>-버스(정)및 지하철역까지 마을버스 연계 운행중 <br>-대중교통사정 보통 <br>-부정형 등고평탄지 <br>-북측4m 내외 포장 및 계단식 도로, 남동측 6m 내외 포장도로 접함 <br>-도로 저촉 <br>-도시가스난방 <br><br>-1종 일반주거지역 <br>-가축사육제한구역 <br>-건축허가제한구역 <br>-대공방어협조구역 <br>-재개발구역 <br>-재정비촉진지구 <br>-과밀억제권역 <br>-상대정화구역 <br><br>2021.10.1 △△감정 <br><br>표준공시지가: 1,970,000 <br><br>감정지가: 2,772,000 | 대지 139 <br>(42.05평) <br><br>건물 <br>·1층주택 63.27 <br> (19.14평) 1가구 <br>·2층주택 64.74 <br> (19.58평) 2가구 <br>·3층주택 66 <br> (19.96평) 1가구 <br>·지층차고 36.23 <br> (10.96평) <br>·옥탑주택 9.6 <br> (2.9평) <br><br>제시 외 <br>·1층 보일러실 6.1 <br> (1.85평) <br>·2층 다용도실 5.5 <br> (1.66평) <br>·3층 발코니 9.4 <br> (2.84평) <br>·3층 계단실 6.7 <br> (2.03평) <br>·옥탑창고 16.3 <br> (4.93평) <br>·옥탑방 <br> (증축부분) 14 <br> (4.23평) <br>·옥탑다용도실 11.7 (3.54평) <br>·옥탑계단실 4.4 <br> (1.33평) <br>·지하중층창고 49.4 (14.94평) <br><br>3층—95.09.26 보존 | 감정가 504,925,350 <br>· 대지 385,308,000 <br> (76.31%) ❷ <br> (평당 9,163,092) <br><br>· 건물 97,524,350 <br> (19.31%) <br> (평당 887,311) <br><br>· 제시 22,093,000 <br> (4.38%) <br><br>최저가 403,940,000 <br> (80.0%) <br><br>**경매진행과정** <br><br>최저매각가격: <br>504,925,350 <br>① 유찰 2022–02–12 <br> 20%↓ <br>403,940,000 <br>② 진행 2022–03–19 | 법원 임차인 조사 ❶ <br><br>강남순 <br>전입 2014.2.29 <br>주거 <br>점유기간 미상 <br>부부: 김삼순 <br>조사서상 <br><br>김삼순 <br>전입 2014.2.28 <br>확정 2014.2.28 <br>(4,000만원에 대하여) <br>배당 2021.10.5 <br>(보) 50,000,000 <br>주거/방 3 <br>점유기간 <br> 2014.3.20~ <br><br>이일숙 <br>전입 2014.6.27 <br>주거 <br>점유기간 미상 <br>조사서상 <br><br>허택견 <br>전입 2015.3.08 <br>배당 2021.9.25 <br>(보) 40,000,000 <br>주거/2층 방 2 <br>점유기간 <br>2015.2.26~ <br><br>*소유자 점유 <br>*김삼순: 강남순의 처 | 소유권 오해심 <br>2004.09.26 <br><br>근저당[공동] <br>우산신협 <br>2010.3.23 <br>78,000,000 <br><br>근저당[공동] <br>나부자 <br>2016.7.3 <br>250,000,000 <br><br>가압류[공동] <br>강부자 <br>개인여신관리 <br>2017.10.1 <br>41,911,038 <br><br>가압류[공동] <br>강부자 <br>개인여신관리 <br>2018.1.15 <br>200,000,000 <br><br>강제[공동] <br>흥부새마을금고 <br>2021.8.29 <br>*청구액:250,000,000원 |

**❷ 임차인을 한 명씩 분석해 보자**

**강남순** | 2014년 2월에 주민등록상 전입신고만 있을 뿐 보증금이나 확정일자, 배당요구 등을 알 수 없다. 그런데 김삼순 씨와 부부관계이다. 그렇다면 강씨는 독립된 임차인이 아니라 임차인 삼순 씨의 세대원으로 보면 된다. 즉, 독립된 권리가 인정될 여지가 없다.

**김삼순** | 보증금이 5천만원인 임차인으로 전입신고일(2014년 2월 28일)이 등기 상 가장 선순위인 신협의 근저당권 설정일(2010년 3월 23일)보다 늦다. 일단 삼 순 씨가 배당을 받지 못한 보증금이 있더라도 낙찰자에게 인수되지 않는다.

소액 임차인일 뿐만 아니라 2014년 2월에 확정일자를 받았고, 배당요 구도 2021년 10월에 했으므로 일단 배당 자격이 있다. 단, 보증금 5천만원 중 확정일자를 받은 것은 4천만원이다. 나중에 보증금을 1천만원 높여주면 서 이에 대해 확정일자를 받는 것을 잊은 모양이다.

**이일숙** | 2014년 6월에 전입신고만 했을 뿐 어떠한 정보도 없다. 위장 임차 인인지, 현 주인과 관계가 있는 사람인지, 예전에 거주하던 임차인이 이사 후에도 주민등록을 이전하지 않고 그대로 둔 상황인지 알 수 없다. 하지만 어차피 전입신고일이 등기상 최선순위인 신협의 근저당권(2010년 3월 23일)보 다 늦으니, 낙찰자에게 보증금이 인수될 위험은 없다.

**허택견** | 보증금이 4천만원인 임차인이다. 등기상 최선순위인 신협의 근저 당권(2010년)보다 후순위로 전입신고(2015년 3월)를 했으므로 낙찰자에게 보증 금이 인수되지 않는다. 그런데 확정일자를 받지 않아 우선 변제권은 인정 되지 않지만, 보증금이 4천만원이어서 소액 보증금 최우선 변제권으로 배 당을 받을 수 있다(지역별 주택임대차 최우선 변제권의 보증금 범위와 보장금에 대해서는 187쪽 참조).

**김삼순, 허택견 공통** | 최선순위인 신협이 근저당권을 설정한 것은 2010년 3 월 23일이다. 그러므로 임차인 김씨와 허씨는 신협이 근저당권을 설정한 당시의 규정대로 최우선 변제권을 행사할 수 있다. 그래야 신협에게 예측 하지 못한 피해가 발생하지 않는다. 당시 서울시의 소액 임대차는 보증금 6 천만원 이하였고, 최우선 변제권은 2천만원까지 인정했다.

그러나 2순위 근저당권자인 나부자 씨가 2016년 7월에 근저당권을 설 정할 당시의 규정에 따라 최우선 변제권을 행사할 수 있기 때문에, 결국 김씨와 허씨는 최선순위로 2천만원을 배당받고, 다시 나씨보다 먼저 1,400만 원의 최우선 변제금을 추가로 배당받게 된다(2016년 3월부터 서울시는 보증금 1억 원 이하일 경우 최우선 변제금으로 3,400만원까지 보장한다).

그다음으로 김삼순 씨는 4,000만원에 대하여 받은 확정일자가 나부자 씨의 근저당권 설정일자보다 앞서므로 최우선변제권으로 먼저 배당받은 3,400만원을 제외한 600만원을 우선변제 받는다.

나부자 씨 후로 소액임대차 최우선 변제권 경과조치의 기준이 되는 담 보물권이 없으므로, 현재의 규정에 따라(1억5,000만원 이하일 때 최대 5,000만원) 다 시 최우선 변제권으로 김삼순 씨는 1,000만원, 허택견 씨는 600만원을 배 당받는다.

**예상 배당표**                                   예상 낙찰가: 5억원

| 순위 | 권리자 | 권리내용 | 권리금액 | 배당금 | 남은 배당금 | 인수/소멸 |
|---|---|---|---|---|---|---|
| 1 | | 경매비용 | | 약 380만원 | 4억 9,620만원 | |
| 2 | 김삼순 | 소액임차인 (2010. 3. 23) | 5,000만원 | 2,000만원 | 4억 5,620만원 | 소멸 |
| | 허택견 | | 4,000만원 | 2,000만원 | | |
| 3 | 우산신협 | 근저당 | 7,8000만원 | 7,800만원 | 3억 7,820만원 | 소멸 |
| 4 | 김삼순 | 소액임차인 (2016. 7. 3) | 3,000만원 | 1,400만원 | 3억 5,020만원 | 소멸 |
| | 허택견 | | 2,000만원 | 1,400만원 | | |
| 5 | 김삼순 | 확정일자 | 600만원 | 600만원 | 3억4,420만원 | 소멸 |
| 6 | 나부자 | 근저당 | 2억 5,000만원 | 2억 5,000만원 | 9,420만원 | 소멸 |
| 7 | 김삼순 | 소액임차인 (경매시점 현재) | 1,000만원 | 1,000만원 | 7,820만원 | 소멸 |
| | 허택견 | | 600만원 | 600만원 | | |
| 8 | 강부자 | 가압류 | 4,191만원 | 666만원 | | 소멸 |
| | 강부자 | 가압류 | 2억원 | 3,180만원 | 0원 | 소멸 |
| | 흥부(새) | 경매개시결정 | 2억 5,000만원 | 3,974만원 | | 소멸 |

### ❸ 입찰해도 안전한 물건일까?

이 사건에서 낙찰자에게 인수되는 권리는 없다. 임차인 김삼순 씨는 보증 금 중 일부, 허택견 씨는 보증금 전부에 대해서 확정일자를 받지 않았지만, 소액임차인에 해당하여 결국 보증금 전액을 돌려받을 수 있었다.

# 7

# 현장답사,
# 10년 다닌
# 고수처럼

현장답사는 부동산 경매의 꽃이다.
경매 전문가들도 서류상으로는 괜찮은 물건이었는데, 막상 현장
답사를 해 보면 실망할 때가 많다. 반대로 현장답사를 통해 의외
의 수확을 얻는 경우도 있다. 현장답사 노하우를 보기 쉽게 체크
리스트로 만들었다.

# 부동산 경매의 꽃 현장답사

선영 씨는 입찰할 아파트 앞에 도착했다. 그런데 막상 와 보니 막막해서 집 주위만 어슬렁거렸다. 이럴 땐 든든한 지원군 지혜 씨가 있다. 마침 토요일이라 지혜 씨가 SOS를 받고 곧장 달려나왔다.

"공인중개사무소는 들러 보았니?"

"어? 시세는 인터넷으로 알아봤는데?"

지혜 씨는 선영 씨를 끌고 공인중개사무소로 갔다. 공인중개사와 능숙하게 대화를 하면서 시세를 알아보는 지혜 씨를 보니 감탄이 절로 나왔다. 이후 두 사람은 동네를 몇 바퀴 돌며 주변 편의시설을 점검하고 지도에 표시를 했다. 이제 지혜 씨가 그 아파트를 보러 가자고 한다.

"실례가 아닐까?"

"미안한 일이긴 하지. 하지만 입찰자가 방문하는 걸 무조건 싫어할 거라는 편견을 버려. 경매가 빨리 마무리되어 보증금을 돌려받고 이사를 가고 싶어하는 세입자도 있거든. 싫어할 수도 있지만 용기를 내 봐야지."

지혜는 씩씩하게 벨을 눌렀다. 그런데 세입자가 집을 비운 모양인지 인기척이 없다. 지혜 씨는 바로 옆집의 벨을 눌렀다.

"누구세요?"

"안녕하세요. 저는 나지혜라고 하는데요. 혹시 옆집에 누가 사는지 아세요? 그 집이 경매에 나와서 보려고 왔는데 아무도 없는 모양이에요."

"아니요. 모르겠는데요?"

"실례지만 선생님 댁의 내부를 잠깐만 볼 수 있을까요?"

우려했던 바와는 달리, 의외로 옆집 사람이 쉽게 허락을 해 주어 내부를 천천히 볼 수 있었다. 게다가 현재 그분은 전세 1억 5천만원에 살고 있다는 정보까지 얻고 나왔다. 선영 씨가 건물 외벽에 균열이 있는지 둘러보는 사이, 지혜 씨는 우편함에서 우편물을 보며 세입자가 실제로 살고 있는지 확인했다. 둘은 마지막으로 관리사무소에 들러 연체된 관리비가 있는지 확인하고 나왔다.

"와, 현장답사를 몇 번은 더 와야겠네. 확인하고 챙길 것이 은근히 많구나. 그런데 이제 보니 너 한두 번 다닌 솜씨가 아닌데?"

"오늘 집에 가면 김쌤의 현장답사 체크리스트를 보내줄게. 나도 물건이 맘에 들면 현장답사를 몇 번이고 하는 편이야. 너도 자꾸 다니다 보면 집을 보는 안목도 생기고, 자연스레 사람들을 대하는 법도 알게 될 거야. 나도 워낙 소심해서 처음에는 집 주위만 뱅뱅 돌다가 돌아온 경우도 있었다니까."

지혜 씨의 말이 맞다. 현장답사를 한 번 가서 그 부동산을 제대로 파악하기는 힘들다. 입찰하고 싶은 물건을 지역별로 2~3개씩 묶어 충분히 다녀보자. 경매에 입문한 초보자도 부동산을 보는 감각을 기를 수 있을 것이다.

# 01 공인중개사 내 편 만드는 법

부동산 경매뿐 아니라 전세나 월세 집을 구할 때에도 유용한 정보이다.

### 사례 현장 시세를 잘못 파악해 손해본 윤씨

윤여정 씨(38세)는 결혼을 앞두고 위치나 규모, 가격이 적당한 빌라를 발견하고 현장답사를 나갔다.

공인중개사무소를 찾은 윤씨는 일반 매물을 알아보러 온 것처럼 가장하여 상담을 시작했다. 경매물건과 유사한 빌라의 시세가 약 2억 6천만원이라는 결론을 얻었고, 이는 감정가와도 일치했다.

결국 윤씨는 이 빌라를 2억 1,300만원에 낙찰받았다. 그런데 세입자가 이사하는 날, 그로부터 뜻밖의 말을 들었다.

"왜 비싸게 받으셨어요? 한 번 더 유찰되면 제가 낙찰받으려고 했는데……. 이 빌라가 2회차에 낙찰될 것이라고는 생각 못했어요."

부랴부랴 확인해 보았더니 그 빌라의 시세는 약 2억 2천만원이고, 급매로는 2억원까지 나오기도 한다는 것이었다.

부동산을 살 때, 대부분 공인중개사가 처음에 소개한 가격에서 깎으려고 한다. 그래서 공인중개사는 가격을 시세보다 높게 부르는 경우가 많다. 가격을 깎아 달라는 손님의 요구에 부응할 수 있는 여유를 두는 것이다. 게다가 빌라는 세대수가 많지 않아 거래가 잦지 않으므로 공인중개사도 정확한 시세를 모르는 경우가 있다. 윤씨와 같은 실수를 하지 않으려면, 현장답사를 나가서 공인중개사무소에 방문할 때에도 노하우가 필요하다.

# 공인중개사무소에 왜 꼭 들러야 할까?

경매로 부동산을 매입하면 대부분 일반매매의 경우보다 가격이 저렴하다. 하지만 부동산의 종목과 지역에 따라 경매와 일반매매 사이의 가격 차이가 조금씩 달라진다.

"공짜 점심은 없다"는 말이 있다. 경매물건이 일반 매물보다 싼 이유는 바로 리스크 비용 때문이다. 일반매매로 부동산을 살 때는 매도자가 친절하게 설명을 해 주며 내부도 쉽게 볼 수 있다. 반면 경매는 보통 건물 내부의 상황을 알기 힘들고, 권리에 문제가 있거나 건물 전체에 하자가 있어도 전적으로 낙찰자의 책임이다. 때로는 명도과정에서 예상치 못한 시간이나 비용이 들어 오히려 일반매매보다 돈이 더 드는 경우도 있다. 시세를 잘못 파악해서 큰 손해를 보는 어이없는 상황도 흔히 일어난다. 이러한 위험을 피하려면 무엇보다 안전성을 중요시해야 한다.

경매물건이 있는 동네 주변의 공인중개사들은 그 물건에 관한 정보를 가장 정확하게 알고 있는 사람들이다. 이들에게 도움을 많이 얻을수록 투자가 성공할 가능성이 높아진다. 공인중개사도 경매투자 손님과 원활한 관계로 이어져 수입을 얻을 수 있으니 좋은 일이다.

# 공인중개사를 내 편으로 만드는 대화법

경매투자에서 가장 중요한 것은 정확한 시세를 파악하는 것이다. 감정평가서에 감정가가 나와 있지만, 실제 시세와 차이가 큰 경우도 있다. 가장 정확한 시세는 역시 그 지역에서 비슷한 물건을 많이 거래해 본 공인중개사의 평가이다.

**나쁜 예**

> 입찰자: 안녕하세요? 빌라 좀 보려고 왔는데요. ○○○번지 빌라의 시세가 얼마죠?
> 중개사: 글쎄요……. 그런데 무슨 일이시죠? (이미 뭔가 수상한 낌새를 챘다.)
> 입찰자: 그게……, 그 정도 집이면 얼마쯤 하는지 궁금해서요.

예전에 경매 투자자가 손님을 가장해서 시세를 묻는 것을 우연히 본 적이 있는데, 이는 잘못된 방법이다. 경험이 많은 공인중개사는 진짜 손님인지, 손님인 척하는지 어느 정도 눈치챌 수 있다. 괜히 거짓말로 정보를 얻으려다가 거꾸로 허위정보만 얻고 올 수도 있다.

그러니 차라리 시세를 파악하러 온 이유를 솔직하게 말하고, 낙찰에 성공하면 임대나 매도의 중개를 맡기기로 약속한다면, 공인중개사의 협조를 기대할 수 있을 것이다.

**좋은 예**

> 입찰자: 안녕하세요? 이 동네 ○○○번지의 빌라 때문에 문의를 좀 드리려고 하는데요.
> 중개사: 네. 무슨 일이죠?
> 입찰자: 제가 이번에 경매로 나온 ○○○번지 빌라에 입찰을 하려는데, 이 동네는 처음이라 시세가 어떤지 궁금해서요.
> 중개사: 글쎄요. …… (귀찮은 기색을 보인다.)
> 입찰자: 제가 낙찰받으면 여기 와서 월세를 놓을 거니까 잘 좀 부탁합니다.
> 중개사: 그 빌라는 우리 사무소에서는 거래한 적이 없지만, 건너편 빌라는 두 달 전에 2억원에 매매된 적이 있긴 하네요. 요즘 이 동네에서 비슷한 물건은 급매로 1억 8천만원에 나오기도 해요.

## 집주인이나 임차인과 연결

정확한 시세를 파악하려면 되도록 많은 공인중개사무소를 방문해 보는 것이 좋다. 이런 경험이 축적되어 시세에 대한 감이 잡히면, 부동산의 가격만 들어도 비싼지 싼지 가늠하기가 수월해질 것이다.

운이 좋으면 공인중개사가 여러분이 입찰하려는 부동산에 현재 살고 있는 세입자나 집주인과의 대화를 중간에서 연결해 줄 수도 있다. 그들도 예전에 중개와 계약 때문에 그 공인중개사무소를 방문했을 수도 있으니까 말이다. 공인중개사도 중간에서 명도합의를 조율하며 매물도 얻고 손님도 얻으니 적극적인 도움을 얻을 수 있을 것이다.

## 입찰 경쟁률 가늠하기

공인중개사와 입찰할 부동산에 대해 이야기를 나누다 보면 부가정보를 얻을 수도 있다. 다른 사람들도 분명 입찰 전에 현장답사를 했을 것이고, 당연히 주변의 공인중개사무소에 들렀을 것이다. 그러므로 공인중개사는 그동안 그 물건에 관심을 가지고 정보를 얻어간 사람들이 몇 명이나 되는지 알고 있을 것이다. 그런 정보가 있다면 입찰 경쟁률을 가늠하고 입찰가를 산정할 때도 도움이 된다.

## 공적 서류 외의 정보 얻기

경매투자자 중에는 주거지나 근무지 주변의 물건을 선호하는 경우도 많지만, 아무런 연고도 없는 지역의 물건을 알아보는 사람들도 많다. 모르는 지역에 대한 투자는 상대적으로 불리하고, 잠깐의 현장답사만으로는 부족한 점이 있다.

공인중개사를 잘 이용하면 이런 핸디캡을 극복할 수 있다. 공인중개사는 설령 그 지역에 살지 않더라도 오히려 동네주민들보다 정보에 더 밝을 수 있다. 중개업이라는 업무의 특성상 의뢰인의 경제사정은 물론 가족사까지 알게 되기도 하는데, 이런 정보가 의외로 입찰 여부를 결정하는 데 영향을 미치는 경우가 많다.

실례로 어느 회원 분이 다세대주택을 헐값에 낙찰받고 기뻐했으나, 전 소유자의 딸이 그 집에서 자살했다는 사실을 나중에 알게 되었다. 그 지역에서는 유명한 사건이었다고 한다. 그는 낙찰받은 주택을 매각도 할 수 없어 큰 손해를 보았다. 만약 낙찰자가 입찰 전에 주변의 공인중개사로부터 그러한 정보를 얻었다면 입찰을 고려하지 않았을 것이다.

# 02

# 경매 주택 현장답사 노하우

주택 경매에 입찰하기 전에 현장답사를 하는 노하우를 살펴보자.

### 사례 임차인 덕분에 술을 얻어먹은 사연

얼마 전 김포에 있는 공장의 경매를 의뢰한 중소기업이 있었다. 공장을 낙찰받고 명도가 마무리되던 날, 성공적인 낙찰을 축하하기 위해 담당직원인 이상필 씨(40세)와 조촐한 술자리를 함께했다.

상필 씨는 마음에 드는 경매 아파트의 입찰일이 3일 후인데, 권리를 파악할 수 없는 선순위 임차인이 있어서 입찰을 포기할 생각이라고 했다. 주민센터에 가서 세대열람을 해 보니 선순위 근저당권보다 먼저 전입신고를 한 세대주가 있었다. 그런데 도대체 그에 대한 정보를 서류 어디에서도 찾아볼 수가 없었단다.

나는 '권리를 파악할 수 없는 임차인'이라는 말에 궁금증이 발동했고, 그 자리에서 바로 그 경매사건을 검색해 보았다. 살펴보니 그는 현 소유자의 남편임이 확실했다. 왜 그렇게 판단했을까?

첫째, 현 소유자는 여성이고, 세대열람으로 나타난 세대주는 남성이었다. 둘째, 등기상 현 소유자의 소유권 취득일과 이 세대주의 전입신고일이 같았다. 셋째, 결정적으로 법원의 현황조사서에 "소유자 외 전입세대 없음"이라는 문구가 있었다.

세대주는 남편일 때가 많지만, 세대주만 부동산을 소유할 수 있는 것은 아니다. 집을 아내 명의로 하는 경우도 많다. 소유자는 성춘향인데, 주민센터에서 세대열람을 해 보니 세대주는 이몽룡인 경우가 많다는 것이다.

입찰자들은 단지 세대주의 성명과 전입신고일만 볼 수 있지만, 법원은 그 세대원 전원을 열람할 수 있다. 세대열람 결과 법원 기록에는 없던 사람이 세대주로 나타났다면, 그는 소유자나 이미 권리를 신고한 임차인의 세대주일 가능성이 거의 100%이다. 원칙적으로 부부 사이에는 세대가 분리되어도 서로 임대차 관계가 될 수 없고, 부부가 아니더라도 주민등록상 동일세대를 구성하고 가정 공동생활을 하고 있다면 임대차 관계가 성립되지 않는다.

결국 상필 씨가 포기하려던 경매사건은 권리분석상 아무런 위험이 없다는 것이 밝혀졌다. 덕분에 그날 술값은 상필 씨가 계산했다.^^

## 선순위 임차인 파악하는 법

주거용 부동산은 등기부에 기록된 권리를 제외하면 실제로 낙찰자가 인수해야 하는 권리가 많지 않다. 토지 경매에서 자주 볼 수 있는 법정지상권이나 분묘기지권에 대한 부담도 없다. 간혹 유치권 신고가 있는 경우도 있지만 신축건물이 아니면 대부분 인정받지 못하며, 유치권 주장도 비교적 거세지 않은 경우가 많다.

주거용 부동산에서 입찰자가 가장 주의해야 하는 것은 바로 선순위 임차인의 대항력이다. 임차인의 권리에 관해서는 4장에서 살펴보았으므로, 여기서는 현장답사에서 선순위 임차인이 있는지 파악하는 방법을 살펴보겠다.

### 법원서류 열람하기

현황조사서에는 임대차 현황과 실제로 살고 있는 점유자에 관한 기록이 있으므로, 1차 정보는 여기에서 얻으면 된다. 하지만 현황조사서가 사실과 다른 경우도 가끔 있으므로 100% 신뢰해서는 안 된다.

현황조사서를 작성하는 집행관은 공권력이 없고 집주인이나 임차인 등의 진술에만 의존한다. 물론 현황조사서에 중대한 오류가 있어 낙찰자가 큰 손해를 입는다면 매각 불허의 사유가 될 수 있다. 하지만 사전에 정보를 얻어 불필요한 위험을 줄이는 것이 현명한 방법이다.

### 주민센터에서 세대주 열람하기

세대열람을 하여 혹시 말소기준권리보다 먼저 전입신고를 한 임차인이 있는지 조사해야 한다.

주민센터에 방문해 무턱대고 전입세대를 보여 달라고 하면, 주민등록법상 이해 관계인이 아니므로 보여주지 않는다. 그러므로 신문의 경매공고나 경매정보지, 인터넷 경매정보 사이트의 출력물 등을 가지고 가야 한다. 그런 다음 전입신고 창구에서 '주민등록 열람 신청서'를 작성하고, 경매 근거 서류, 신분증을 함께 제출하면 전입신고가 된 모든 세대주를 알아볼 수 있다.

### 세대주 열람에서 주의할 점

등기상 최선순위 설정일자보다 먼저 전입신고가 된 임차인이 있다면, 낙찰 후에 보증금을 물어주어야 할 수도 있으므로 주의해야 한다.

또한 세대주 중에 선순위 임차인이 없다고 안심할 수는 없다. 만약 세대주의 전입일자 옆에 "세대합가"라는 말이 있으면 주의해서 살펴보아야 한다. 세대주보다 먼저 전입신고가 된 다른 가족(세대원)이 있다면, 그 임차권은 그 사람의 전입일로부터 대항력이 생기기 때문이다.

## 주택 현장답사, 이런 점에 주의하자

주택이 있는 현장도 반드시 가 보아야 한다. 되도록 여러 번 방문하는 것이 좋다. 첫 답사와 나중 답사의 느낌이 다른 경우가 매우 많으므로, 여러 번 방문해서 보는 것이 후회를 줄일 수 있는 유일한 방법이다.

### 물리적 하자 찾기

현장에서는 우선 물리적인 하자를 찾아야 한다. 건물이 너무 노후되지는 않았는지, 옥상이나 벽면에 균열은 없는지 살펴보고, 수리를 많이 해야 한다면 수리비까지 감안해서 입찰가를 산정해야 한다. 주변에 주거환경으로 부적합한 시설이 있는지도 알아보고, 조망이 괜찮은지, 일조권은 어떤지도 따져보아야 한다.

옥상이나 벽면에 균열은 없는지, 수리비는 얼마나 들지 알아본 후 입찰가에 반영한다.

## 건물 안에 못 들어간다면

현장답사를 가서 건물 밖도 보고, 내부도 한 번쯤 보는 것이 좋다.

입찰자 중에는 점유자(또는 채무자)와 마주치는 것을 부담스러워하는 사람도 많은데, 이는 옳지 않다.

입찰자에게 적대감을 가진 사람도 많지만, 그렇지 않은 사람도 많다. 심지어 내 경험으로는 간혹이지만 반갑게 맞아주고 차까지 대접하며 집 안 구석구석을 안내해 주는 경우도 있었다. 낙찰을 받으면 명도를 이렇게 하자며 합의까지 한 적도 있다. 점유자는 소유자만 있는 것이 아니다. 임차인일 수도 있으며, 그들 중에는 집이 빨리 낙찰되어 보증금을 돌려받고 하루 빨리 이사를 가고 싶어하는 사람도 있다. 물론 집의 내부를 낯선 이에게 보여주는 것이 기분 좋은 일은 아니므로 문전박대를 당할 수도 있다. 그러나 경매를 통해 수익을 얻는 과정이 늘 즐거울 수만은 없다. 무안을 좀 당하더라도 분명 나름대로 얻는 정보가 있을 터이니 괜한 일을 하는 것은 아니다.

이를테면 점유자가 불쾌함을 표시하는 동안, 그 뒤로 보이는 도배나 채광상태 등을 파악할 수 있다. 또한 그가 입찰자에게 적대적 감정을 가지고 있다는 확실한 정보를 얻은 셈이다.

아파트라면 같은 단지, 같은 평수의 다른 집을 찾아가 문의해 보는 것도 좋은 방법이다. 방문의 이유와 신분을 밝히고 정중하게

현재 사람이 살고 있는 집인지, 공실인지, 전기나 가스계량기를 보고 추측할 수도 있다.

문의해 보자. 운 좋게 내부구조를 보았다면 최대한 빨리 보고 나오는 것이 예의일 것이다.

## 세대합가 확인하는 법

초보 입찰자들이 흔히 놓치는 것이 바로 세입자의 세대합가이다. 세대합가란 서로 다른 세대를 구성하는 가족이 하나의 세대로 합치는 것이다. 세대합가를 제대로 확인하지 않고 입찰하면, 나중에 보증금을 돌려주어야 하는 등 큰 손해를 볼 수 있다. 여기서는 세대합가를 확인하는 방법을 알아보겠다.

**1.** 경매공고를 인쇄해서 관할 주민센터에서 세대주 열람을 신청한다.
**2.** 전입세대 열람 내역이 다음과 같다면 세대합가가 아니다. 최초의 전입자와 세대주가 동일인이기 때문이다.

| 순번 | 세대주명 | 전입일자 | 거주상태 | 최초전입자 | 전입일자 | 거주상태 | 동거인수 |
|---|---|---|---|---|---|---|---|
| 1 | 황병△ | 2022. 5. 7. | 거주자 | 황병△ | 2022. 5. 7. | 거주자 | |
| | 경북 경산시 진량읍 선화리 △△△-△△ | | | | | | |

**3.** 전입세대를 열람한 결과, 아래와 같이 세대주의 이름과 최초 전입자의 이름이 다르고, 전입일도 서로 다르면 세대합가이므로 유의해야 한다.

　　김상△ 씨가 먼저 이 주소로 전입을 했고, 2022년 5월 7일에 세대주가 이사하여 세대합가를 한 것이다. 따라서 이 임차권은 김상△ 씨의 전입일인 2021년 12월 13일을 전입일로 보아야 한다.

| 순번 | 세대주명 | 전입일자 | 거주상태 | 최초전입자 | 전입일자 | 거주상태 | 동거인수 |
|---|---|---|---|---|---|---|---|
| 1 | 황병△ | 2022. 5. 7 | 거주자 | 김상△ | 2021. 12. 13 | 거주자 | |
| | 경북 경산시 진량읍 선화리 △△△-△△ | | | | | | |

# 03

>>>

# 좋은 경매 주택 알아보는 법

아는 만큼 보인다. 알짜배기 주거용 부동산 찾는 법을 알아보자.

## 아파트 경매를 원한다면

### 단지규모가 얼마나 큰가?

아파트는 두말할 나위 없이 단지규모가 중요하다. 세대수가 많다는 것은 곧 거주인구가 많다는 것이고, 인근에 각종 편의시설이 들어서 있을 가능성이 크다. 이런 편의시설은 삶의 질을 향상시키고 아파트 가격을 오르게 하는 선순환을 가져온다.

단지규모는 관리비에도 영향을 미친다. 우리 가족만 쓰는 전유부분에 대한 관리비는 단지규모와 상관없지만, 공용관리비는 나홀로 아파트와 차이가 큰 경우가 많다. 관리인력에 대한 용역비, 공동시설의 유지 및 보수비는 세대수가 많을수록 세대당 부담액이 적다. 물론 세대수가 많다면 공용면적이나 공동시설도 많아지겠지만, 거래량이 커지면 단가가 낮아지는 것이 거래의 기본원칙이다. 가령 아파트 50세대의 현관문을 새로 도색하는 비용이 가구당 6만원이라면, 500세대의 비용은 4만원 정도면 족하다. 당연히 한 세대당 비용이 적을 수밖에 없다.

### 좋은 학군이 가까운가?

아파트 단지를 선택하는 기준으로 빠질 수 없는 것이 바로 학군이다. 우리나라 학부모의 교육열은 전 세계가 인정할 정도이니, 학군은 아파트 가격을 결정하는 무시할 수 없는 기준이다.

그런데 재미있는 것은 학군과 단지규모의 연관성이다. 학군이 좋은 지역에는 항상 대단지 아파트가 있다. 예를 들면 강남, 목동, 중계동처럼 학군이 좋은 지역은 거주지로도 인기가 높고, 이는 곧 건설회사에게 사업성을 보장하기 때문에 공급이 늘어난다. 반대로 대단지가 있어서 학생 수가 많고 교육에 대한 경쟁도 늘어 결국 학군이 좋아진다는 시각도 있다. 어느 쪽의 주장이든, 분명한 것은 학군과 단지규모는 상당한 연관성이 있다는 것이다.

### 대중교통이 편리한가?

특히 서울과 같은 대도시는 주차공간의 부족과 출퇴근 시간대의 교통혼잡으로 대중교통을 이용해 통근하는 인구가 많다. 따라서 대중교통을 이용한 접근성은 아파트의 가치를 결정하는 중요한 기준이 된다. 대중교통 중에서도 버스보다는 지하철이 인기가 높고, 주로 기업들이 밀집한 지역으로 환승 없이 통근할 수 있는 지하철역 주변의 아파트가 가격이 높다.

### 지역의 소득수준은 어떤가?

대도시 주변으로 신도시가 조성되면, 입주 초기에 투자가치를 점치기가 어렵다. 모두 신축 아파트이다 보니 지금까지의 가격동향에 대한 정보가 없으며, 앞으로 가격이 오를지, 만약 오른다면 상승폭이 얼마나 될지 판단하기 어렵다. 이때 판단의 중요한 척도가 될 수 있는 것이 그 신도시로 주로 이주하는 사람들의 경제적 수준이다.

같은 수준의 환경과 입지, 단지규모라고 하더라도 경제적으로 여유가 있는 가구가 많이 입주하는 단지가 그렇지 않은 단지에 비해 가격 상승 가능성이 높다. 극단적인 표현일지는 모르겠지만, '아무리 마음에 들어도 5억원은 무리'라고 생각하는 가구가 많은 지역과, '물건만 괜찮다면 10억원도 무관'하다고 생각하는 가구가 많은 지역 중 어느 지역의 아파트 가격이 더 많이 오를지를 생각해 본다면 이해가 쉽게 될 것이다.

### 남향이고, 햇볕은 잘 드는가?

주거용 부동산의 가치를 판단할 때, 일조량은 건축자재와 기술의 발달로 예전만큼 큰 의미가 있는 것은 아니지만, 여전히 중요한 기준이다. 고층 아파트의 저층이 경매로 나왔다면 반드시 일조량을 체크해 보아야 한다. 같은 단지의 다른 동에 가려 햇볕을 받지 못하는 저층 세대가 많으니 충분히 검토하고 입찰가에 반영해야 한다.

### 공원과 여가시설이 있는가?

여가는 도시의 발달에 따라 중요성이 대두되고 있다. 주변에 산이나 공원, 문화시설 등이 있는 단지의 주민은 그만큼 여가를 즐길 기회가 많고, 이는 아파트 가격에 영향을 준다. 저녁식사 후 가족과 함께 가벼운 차림으로 공원에 나가 재충전의 시간을 갖는 생활은 도시인의 꿈이니, 공원과 여가시설이 아파트 가격에 영향을 미치는 것은 당연하다.

### 관리비는 적정한가?

매월 부과되는 관리비가 많다면 생활비 지출이 커지고, 아파트의 가격이 오르는 데 장애로 작용할 수도 있다. 외관이 유리로 되어 있는 어느 30평대 주상복합 아파트는 여름에 전기세만 월 30만원 정도가 나온다고 한다.

같은 면적의 아파트라도 여러 요인에 따라 관리비가 다를 수 있다. 지역난방·중앙난방·개별난방 등 난방방식에 따라 큰 차이가 난다. 특히 추위에 약한 사람이라면, 내 마음대로 난방을 조절할 수 없는 중앙난방 방식의 아파트는 피하는 것이 좋다.

# 빌라·다세대주택 등을 알아본다면

### 관리비는 적정한가?

빌라(다세대주택)는 아파트와 비교하면 나름의 장점과 단점이 있지만, 가장 큰 단점은 역시 관리 문제이다. 세대수가 많지 않다 보니 별도로 전문 관리 업체에 관리용역을 맡길 수 없다.

또한 아파트는 매월 관리비에 유지·보수비를 1~2만원씩 넣어 모으지만, 다세대주택이나 빌라는 이러한 유지·보수 재원이 없고, 하자가 발생하면 해당 세대가 자비로 비용을 부담한다. 그래서 하자가 발생할 가능성이 상대적으로 높은 층의 호실에 입찰할 때는 신중해야 한다. 최상층과 반지하는 중간층에 비해 누수의 가능성이 높고, 가장 측면의 세대는 결로에 취약하다는 것을 알아두자.

### 동간 거리가 너무 짧지는 않은가?

보통 다세대주택은 아파트보다 면적이 작은 토지에 건축되다 보니 동간 거리가 짧다. 심지어 동간 거리가 2m도 안 되는 다세대주택 단지도 있다. 이런 물건을 낙찰받으면 채광과 통풍 및 사생활 보호 등에 심각한 문제를 감수해야 하며, 당연히 시세에도 영향을 미친다.

### 재개발 가능성을 확인하자

빌라·다세대주택의 장점은 역시 재개발(또는 재건축) 가능성이다. 실제로 이런 주택을 매수하려는 사람들 중 상당수는 거주보다는 재개발을 기대한 투자자들이다. 대지 지분은 재개발이 시행될 경우 이익과 직결되므로 반드시 확인해야 한다. 아파트나 다세대주택 등 공동주택을 살 때 전용면적만을 고려하는 사람들이 많다. 하지만 재개발이 시행될 경우, 전용면적이 같더라도 대지 지분이 큰 공동주택이 보상금이 크다는 것을 기억하자.

## 다세대주택의 재개발 가능성 체크하는 법

다세대주택이라고 모두 재개발을 기대할 수 있는 것은 아니다. 재개발은 보통 저층 아파트나 다세대주택을 헐고 고층 아파트를 건축하는 형태이다. 시행사 입장에서 보면, 보상해야 하는 세대보다 분양 세대가 많아야 사업성을 보장받을 수 있다.

그런데 고층 아파트를 건축하려면 필요한 최소의 대지면적이 있다. 즉, 다세대주택 한 동이 헐린 자리에 고층 아파트 한 동을 짓는 것은 불가능하다. 그러므로 재개발 투자가 목적이라면, 몇 개의 동으로 이루어져 있는 다세대주택 단지나 주변에 함께 재개발을 할 수 있는 노후주택 밀집지역을 선택하는 것이 좋다.

또한 전용면적이 같더라도 대지 지분이 큰 다세대주택이 보상금이 크니, 입찰 전에 꼭 대지 지분을 확인해야 한다. 대지 지분을 확인하는 법은 90쪽에서 설명했다.

## 겨울의 일조량 확인하기

주거용 부동산에서 햇볕이 잘 드는지 확인하는 것은 매우 중요하다. 그런데 많은 사람들이 계절에 따른 일조량의 변화를 간과한다.

여름에는 한낮의 햇볕을 받더라도, 겨울에 태양의 높이가 낮아지면 하루종일 햇볕이 들지 않는 저층도 많다. 정작 햇볕은 여름보다 겨울에 더 아쉬운데도 말이다. 겨울에도 햇볕을 받을 수 있는 위치라면 여름은 걱정하지 않아도 된다.

여름에 아파트로 현장답사를 나갔다면 겨울의 일조량을 예상해 보자. 서울을 기준으로 해가 가장 높이 뜨는 하지의 정오에는 태양이 지면에서 약 76도의 높이에 있지만, 해가 가장 낮게 뜨는 동지의 정오에는 태양이 약 29도 높이에 불과하다.

# 04

# 오피스텔의 현장답사 노하우

주거와 사무실, 두 마리 토끼를 잡고 싶다면 오피스텔 현장답사 시 주의할 점을 살펴보자.

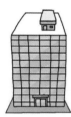

오피스텔은 비교적 소액으로 투자할 수 있고, 주거와 사무실로도 쓸 수 있어서 임대수익을 노리는 경매 투자자들의 관심이 높다. 물론 공실의 위험도 있으니 주의해야 한다. 특히 최근 오피스텔의 공급량이 늘어 공실률이 높다. 하지만 알짜배기 물건이라면 노려볼 만하다.

### 도심지와 가까운가?

아파트와 단독주택은 복잡한 도심의 근무지와는 약간 거리가 있는 곳이 인기가 높지만, 오피스텔은 사정이 다르다. 오피스텔에는 안정된 수입이 있는 미혼의 1인 가구가 주로 거주하는데 이들의 기호는 기혼자와 다르기 때문이다. 기혼자들에게 집은 바쁜 일과를 끝내고 조용하고 편안한 환경에서 가족과 함께 내일을 준비하는 곳이지만, 미혼자들은 언제라도 친구를 만날 수 있고, 늦은 시간에도 귀가하기가 불편하지 않은 지역을 선호한다. 전철역에서 도보 5분 이내가 좋고, 도심 중에서도 젊은층이 즐겨 찾는 지역에 있는 오피스텔에 투자한다면 초기비용이 높더라도 실패할 가능성이 작다.

### 복층이 있는가?

오피스텔 중에는 구조가 복층으로 건축된 곳도 많다. 가로로 좁은 공간을 세로로 넓혀 생활의 편리성을 극대화한다. 또한 아래층에 거실과 욕실, 주방을 배치하고, 위층을 침실로 사용할 수 있도록 하여 젊은층의 기호에 맞추었다. 일반적으로 이와 같은 복층 구조가 단층 구조에 비해 임대가 잘되고 매매도 잘된다. 특히 임대사업을 목적으로 입찰하려는 사람이라면 복층 구조의 오피스텔을 노려볼 만하다.

### 보안이 좋은가?

오피스텔은 대부분 1인 가구가 거주하므로 하루 중 비워 두는 시간이 많다. 특히 여성은 보안에 취약한 오피스텔을 기피하는 경향이 강하므로 임대가 그만큼 어렵고 매매가도 오르기 힘들다.

### 가구가 빌트인인가?

오피스텔을 주로 이용하는 미혼자들은 거주지를 자주 옮기는 경향이 있다. 그래서 가전과 가구가 빌트인으로 설치되어 있는 오피스텔의 선호도가 높다. 물론 낙찰자가 취득 후에 설치해도 되지만, 건축 당시부터 빌트인으로 설계한 오피스텔이 공간활용이 효율적이어서 인기가 좋다.

**잠깐!** **구조를 불법 변경한 오피스텔에 주의하자**

복층 구조 오피스텔의 인기가 높아지자, 불법으로 구조를 변경하여 복층으로 만드는 경우가 많다.

처음부터 복층으로 시공할 경우 허가를 받기가 어렵거나 기타 공법, 세법상의 제약이 따를 수 있다. 그래서 일단 단층으로 허가를 받아 시공하고, 사용승인이 떨어진 후에 별다른 허가나 신고 없이 복층으로 개조하는 것이다.

불법으로 구조변경을 한 오피스텔은 원상복구의 의무가 있고, 이행하지 않을 경우 강제이행 부담금이 매년 부과될 수 있다. 그러니 입찰 전에 건축물대장을 확인하거나 시·군·구청의 건축과에 문의하여 불법 구조변경 여부를 확인하자.

## [체크리스트] 주거용 부동산(아파트, 빌라, 오피스텔 등)의 현장답사

| 대분류 | 소분류 | 내용 | 체크 | | | 비고 |
|---|---|---|---|---|---|---|
| | | | ○ | △ | × | |
| 입지여건 | 교통환경 | 역세권인가? | | | | |
| | | 대중교통의 접근성이 좋은가? | | | | |
| | 교육환경 | 좋은 학군과 가까운가? | | | | |
| | 편의시설 | 병원, 시장, 은행 등과 가까운가? | | | | |
| | 조망권 | 조망권이 좋은가? | | | | |
| | 일조권 | 일조량이 적당한가? | | | | |
| | 유해시설 | 쓰레기 소각장이나 유흥가 등이 가까운가? | | | | |
| | 건축물 상태 | 건물이 노후되지는 않았는가? | | | | |
| | 동간 거리 | 사생활 보호에 문제가 없는가? | | | | |
| 공유부분 | 주차장 | 주차공간이 충분한가? | | | | |
| | 놀이터 | CCTV가 설치된 놀이터가 있는가? | | | | |
| | 엘리베이터 | 엘리베이터가 있는가? | | | | |
| 전유부분 | 구조 | 내부구조를 파악했나? | | | | |
| | 현관문 | 현관문 설치 상태가 양호한가? | | | | |
| | 신발장 | 신발장 설치 상태가 양호한가? | | | | |
| | 거실 | 바닥 마감 상태가 양호한가?(파손, 오염) | | | | |
| | | 벽체 마감 상태가 양호한가?(오염, 균열) | | | | |
| | | 거실창 설치 상태가 양호한가? | | | | |
| | 주방 | 바닥 마감 상태가 양호한가?(오염, 변색, 긁힘) | | | | |
| | | 벽체 마감 상태가 양호한가?(오염, 변색) | | | | |
| | | 홈오토, 각종 배선기구 설치 상태가 양호한가? | | | | |
| | | 주방창 설치 상태가 양호한가? | | | | |
| | | 수압이 좋은가? | | | | |
| | 안방 | 바닥 마감 상태가 양호한가?(오염, 변색, 긁힘) | | | | |
| | | 벽체 마감 상태가 양호한가?(훼손, 오염, 변색) | | | | |
| | | 전등, 각종 배선기구의 설치 상태가 양호한가? | | | | |
| | | 문짝 설치 상태가 양호한가? | | | | |
| | 욕실 | 욕실장, 욕조, 세면기, 양변기가 양호한가? | | | | |
| | | 타일 상태가 양호한가?(파손, 오염, 변색) | | | | |
| | | 스위치, 콘센트, 전등 설치 상태가 양호한가? | | | | |
| | 발코니 | 발코니가 적당한 크기인가? | | | | |
| | 보일러 | 보일러의 작동이 양호한가? | | | | |
| | 난방방식 | 개별난방인가? | | | | |
| 시세 | 공인중개사무소 | 매매가를 파악했는가? | | | | |
| | | 급매가를 파악했는가? | | | | |
| | | 임대가는 얼마인가? | | | | |
| | 관리소 | 관리비는 얼마인가? | | | | |
| | | 미납 관리비는 얼마인가? | | | | |

# 05

# 상업용 부동산의 현장답사 노하우

임대수익으로 적금 드는 그날을 위해, 상가 경매 입찰 전 현장답사 노하우를 알아보자.

**사례** **현황조사서의 월세가 시세보다 2배 부풀려진 속사정**

황기영 씨(43세)는 여유자금으로 임대사업을 하기 위해 틈틈이 경매물건을 검색하던 중에 마음에 드는 상가를 발견했다. 서울시 관악구 신림동에 있는 신축건물의 1층 전면상가라는 점도 마음에 들었지만, 무엇보다 매력적이었던 것은 기대 이상의 수익률이었다.

감정가가 6억 8천만원이고, 1회 유찰되어 최저매각가격이 5억 4,400만원으로 떨어졌다. 현황조사서를 보니 월세가 무려 500만원이었다. 임대차 보증금이 8천만원이고 월세가 500만원이니, 세금을 고려하지 않는다면 연 수익률이 약 12%에 달했다. 이 정도 수익률이면 이즈음 은행 이자의 몇 배나 되니 구미가 확 당겼다.

황씨는 이 상가를 5억 8천만원에 낙찰받았다. 그런데 낙찰잔금을 내고 임차인과 재계약을 위해 만났다가 황당한 이야기를 들었다.

"보증금 3천만원에 월세 200만원이 아니면 재계약하지 않겠어요."

지금까지 월세 500만원을 냈으니 같은 조건으로 재계약하자고 했지만, 임차인은 아랑곳하지 않았다. 부랴부랴 주변 공인중개사무소를 찾아 물어보니 그 임차인은 전주인의 사촌동생이었다. 게다가 임대시세는 보증금 3천만원에 월세가 230만원 정도라는 것이다.

그때서야 황씨는 전주인과 임차인이 공모했고, 현황조사를 나온 집행관에게 임대차 내용을 허위로 진술했다는 것을 알게 되었다.

이처럼 어차피 배당을 받지 못하는 임차인이 주인과 공모하여 허위로 임대료를 말하는 경우도 간혹 있다. 수익률을 높여서 낙찰가를 올리려는 것이다. 상가 경매에서 현황조사서의 내용을 모두 신뢰하는 것은 위험하다. 반드시 주변의 공인중개사무소를 방문하여 정확한 매매가와 임대시세를 파악해야 한다.

## 상가의 임차인 조사하는 법

상업용 부동산도 권리분석 방법은 주거용 부동산과 큰 차이가 없다. 다만 임차인을 분석할 때 주거용 부동산은 주택임대차보호법, 상업용 부동산은 상가건물임대차보호법의 규정이 적용된다는 점이 다르다.

주택은 입찰자가 직접 주민센터에 가서 전입세대를 열람할 수 있지만, 상업용 부동산은 관할 세무서에 가도 임차인의 사업자등록 등을 열람할 수 없다. 그러므로 법원의 현황조사서에 기댈 수밖에 없다.

하지만 현황조사서만으로 불충분하다면, 입찰자가 직접 필요한 정보를 알아보아야 한다. 주변 공인중개사무소에 들러 물어보자. 오랫동안 그 지역에서 자리잡은 공인중개사는 그 상가와 임차인에 대해 잘 알고 있을 가능성이 있다. 또한 같은 건물이나 옆 상가 건물에 입주한 사람들에게 임차인에 대해 이것저것 물어보는 것도 방법이다. 그래도 임차인의 권리관계를 정확히 판단하기 어렵다면, 아쉽지만 입찰을 포기하는 것이 현명한 선택이다.

# 임대료 알아볼 때 주의할 점

상업용 부동산 투자자들은 대부분 임대수익을 얻는 것이 목적이다. 그러므로 임대보증금과 월세에 대한 정확한 정보를 알아보아야 하는데, 법원의 현황조사서에 정보가 나와 있지만 간혹 함정이 있다. 적정 임대수익률을 판단할 때 흔히 하는 실수들을 살펴보자.

## 월세에 부가가치세가 포함된 경우

법원의 현황조사서에는 부가가치세를 포함한 월세가 기록될 때가 많다. 우리나라는 거의 모든 재화(농축산물 제외)와 용역에 10%의 부가가치세가 붙는다. 주거용 부동산은 집주인이 사업을 하기 위해 세를 놓는 것이 아니므로 관행적으로 부가가치세를 내지 않는다. 하지만 상업용 부동산은 임차인이 사업을 하기 위해 임대하는 것이므로, 대부분 월세의 10%인 부가가치세를 추가로 낸다. 건물주는 임차인에게 받은 부가가치세를 세금으로 납부한다.

그런데 문제는 현황조사서에 쓰인 월세가 부가가치세를 포함한 것인지 명확하지 않다는 것이다. 예를 들어 현황조사서에 월세가 100만원인 경우, 부가가치세가 포함된 경우라면 실제 월세는 약 91만원으로 수익률이 약 10% 낮아진다.

특히 현황조사서에 기록된 월세가 77만원, 110만원, 132만원, 165만원처럼 11로 정확히 나누어 떨어진다면 부가가치세를 포함한 월세일 가능성이 매우 높다. 이런 경우 현장답사를 할 때 주변 공인중개사무소에서 월세를 더욱 정확하게 알아보아야 한다.

**여러 점포를 하나의 매장으로 사용하는 경우**

동대문의 밀리오레나 두타 같은 분양상가를 '구분상가 건물'이라고 한다. 예를 들어 임차인 정남순 씨가 구분상가 건물에서 이씨 소유의 101호(월세 100만원), 장씨 소유의 102호(월세 80만원)를 임차하여 하나의 옷가게로 만들어 사업을 하던 중 102호만 경매로 넘어갔다고 해 보자.

이때 임차인 정씨는 아무 생각 없이 법원에 월세를 180만원으로 신고하는 경우가 많다. 이런 경우 현황조사서의 월세로 임대수익률을 계산해 낙찰받으면 큰 손해를 본다. 현장답사를 해 보니 현황조사서의 월세가 시세보다 높다면 그 원인을 반드시 찾아내야 한다.

## 상가 관리비의 숨은 함정

### 연체 관리비와 매월 내는 관리비를 확인하자

집합건물의 연체 관리비는 낙찰자가 내야 한다. 그런데 구분상가의 관리비가 지나치게 비싸면 임차인들이 부담스러워 계약을 포기한다. 임대를 놓으려면 월세를 낮추어 주어야 한다. 그러므로 관리사무소에 연체 관리비를 확인할 때 매달 내는 관리비 수준을 꼭 확인하고, 점포의 규모나 월세에 비해 지나치게 높은 것은 아닌지 알아보아야 한다.

[사례] **상가의 공용 관리비가 너무 높은 경우**

직장인 유유희 씨(34세)는 소액으로 투자할 경매물건을 찾던 중, 유찰을 거듭해 최저매각가격이 감정가 대비 34%까지 떨어진 구분상가를 발견했다.

현장답사를 해 보니 상가건물이 전체적으로 활성화되지 않아 상당수 점포가 비어 있었다. 하지만 경매로 나온 점포는 핸드폰 등 가전제품 매장이 입점한 층에 있었고, 에스컬레이터 바로 앞이어서 헐값에 낙찰받은 다음 임대료에 큰 욕심을 부리지 않는다면 임대가 잘될 것 같았다.

유씨가 관리사무소를 방문하여 연체 관리비를 확인해 보니 300만 원으로 생각보다 많았다. 하지만 최저매각가격에 낙찰받으면 연체 관리비를 물어주더라도 싸게 사는 셈이라고 생각했다.

결국 유씨는 이 점포를 낙찰받았고 연체 관리비도 납부했다. 그런데 점포 임대를 원하는 사람이 이런저런 조건을 따져보다가 관리비 이야기를 꺼냈다. 전용면적 25㎡(약 7.5평)인 작은 점포에 매월 관리비가 무려 50만원이었던 것이다.

그제야 관리비 내역을 보니 공용 관리비가 너무 높았다. 관리사무소에 문의하니 다른 층의 많은 점포가 폐업 상태이고, 폐업 중인 점포의 소유자들은 이미 관리를 포기했으며, 전기·수도·가스·청소·관리용역 등 관리비를 납부하지 않는 상태였다. 결국 현재 영업 중인 점포들만 단전·단수를 안 당하려고 건물 전체의 비용을 나누어 내고 있었던 것이다.

유씨는 하는 수 없이 과도한 공용 관리비는 자기가 내기로 약정하고 임대차 계약을 했다. 현재 유씨는 월세를 받아도 거의 대부분을 공용 관리비로 내고 있는 실정이다.

## 경업 금지 특약이 있는지 확인하자

신축 상가를 분양할 경우 점포별로 업종을 아예 지정하는 경우도 있다. 한 건물에서 같은 업종끼리 경쟁하는 경업(競業)을 금지하여 안정된 상권을 보호하고 상인들끼리의 갈등을 막기 위한 것이다.

경업 금지 점포를 사거나 임대할 때는 특별한 사정이 없는 한, 분양계약에서 약정한 업종 제한 등의 의무를 따르기로 동의했다고 본다. 이를 위반하면 그 건물에서 같은 업종의 점주가 영업금지를 청구할 수 있다. 그러므로 구분상가의 점포라면 분양이나 관리규약에 경업 금지 특약이 있는지 반드시 체크해야 한다.

**경업 금지 특약, 상가번영회에서 해결해 준다더니**

주부 정희선 씨(42세)는 부업으로 커피전문점을 운영하기 위해 상가 경매물건을 골랐다. 현장을 방문해 보니 상권이 매우 좋아서 낙찰받아 커피전문점을 열면 괜찮을 것 같았다.

그런데 연체 관리비를 확인하기 위해 상가 관리사무소를 찾았다가 소장에게 실망스러운 말을 들었다. 그 상가는 경업 금지 특약이 있어서 커피전문점이 또 들어올 수는 없다는 것이다.

정씨는 실망했지만 이대로 포기하기에는 너무 아깝다는 생각이 들었다. 그러다가 상가번영회 회장을 만나고 희망을 찾았다. 상가번영회에 발전기금을 기부하면 경업 제한을 풀어주겠다는 것이다. 정씨는 그 정도의 돈은 아깝지 않다는 생각에 낙찰을 받았다.

그런데 커피전문점을 차려 영업을 시작한 지 몇 주 후, 법원의 집행관이 방문해서 영업금지 가처분이 결정되었으니 영업을 중단하라고 했다. 당황한 정씨는 상가번영회 회장을 찾아 자초지종을 물었지만, 그는 그저 난감한 표정만 지었다.

경업 금지 특약이 있는 경우, 상가번영회가 단독으로 경업 제한을 풀 수 있는 것이 아니라 이미 장사를 하고 있던 커피전문점 주인의 동의가 필요했던 것이다. 결국 정씨는 커피전문점을 정리할 수밖에 없었고 인테리어 시설비 등을 고스란히 날렸다.

# 06 >>> 좋은 경매 상가 알아보는 법

매처럼 날카로운 눈으로 알짜배기 경매 상가를 찾는 법을 알아보자.

사례 **주점을 고시텔로, 경매 상가를 보는 눈**

자영업자 윤석훈 씨(43세)는 경매물건을 검색하던 중 모 대학교 앞의 상가를 발견했다. 5층 건물의 4층 전체가 경매로 나왔는데, 면적은 약 180평이고 현재 주점으로 운영되고 있었다.

현장을 방문해 보니 대학 앞의 상권이지만 상권의 끝자락에 있어서 손님들을 끌기에는 무리가 있어 보였다. 낙찰을 받더라도 주점으로는 전혀 승산이 없다는 판단이 들었다.

윤씨는 그 대학 학생들의 성향을 분석하다가 결정적인 힌트를 찾았다. 지방에서 올라온 학생들이 유난히 많았다.

그는 상가를 낙찰받은 다음 고시텔로 개조했다. 식당이나 주점은 상권의 중심부가 유리하지만, 고시텔은 학교 정문에서 그리 멀지 않으면서도 조용한 곳이 더 인기가 높기 때문에 안성맞춤이었다. 낙찰금액과 고시텔 시설비용을 합해 약 8억원이 들었는데, 현재 매월 1,500만원의 매출을 올리고 있다.

상가는 무엇보다 목이 좋아야 한다. 사실 상업용 부동산에 대한 투자의 성패는 상권분석을 얼마나 잘하느냐에 반 이상이 달려 있다.

다음의 몇 가지 팁을 알아보자. 상권분석이 그리 간단한 문제는 아니지만, 겉으로 드러나는 몇 가지 모습만으로도 감 정도는 잡을 수 있다.

## 주변의 노점상을 살펴보자

보통 장사가 안 되는 점포는 좋은 값에 빨리 팔릴 리가 없으니 어쩔 수 없이 헐값에 넘기거나, 또는 매수자가 나타날 때까지 영업상 손해를 감수하며 장사를 계속할 수밖에 없다. 만기까지는 보증금을 돌려받을 수 없고, 다른 임차인이 들어와야 시설비나 권리금을 조금이라도 건질 수 있기 때문이다.

하지만 노점상은 다르다. 대부분 권리금도 보증금도 월세도 없다. 장사가 안 되면 그 자리에서 버틸 이유가 없으며 주저 없이 새로운 자리를 찾아 떠난다. 그러므로 노점상이 많은 곳은 상권이 좋으며 그렇지 못한 상권에 비해 투자가치가 높다.

하지만 많은 노점상과 경쟁이 불가피한 업종이라면 고민해야 한다. 정식 점포는 초기투자금의 금융비용, 임대료, 인건비, 유지비 등 지출이 크지만, 노점상은 이런 비용이 거의 없다. 둘이 경쟁한다면 정식 점포의 상인이 불리할 수밖에 없다. 이러한 상권에서는 노점상과 경쟁관계가 아니라 공생할 수 있는 업종을 선택하는 것이 좋다.

## 주변 점포의 브랜드를 살펴보자

일반적으로 프랜차이즈 점포가 많은 상권은 좋은 상권이다. 물론 장사 경험이 매우 많으면 모르겠지만, 대체로 개인이 기업의 상권분석 노하우를 따라가기는 힘들다. 프랜차이즈 대기업은 상권이 낙후된 곳에는 영업권을 내어주지 않으며, 상권분석 전문가로 구성된 점포 개발팀이 따로 있다. 그러므로 유명 브랜드의 가맹점이 많은 상권을 선택하면 간접적으로 이들 전문가의 점포 선정 컨설팅을 받는 셈이다. 소비자들에게 친숙하거나 익숙한 브랜드, 즉 ○○날드, ○○벅스, ○○치킨 등은 쉽게 기억하고 찾아오기 때문에 그 주변도 좋은 상권일 가능성이 높다. 물론 점포는 상권뿐만 아니라 그 점포 자체의 개별적 요인도 중요하므로 주의해야 한다.

## 차량 통행량과 상권

차량통행이 많은 대로변의 점포는 장사가 잘될 것이라고 생각하는 사람들이 많지만, 이는 잘못된 상식이다. 자동차에서 내려서 물건을 구매하기를 바라는 것은 무리다. 그래도 차량 통행량이 많으면 그만큼 홍보가 수월하다는 장점은 있다.

먼곳에서 일부러 찾아와서라도 이용하는 업종이라면 차량 통행량이 많은 것이 홍보 면에서 장점이 될 수 있다. 하지만 흔한 업종, 상권의 영향을 민감하게 받는 업종이라면 심각하게 고려해 보아야 한다.

## 임대할 업종을 구체적으로 고려하자

100% 완벽한 상권은 없다. 아무리 좋은 상권이라도 모든 업종이 다 잘되는 것은 아니다. 유동인구가 많아도 내 업종의 소비층이 아니면 별 도움이 안 된다. 극단적인 예로 하교시간의 고등학교 주변은 사람이 많지만, 그 상권에 공인중개사무소를 차린다면 결과는 뻔하다. 또 유동인구가 많은 시간과 업종과의 연관성도 살펴보아야 한다. 낮에만 사람이 많고, 저녁에는 텅 비는 상권에 주점을 개업한다면 어처구니없는 실수이다. 경매 상가를 볼 때는 어떤 업종의 임대가 가능할지 미리 생각해 보아야 한다.

## 배후단지의 규모와 특성을 파악하자

입찰을 고려 중인 경매 상가의 배후단지는 어떠한가? 배후단지의 규모뿐만 아니라 경제적 수준, 주거형태, 구성원의 주된 연령대 등도 따져 보아야 한다.

보통 평균 소득이 높은 지역의 상권이 우수할 것으로 생각하지만, 그렇지만도 않다. 그들은 자동차를 타고 동네에서 벗어나 백화점이나 고급 음식점을 찾는다. 부자들이 많은 지역보다 서민적인 지역이 오히려 소형 점포에는 유리할 수 있다.

또한 배후단지의 주된 평형대를 보면 대체로 대형평형에는 40~50대 부부와 고등학생과 대학생, 소형평형에는 20~30대 부부와 중학생 이하의 자녀들이 거주한다. 고등학생 이상은 주로 동네를 떠나 번화가에서 활동하는 반면 유치원생이나 초등학생들은 부모와 함께하므로 이들의 부모들은 가까운 곳에서 쇼핑과 외식을 해결하려는 경향이 있다. 소형점포라면 배후 단지가 소형 평형인 것이 더 좋은 선택이다.

## 헤어지는 장소가 낫다

많은 사람들이 만남의 장소로 선택하는 지역은 상권이 좋지만 보증금과 권리금이 높고 경쟁이 심하다. 관점을 뒤집어 보자.

헤어지는 장소도 좋은 상권이 될 수 있다. 직장인들은 퇴근 후 동료들끼리 버스정류장이나 지하철역까지 걸어나와 회식을 하고 귀가한다. 실제로 요즘 대학교 정문보다 주변의 지하철역이나 버스정류장 앞의 상권에 학생들이 더 많다. 집으로 돌아가기 편한 곳에서 모이는 것이다. 서울 근교의 대학이나 회사로 스쿨버스나 통근버스를 운행할 경우, 그 버스가 서울에 도착하는 장소에서 더 많은 사람들을 볼 수 있는 것도 같은 이유 때문이다.

### 잠깐! 경매 상가의 권리금을 알아봐야 하는 이유

상업용 부동산에는 권리금이라는 독특한 거래관행이 있다. 그래서 경매 상가를 알아볼 때는 임대료와 함께 권리금도 살펴보아야 한다.

권리금이 임대차 보증금보다 더 비싸다고? 이런 점포들은 낙찰 후 기존 임차인과 재계약을 하기가 수월하다. 주택이나 권리금이 없는 가게는 임차인이 낙찰자와 재계약을 하지 않더라도 크게 손해볼 것이 없다. 하지만 권리금이 높다면, 임차인은 낙찰자와 재계약을 해야만 다음 사람에게 권리금을 받고 영업권을 이전할 수 있다. 이러한 힘의 관계를 잘 활용한다면, 낙찰 후 명도를 좀더 수월하게 해결하고 높은 임대수익을 기대할 수 있을 것이다.

## 펜션사업을 위해 경매 물건을 알아보고 있다면

도시에서 경제활동을 오래한 사람들 중 많은 사람들이 펜션사업에 대한 로망을 가지고 있는 듯하다. 그러나 정작 펜션에 대한 정확한 정의와 사업 개시의 요건은 모른다.

우선, 펜션이라는 용어는 법률적 용어가 아니다. 따라서 말하는 사람마다 그 의미가 다르다. 어떤 사람은 민박을 의미하기도 하고, 어떤 사람은 바닷가나 산속의 숙박시설을 말하기도 하고, 심지어 단층의 숙박시설을 의미하기도 한다. 정작 펜션이라는 간판을 걸고 영업하는 업소들을 보면 민박집도 있고 숙박시설도 있다. 주변환경에 비추어 민박이나 모텔, 호텔보다는 펜션이라는 간판이 적당할 것 같으면 그냥 붙이는 이름일 뿐이다.

손님이 잠을 자고 머물 수 있도록 시설 및 설비 등의 서비스를 제공하는 일명 숙박업을 할 수 있는 시설은 다양하다. 흔히 모텔이나 호텔로 부르는 일반숙박시설, 민박, 자연휴양림, 청소년수련시설, 외국인관광 도시민박업, 한옥체험시설 등 종류를 다 열거할 수 없을 만큼 다양하고 각각 설치의 기준도 다르다. 이 중에서 신고절차나 요건이 비교적 단순한 농어촌민박에 대해 알아보자.

농어촌 민박사업이란 농어촌지역 또는 준농어촌지역의 주민이 소유 및 거주하고 있는 주택을 이용하여 농어촌 소득을 늘릴 목적으로 투숙객에게 숙박·취사시설·조식 등을 제공하는 사업을 말한다. 사업을 위해서 허가를 받아야 하는 것은 아니지만, 지방자치단체(시·군·구)에 신고해야 하고 당연히 사업자등록도 해야 한다. 정의에서 알 수 있는 것처럼, 민박사업을 하려면 반드시 그 주택에서 거주해야 하고 2020년 2월부터 신규사업자에 대한 요건도 강화되었다.

### 농어촌민박사업의 요건(전부 필요)

1. 농어촌지역 또는 준농어촌지역의 주민일 것
2. 농어촌지역 또는 준농어촌지역의 관할 시·군·구에 6개월 이상 계속하여 거주하고 있을 것(농어촌민박사업에 이용되고 있는 주택을 상속받은 자는 제외)
3. 신고자가 거주하는 단독주택 또는 다가구주택

**4.** 신고자가 직접 소유하고 있는 단독주택 또는 다가구주택(소유자가 아닌 경우 해당 시·군·구에 3년 이상 거주한 사람만 가능)

일반숙박시설과 달리 농어촌민박사업은 주거지역에도 가능하다는 면에서 큰 장점이 있지만, 230㎡(약 70평) 미만의 규모로만 운영할 수 있다. 간혹 규모가 큰 건물 중 230㎡ 미만의 면적으로 사업신고를 한 후 건물 대부분을 민박사업에 이용하는 편법을 쓰는 사람들도 있지만, 명백한 불법행위라서 불이익을 당할 수 있고, 무엇보다 화재 등 안전사고의 위험이 있으므로 지양하는 것이 바람직하다.

## [체크리스트] 상업용 부동산의 현장답사

| 대분류 | 소분류 | 내용 | 체크 ○ | 체크 △ | 체크 × | 비고 |
|---|---|---|---|---|---|---|
| 입지여건 | 유동인구 | 유동인구가 많은 상가인가? | | | | |
| | | 유동인구의 동선을 파악했는가? | | | | |
| | | 매장 앞 보도의 폭이 넓은가? | | | | |
| | | 노점상이 밀집한 지역인가? | | | | |
| | | 지하철역, 버스정류장과 가까운가? | | | | |
| 상권 | 배후단지 | 배후단지의 규모가 최소 500가구 이상인가? | | | | |
| | | 배후단지의 성격이 사업 종목과 어울리는가? | | | | |
| | 주민성향 | 배후단지 거주자의 경제적 수준을 파악했는가? | | | | |
| | | 배후단지 거주자의 연령대를 파악했는가? | | | | |
| | | 통행차량의 동선을 파악했는가? | | | | |
| | | 주민들의 동선을 파악했는가? | | | | |
| 매장 외부 | 접도 구역 | 도로변으로 접한 면이 넓은가? | | | | |
| | | 코너에 위치했는가? | | | | |
| 매장 내부 | 구조 | 내부구조를 파악했는가? | | | | |
| | 매장 입구 | 출입구의 문턱이 낮은가? | | | | |
| | 매장 천장 | 매장 천장이 높은가? | | | | |
| | | 복층 구조가 가능한가? | | | | |
| | 매장 바닥 | 방수나 누수의 흔적이 있는가? | | | | |
| | 매장 내부 | 매장 중앙에 기둥이 여러 개 있는가? | | | | |
| 현황 | 매장 현황 | 현재 영업상태가 양호한가? | | | | |
| | | 층별 업종 구성을 파악했는가? | | | | |
| | | 경업 금지에 해당하는가? | | | | |
| | | 상권 내 경쟁시설이 있는가? | | | | |
| 내부시설 | 공용시설 | 개별 냉난방인가? | | | | |
| | | 엘리베이터가 있는가? | | | | |
| | | 건물이 노후되지는 않았는가? | | | | |
| 주변시설 | 주차장 | 충분한 주차공간이 있는가? | | | | |
| 시세 | 공인중개사무소 | 매매가를 파악했는가? | | | | |
| | | 급매가를 파악했는가? | | | | |
| | | 임대가는 얼마인가? | | | | |
| | 관리소 | 권리금은 얼마인가? | | | | |
| | | 관리비는 얼마인가? | | | | |
| | | 미납 관리비는 얼마인가? | | | | |
| | | 상가 내 공실이 많은가?(공실률) | | | | |

# 07

# 알짜 경매 토지 빨리 찾는 법

쏟아지는 경매 토지에서 옥석을 빨리 가려내는 검색방법을 소개한다.

**사례 절벽에 휴게소를 차릴 뻔한 사연**

모든 경매사건이 그렇지만, 특히 토지 경매사건은 현장답사가 중요하다. 간혹 개발계획이 있는 지역이라고 현장답사도 하지 않고 입찰하는 사람들이 있는데 매우 위험한 일이다.

직장인 정동주 씨(42세)는 투자를 목적으로 지방의 토지 경매사건을 검색하던 중 마음에 드는 물건을 찾았다. 강원도에 있는 이 토지는 면적이 약 700평이고, 지적도를 보니 수도권과 설악산을 잇는 국도에 보기 좋게 붙어 있었다. 차량 통행량이 크게 늘고 있으므로 간이 휴게소를 차린다면 수익이 괜찮을 것 같았다. 행복한 상상을 거듭하다 보니 어느새 '이 토지를 꼭 낙찰받아야겠구나!' 싶어 마음이 조급해졌다.

그런데 정씨는 현장답사를 갈 시간이 없었다. 회사가 너무 바빠 전 직원이 거의 매일 야근하다시피 했는데, 입찰을 하려면 휴가를 하루 내야 하므로 며칠 새 현장답사를 간다고 또 휴가를 쓸 수는 없었다.

결국 정씨는 현장답사를 하지 않은 채 입찰했다. 그런데 낙찰 후 현장을 방문해 보니 차라리 절벽이라는 표현이 어울릴 만큼 경사가 심했다. 도로공사를 위해 산을 깎은 벼랑이었던 것이다.

정씨는 결국 이 물건을 포기하고 입찰보증금을 날렸다. 그의 자조 섞인 한마디가 아직도 귀에 생생하다.

"현장에 가 보았더니 '낙석주의'라는 표지판이 붙어 있더라고요."

298

# 좋은 경매 토지를 빨리 찾는 나만의 방법

부동산(不動産)은 말 그대로 '움직이지 않는 재산'이다. 특히 토지는 공급(생산)은 극도로 제한적일 수밖에 없는 반면, 그 가치에 대한 인식은 날로 커지고 있다.

내가 생각하기에 토지가격은 결국 오를 수밖에 없다. 부동산에 관한 정책이 조금 바뀌더라도 투자방법이나 형태의 변화이지, 장기적으로 봤을 때 토지의 수익성이 크게 떨어지는 것은 아니라고 생각한다. 투자방법을 알고 바뀐 환경에 발 빠르게 적응하는 사람만이 진정한 투자자가 될 수 있다.

## 현장답사 전에 토지의 70~80%를 파악하는 법

토지는 높은 가격으로 잘 파는 특별한 노하우가 있는 것이 아니다. 토지를 잘 파는 사람과 못 파는 사람의 차이는 없다. 그저 잘 팔릴 토지와 안 팔릴 토지가 있을 뿐이다. 그러니 알짜배기 물건을 골라야 한다.

경매로 나오는 토지는 너무 많아서 일일이 현장답사를 통해 확인할 수 없다. 그래서 최대한 짧은 시간에 얼마나 많은 경매물건을 검색할 수 있느냐가 성공적인 투자의 시작이다. 현장답사를 떠나기 전에 그 경매 토지에 대해 이미 70~80%를 파악하고 있어야 한다.

처음에는 어렵고 익숙하지 않겠지만, 자꾸 하다 보면 검색시간도 많이 줄어들고 나만의 노하우도 생길 것이다. 다음에서 검색시간을 단축하고 효율성을 높일 수 있는 나만의 토지 검색방법을 소개한다.

## [체크리스트] 알짜배기 토지를 빨리 가려내는 법

| 순서 | 분류 | 체크 항목 | 체크 O | 체크 △ | 체크 X | 확인대상 |
|---|---|---|---|---|---|---|
| 1 | 지역(소재지) | 내가 선호하는 지역을 검색했는가? | | | | 매각물건명세서 감정평가서 |
| 2 | 용도지역 · 지구 · 구역 | 취득 후 목적대로 활용할 수 있는지 확인했는가? | | | | 감정평가서 토지이용계획확인서 |
| | | 토지이용계획확인서를 확인한 후 군청에 문의할 사항을 미리 정리해 두었는가? | | | | |
| 3 | 지목 | 내가 선호하는 지목과 일치하는가? (지목은 나중에 변경할 수 있다.) | | | | 매각물건명세서 감정평가서 |
| 4 | 지분 | 지분 투자를 하는 물건인가? (지분 투자를 권하지는 않지만, 단순투자의 경우는 지분 투자를 해도 된다.) | | | | 매각물건명세서 감정평가서 |
| 5 | 위치도 (1/75,000 축척 지도 사용) | 주변에 강·계곡·관광지·리조트 등 테마가 있는가? | | | | 감정평가서 |
| | | 방향은 동서남북 중 무엇인가? | | | | |
| | | 경사도는 급경사, 중경사, 완경사 중 어느 것인가? | | | | |
| | | 마을과 얼마나 가까운가? | | | | |
| 6 | 지적도 | 진입로는 있는가? 너비가 몇 m인가? | | | | 감정평가서 |
| | | 토지의 모양은 어떻게 생겼는가? | | | | |
| | | 방향과 토지의 모양이 일치하는가? | | | | |
| 7 | 물건사진 | 현재 토지가 무엇으로 이용되고 있는가? | | | | 감정평가서 |
| | | 토지의 경사도는 어떤가? | | | | |
| | | 주변환경은 어떤가? | | | | |
| 8 | 시세 | 부동산 매물 공유 사이트에서 시세를 확인했는가? (신뢰도는 낮은 편이다.) | | | | 인터넷 |
| 9 | 감정평가 요항표* | 감정평가 요항표를 다시 한 번 확인했는가? | | | | 감정평가서 |

\* 위에 확인한 모든 내용이 감정평가 요항표에 표시되어 있으며, 물건별 특이사항도 있으므로 가장 주의깊게 살펴보아야 한다.

# 08 현장에서 토지를 빨리 찾는 법

>>>

실제 현장에 나가보면 토지를 서류만으로 찾는 것이 쉽지 않다.

전문적으로 토지에만 투자하는 사람들도 서류상 좋은 물건이라고 판단하고 현장에 갔을 때, '역시 좋은 물건이구나!' 하고 느끼는 경우는 5건 중 1건 정도에 불과하다고들 한다.

경매로 나온 토지는 보통 공인중개사나 땅주인의 안내를 받을 수 없으므로 혼자서 찾아갈 수 있어야 한다. 그런데 토지는 거기가 거기 같고, 경계도 명확하지 않으며, 우편물을 확인할 수도 없으므로 찾기가 쉽지 않다.

어떤 사람들은 현장에 가서 마을사람에게 물어보면 된다고 생각하지만, 현지인들도 '재팔이네 땅', '최 영감님 과수원'은 알아도 391−3번지가 어딘지는 모른다. 그러므로 현장답사를 떠나기 전에 철저하게 준비하고, 현장에서 꼼꼼히 살펴보는 것만이 유일한 방법이다.

## 1/75,000 축척의 지도를 추천한다

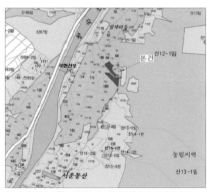

대부분 감정평가서에 첨부된 위치도는 1:25,000 축척의 지도이다. 이 지도는 넓은 범위까지 표시되지 않으므로, 지도책을 사서 표시를 하고 이를 보면서 찾아가는 것이 훨씬 수월하다. 돈 아깝다고 인터넷에서 찾아보지 말고 좋은 지도를 구입하기 바란다.

감정평가서에 첨부된 위치도를 인쇄해서 가져간다.

| 지도상의 길이와 실제 길이 | | |
|---|---|---|
| 축척 | 지도상 길이 | 실제의 길이 |
| 1 : 25,000 | 1cm | 250m |
| 1 : 50,000 | 1cm | 500m |
| 1 : 75,000 | 1cm | 750m |

나는 현장답사를 한 곳은 지도에 반드시 표시해 둔다. 그러면 내가 답사한 모든 토지가 지도책에 표시되어 있으니 나중에 지역별 특징을 떠올리기가 쉽다. 전국지도는 1/50,000이나 1/75,000의 축척 모두 무난하지만 1/75,000 축척의 지도를 추천한다.

현장답사를 갈 때는 감정평가서에 첨부된 위치도를 인쇄해서 가져가는 것이 좋다. 위치도를 볼 때는 특히 그 토지가 계곡이나 도로를 기준으로 왼쪽에 있는지, 오른쪽에 있는지를 주의해서 살펴보아야 한다. 이것만으로도 토지를 쉽게 찾는 데 도움이 된다.

## 감정평가서의 물건사진을 이용하는 노하우

경매토지의 여름철과 겨울철 사진이다. 어느 계절에 현장답사를 가더라도 상상력을 발휘해야 한다.

현장 근처까지 갔다면 이제 사진과 일치하는 토지를 찾아야 한다. 여기서 한 가지 팁을 드리겠다.

감정평가서의 사진은 최근 풍경이 아니다. 경매개시 결정이 나고 감정평가가 이루어진 때부터 최초 매각공고 시점까지 약 6개월이 걸리므로, 그 사이에 나뭇잎이 울창해졌거나 시냇물이 말라서 형태를 찾기 힘들 수도 있다. 참고로 감정평가 날짜는 감정평가서의 첫 장(표지 제외)에 표시되어 있다. 특히 농지라면 재배작물이 아예 달라질 수 있으므로 사진의 배경까지도 꼼꼼히 살펴보아야 한다.

토지를 찾을 때는 '확실하지는 않지만 이 땅인 것 같다'는 식이어서는 안 된다. 내 경험으로는 아무리 경매 초보자라도, 계절과 현황이 바뀌었더라도, 토지의 주소를 제대로 찾았다면 '확신'이 생긴다. 그런 확신이 서지 않는다면 절대로 그 토지가 아니다. 간혹 감정평가서의 물건사진이 엉뚱한 곳인 경우도 있으므로 주의해야 한다.

지적도상 근처에 대지가 있는지 살펴보는 것도 좋다. 대지 위에는 건축물이 있을 가능성이 높은데, 그것을 먼저 찾으면 토지를 찾기가 좀더 수월하다. 마을사람에게 물어도 좋고, 특히 우편배달부를 만난다면 행운이다.

## 실제 토지가 지적도와 일치하는지 체크한다

이제 실제 토지와 서류상의 토지가 일치하는지 대조해 본다. 토지는 건물과 달리 경계가 표시되어 있지 않으므로 지적도와 일치하는지 파악하기가 쉽지 않다. 그러나 자세히 살펴보면 굳이 담이나 축대 같은 구조물이 없더라도 대부분 실제 토지의 경계를 알 수 있다. 예를 들어 재배 농작물이 다르거나 지면의 높이가 달라지는 등 대략의 경계를 바탕으로, 현재 토지 모양과 지적도상의 토지 모양이 일치하는지 반드시 체크한다.

### 실제 토지가 지적도와 다를 경우

토지의 경계가 없다면, 경매로 산 다음에 지적측량하고 말뚝을 박아 경계를 표시하면 된다. 경매 토지의 일부가 남의 토지처럼 사용되고 있지 않은지 둘러보고 확인해야 한다.

실제 토지의 면적이 서류상의 토지 면적보다 넓다면 문제될 게 없다. 지적도상 타인(국유지 포함)의 토지 위에는 건축물을 지을 수 없지만, 마당이나 텃밭 등으로 사용하는 것은 문제가 없기 때문이다. 물론 땅주인이 돌려 달라고 하면 돌려주어야 한다.

반대로 실제 토지의 면적이 서류상의 토지 면적보다 작은 경우는 주의해야 한다. 이때는 낙찰받은 다음에 지적측량을 해서 되찾을 수 있을지, 아니면 그 토지에 다른 사람의 건축물이 있거나 도로로 편입되었거나 하천 범람으로 유실되어 되찾을 수 없는 상황인지를 파악해야 한다.

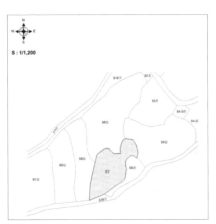

위의 지적도를 보면 왼쪽으로 좁은 길이 있고, 오른쪽에 전답이 있는 특징이 있다. 그리고 마름모꼴의 물고기 모양처럼 생긴 토지이다. 실제 토지 역시 마름모꼴로 특이하게 생겼다. 지적도를 참고하면 토지를 찾기가 수월하다.

# 인기 있는 경매 토지의 특징

많은 사람들이 선호하는 토지는 어떤 것인지 알아보고,
경매 토지의 가치를 보는 눈을 길러보자.

## 시대에 따라 선호하는 토지가 바뀐다

토지 투자의 핵심 중 하나는 현황을 파악하고 실제 가치를 알아보는 눈이
다. 토지의 가치는 시대에 따라 변해 왔다. 1990년대까지는 주택지의 가치
를 판단할 때 일조권을 가장 우선시했다. 그러나 1990년대 중반부터는 조
망권을 중요시했다. 일반적으로 강남이 강북보다 집값이 높다. 그러나 강
북의 한강변 아파트는 강남 못지않다. 강북에서는 한강의 조망을 살리면서
도 남향 집을 지을 수 있지만, 강남에서 한강 조망을 살리려면 북향이 되기
때문이다.

지방의 전원주택지는 기호의 변화가 더욱 두드러진다. 물론 지역 개발
계획이나 발전요인 등도 중요하지만, 토지의 개별적인 요인을 판단하려면
별도의 기술이 없으며 꾸준히 정보를 수집하고 관심을 가져야 한다. 예를
들어 강원 영서지방의 토지는 매매가가 꾸준히 상승했다. 여가에 대한 관
심이 높아지면서 '거주의 편리성'보다는 '개성과 독립'이 중요시되어 이 지
방 토지의 인기가 오른 것이다. 하지만 가격이 10년 이상 제자리걸음을 하
거나 오히려 떨어지는 토지도 있다. 아무리 뜨는 지역이라도 토지의 개별
요인을 분석하는 것이 얼마나 중요한지 알 수 있다.

사람마다 기호의 차이는 분명 있겠지만, 여기서는 일반적으로 선호하
는 경매 토지의 특징을 살펴보겠다.

# 토지에 진입로가 있으며 넓은가?

토지의 가치는 그곳까지 들어갈 수 있는 도로에 따라 크게 달라진다. 그러므로 토지를 볼 때는 꼭 도로를 확인해야 한다.

건축법에 따르면 폭 4m 이상의 도로에 2m 이상 접하지 않은 토지에는 건축을 할 수 없다. 다만 지방자치단체마다 부설 주차장을 만들 의무가 없는 건축물에 대한 규정이 다르므로, 관할 시·군·구청의 주차관리과에 별도로 문의해 보는 것이 좋다. 참고로 서울시 및 대도시 지역에서 단독주택을 지을 경우 연면적 50㎡(약 15평)를 초과하면 부설 주차장이 필요하다.

## 지적도의 도로와 실제 도로가 다른 경우

현장에 갔을 때 지적도의 도로와 실제 도로가 일치하는 경우도 있지만 그렇지 않은 경우도 많다.

지적도에는 도로가 있지만 실제로는 없다면, 낙찰 후에 지적상의 도로를 살릴 수 있을지 알아보아야 한다. 예를 들어 오래전부터 동네주민이 그 토지를 건축물의 부지나 작물재배 등으로 사용해 왔다면 지적상의 도로는 쓸모가 없어진다.

물론 도로를 개설할 수 있는 경우라도 개인 소유의 도로[사도; 私道]이면 도로 소유자의 사용 승낙서를 받아야 한다.

반면 지적상에는 길이 없는 맹지지만 실제로는 도로가 있다면, 집이나 건물을 지을 때 도로로 인정받을 수 있을지 판단해야 한다. 실제 도로가 국유지로 나 있다면 관습상 인정받을 수 있으며, 다른 사람의 토지 위에 있다면 포장도로인지 비포장도로인지에 따라 달라질 수 있다. 비포장도로는 땅주인의 동의를 얻어야만 사용할 수 있고, 만든 사람이 땅주인인 포장도로는 주인의 동의가 필요하고, 지방자치단체라면 대부분 별도의 사용 승낙 없이도 사용할 수 있다.

도로현황과 건축 시 도로 인정 여부

| 지적상 도로 | 현황상 도로 | 조건 | 포장 여부 | 포장 주체 | 건축 시 도로 인정 여부 |
|---|---|---|---|---|---|
| O | O | 국가 소유 | 상관없음 | 상관없음 | 인정 |
| | | 개인 소유 | 포장 | 개인 | 사용 승낙서 필요 |
| | | | | 지방자치 단체 | 인정 (별도 문의 필요) |
| | | | 비포장 | – | 사용 승낙서 필요 |
| X | X | – | – | – | 부정 |
| O | X | 취득 후 개설 가능 (개인 소유인 경우는 사용 승낙서 필요) | – | – | 인정 |
| | | 취득 후 개설 불가능 (소유자 상관없음) | – | – | 부정 |
| X | X | 국가 소유 | 상관없음 | 상관없음 | 인정 (별도 문의 필요) |
| | | 개인 소유 | 포장 | 개인 | 사용 승낙서 필요 |
| | | | | 지방자치 단체 | 인정 (별도 문의 필요) |
| | | | 비포장 | – | 사용 승낙서 필요 |

그러나 이러한 판단은 어디까지나 가능성일 뿐이다. 반드시 시·군·구청의 건축과에 그 토지와 도로의 지번을 첨부하여 집을 건축할 수 있는지 직접 문의해야 한다. 그것이 가장 정확한 방법이다.

### 사례 현재 토지에 진입로가 있다고 맹신하지 말자

토지에 입찰할 때는 진입로에 대한 분석이 매우 중요하다. 설령 현재 토지 위에 주택이 있고 사람들이 그곳으로 자유롭게 드나들더라도 진입로 문제는 안심할 수 없다.

자영업자 변재민 씨(48세)는 노후를 대비해 시골의 농가주택을 경매로 낙찰받았다. 입찰 전에 현장을 방문하여 꼼꼼히 살펴보았지만 아무 문제도 발견되지 않았다. 그런데 낙찰잔금을 납부하고 나서야 그 농가주택으로 들어가려면 이웃 토지를 거쳐야 한다는 사실을 알게 되었다. 게다가 이웃 땅주인은 변씨가 낙찰받은 집의 전주인과 사촌지간이었다. 사촌이니 출입을 허용해 주었지만 외지인인 변씨에게는 어떻게 나올지 걱정이다.

시골의 한 마을에 사는 사람들은 대부분 서로 친인척이거나 어린시절부터 친구인 경우가 많다. 그들끼리는 오래전부터 당연히 인정해 왔던 일이라도, 외지인에게는 그렇지 않은 경우가 많다. 더욱이 그 외지인이 토지나 주택을 경매로 낙찰받아 이주해 왔다면 마을 사람들의 거부감이 더 클 것이다. 지방의 토지를 알아보는 입찰자 분들 조심하시길!

## 주변의 하천이나 개울 살펴보기

만약 전원주택지 주변에 물이 있다면 토지의 가치가 올라간다. 주변의 하천이나 개울을 판단하는 방법을 알아보자.

첫째, 생활용수를 원활하게 찾을 수 있는지 살펴보자.

꼭 상수도나 식수만이 아니라 지하수라도 좋다. 도시지역 외의 상수도는 대부분 지하수에 의존하고 있으며, 국토의 70% 이상이 산인 우리나라는 어느 곳이든 지하수를 파면 생활용수를 얻을 수 있다.

둘째, 주변에 '볼 만한 물', 또는 '놀 만한 물'이 있는지 살펴보자.

셋째, 하천이나 개울의 수량을 판단해 보자.

지적도에 하천이나 개울이 있더라도 실제로는 물이 전혀 없는 경우도 가끔 있다. 수량은 계절에 따라 달라지므로, 현장답사를 할 때는 최고 수량과 최저 수량을 가늠해 보아야 한다. 자세히 관찰해 보면 한번 물이 찼던 자리에는 흔적이 남아 있으므로 최고 수위를 가늠하는 것은 그리 어렵지 않다. 그렇지만 물이 꽁꽁 어는 한겨울에는 개울의 유량을 판단하기가 쉽지 않는다. 개울물이 얼면 그 얼음의 양을 보고 유량을 판단하는 사람들도 있는데, 이는 잘못된 방법이다. 일단 개울이 얼면 물이 얼음 위로 흐르며 다시 얼고, 또다시 그 위로 흘러 어는 현상이 반복되어 실제의 유량보다 많아 보이기 때문이다.

넷째, 하천이나 개울이 얼마나 오염되었는지 살펴보자.

개울바닥의 돌에 이끼가 끼어 미끄럽다면, 물이 깨끗해 보이더라도 일단 오염의 신호이다. 마을사람들과 대화하며 자연스럽게 물어보거나 개울을 따라 상류로 올라가며 오염원이 있는지 확실하게 살펴보아야 한다. 상류 쪽에 축사나 식당이 있다면 그 폐수가 어떻게 처리되는지에 따라 오염도가 큰 영향을 받는다.

다섯째, 별다른 오염원인도 없고 유량도 문제될 것이 없다면, 원하는 토지를 낙찰받은 다음에 어떻게 활용하거나 개발할지 미리 구상해 보는 것도 토지 답사를 즐겁게 할 수 있는 팁이다.

### [체크리스트] 토지 주변 하천 · 개울

| | 체크 항목 | 체크 | | | 비고 |
|---|---|---|---|---|---|
| | | ○ | △ | × | |
| 1 | 생활용수가 있는가? | | | | |
| 2 | 주변에 '볼 만한 물', 또는 '놀 만한 물'이 있는가? | | | | |
| 3 | 하천이나 개울의 수량은 적정한가? | | | | |
| 4 | 주변에 오염시설은 없는가? | | | | |
| 5 | 낙찰 후 개발의 여지가 있는가? | | | | |

## 토지의 방향을 살펴보자

토지는 남향이 좋다. 요즘은 건축자재나 건축 및 냉난방 기술이 많이 발전하여 남향이 예전만큼 중요하지는 않지만, 아직도 방향은 토지나 건축물의 가치를 이야기할 때 빠지지 않는 항목이다.

경사도가 있는 토지라면 방향을 판단하기가 수월하지만 평지라면 쉽지 않다. 하지만 평지에도 분명 방향은 있다. 어떻게 방향을 찾을까?

## 평지의 방향을 찾는 법

일반적으로 건축을 할 때 건물 뒤로는 산을 놓고 앞으로는 물을 놓는다. 토지가 강이나 산과 멀리 떨어져 있더라도 마찬가지이다. 특히 우리나라는 주변에 산이 없는 토지는 흔치 않으므로, 주변 산을 기준으로 넓은 범위에 걸쳐 경사 방향을 판단하면 된다.

배산임수(背山臨水)는 우리 조상들이 대대로 좋아했던 집터의 조건이다. 집 뒤에는 낮은 산이 차가운 바람을 막아주고, 앞에는 하천이 흘러 풍광도 좋다면 얼마나 좋을까? 하지만 하천에 접한 남향 토지를 찾기는 좀처럼 쉽지 않다.

다음의 지도처럼 하천이 '동—서' 방향으로 가로질러 흐를 때, 이 하천을 기준으로 위쪽(북쪽)은 남향이고, 아래쪽(남쪽)은 북향이다. 서울의 경복궁을 예로 들어 보겠다. 경복궁은 인왕산을 등 뒤에 두고, 앞에는 청계천과 한강이 흐르는 명당에 있으며 남향이다. 반대로 여의도에 있는 63빌딩은 한강 이남에 있으면서 반대편을 바라보고 있으니 완벽한 북향이라고 할 수 있다.

이제 다시 지도를 보자. 강의 위쪽, 즉 북쪽 토지는 하천과 토지 사이에

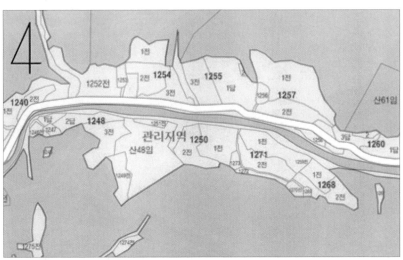

하천을 기준으로 위쪽은 토지의 방향이 남향이고, 아래쪽은 북향이다. 북쪽의 토지는 하천과 토지 사이에 도로가 지나간다.

도로가 지나간다. 실제로 하천의 남쪽으로 개설된 도로는 거의 없다. 도로가 남쪽에 있으면, 남쪽 산의 북쪽에 위치해 산의 그림자로 인해 겨울철에 내린 눈이 봄까지 녹지 않아 교통사고가 많이 일어나기 때문이다.

## 물굽이가 많은 하천에 접하면 좋다

굽이치는 하천을 멀리서 보면 자연의 모습이 얼마나 신기하고 아름다운지 새삼 느끼게 된다. 굽이가 많은 하천은 좋은 경관뿐만 아니라 의외의 명당도 많이 가지고 있다.

다음 지도에서 이 토지는 남향이면서 하천과의 사이에 도로도 없다. 그리고 삼면에서 하천을 볼 수 있으니 과연 좋은 토지라고 할 만하다.

주의할 점은 도로보다 하천이 저지대이고, 그 사이에 낀 토지도 도로보다 저지대일 가능성이 크다. 그래서 도로에서 훤히 내려다보인다는 단점이 있다. 우리집 앞마당이 훤히 노출되는 것은 그리 유쾌한 일이 아니다. 또한 도로에서 자동차 사고가 나면 내 집의 안전도 완벽하게 보장된다고 할 수 없으니 주택이나 건물을 지을 때 참고해야 한다.

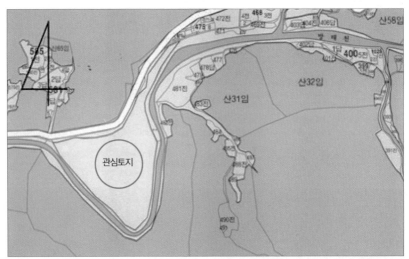

남향 토지이며, 하천과의 사이에 도로도 없고, 삼면에서 하천을 바라볼 수 있어 경관이 뛰어나다. 입찰해 볼 만하다.

## 주변의 유해환경을 점검한다

지역여건이 좋고 토지의 가치가 아무리 우수해도 주변에 치명적인 유해요소가 있으면 기대수익이 낮아질 것이다. 대표적인 유해환경을 몇 가지 소개해 보겠다.

첫째, 축사는 경관을 해칠 뿐만 아니라 특히 여름철 악취가 문제이다. 겨울에 현장답사를 가면 악취를 못 맡는 경우가 많은데, 일단 축사가 눈에 띈다면 여름철 악취는 피할 수 없다고 판단해야 한다.

둘째, 시멘트나 레미콘 공장도 피하는 것이 좋다. 어릴 적 레미콘 공장 부근에서 살았던 친구는 대형트럭이 수시로 드나들어 시골의 정취를 느낄 수 없었으며, 소음과 먼지로 몸살을 앓았다고 한다.

이와 함께 정신병원이나 노인요양원도 유해환경이라고는 할 수 없지만, 보통 많은 사람들이 꺼리는 환경 중 하나이다. 유해환경은 이밖에도 많다. 현장답사 때 주변환경을 꼼꼼히 살피고 그 토지의 가치에 어떠한 영향을 미칠지 미리 가늠해 보자.

## 주변의 무덤을 체크한다

일반적으로 공동묘지와 화장터를 포함한 무덤도 유해환경으로 여겨진다. 하지만 시골 어디에도 무덤이 없는 토지는 찾아보기 힘들다. 주변에 공동묘지나 화장터가 있다면 입찰하지 않는 것이 좋지만, 개인 무덤인 경우에는 집이나 건물을 지을 때 나무를 심거나 토목이나 조경공사를 해서 보이지 않도록 하는 것도 좋은 방법이다.

무덤이 하나도 없는 시골 마을은 없다. 내 마당이나 거실에서 직접 보이지만 않는다면 무덤 몇 기 정도는 피할 수 없이 감수해야만 한다. 무덤이 있으면 대부분 분묘기지권이 인정되어 토지의 활용도가 크게 떨어지지만 그만큼 저렴하게 낙찰받을 수 있는 기회이기도 하다.

## 마을과의 거리, 위치도 중요하다

**사례** 낙찰 후 전기를 끌어와야 하는 경우

대학교수 유용택 씨(48세)는 은퇴 후 귀농을 하려고 강원도 정선의 토지를 낙찰받았다. 마을에서 1km 정도 떨어져 있으며 골짜기를 따라 비포장 산길을 올라가야 하지만, 승용차가 다닐 수 있는 정도라서 큰 불편은 없어 보였다. 면적이나 방향, 경관이 모두 마음에 들었고, 특히 바로 옆의 맑은 계곡은 그 토지를 낙찰받은 가장 큰 이유였다.

유씨는 매각대금을 모두 내고, 주택 건축을 위해 바쁜 일과를 보내다가 낙찰 전에 미처 생각하지 못했던 것을 알게 되었다. 생활용수는 지하수를, 연료는 LP가스를 이용하면 되는데 전기가 문제였다. 마을과 너무 멀리 떨어진 그곳에는 전기가 들어오지 않았고, 전기를 인입(引入)하려면 4천만원이 넘게 들어간다고 했다.

미리 알았더라면 입찰가를 더 낮게 썼을 텐데……. 유씨는 그제야 자신의 낙찰가와 2위의 입찰가가 4천만원 정도 차이가 났던 이유를 알게 되었다.

토지는 인근 도시지역에서 들어가는 접근성도 중요하고, 마을 안에서의 입지도 중요하다. 일반적으로 전원주택지는 너무 고립되지 않으면서도 적당히 독립적인 곳이 인기가 높다. 마을에서 너무 멀리 떨어지면 전기나 가스 등 편의시설과도 멀어지고 예측하지 못한 위험으로부터도 안전하지 못하

다. 그렇다고 마을의 한복판에 있으면 호젓한 여유를 누릴 수 없다.

내가 추천하는 최고 입지는 마을을 위에서 내려다볼 수 있는 자리다. 약간의 조경공사를 하면, 내집 마당에서는 마을이 내려다보이지만 마을에서는 내집 마당이 올려다보이지 않는 나만의 요새를 만들 수도 있다.

# 토질과 지반 상태를 체크한다

지반이 농사에 적합한지, 조경이나 건축에 문제가 없는지 살펴보아야 한다. 간혹 지반이 너무 약해서 공사할 때 토사가 흐르거나, 또는 지반이 암반이어서 기초공사가 곤란한 경우도 있다.

## 전원주택지로 좋은 토질과 지반

전원주택 부지로는 토질이 농사에 적합하면서도 바위가 많은 토지가 최고이다. 바위는 지름 2m 안에서 클수록 좋다. 시골에 건축을 할 때는 축대공사를 해야 하는 경우가 있다. 이때 축대용 벽돌을 쓰면 경관을 해칠 수 있어 조경석을 많이 쓰지만 비용이 만만치 않다. 특히 지름이 1m 이상인 바위는 1개에 수십만원을 호가하는 경우도 많다. 그런데 내 땅에 그만한 크기의 바위가 많이 나온다면 상당한 이익이다.

물론 바위를 별도의 절차 없이 외지로 매각하거나 운반해 낼 수는 없다. 하지만 그 바위들을 내 마당의 토목 및 조경 공사에 쓴다면 많은 돈을 아낄 수 있다.

## 토지에 바위가 얼마나 묻혀 있는지 알려면

주변의 하천이나 개울의 바닥을 살펴보면 된다. 하천이나 개울의 바닥은 흙이 흐르는 물에 씻겨내려가 바위만 남아 있는 경우가 많은데, 그것을 보면 그 토지 안에 묻혀 있는 바위를 가늠해 볼 수 있다. 만약 주변 하천이나 도랑의 바닥에도 모래나 자갈밖에 없다면, 그 경매 토지의 흙을 아무리 파도 그 속에 기대하는 바위는 없을 가능성이 크다.

단, 토목 및 조경 공사에 적합하게 활용할 수 없는 바위도 있으니 주의해야 한다. 바위나 돌이 편평하고 잘 쪼개진다면 제아무리 집채만 해도 공사에 사용할 수 없다.

# 10 >>> 토지 시세 알아보는 법

현장답사를 통해 경매 토지의 시세를 파악하고, 입찰가를 산정하는 방법을 알아본다.

현장에서 직접 토지를 충분히 살펴보았다면, 이제 시세를 알아볼 차례다. 시세를 정확히 알아야 입찰가를 산정할 수 있다. 그 지역의 공인중개사나 마을 사람들로부터 우연히 얻은 정보에서 의외의 수확이 생기기도 한다.

## 마을 이장을 만나는 것은 필수다

읍면 단위 마을의 이장은 도시와 달리 그 지역의 모든 상황을 알고 있다. 지역정책뿐만 아니라 경매될 토지의 주인, 심지어 그의 현 상황까지도 알고 있다. 물론 이장의 말을 100% 믿을 수는 없다. 하지만 현 소유자에 관한 정보에서 경매의 진행방향이나 입찰가에 관한 힌트를 얻을 수 있다.

간혹 묻지 않은 정보까지도 일러주는 친절한(?) 이장을 만난다면 참으로 감사한 일이다. 그 토지는 홍수가 나면 물이 찬다거나, 지반이 암반이라 집을 못 짓는다거나, 그 터에서 예전에 흉한 일이 있었다는 등의 이야기도 들을 수 있다.

또한 시골의 토지는 공인중개사보다는 이장을 통해 거래가 이루어지는 경우가 매우 많다. 그래서 이장은 공인중개사처럼 최근의 거래 사례부터 현재 누가, 얼마에 토지를 팔고 싶어하는지 등도 두루 꿰고 있다.

**이장을 대할 때 주의할 점**

이장뿐 아니라 마을주민들에게 얻은 가격정보는 시세 중 '최고가'이거나 그 이상이라는 점을 항상 염두에 두어야 한다. 팔은 안으로 굽는 법이다.

경매 토지를 보러 갔다가 일반매물로 나와 있는 다른 토지가 있다면, 양해를 얻어 그곳도 직접 답사해 보면 좋다. 토지는 똑같은 물건이 없고 각각 다르므로, 일반매물로 나온 토지를 보고 그 가격을 감안해 경매 토지의 입찰가를 가늠해 볼 수 있다.

이장을 만날 때 공인중개사를 상대할 때처럼 적당히 거짓말을 하는 것은 절대 금물이다. 토지를 낙찰받은 후 그곳으로 가서 살거나 개발하려면 그 마을 이장의 신뢰가 필요하기 때문이다. 처음부터 진솔한 모습과 겸손함을 잃지 않는다면 외지인이 겪어야 하는 어려움을 어느 정도 해결하고 시작할 수 있다.

## 공인중개사를 대하는 법, 주택과 다르다

마을사람들보다 공인중개사에게 얻는 가격정보가 더 정확할 수 있다. 마을사람들은 여러 번의 거래 중 최고가를 그 지역의 땅값이라고 믿고 싶어하고, 땅값이 오르면 가장 이익을 보는 당사자이며, 자신이 말한 가격정보에 대한 책임도 없다.

그러나 공인중개사는 좀더 넓은 지역에 걸친 시세를 파악할 수 있고, 시세에 따라 거래가 이루어지기 때문에 좀더 현실에 가까운 정보를 주며, 자신이 말한 가격정보에 대한 책임도 있다.

공인중개사와 이야기를 할 때는 마을 이장과 대화할 경우와는 달리 어쩔 수 없이 어느 정도의 거짓말이 필요하다. 경매를 목적으로 토지의 시세를 알아보러 왔다고 하면 성실하게 상담해 주거나 매물을 안내할 공인중개사가 별로 없기 때문이다. 이렇듯 현장답사를 하는 물건이 토지냐 주택이냐에 따라 현장에서 만나는 사람들을 대하는 태도도 달라져야 한다.

## 여러 명이 볼수록 좋다

토지가 경매에 나오자마자 감정가보다 몇 배 높은 가격으로 낙찰되는 경우가 종종 있다. 거래가 많지 않은 시골의 토지는 시세를 파악하기 어렵기 때문에 이런 일이 생기는 것이다. 주변에 공인중개사무소도 많지 않고, 물어보는 사람마다 가격이 다르니 현실성 있는 시세를 정확히 파악하기가 쉽지 않은 것이다.

그래서 경매 토지의 현장답사는 혼자 가는 것보다 되도록 여러 명이 함께 가는 것이 좋다. 여러 사람이 토지를 함께 보고 장단점에 대해 이야기하다 보면 현실성 있는 가격이 나올 수 있기 때문이다. 게다가 더 즐겁고 안전한 현장답사가 될 수 있지 않을까?

### 전망에만 매료되어 계절 요인을 놓치지 말자

우리나라의 뚜렷한 사계절은 멋진 풍경을 감상하기에는 더없이 좋지만, 부동산 경매에서는 리스크가 될 수 있다.

전망에 매료되어 언덕 위의 토지를 사는 사람들이 많다. 그런데 겨울에 눈이 쌓이면 진출입이 불가능한 경우도 있다. 특히 토지의 방향과는 별개로, 진출입 도로의 경사가 북향에 가까울수록 눈이 잘 녹지 않는다. 그래서 스키장의 슬로프(slope)는 대부분 북향으로 만든다.

또한 주변에 저수지 등 고인물이 있다면 여름철에 모기 등 해충이 많을 수 있다. 아울러 그 마을에서 자라는 작물에 어떤 비료를 주는지도 확인해 두면 좋다. 비료를 줄 때면 악취가 온 마을에서 진동하는 경우도 흔하기 때문이다.

### 공장 경매 도전하기

경매에 나온 공장은 어떤 기준으로 선정해야 할까?

**고속도로와의 접근성이 중요하다 |** 공장의 가치에 가장 큰 영향을 미치는 요소는 입지이다. 제조업의 특성상 자재와 생산품을 수급하는 물류의 문제는 수익과 직결된다. 따라서 접근성, 특히 고속도로와의 연계성이 매우 중요하다. 보통 공장에서 자동차로 10분 이내에 고속도로에 오를 수 있다면 최고의 입지이다.

**인력을 끌어오기 쉬운가? |** 공장은 다른 부동산에 비해 규모가 큰 건축물에 속하지만, 서비스업처럼 최종 소비자와의 접근성은 크게 중요하지 않다. 따라서 주로 대도시 주변의 땅값이 저렴한 곳이 좋은데, 이때 인력수급 문제를 간과해서는 안 된다. 인근에 인력을 원활히 수급할 수 있는 규모의 거주지가 형성되어 있는지, 그 거주지에서 편리하게 통근할 수 있는 대중교통 수단이 있는지 등을 꼼꼼히 따져보아야 한다.

**산업단지 안에 있는가? |** 지방산업단지나 국가산업단지라면 일단 공장의 입지로서는 무난하다. 공장 운영에 필요한 각종 편의시설이 확충되어 있고 대중교통도 편리하다. 각종 인허가나 세금과 관련된 규정에서도 유리한 경우가 많고, 공장을 매도하거나 임대하는 것도 상대적으로 수월하다.

**임대 목적이라면 주의하자 |** 임대사업을 목적으로 공장에 입찰한다면 산업단지 내의 공장은 적합하지 않다. 관련 법률의 규정에 따라 바로 임대가 어려울 수 있기 때문에 입찰 전에 충분히 검토하고, 산업단지 관리공단에 임대 가능 여부를 확인해야 한다.

**아파트형 공장 체크하기 |** 일반공장이라면 대부분 건축물보다 토지의 면적이 더 넓어서 매매가가 높을 수밖에 없다. 하지만 아파트형 공장은 아파트나 빌라처럼 대지를 지분으로 소유하기 때문에 비교적 낙찰가가 낮다. 또한 많은 기업들이 입주해 있어 편의시설도 확충되어 있고 관련업체와의 업무 연계성도 좋다. 다만, 한 동의 건축물에 여러 업체가 입주하는 특성상 진동이나 소음, 악취, 분진 등 환경에 악영향을 줄 수 있는 업종은 입주가 안 된다. 사전에 관리공단과 상담해야 한다.

**[체크리스트] 토지의 현장답사**

| 대분류 | 소분류 | 체크 항목 | 체크 | | | 비고 |
|---|---|---|---|---|---|---|
| | | | ○ | △ | × | |
| 토지입지 | 경사도 | 토지 경사가 25°보다 작은가? | | | | |
| | 토지 방향 | 남향, 남서향, 남동향인가? | | | | |
| | 토지 조망 | 전원주택용지로서 조망이 탁월한가? | | | | |
| | 토지 높이 | 인근 하천과 개울의 최고 수위보다 높은가? | | | | |
| 주택 건축 가능성 | 토지 모양 | 토지 한 면의 길이가 최소 15m 이상인가? | | | | |
| | 토질/지반 | 주변에 쓸 만한 바위가 있는가? | | | | |
| | 지하수 | 지하수를 개발할 수 있는가? | | | | |
| | 전기/전화 | 전기는 200m, 전화는 50m 기본거리 내에서 끌어올 수 있는가?(초과 시 추가비용 소요) | | | | |
| | 대중교통 | 대중교통으로 접근할 수 있는가? | | | | |
| | 편의시설 | 병원, 시장, 은행이 가까운가? | | | | |
| | 주민성향 | 외지인에 대한 거부감이 심하지 않은가? | | | | |
| 인접도로 | 도로의 폭 | 토지가 4m 이상의 도로에 2m 이상 접해 있는가? | | | | |
| | 지적상 도로 | 지적상 도로가 너무 좁거나 인접 땅주인의 사용 허락을 받아야 하는가? | | | | |
| | 현황상 도로 | 실제는 도로가 있는데 지적상으로는 없는가? | | | | |
| 도로 포장 | 포장 주체 | 지적도상의 도로는 아니지만 포장 주체가 국가인가? | | | | |
| 용도지역 | 용도지역 | 농업진흥구역, 보전녹지는 아닌가? | | | | |
| | 하천구역 | 하천구역, 소하천구역에 포함되는가? | | | | |
| 자연재해 | 침수구역 | 강변, 하천변 토지의 경우 물 유입 가능성을 확인했는가? | | | | |
| 개별규제 | 개별규제 | 토지거래허가구역(경매물건은 상관없음), 상수원보호구역, 군사시설보호구역, 문화재보전구역 등이 아닌가? | | | | |
| 유해시설 | 분묘 유무 | 묘지나 화장터가 있는가? | | | | |
| | 혐오 시설 | 하수종말처리장, 쓰레기 매립장이 있는가? | | | | |
| | 분진 발생 | 광산, 레미콘 공장, 고속도로 등이 가까운가? | | | | |
| | 악취 발생 | 축사, 염색 가공공장 등 악취 요소가 있는가? | | | | |
| | 사고 재해 | 사격장, 고압선 등 위험시설이 있는가? | | | | |
| 입목 | 입목 | 나무가 있는가? 벨 수 있는 나무인가? | | | | |
| | | 수령이 얼마나 되는가? | | | | |
| | 경작 상태 | 경작물이 있는가? | | | | |
| 시세 | 공인중개 사무소 | 공인중개사 자격증을 확인했는가? | | | | |
| | | 매매가를 확인했는가? | | | | |
| | | 급매가를 확인했는가? | | | | |

**Chapter**

# 8

# 드디어 입찰
## - 낙찰률과 수익률
## 높이는 법

이번 장을 읽으며 머릿속으로 입찰장을 그려보고 시뮬레이션을
해 보자. 덤으로 낙찰률, 수익률을 높이는 고수들의 비법도 알아
본다.

# 입찰장에서 현장실습을 하다

"내일 입찰할 건데 같이 가자. 견학할 겸 분위기도 보고 좋잖아."

사실 지혜 씨는 이번이 13번째 입찰이다. 그동안 패찰이 10번이었고, 낙찰에 성공한 것은 3번이었다. 이미 입찰장 분위기가 익숙한 지혜 씨는 한창 경매공부에 물오른 선영 씨에게 현장감각을 길러주려 한 것이다.

★

입찰 당일, 차에 올라탄 선영 씨 눈에 서류 봉투가 들어왔다.

"이건 뭐야?"

"응. 그거 입찰표. 어젯밤에 미리 써 놨어."

역시 똑 부러지는 지혜 씨다. 법원에 도착하니 9시가 조금 넘었다. 먼저 지혜 씨는 입찰보증금을 수표로 찾기 위해 은행으로 갔다. 법원 안에 은행이 있어서 금방 수표로 보증금을 찾고, 다시 자리로 와 보니 아까보다 훨씬 사람들이 많아졌다.

9시 40분이 되자 법원 직원이 나와서 당일 매각할 물건목록을 게시판에 붙이고 갔다. 사람들이 우르르 모인 곳을 비집고 들어갔다. 입찰장에 도착하면 그날 입찰하려는 물건의 일정이 변경되거나 취소되지는 않았는지 확인을 해야 한다.

선영 씨는 입찰장에 비치된 매각물건명세서를 보고 말했다.

"저건 안 봐?"

"변경된 게 없어. 난 이미 충분히 보고 왔거든."

10시가 되자 집행관 3명과 직원 2명이 입찰장으로 입장하여 입찰절차와 방법에 대해서 안내방송을 했다. 10시 10분에 시작해서

11시 10분에 마감한다고 한다. 지혜 씨는 입찰봉투를 받고 미리 써 온 입찰표와 보증금 봉투를 넣었다.

"처음에 입찰했을 땐 2억원을 20억원으로 쓰지는 않았는지 불안해서 입찰금액란을 아마 10번도 넘게 보았을 거야. 입찰함에 넣고 나서도 어찌나 걱정되던지. 경매공부를 한 지 몇 년이 지났지만 입찰할 때마다 늘 긴장되고 설렌다니까."

★

드디어 지혜 씨가 입찰한 아파트의 개찰순서가 되었다. 집행관이 입찰가들을 불렀다.

"김삼순 339,900,100원, 나지혜 336,460,100……."

지혜 씨는 이번에 패찰이다. 아쉽지만 크게 신경쓰지 않는 듯했다.

"괜찮니? 아쉽다. 1등이랑 큰 차이도 아니었는데."

"괜찮아. 다음을 기약해야지. 이번에는 패찰했지만 감각도 기르고 많이 배웠으니 충분히 가치가 있었어."

선영 씨는 법원 입찰장에 견학을 다녀온 것이 동기부여도 되고 경매가 무엇인지 체감할 수 있는 기회가 되었다.

여러분도 가까운 법원의 입찰장으로 가 보자.

# 01 >>> 다양한 입찰방법

직접 법원에 가지 않고 입찰할 수 있는 방법도 있다.
기일입찰과 기간입찰에 대한 궁금증을 풀어보자.

2002년 이후 집행법원이 경매방식을 기일입찰, 기간입찰, 호가경매 중에서 재량으로 선택할 수 있게 되었다. 하지만 기간입찰이나 호가경매를 하는 경우는 매우 드물고, 대부분의 경매는 기일입찰 방식으로 진행되고 있다. 그런데 기일입찰이 뭘까?

## 기일입찰

입찰자가 정해진 매각기일에 법원에 와서 직접 입찰하는 방식이다. 매각기일에 입찰과 개찰을 모두 진행하기 때문에 입찰자는 이날 법원에 출석하여 입찰해야 한다. 현재 거의 모든 경매가 이 방식으로 진행되며, 여러분이 보통 알고 있는 입찰방식이다.

## 기간입찰

입찰기간을 1주~1개월 안에서 정해둔다. 시간이 없거나 거리가 너무 멀어 법원에 오기 힘든 사람들도 등기우편으로 입찰에 참여할 수 있다.

자주 쓰이는 방법이 아니다 보니, 최근에는 기간입찰에 대한 선호도가 많이 낮아졌다. 하지만 기일입찰에 비해 입찰 경쟁률이 낮아 유리하다고 판단하고, 여전히 선호하는 사람도 있다. 참고로 법원은 이해 관계인이 많고 입찰을 방해할 것으로 예상되는 경우, 매각물이 고가이거나 입찰자가 매우 많을 것으로 예상되는 사건 등을 기간입찰로 결정한다고 한다.

**사례** 점심시간에 기간입찰을 한 경우

서울북부지방법원에 기간입찰로 나온 단독주택을 발견한 정소미 씨 (45세)는 고민 끝에 입찰을 하기로 마음먹고 기간입찰 마감 2일 전, 점심시간에 잠깐 법원에 다녀오기로 했다. 우편으로 부쳐도 되지만, 경매계에서 경매물건 서류를 보고 싶었기 때문이다.

경매계 탁자에 놓인 물건 기록을 보고 사이트에서 본 것과 바뀐 게 없는 것을 확인한 후, 법원 내 은행에 가서 보증금을 내고 영수증을 받아 기간 입찰봉투에 넣고 집행관 사무실에 제출했다.

모두 끝내고 나니 30분 정도가 걸렸다. 기일입찰은 많은 사람들로 북적거려 정신이 없지만, 기간입찰은 차분하게 빨리 끝낼 수 있어서 좋았다.

## 입찰 경쟁률이 낮은 기간입찰, 어떻게 하면 되나?

첫째, 기간입찰표를 담당 법원의 집행관 사무실에서 받거나 인터넷에서 다운받아 작성한다. 다만 개인 입찰자는 꼭 주민등록등본을 첨부해야 한다.

둘째, 입찰보증금을 담당 법원의 보관금 예금계좌로 납부한 다음, 보관금 영수필 통지서를 받아서 입금증명서 양식에 첨부한다.

셋째, 기간입찰표와 입금증명서를 입찰봉투에 넣고 집행관 사무실에 직접 제출하거나 등기우편으로 보낸다. 수취인은 집행법원의 담당 집행관으로 하면 된다. 일단 제출된 입찰표는 기일입찰과 마찬가지로 취소·변경·교환할 수 없다.

넷째, 기간입찰의 매각기일은 입찰기간이 종료된 후 1주일 안으로 정해진다. 이날 입찰함을 경매법정에 옮긴 후 입찰자들이 출석한 가운데 개찰한다.

이때 입찰자가 반드시 출석할 필요는 없지만, 차순위 매수신고<sup>351쪽 참조</sup>를 하고 싶다면 반드시 참석해야 한다. 낙찰에 실패하면 입찰보증금은 법원보관금 납부서에 기재한 잔액 환급계좌로 반환해 준다.

# 02

# 드디어 입찰일, 준비물을 챙겨보자

"입찰 당일 무얼 가지고 가야 하죠?" 입찰자의 상황별로 미리 마련해야 할 준비물을 알아보자.

드디어 입찰일이 다가왔다. 필요한 준비물을 살펴보고 꼼꼼히 챙기도록 하자.

## 본인이 직접 입찰할 경우

입찰자가 직접 입찰할 때는 신분증과 도장, 매수신청 보증금(입찰보증금)을 준비하면 된다. 이때 도장은 인감도장이 아니어도 된다. 혹시 도장을 빠뜨 렸다면 법원 앞 도장가게에서 새로 만들면 된다. 집행법원에 따라서는 사 인이나 지장도 인정해 주므로, 도장을 안 가져갔다면 집행관에게 미리 문 의하면 된다.

| ① 신분증 | ② 도장 | ③ 입찰보증금 |
|---|---|---|

## 대리인이 입찰할 경우

다른 사람에게 입찰을 위임하는 경우, 매수신청(입찰)에 대한 위임장을 작 성하고 거기에 본인의 인감도장을 찍는다. 그리고 그 도장이 인감도장임을 증명할 수 있는 인감증명서를 첨부한다. 입찰표 뒷면에 인쇄된 위임장을 사용하면 된다. 미리 위임장을 작성하고 싶다면 대한민국 법원경매정보 사 이트에서 다운받으면 된다.

위임장과 인감증명서를 입찰봉투에 동봉하면 이후 모든 날인은 대리 인의 도장을 사용해야 한다. 대리인의 도장은 인감도장이 아니어도 된다.

```
① 대리인의 신분증과 도장        ② 입찰보증금
③ 본인의 인감증명서, 인감이 날인된 위임장
```

## 회사명으로 대표이사가 입찰할 경우

대표이사는 그 법인의 당연한 대리인이기 때문에, 위임장 대신에 대표임을
증명하는 법인의 등기부등본만 첨부하면 된다. 법인의 등기부등본에는 대
표이사의 인적사항이 있기 때문이다. 입찰표와 입찰봉투에는 법인의 도장
을 찍어야 하며, 이때 법인의 도장은 인감도장이 아니어도 된다.

```
① 법인 등기부등본    ② 대표이사의 신분증, 법인 인감도장    ③ 입찰보증금
```

## 법인 명의로 대리인이 입찰할 경우

입찰자가 대표이사가 아니라면 위임장이 필요하다. 간혹 임원이나 사원이
입찰하면서 단지 회사직원이라는 이유만으로 위임장을 첨부하지 않는 경
우가 있는데, 입찰표가 무효가 되니 주의해야 한다. 위임장은 입찰표 뒷면
의 양식을 사용하면 되고, 법인의 도장은 반드시 인감도장이어야 하며 법
인 인감증명서도 첨부해야 한다.

```
① 법인 등기부등본        ② 법인 인감증명서와 법인의 인감이 날인된 위임장
③ 대리인의 신분증 및 도장    ④ 입찰보증금
```

## 법정 대리인이 입찰할 경우

법정 대리인이란 법정 대리권을 가진 사람이다. 미성년자·금치산자·한정
치산자의 친권자(부모)나 후견인 등은 법정 대리인임을 증명하는 서류인 호
적등본, 주민등록등본 등을 첨부하면 위임장이 필요 없다. 날인은 모두 법
정 대리인의 도장을 사용하면 되고 인감도장일 필요는 없다.

```
① 법정 대리인의 신분증    ② 법정 대리인임을 증명하는 서류
③ 법정 대리인의 도장      ④ 입찰보증금
```

## 2인 이상이 공동입찰을 할 경우

공동 입찰자들은 입찰표 외에 공동입찰 신고서와 공동입찰자 목록을 첨부해야 한다. 대한민국 법원경매정보 사이트에서 구할 수 있다. 공동입찰자 목록에는 입찰자의 지분을 정확히 표시해야 하며, 지분 표시가 없으면 모두 균등하게 나눈 것으로 본다. 입찰일에 모두 참석하지 않아도 되며, 제3자를 대리인으로 세워도 되고, 공동입찰자 중 한 사람이 대리인이 될 수도 있다.

---
① 공동입찰 신고서, 공동입찰자 목록
② 입찰 불참자의 인감이 날인된 위임장과 인감증명서
③ 입찰 참석자나 대리인의 신분증과 도장      ④ 입찰보증금

---

간인의 예

공동입찰자들은 공동입찰 신고서와 공동입찰자 목록 사이에 인감도장으로 간인을 한다.

간인(間印)이란 계약서나 약정서 등 중요한 서류가 여러 장일 때, 그 종이들이 서로 이어진다는 것을 증명하기 위해 앞장의 뒷면을 접어 뒷장의 앞면과 만나게 하여 그 사이에 도장을 찍어두는 것이다. 공인중개사무소에서 이렇게 찍은 것을 본 적이 있을 것이다.

---

### 전문가에게 대리입찰을 맡기려면

부동산 경매는 본인이 직접 입찰할 수도 있고 가족, 지인에게 부탁하여 대리입찰을 할 수도 있다.

그런데 부동산 경매의 대리입찰(매수신청 대리)을 보수를 받고 계속할 수 있는 경우는 변호사, 법무사, 공인중개사 중 일부이다. 공인중개사는 정해진 교육을 이수하고, 법원에 매수신청 대리인으로 등록한 사람만 할 수 있다. 시중에서 흔히 접할 수 있는 사설 경매 컨설팅회사는 법률적으로 매수신청 대리의 자격이 없다.

# 03

# 입찰표 작성법

입찰이 서툰 당신, 입찰표 작성요령과 입찰방법을 알아보자.

**사례** **입찰표의 글씨 하나로 시끄러워진 경매 법정**

몇 년 전 ○○지방법원에서 경매 법정이 시끄러워졌다. 직장인 박호기 씨(33세)가 가장 높은 입찰가를 적어 냈는데, 입찰가의 숫자를 한 번더 덧쓴 것이다. 입찰가를 고친 입찰표는 무효로 처리한다는 규정이있지만, 박씨는 펜이 흐려서 한 번 더 명확하게 썼을 뿐이라고 주장했다.

집행관은 한동안 망설이다가 "다음부터는 새 입찰표를 다시 작성하도록 하세요"라며 그를 최고가 매수신고인으로 지정했다.

그런데 두 번째로 높은 입찰가를 쓴 김모 씨가 "왜 규정을 무시하느냐?"며 항의했고, 결국 집행관은 김모 씨를 최고가 매수신고인으로 다시 지정했다.

입찰 기재대는 경매가 시작되면 매우 붐빈다. 차라리 구내식당을 이용하는 것도 좋은 방법이다.

## 입찰장에 들어가 보자

이제 경매 법정에 들어가 아무 의자에나 편히 앉아보자. 경매 법정에서는 휴대전화를 사용할 수없으므로 전원을 끄거나 벨소리를 진동으로 바꾸어 집행관에게 주의를 듣는 일이 없도록 하자.

입찰 기재대에는 인주와 볼펜이 마련되어 있다.

경매 법정에 들어가면 앞쪽에는 입찰절차를 진행할 집행관들이 앉아 있고, 그 앞에 입찰표, 입찰보증금 봉투, 입찰봉투가 비치되어 있으므로 필요한 만큼 자유롭게 가져오면 된다. 공동입찰일 경우 공동입찰 신고서와 공동입찰자 목록도 함께 챙겨야 한다. 간혹 집행관이 입찰표 등을 직접 나누어 주는 법원도 있으니, 입찰봉투 등이 눈에 띄지 않는다면 기다렸다가 집행관이 나누어 줄 때 받으면 된다.

보통 입찰을 시작하고 나서 70~80분 동안 입찰표를 작성하고 제출하는 시간을 준다. 집행관이 마감 15분 전부터 안내방송으로 알려준다. 일단 마감을 선언하면 입찰표를 더 이상 낼 수 없으므로 늦지 않도록 주의한다.

## 입찰표는 입찰 전날 미리 작성하자

초보자는 입찰 전날에 대한민국 법원경매정보 사이트에서 입찰표를 다운받은 후 미리 작성해서 가는 것이 좋다. 입찰표는 경매 법정 안에 있는 기재대에서 쓸 수도 있지만, 법정 안은 혼잡하여 집중하기 힘들며 서서 작성해야 하기 때문에 조금 불편하다.

팁을 살짝 알려드리면, 나는 법원의 구내식당으로 가서 입찰표를 쓴다. 혹시라도 실수하면 손해를 볼 수 있으니, 초보자라면 시끄러운 곳보다 몸과 마음이 좀더 편한 구내식당에서 여유 있게 쓰는 것이 좋다.

이제 입찰표를 작성해 보자.

❶ **지방법원** | 경매 집행법원의 이름을 쓴다. 예를 들어 서울서부지방법원, 수원지방법원 안산지원 등으로 쓰면 된다. 집행법원에 비치된 입찰표에는 대부분 그 법원의 명칭이 인쇄되어 있지만, 간혹 비어 있는 곳도 있다.

❷ **입찰기일** | 입찰을 진행하는 날짜(당일)를 정확히 쓴다.

❸ **사건번호** | 경매사건의 사건번호를 쓴다. 만약 사건번호를 쓰지 않았더

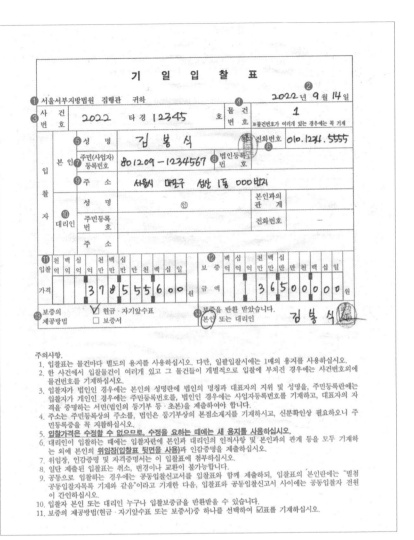

라도 입찰봉투, 입찰보증금 봉투, 위임장, 공동입찰 신고서 등 첨부서류
에 사건번호를 썼다면 개찰에 포함된다. 2022타경12345처럼 쓰면 된다.

❹ **물건번호** | 개별매각 사건은 각 물건별로 물건번호가 있으므로 꼭 써야
한다. 예를 들어 개별매각에서 같은 사건으로 진행되는 1번, 2번, 3번
등 2개 이상의 물건에 입찰하려면, 물건마다 입찰표를 따로 작성해야
한다. 개별매각 사건의 물건번호를 기재하지 않으면 입찰이 무효가 된

다. 다만 물건의 지번, 건물의 호수 등을 쓰거나 입찰봉투에 사건번호와 물건번호를 썼다면 개찰에 포함된다. 물론 일괄매각 사건은 물건번호를 쓸 필요가 없다.

❺ **성명** | 입찰자 본인의 이름을 쓴다. 입찰자가 법인이면 법인의 명칭과 대표의 지위 및 성명을 함께 쓴다. '㈜대한기업 대표이사 김대한'과 같은 방식으로 쓰면 된다. 대표자의 성명을 쓰지 않으면(날인만 있는 경우도 포함) 입찰이 무효가 된다. 공동입찰의 경우 입찰자들이 많아 이름을 모두 쓸 수 없다면 '별첨 공동입찰자 목록 기재와 같음'이라고 쓰고, 전화번호와 주민등록번호, 주소도 빈칸으로 비워 둔다.

❻ **전화번호** | 입찰자의 전화번호를 지역번호와 함께 쓴다. 집전화·직장전화·휴대전화 중 아무거나 상관없다.

❼ **주민등록번호** | 입찰자의 주민등록번호를 쓴다. 법인이라면 사업자등록번호를 쓰면 된다.

❽ **법인 등록번호** | 법인이라면 법인등록번호를 쓴다. 입찰자가 법인이 아니면 빈칸으로 두면 된다.

❾ **주소** | 입찰자의 주민등록상 주소를 쓴다. 법인은 등기기록상의 본점 소재지를 쓰면 된다. 대단지 아파트의 경우에 지번을 빠뜨리고 쓰는 경우가 많은데 꼭 써야 한다.

❿ **대리인** | 대리입찰을 할 경우 대리인의 인적사항을 쓴다. 입찰자의 인적사항을 쓰는 요령과 같다.

⓫ **입찰가격** | 반드시 최저매각가격 이상을 아라비아 숫자로 정확하게 쓴

다. 입찰가를 명확하게 쓰지 않거나 정정한 경우에는 설령 정정 날인했더라도 무효가 된다.

**주의!** 입찰가를 고치고 싶으면 반드시 새 용지를 사용하여 입찰표 전체를 다시 써야 한다. 간혹 필기도구가 흐려 2회 이상 덧쓰는 경우가 있는데 무효가 되니 주의해야 한다.

❶ **보증금액** | 최저매각가격의 10%에 해당하는 금액을 쓴다. 다만 '재매각 사건'이어서 법원이 특별 매각조건으로 입찰보증금 비율을 최저매각가격의 20%로 정했다면 그 액수를 써야 한다. 입찰보증금을 쓰지 않거나 정해진 보증금과 다르게 쓴 경우라도 입찰봉투에 정해진 보증금 이상을 넣었으면 개찰에 포함된다. 보증금이 초과되는 것은 상관없지만 모자라면 개찰에서 제외된다.

❸ **보증의 제공방법** | '현금·자기앞수표' 앞에 ☑ 표시한다. 입찰보증금은 보험회사에서 발행한 보증보험 증권으로도 낼 수 있는데, 이 경우에는 '보증서' 앞에 ☑ 표시하면 된다.

❹ **보증금 반환 확인 서명·날인** | 입찰에서 떨어졌을 때, 집행관으로부터 입찰표와 입찰보증금을 돌려받고 서명한 후 날인하는 칸이다. 보증금을 반환받았다는 일종의 영수증인 셈이다. 그러므로 원칙적으로 입찰표를 낼 때는 서명과 날인을 하지 않는 것이 맞다.

　　그러나 어떤 법원은 경매사건이 많다 보니 신속한 진행을 위해 입찰표를 제출할 때 미리 서명·날인할 것을 권장하기도 한다. 물론 여기에 서명이나 날인을 하더라도 개찰에서 제외되거나 낙찰 효력이 없어지는 것은 아니니 걱정하지 않아도 된다.

## 입찰표는 낙장불입이다

입찰표는 한글과 아라비아 숫자로 정확하게 쓴다. 입찰표를 규정에 맞지

| 물건종별 | 농지 | 감정가 | 10,800,000원 |
|---|---|---|---|
| 토지면적 | 200㎡(60.5평) | 최저가 | (51%) 5,530,000원 |
| 건물면적 | | 보증금 | (10%) 560,000원 |
| 매각물건 | 토지지분매각 | 소유자 | 김■■ |
| 사건접수 | 2010-11-19 | 채무자 | 김■■ |
| 사건명 | 강제경매 | 채권자 | 신용보증기금 |

기일입찰 [입찰진행내용]

| 구분 | 입찰기일 | 최저매각가격 | 결과 |
|---|---|---|---|
| 1차 | 2011-04-11 | 10,800,000원 | 유찰 |
| 2차 | 2011-05-09 | 8,640,000원 | 유찰 |
| 3차 | 2011-06-13 | 6,912,000원 | 유찰 |
| 4차 | 2011-07-13 | 5,530,000원 | |

낙찰: 56,700,000,000원 (525000%)
(입찰1명, 낙찰:부산남구대연동 박■■)
매각결정기일 : 2011.07.20

입찰표를 잘못 써서 최저매각가격의 1만 배 이상의 가격으로 낙찰된 실제 사건. 최저매각가격이 553만원인데, 입찰가가 무려 567억원이다. 이 입찰자는 보나마나 낙찰잔금을 내지 않고 입찰보증금을 포기했을 것이다.

않게 작성해 놓고, 집행관에게 "사정을 좀 봐 주세요"라며 선처를 바랄 수는 없다. 나에게는 인간적인 선처겠지만, 다른 입찰자들에게는 규정을 거스른 '특혜'로 보일 수도 있기 때문이다.

최고가의 입찰가를 쓰고도 입찰표를 잘못 작성해서 낙찰에 실패하는 경우를 흔히 볼 수 있다. 그나마 패찰로만 끝난다면 다행이지만, 경우에 따라서는 큰 손해를 볼 수도 있으니 신중하게 작성하고 제출 전에 몇 번씩 확인해야 한다. 일단 제출된 입찰표는 취소·변경·교환할 수 없다.

## 대리입찰이라면 위임장을 가져가자

위임장은 대리입찰을 할 때에만 작성하면 된다. 거의 대부분의 집행법원은 위임장 양식을 입찰표의 뒷면에 인쇄해 놓았다. 대리인과 본인의 인적사항을 기재하는 요령은 입찰표의 인적사항을 쓰는 요령과 같다.

공동입찰을 위임하는 경우 위임장에 3명까지 본인의 인적사항을 쓸 수 있고, 위임 입찰자가 3명이 넘을 경우는 별도의 용지를 사용하여 첨부하면 된다.

위임장에 날인하는 입찰자의 도장은 반드시 인감도장이어야 하고, 발급일자가 3개월 이내인 인감증명서도 첨부해야 한다. 인감증명서를 첨부하지 않으면 집행관이 개찰할 때 "인감증명서를 내세요"라고 하는데, 즉시 주지 않으면 개찰에서 제외된다.

위임장은 입찰표 뒷면에 있다.

**경매물건의 사건번호는 꼭 기억하자**

경매사건도 일반 민사소송처럼 사건번호가 붙는다. 부동산 경매를 포함한 민사소송의 사건번호는 마치 주민등록번호와도 같다. 일단 사건번호가 정해지면 이후의 모든 절차는 이 번호로 특정하여 진행되므로 반드시 메모해 두어야 한다.

## 입찰가격과 보증금액을 쓸 때 주의점

초보자들은 입찰표에서 입찰가격과 보증금액을 서로 바꾸어 쓰기도 한다.
입찰가격을 쓰는 칸이 앞에 있고, 보증금액을 기재하는 칸이 뒤에 있다. 둘을 바꾸어 쓴 경우 입찰금액이 최저매각가격보다 적기 때문에 무효가 된다.

## 실수로 보증금을 더 많이 넣었다면

입찰보증금을 입찰봉투에 더 많이 넣었다면, 낙찰이 되면 그 차액은 현장에서 즉시 반환해 준다. 보증금을 수표로 넣었다면 바로 돌려받지 못할 수도 있는데, 나중에 낙찰잔금에서 그 차액만큼 빼고 납부하면 된다. 보증금액 난에 보증금과 액수를 다르게 썼더라도 실제로 보증금보다 더 많은 액수를 입찰봉투에 넣어 제출했다면 무효가 되지 않는다. 보증금이 초과되는 것은 상관없지만 모자라면 개찰에서 제외된다.

# 04

# 입찰가 산정할 때 주의할 점

낙찰받는 것 자체가 경매의 목적이 아니다. 낙찰보다는 수익이 중요하다.

## 낙찰이 아니라 수익에 초점을 맞추자

경매(競買)는 말 그대로 '경쟁적 매수행위'이다. 여러 사람이 입찰가를 써내고 그중에서 최고액을 쓴 사람이 낙찰을 받게 된다. 요즘은 경매가 대중화되다 보니 괜찮은 경매사건에는 입찰자가 많다. 번번이 낙찰에 실패하다 보면, 수익성을 꼼꼼히 따져 보지도 않고 초조해하며 높은 입찰가를 쓰는 사람들이 있다. 또는 입찰장에 사람들이 많은 것에 놀라서 낙찰받으려는 욕심에 그 자리에서 입찰가를 높여서 입찰표를 새로 쓰기도 한다.

하지만 부동산 경매에서는 단순히 낙찰이 문제가 아니라 수익이 함께 따라와야 성공적인 투자라고 할 수 있다. 기껏 좋은 경매물건을 낙찰받았더라도 수익을 내지 못하면 경매에서는 진 게임이나 마찬가지이다.

"이 경매물건은 얼마를 써내면 낙찰을 받을 수 있을까요?"

이런 질문을 자주 받곤 한다. 그러나 이것은 틀린 질문이다. 사람마다 그 물건을 낙찰받아 얻으려는 수익에 대한 욕심이 다르기 때문이다. 337쪽에서 매매차익을 원하는 경우와 임대수익을 노리는 경우에 입찰가를 산정하는 방법을 살펴볼 것이다. 조급한 마음에 흔들리지 말고 반드시 원칙을 지키기 바란다. 낙찰이 아니라 수익에 초점을 맞추어야 성공적인 경매투자가 될 수 있다.

# 낙찰가율에 흔들리면 안 되는 이유

낙찰가율이란 유사한 물건이 '감정가'를 기준으로 얼마에 낙찰되었는지를 보여주는 수치이다. 구체적인 낙찰가율(매각가율)은 유료로 경매정보를 제공하는 사설 경매정보 사이트에서 확인할 수 있다.

그런데 입찰가를 낙찰가율을 기준으로 정하는 사람들을 자주 본다. 하지만 바람직하지 않다. 감정가를 100% 믿을 수 없으니 낙찰가율도 무조건 믿어서는 안 되기 때문이다.

### 사례 낙찰가율로 산정했다가 손해본 경우

지금은 경매 경험이 풍부해진 최철수 씨(38세)에게 씁쓸했던 경험담을 들은 적이 있다. 13년 전 경매를 처음 시작한 최씨는 서울시 마포구의 20평 아파트에 도전했다. 근처에 월드컵경기장, 대형마트, 월드컵공원이 있으며 지하철역과 7분 거리였다.

당시 인근 단지의 낙찰가율을 보니 최저매각가격의 100%에 달했다. 이 아파트의 1회차 최저매각가격은 2억원이었는데, 최씨는 2억 1천만원에 낙찰받았다.

그런데 낙찰잔금을 낸 후 공인중개사무소에 갔다가 1억 9천만원짜리 급매물도 있다는 걸 알게 되었다. 2009년 2월 당시 워낙 경기가 나빴기에 급매물이 반짝 등장했던 것이다. 다행히 그후 아파트 가격이 올라서 시세차익을 얻긴 했지만, 그 이후로는 낙찰가율은 그냥 참고로만 본다고 한다.

물론 요즘은 아파트 감정가는 어느 정도 신뢰할 만하다. 그러나 감정평가와 입찰 시점은 보통 6개월 정도 차이가 있다. 6개월은 부동산 투자의 성공과 실패를 가를 만큼 긴 시간이다. 아파트는 그렇다 치더라도 상가나 공장, 특히 토지라면 낙찰가율로 입찰가를 산정하는 것은 더욱 조심해야 한다.

## 입찰가의 숫자에도 선호 유형이 있다

많은 입찰자들이 입찰가를 백원이나 십원, 심지어는 일원 단위까지 0으로 비워두지 않고 쓴다. 다른 입찰자들과 가격이 중복되는 것을 피하고, 기왕이면 2등과 근소한 차이로 낙찰받고 싶은 욕심 때문이다. 입찰가격을 백원 단위 이하까지 써넣는 방법도 좋긴 하지만, 이런 방법에도 기술이 필요하다.

입찰자들이 선호하는 입찰가에도 유형이 있다.
첫째, 일원 단위까지 같은 숫자로 쓰는 유형이다. 예를 들어 63,333,333원, 278,555,555원처럼 말이다. 그런데 거의 비슷한 금액으로 다른 입찰자와 경합하는 경우를 대비한다면 63,334,000원이나 278,555,600원처럼 천원, 또는 백원 단위에서 살짝 숫자를 올려주는 것도 좋은 방법이다.

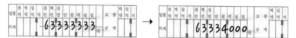

둘째, 십만원 단위부터 일원 단위까지 모두 9로 쓰는 경우이다. 그러나 이 방법은 추천하고 싶지 않다. 입찰가 364,999,999원보다는 차라리 365,000,001원이 좋다. 9라는 숫자가 크니까 얼핏 이렇게 쓰면 유리하다고 생각할 수 있지만 365,000,000원과 만날 경우 승패가 갈린다는 걸 명심하자.

셋째, 백만원 단위에 숫자 2나 7을 쓰는 사람이다. 예를 들어 3억 6천만원대 초반을 생각한다면 백만원 단위에 2를 많이 쓰고, 3억 6천만원대 후반을 생각한다면 백만원 단위에 7을 쓰는 경우가 많다. 그러므로 3억 6천만원대 초반을 생각한다면 백만원 단위에 3을, 후반을 생각한다면 8을 써내는 것이 미묘한 차이지만 낙찰 가능성이 높다.

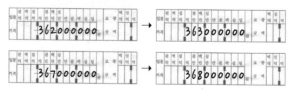

# 05

# 매매차익/임대수익, 입찰가 정하는 법

매매차익을 얻으려면, 또는 높은 임대수익을 바란다면 입찰가를 어떻게 정할까?

입찰가를 정할 때는 무엇보다 현장답사에서 얻은 시세정보가 중요하다. 매각 후에 낙찰자에게 인수되는 권리가 있는지의 여부도 중요하며, 입찰경쟁률이 얼마나 될지도 예상해 반영해야 한다.

사실 입찰가를 정하는 과정은 그동안 그 경매물건에 대해 조사한 모든 내용이 반영되는 지점이다. 입찰가를 산정하는 방법은 매매차익을 원하는지, 임대수익을 원하는지에 따라 다르다. 여기에서 소개하는 방법으로 입찰가를 뽑은 다음 낙찰자에게 인수되는 권리로 인해 추가로 드는 비용, 명도비용, 각종 세금, 수리비용, 연체 관리비 등을 감안하여 최종적으로 정하면 된다.

## 나중에 팔아서 매매차익을 올리고 싶다면

경매 부동산을 저렴하게 사서 나중에 오른 가격에 팔아 매매차익을 얻으려 한다면, 제1원칙은 당연히 수익을 얻을 수 있는 입찰가를 적어내야 한다는 것이다. 이 경우 입찰가는 부동산을 낙찰받은 후 '스스로 팔 자신이 있는 가격'에서 '일체의 비용'(수수료와 세금 등)과 '기대수익'을 뺀 금액이 된다. 그래야 기대하는 수익을 얻을 수 있기 때문이다.

### 스스로 팔 자신이 있는 금액

'스스로 팔 자신이 있는 금액'이란 시세를 말한다. 여기서 시세는 감정가가 아니다. 감정가를 시세로 오인하는 경우가 간혹 있다. 하지만 법원의 감정가는 시세보다 조금 웃도는 경우가 많으므로 손해볼 위험이 있으니 조심해야 한다.

시세는 현지 공인중개사, 지역주민 등 현장답사를 통해 확인하는 수밖에 없다. 그들을 많이 만날수록 비교적 정확한 시세를 얻을 수 있다.

시세를 파악했다면, 입찰할 부동산의 개별 특징과 지역적 요인을 고려하여 매도시점과 판매가격을 예상해 본다. 만약 개발계획이 있다면 개발 후의 매도금액을 어림잡아 생각해 본다.

## 경매와 관련된 일체의 비용

경매를 통해 부동산을 매수할 때 드는 비용을 계산한다. 취득세, 명도비용은 물론 집수리 비용, 개발비, 팔 때의 양도소득세, 부동산 중개수수료 등을 포함해 계산한다. 특히 양도소득세는 보유기간이나 종목, 개인사정에 따라 크게 다르므로 꼼꼼히 따져보아야 한다.

## 기대수익을 정한다

기대수익은 말 그대로 그 경매물건을 샀다가 되팔 때 기대하는 수익이다. 개인의 욕심에 따라 다르고 부동산 경기, 지역, 종목에 따라 수시로 바뀔 수밖에 없지만 보통 30% 정도의 수익률이라면 무리가 없다고 본다. 자신이 보유하고자 하는 기간에 맞게 기대수익을 계산해 보면 된다.

위의 계산방법을 정리해 보자. 부동산 경매를 통해 매매차익을 얻으려면 다음과 같이 입찰가를 계산하면 된다.

> 매매차익의 입찰가 = 매도 가능 금액 − 일체의 비용 − 기대수익 금액

### 사례 매매차익을 위해 단독주택에 입찰하는 경우, 입찰가 산정법

김재훈 씨(34세)는 서울시 은평구 수색동 단독주택의 경매에 입찰할 예정이다. 최초 감정가는 6억 5천만원이었는데 2회 유찰되어 3회차 매

각의 최저 매각가격은 4억 1,600만원이다. 현지 공인중개사를 통해 알아본 결과 현재 시세는 6억 5천만원 정도이다.

김씨는 이 단독주택을 낙찰받아 3년 후에 팔 계획이다. 현재 시세가 6억 5천만원이므로, 3년 후라면 적어도 7억원에는 팔 수 있지 않을까 예상하고 있다고 하자. 그가 바라는 기대수익은 2억원이다.

권리분석을 해 보니 매각 후 인수되는 권리는 없으며, 현재 세입자의 이사비용 150만원 정도만 부담하면 명도가 가능할 듯하다. 그리고 이 집에 2년 이상 거주하고 팔면 양도소득세도 나오지 않는다.

입찰가를 산정하는 방법을 알아보자.

**매매차익을 원하는 김씨의 입찰가 산정법**

| | |
|---|---|
| 3년 뒤 매도 가능 금액(예상액) | 약 7억원 |
| 취득세*/등기수수료 | -약 1,000만원 |
| 명도 비용 | -약 150만원 |
| 집 수리 비용 | -약 2,000만원 |
| 팔 때의 부동산 수수료 | -약 400만원 |
| 기대수익 | -약 2억원 |
| | 4억 6,450만원(입찰가) |

* 취득세는 1주택자인지, 조정대상지역인지에 따라 크게 다를 수 있다. 여기서는 조정대상지역인 서울, 1주택자, 그리고 입찰가인 4억 6,450만원으로 계산했다. 이 경우 취득세 및 그에 따른 농특세, 지방교육세 등 총 납부금액은 약 603만원이나 계산의 편의를 위해 등기수수료 포함 그냥 1,000만원으로 계산했다.

만약 이런 시나리오라면 김씨는 매도 가능 금액 7억원에서 모든 비용과 기대수익을 합친 금액(2억 3,550만원)을 빼 4억 6,450만원을 입찰가로 쓰면 된다.

## 임대를 놓고 싶다면

임대수익을 기대하는 투자자도 입찰가를 산정하는 기본 방식은 앞에서 설명한 것과 비슷하다. 취득과 보유, 임대사업에 따른 제반비용을 예상하고 기대수익률을 정한다. 모든 비용을 빼고도 연간 기대수익률이 나올 수 있는 가격을 거꾸로 계산해 입찰가를 정하면 된다.

## 임대가격 감안하기

연간 수익률을 알기 위해서는 매수가격과 비용 외에 임대가를 알아야 한다. 현장답사를 나갔을 때 공인중개사무소 여러 곳에서 매매시세와 함께 임대시세도 조사해야 한다. 아무리 좋은 집을 낙찰받더라도 그 동네에 월세를 사는 사람이 드물거나 월세를 기대만큼 받을 수 없다면 큰 차질이 생긴다.

## 기대 임대 수익률은 100% 현금 투자를 기준으로

연간 기대 임대 수익률은 융자 없이 100% 현금으로 투자하는 경우를 기준으로 연 8~10%면 꽤 괜찮은 편이다. 물론 일부 융자를 얻어 투자하는 경우라면 임대 수익률이 바뀐다. 그러나 대출금이나 연이율은 개인의 신용도에 따라 다르므로, 이를 기준으로 입찰가를 산정하면 자칫 객관성을 잃어 손해를 볼 수 있다.

그럼, 임대수익을 바랄 때 입찰가를 정하는 방법을 알아보자.

$$\text{임대수익의 입찰가} = \frac{(\text{월세} - \text{월 이자}) \times 12(\text{개월}) \times 100(\%)}{\text{연간 기대 임대 수익률}(\%)} + \text{융자금} + \text{보증금} - \text{일체비용}$$

계산식이 복잡해 보이는가? 이번에는 계산하기 쉽게 간단한 숫자로 이해해 보겠다.

### 사례 임대수익을 위한 오피스텔 입찰가 산정법

유혜원 씨(33세)는 현재 보증금 2천만원에 월세 70만원인 오피스텔에 입찰할 생각이다. 이 오피스텔을 낙찰받을 경우의 제반 비용이 300만원이라고 해 보자. 융자는 없다고 가정하고 연 10%의 임대 수익률을 올리려면 입찰가를 얼마로 써야 할까?

$$\text{입찰가} = \frac{70\text{만원} \times 12\text{개월} \times 100\%}{10\%} + 2\text{천만원} - 300\text{만원} = 1\text{억 }100\text{만원}$$

## 잠깐! 유찰 후 저감률이 왜 법원마다 다를까?

입찰일에 입찰자가 전혀 없어서 유찰되면, 법원은 또다시 유찰되는 것을 막고 낙찰률을 높이기 위해 보통 최저 매각가격을 20~30%씩 낮춘다. 그런데 주로 20%씩 낮추는 법원도 있고 30%씩 낮추는 법원도 있다. 이 비율은 판사가 결정하는 것이 원칙이지만 현실적으로는 각 법원별로 어느 정도 일정한 비율을 유지하고 있다. 이처럼 유찰될 때마다 최저매각가격을 낮추는 비율을 '저감률'이라고 한다.

예를 들어 한 번 유찰될 때마다 최저매각가격이 20% 또는 30%씩 낮아진다면, 아래의 표와 같이 될 것이다.

저감률이 20%일 경우

|  | 최초 입찰일 | 2회 입찰 | 3회 입찰 | 4회 입찰 | 5회 입찰 |
|---|---|---|---|---|---|
| 감정가 대비 최저 매각가격 비율 | 100% | 80% | 64% | 51.2% | 41% |
| 최저매각가격 (감정가 1억원) | 1억원 | 8,000만원 | 6,400만원 | 5,120만원 | 4,096만원 |

저감률이 30%일 경우

|  | 최초 입찰일 | 2회 입찰 | 3회 입찰 | 4회 입찰 | 5회 입찰 |
|---|---|---|---|---|---|
| 감정가 대비 최저 매각가격 비율 | 100% | 70% | 49% | 34.3% | 24% |
| 최저매각가격 (감정가 1억원) | 1억원 | 7,000만원 | 4,900만원 | 3,430만원 | 2,401만원 |

## 유찰 시 법원별 저감률 알아보기

대한민국 법원경매정보 사이트(www.courtauction.go.kr)에서 [이용안내]→집행기관을 클릭하면, 각 지방법원이 어떤 지역을 관할하는지 알 수 있다. 다음 표의 저감률은 2022년 9월 현재 기준이다. 저감률은 법원의 정책에 따라 일괄적으로 바뀔 수 있으며, 개별 경매사건에서도 판사의 재량에 따라 바뀔 수 있다. 요즘은 빠른 매각과 비용절감을 위해 많은 지방법원들이 저감률을 20%에서 30%로 변경하는 추세이다. 단, 저감률은 변할 수 있으니 입찰 전에 해당 법원의 정보를 확인하자.

| 대분류 | 세부 지원 | 저감률 | 관할지역 |
|--------|-----------|--------|----------|
| 서울지방법원 | 서울중앙지방법원 | 20% | 강남구, 관악구, 동작구, 서초구, 성북구, 종로구, 중구 |
| | 서울동부지방법원 | | 강동구, 광진구, 성동구, 송파구 |
| | 서울서부지방법원 | | 마포구, 서대문구, 용산구, 은평구 |
| | 서울남부지방법원 | | 강서구, 구로구, 금천구, 양천구, 영등포구 |
| | 서울북부지방법원 | | 강북구, 노원구, 도봉구, 동대문구, 중랑구 |
| 수원지방법원 | 수원지방법원 본원 | 30% | 수원시 권선구·영통구·장안구·팔달구 용인시 기흥구·수지구·처인구, 화성시, 오산시 |
| | 평택지원 | | 안성시, 평택시 |
| | 성남지원 | | 성남시 분당구·수정구·중원구 광주시, 하남시 |
| | 여주지원 | | 양평군, 여주군, 이천시 |
| | 안산지원 | | 안산시 단원구·상록구 광명시, 시흥시 |
| | 안양지원 | 20% | 안양시 동안구·만안구 과천시, 군포시, 의왕시 |
| 의정부지방법원 | 의정부지방법원 본원 | 30% | 가평군, 구리시, 남양주시, 동두천시, 양주시, 연천군, 의정부시, 포천시, 철원군 |
| | 고양지원 | | 고양시 덕양구·일산동구·일산서구 파주시 |
| 인천지방법원 | 인천지방법원 본원 | 30% | 인천시 계양구·남구·남동구·동구·부평구·서구·연수구·중구, 옹진군, 강화군 |
| | 부천지원 | | 부천시 소사구·오정구·원미구, 김포시 |
| 대전지방법원 | 대전지방법원 본원 | 30% | 대전시 동구·대덕구·서구·유성구·중구 연기군, 금산군 |
| | 천안지원 | | 천안시 동남구·서북구, 아산시 |
| | 논산지원 | 20% | 계룡시, 논산시, 부여군 |
| | 서산지원 | | 당진시, 서산시, 태안군 |
| | 공주지원 | 30% | 공주시, 청양군 |
| | 홍성지원 | | 보령시, 서천군, 예산군, 홍성군 |
| 청주지방법원 | 청주지방법원 본원 | 20% | 청주시 상당구·흥덕구 괴산군, 보은군, 진천군, 증평군, 청원군 |
| | 충주지원 | | 음성군, 충주시 |
| | 영동지원 | | 영동군, 옥천군 |
| | 제천지원 | | 단양군, 제천시 |
| 대구지방법원 | 대구지방법원 본원 | 30% | 대구시 남구·동구·북구·수성구·중구 경산시, 영천시, 청도군, 칠곡군 |
| | 서부지원 | | 대구시 달서구·서구, 고령군, 달성군, 성주군 |
| | 김천지원 | | 구미시, 김천시 |
| | 경주지원 | | 경주시 |
| | 상주지원 | | 문경시, 상주시, 예천군 |
| | 포항지원 | | 포항시 남구·북구, 울릉군 |

| | | | |
|---|---|---|---|
| 대구지방법원 | 안동지원 | 30% | 봉화군, 안동시, 영주시 |
| | 영덕지원 | | 영덕군, 영양군, 울진군 |
| | 의성지원 | | 군위군, 의성군, 청송군 |
| 울산지방법원 | 울산지방법원 본원 | 20% | 울산시 남구 · 동구 · 북구 · 중구 양산시, 울주군 |
| 부산지방법원 | 부산지방법원 본원 | 20% | 부산시 강서구 · 금정구 · 동래구 · 동구 · 부산진구 · 북구 · 사상구 · 사하구 · 서구 · 연제구 · 영도구 · 중구 |
| | 동부지원 | | 부산시 남구 · 수영구 · 해운대구 기장군 |
| 창원지방법원 | 창원지방법원 본원 | 20% | 창원시 성산구 · 의창구 · 진해구 김해시 |
| | 마산지원 | | 창원시 마산합포구 · 마산회원구, 함안군, 의령군 |
| | 거창지원 | | 거창군, 함양군, 합천군 |
| | 진주지원 | | 남해군, 사천시, 산청군, 진주시, 하동군 |
| | 통영지원 | | 거제시, 고성군, 통영시 |
| | 밀양지원 | | 밀양시, 창녕군 |
| 광주지방법원 | 광주지방법원 본원 | 1회: 30% 2회 이후: 20% | 광주시 광산구 · 남구 · 동구 · 북구 · 서구 곡성군, 나주시, 담양군, 영광군, 장성군, 화순군 |
| | 순천지원 | | 고흥군, 광양시, 구례군, 보성군, 순천시, 여수시 |
| | 목포지원 | | 목포시, 무안군, 신안군, 영암군, 함평군 |
| | 장흥지원 | | 강진군, 장흥군 |
| | 해남지원 | | 완도군, 진도군, 해남군 |
| 전주지방법원 | 전주지방법원 본원 | 30% | 전주시 덕진구 · 완산구 김제시, 무주군, 완주군, 임실군, 진안군 |
| | 군산지원 | | 군산시, 익산시 |
| | 남원지원 | | 남원시, 순창군, 장수군 |
| | 정읍지원 | | 고창군, 부안군, 정읍시 |
| 춘천지방법원 | 춘천지방법원 본원 | 30% | 양구군, 인제군, 춘천시, 홍천군, 화천군 |
| | 강릉지원 | | 강릉시, 동해시 , 삼척시 |
| | 원주지원 | | 원주시, 횡성군 |
| | 속초지원 | | 고성군, 속초시, 양양군 |
| | 영월지원 | | 영월군, 정선군, 태백시, 평창군 |
| 제주지방법원 | 제주지방법원 본원 | 30% | 서귀포시, 제주시 |

# 두근두근, 입찰 시작 전에 체크할 것

입찰 당일, 막상 혼자 법원에 가려면 긴장될 수밖에 없다. 입찰 시작 전에 유의할 것들을 확인해 보자.

선영 씨는 아침 9시쯤 경매가 진행될 법원에 도착했다. 입찰은 10시에 시작하지만, 아직 경매에 익숙하지 않은 초보이다 보니 일부러 분위기를 보고자 일찍 온 것이다.

특히 입찰 시작 전에 집행관이 입찰방법과 절차를 설명해 주니 초보자는 들어보는 것이 좋다. 대부분의 집행법원은 오전 10시에 입찰을 시작하고 11시 10분쯤 마감한다. 몇몇 집행법원은 10시 30분에 입찰을 시작하는 경우도 있다. 승용차를 이용할 경우에는 입찰자들이 몰려 주차가 힘드니 일찌감치 출발해야 한다.

### 게시판부터 확인하자

입찰장에 들어가면, 먼저 게시판에서 그날 진행되는 경매사건을 확인해야 한다. 하루에 보통 50~100건이 진행되며, 그날 있을 경매의 사건번호가 적힌 용지를 게시한다.

경매사건은 입찰 당일에도 취하·취소·변경·정지가 될 수 있으므로 게시판에서 내가 입찰하려는 경매사건에 변동사항이 없는지 확인한다. 헛걸음을 하지 않으려면 법원으로 출발하기 전에 미리 대한민국 법원경매정보 사이트에서 변동사항이 없는지 확인하는 것이 좋다.

그날 진행되지 않는 경매사건에 실수로 입찰표를 냈다면, 입찰보증금을 반환받기 위해서 입찰이 종료될 때까지 기다려야 한다. 게다가 입찰보증금을 반환받을 때, 기본적인 사항도 확인하지 않은 채 입찰표를 제출한 부주의가 법정에 모인 다른 입찰자들 앞에서 공개되므로 다소 민망한 상황이 연출될 수도 있다. 그러므로 게시판부터 꼭 확인해야 한다.

### 입찰일에도 확인할 서류가 있을까?

입찰 당일에도 법정에서 서류를 열람할 수 있다. 그러나 입찰 7일 전부터 인터넷을 통해 확인할 수 있는 서류들이므로 열람하지 않아도 된다.

만약 낙찰자가 인수해야 하는 부담이 달라질 만큼 중대한 사항이 바뀌었다면, 그 경매사건은 내용을 수정해서 공고한 다음 약 한 달 후에 다시 입찰을 진행하니 너무 걱정하지 않아도 된다.

### 입찰장의 분위기에 휩쓸리지 말자

권리분석과 시세조사, 현장답사를 꼼꼼히 하고도 막상 입찰 당일에 가보면, 생각보다 많은 입찰자들과 열띤 분위기에 휩쓸려 입찰가를 높이는 초보 입찰자들이 있다.

낙찰에 승부욕이 생겨서 '입찰가를 조금만 더 높여 쓸까?' 하는 생각이 들기도 한다. 하지만 내가 기대한 수익률과 대출 가능한 금액을 고려하지 않고 비싸게 낙찰받으면 그만큼 경제적 손실이라는 것을 잊지 말자.

### 준비한 입찰보증금을 확인하자

경매에 처음 나온 신건과 유찰된 물건의 입찰보증금은 그 회차 최저매각가격의 10%이지만, 낙찰자가 낙찰잔금을 내지 않아 다시 나온 재매각 경매물건은 입찰보증금이 최저매각가격의 20% 또는 30%이다.

재매각 사건인데 깜박 잊고 입찰보증금을 10%만 준비한 것은 아닌지 다시 한 번 확인하자. 입찰봉투에 넣은 입찰보증금이 모자라면 무효 처리가 된다. 입찰보증금은 수표나 현금 여러 장보다 수표 1장으로 미리 준비해 두는 것이 좋다.

## 07 입찰봉투 작성해 입찰하기

>>>

입찰이 무효가 되지 않도록 입찰봉투를 꼼꼼히 챙기는 법을 살펴보자.

### 입찰봉투 작성하기

입찰봉투 앞면에 본인 이름을 쓰고, 봉투의 덮개 안쪽에 담당 경매계와 사건번호, 물건번호(개별매각 사건의 경우)를 쓴다. 사건번호 2022타경12345번이 서울서부지방법원 경매6계에서 진행된다면 아래와 같이 쓰면 된다. 이때 대리입찰이라면 대리인의 이름도 써야 한다.

본인이 직접 입찰하는 경우라면, 봉투의 앞면에 쓴 성명의 끝과 뒷면의 ㉙이라고 표시된 세 곳에 도장을 찍는다. 대리입찰일 때는 대리인의 성명 끝과 뒷면의 ㉙이라고 표시된 세 곳에 대리인의 도장을 찍는다.

❶ 본인의 이름을 쓴다. 대리입찰이라면 대리인의 이름도 쓴다.

❷ 담당 경매계와 사건번호를 쓴다. 개별매각 사건이라면 물건번호도 써야 한다.

❸ 본인 입찰이라면 본인 도장을 앞면 한 곳과 뒷면 세 곳에 찍는다. 대리입찰이라면 대리인 성명 뒤와 뒷면 세 곳에 대리인의 도장을 찍으면 된다.

❹ 이 부분을 안쪽으로 접어서 입찰 경쟁자들의 눈에 띄지 않도록 한다.

❺ 입찰봉투를 내면 집행관이 여기에 연결번호를 쓰고 도장을 찍는다.

❻ 입찰봉투를 내면 집행관이 입찰자용 수취증 부분을 잘라 돌려준다. 입찰에서 떨어진 경우 입찰자용 수취증이 있어야 입찰보증금을 돌려받을 수 있으니 잘 챙겨두자.

입찰봉투 위쪽에 입찰자용 수취증이 보인다. 입찰봉투의 덮개를 '접는선'을 따라 안쪽으로 접는다. 사건번호가 경쟁자들에게 노출되지 않도록 주의하는 것이다.

매수신청보증 봉투의 앞면(위)과 뒷면(아래)

## 입찰보증금과 필요한 서류를 모두 넣는다

이제 입찰보증금을 매수신청보증 봉투에 넣는다. 여기에도 사건번호와 본인, 대리인의 이름을 적고 날인을 해야 한다. 봉투 뒷면의 날인하는 곳에도 모두 도장을 찍는다.

입찰보증금은 현금과 수표로 낼 수 있지만 개찰이 신속하게 진행될 수

**입찰봉투에 꼭 챙겨 넣어야 할 것**

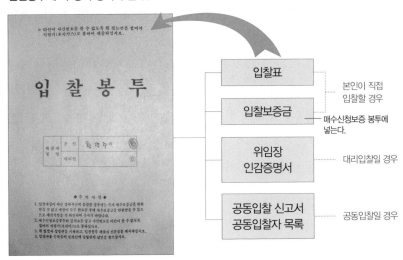

있도록 가능하면 수표 1장으로 준비하는 것이 좋다. 은행에 가서 원하는 액수대로 수표를 발행해 달라고 하면 된다. 참고로 법원 안에 은행 지점이 있다.

입찰보증금이 정해진 보증금보다 모자라면 입찰에서 제외되며, 보증금을 초과하여 넣은 경우 낙찰되면 그 차액은 현장에서 즉시 반환하여 준다. 단, 보증금을 수표로 넣었다면 즉시 반환되지 않을 수 있으며, 나중에 낙찰잔금에서 금액만큼 차감된다.

이제 입찰표, 입찰보증금을 넣은 매수신청보증 봉투를 입찰봉투에 넣는다. 만약 대리입찰이라면 입찰표 뒷면의 위임장도 작성하고 본인의 인감증명서도 함께 넣어야 하며, 공동입찰이라면 공동입찰 신고서와 공동 입찰자 목록도 동봉해야 한다. 이로써 입찰봉투를 제출할 준비가 모두 끝났다.

## 입찰봉투 제출하기

입찰봉투를 제출하기 전에 마지막으로 잘못 기재한 곳이 없는지 다시 한번 확인한다.

이제 경매법정의 앞쪽에 있는 집행관에게 가서 입찰봉투와 신분증을 제시하면, 집행관은 입찰봉투에 연결번호를 기재하고 날인한 후 입찰자용 수취증을 절취하여 돌려준다. 입찰자용 수취증은 개찰 후 입찰보증금을 돌려받거나 영수증을 받을 때 다시 제출해야 하므로 분실하지 않도록 주의해야 한다.

집행관이 입찰봉투도 다시 돌려주는 경우가 있는데, 이때는 집행관 앞에 놓여 있는 입찰함에 여러분이 직접 넣으면 된다. 이로써 입찰의 모든 절차가 끝났다. 이제 개찰을 하러 가보자.

# 08 >>> 개찰, 최고가 매수신고인이 되다

"야호, 낙찰 성공!", "아, 입찰에서 떨어졌네요." 낙찰 또는 패찰 후의 대응방법을 알아본다.

입찰시간이 끝나면 이제 집행관은 입찰마감을 선언한다. 그리고 개찰 전에 입찰자들이 제출한 입찰표를 사건번호 순서대로 잠시 분류한다. 그동안 '어떤 사람들이 입찰을 하러 왔나' 하며 사람 구경도 하고, 낙찰되는 달콤한 상상을 하며 기다리게 될 것이다. 얼마 지나지 않아 분류작업이 끝나는 즉시 사건번호 순서대로 개찰을 시작한다. 개찰이 진행되는 동안은 언제 차례가 올지 모르니 자리를 비우지 않는 게 좋다.

이제 집행관이 내가 입찰한 사건번호를 호창하면 앞으로 나간다.

> 2022 타경 12345 개찰합니다. 입찰하신 분들 앞으로 나오세요.

집행관은 그 경매사건의 입찰자 중에서 최고가를 쓴 사람의 이름과 입찰가를 크게 불러 최고가 매수신고인으로 지정한다.

> 최고가 매수신고인은 입찰가 일억 육천 삼백 삼십 삼만 사천원에 응찰하신 김선영 씨입니다.

그런 다음 그 경매사건을 종결한다고 선언한다. 집행관이 다음에 개찰할 경매의 사건번호를 부르면 앞 사건의 개찰이 끝난다.

최고가 매수신고인이 되셨습니다!

탕 탕 탕

### 최고가 매수신고인이 뭐지?

최고가 매수신고인은 개찰 결과 가장 높은 가격으로 응찰하여 집행관으로부터 지정을 받은 사람이다. '낙찰자'라고도 하는데 사실 정확한 용어는 아니다.

　예전에는 낙찰자, 경락인 등의 말을 사용했지만 현행 민사집행법에서는 '매수인'이 정확한 표현이다. 즉, 최고가 매수신고인은 매각허가 결정이 확정되기 전까지는 '최고의 가격으로 매수신고를 한 사람'에 불과하다. 경매절차에서 하자가 발견되거나, 기타 이유로 경매사건이 취하·취소·정지될 경우 낙찰받은 부동산의 소유권을 얻지 못할 수도 있다.

### 낙찰에 성공했다면

집행관의 지시에 따라 서명·날인을 하고, 입찰보증금에 대한 영수증을 건네받는다. 만약 낙찰받은 부동산이 농지라면, 집행관은 입찰보증금 영수증과 함께 최고가 매수신고인 확인증도 교부해 준다. 최고가 매수신고인 확인증이 있어야 농지취득 자격증명서를 발급받을 수 있으므로 잘 보관해야 한다.

### 입찰에서 떨어졌다면

입찰봉투를 제출할 때 받은 입찰자용 수취증과 신분증을 제시하고 입찰보증금을 돌려받는다. 차순위 매수신고, 공유자 우선 매수청구, 임차인 우선 매수청구를 할 사람은 집행관이 다음 사건번호를 호창하기 전에 재빨리 손을 들어 권리를 행사해야 한다.

**잠깐!**

### 최고가 입찰자가 2명 이상이라면

최고가 입찰가를 적어낸 사람이 2명 이상인 경우, 현장에서 바로 그들만을 상대로 추가 입찰을 해서 더 높은 금액으로 응찰한 입찰자를 최고가 매수신고인으로 지정한다. 만약 추가 입찰을 실시했는데도 다시 입찰가가 같다면 추첨으로 최고가 매수신고인을 지정한다.

# 09 >>> 차순위 매수신고인, 제가 할게요!

낙찰을 못 받았더라도 아직 기회는 있다. 차순위 매수신고를 하는 방법을 살펴본다.

앞에서 살펴보았듯이, 집행관이 가장 높은 입찰가를 써낸 사람의 이름과 입찰가를 크게 불러 최고가 매수신고인으로 지정하고, 그 사건을 종결한다고 선언하면 그 경매사건이 종료된다. 그런데 종결 선언 전에 입찰에서 떨어진 사람들 중 차순위 매수신고를 할 사람은 재빨리 손을 들어 권리를 행사해야 한다.

## 차순위 매수신고인이 뭐지?

최고가 매수신고인이 잔금을 납부하지 않을 경우 차순위 매수신고인이 바로 낙찰받을 수 있다. 재매각으로 인한 시간과 경비의 부담을 줄이기 위한 제도이다.

차순위 매수신고를 하면, 최고가 매수신고인이 잔금을 모두 내거나 또는 매각 불허가가 결정되기 전까지는 보증금을 반환받지 못한다. 또한 최고가 매수신고인이 잔금납부를 포기한 경우 자동으로 낙찰을 받게 되는데, 이때 잔금을 납부하지 않으면 보증금을 반환받지 못한다. 그러므로 차순위 매수신고를 할 때는 신중하게 판단해야 한다.

## 2등만 차순위 매수신고를 할 수 있을까?

2등만 차순위 매수신고를 할 수 있는 것은 아니다. 다음의

Chapter 8 드디어 입찰 – 낙찰률과 수익률 높이는 법

조건에 해당되면 누구나 차순위 매수신고를 할 수 있다.

예를 들어 이 사건의 입찰보증금이 1,200만원이었고, 최고가 매수신고인이 1억 5,000만원의 최고가를 써냈다면, 입찰가를 1억 3,800만원 이상으로 써낸 사람이라면 누구나 차순위 매수신고를 할 수 있다.

다만 차순위 매수신고인은 2인 이상이 될 수 없으므로 그중 입찰가가 높은 사람으로 정하며, 입찰가가 같을 때에는 추첨으로 정한다.

**차순위 매수신고의 자격요건**

| |
| --- |
| 최고가 매수신고 금액 − 입찰보증금 < 자기의 입찰금액 |

차순위 매수신고는 그 경매사건의 입찰절차가 끝나기 전에 해야 한다. 집행관이 다음에 개찰할 경매 사건번호를 호창하면, 이전 사건의 입찰절차는 종료되므로 차순위 매수신고를 할 수 없다. 그러므로 다음의 사건번호가 호창되기까지 길어야 10여 초 안에 차순위 매수신고를 할지 결정해야 한다. 개찰에 앞서 '만약 입찰에서 떨어졌을 경우에 차순위 매수신고를 할 것인지'를 미리 결정해 두는 것이 좋다.

# 10 >>> 개찰 후 1분 안에 공유자 우선매수 청구

공유자가 우선매수를 청구하는 방법을 알아보고, 왜 일반 투자자는 입찰을 포기하는 경우가 많은지 살펴보자.

**사례** **부부 공동명의 아파트 지분이 경매로 넘어간 경우**

결혼 8년차 김희상 씨(40세)와 이영신 씨(36세) 부부는 아파트를 1/2씩 공동명의로 가지고 있다. 그런데 남편이 주식투자로 진 빚을 갚지 못해 그의 지분이 경매로 넘어갔다. 이때 그 지분이 제3자에게 낙찰된다면, 공유자인 이씨가 이 아파트를 사용하기가 너무 불편하다. 그래서 법원은 이왕이면 공유자가 지분을 낙찰받게 하기 위해 공유자 우선매수 청구권 규정을 만들었다.

## 공유자 우선매수 청구권이 뭐지?

공유는 한 부동산을 여러 사람이 각각의 지분만큼 소유하는 것이다. 최근에는 부부가 주택을 공동명의로 등기하는 경우가 많아졌는데, 이런 경우가 공유의 대표적인 예이다.

만약 공유물 전부가 매각대상이라면 단독 소유인 부동산을 매각하는 경우와 크게 다르지 않다. 그런데 한 사람의 지분만을 매각하는 경매라면 공유자에게 '공유자 우선매수 청구권'을 인정한다.

이때 공유자는 '최고가 입찰가'와 같은 가격으로 우선 매수할 수 있다. 이 경우 법원은 최고가 매수신고인이 있더라도 공유자에게 매각을 허가한다. 이때 최고가 매수신고인은 원하면 차순위 매수신고인이 될 수 있다.

## 공유자 우선매수를 청구하는 법

공유자라면 법원 집행관이 그 경매사건의 최고가 매수신고인을 호창한 후 매각절차가 종료되기 전에, 큰 목소리로 "우선매수를 청구하겠습니다"라고 외치면 된다.

공유자 우선매수를 청구하는 방법도 일반 입찰과 같다. 입찰표에서 '입찰가격'만 빈칸으로 비워 두고 작성한 뒤, 입찰봉투에 보증금과 함께 넣어 가지고 있는 게 빠르고 편리하다.

## 공유자 우선매수 청구권은 누가?

공유자 우선매수 청구권은 그 경매 부동산 전부에 대한 공유자만 가질 수 있다. 가령 재팔 씨와 달봉 씨가 A토지와 B토지를 절반씩 공동으로 소유하고, C토지는 달봉 씨의 단독 소유라고 하자. 그런데 달봉 씨의 토지 지분이 모두 경매로 나왔다고 하자. 이 경우 A, B토지의 각 절반과 C토지 전부가 매각되는 일괄매각 사건이다.

| A토지 | | B토지 | | C토지 |
|---|---|---|---|---|
| 재팔 50% | 달봉 50% | 재팔 50% | 달봉 50% | 달봉 100% |

재팔 씨는 C토지에 대한 지분이 없기 때문에 공유자 우선매수 청구권이 없다.

이 경우 재팔 씨의 공유자 우선매수 청구권은 인정되지 않는다. 경매 부동산의 전부를 공유해야 하는데 C토지의 공유지분이 없기 때문이다.

물론 개별매각 사건으로 A토지의 지분, B토지의 지분, C토지의 전부를 각각 물건번호를 달리하여 따로 매각한다면 재팔 씨는 A, B토지의 지분에 대해 공유자 우선매수 청구권을 행사할 수 있다.

## 공유자가 가장 싸게 나머지 지분을 얻으려면

첫째, 미리 공유자 우선매수 청구를 하지 말고, 입찰일에 법원으로 가서 개찰과정을 참관한 후 입찰자가 아무도 없어 유찰된다면 그냥 돌아온다. 다음 매각기일에 입찰하면 유찰로 인해 최저매각가격이 낮아진 상태이므로 좀더 싸게 살 수 있다.

둘째, 만약 입찰자가 있어 최고가 매수신고인이 나온다면 그때 바로 공유자 우선매수 청구권을 행사하면 된다.

### 많은 일반 투자자가 왜 입찰을 포기할까?

매각물건명세서에 "공유자 우선매수 청구권"이라고 되어 있으면, 최고가로 입찰하더라도 공유자가 우선매수 청구권을 행사하면 최고가 매수신고인이 될 수 없다. 그래서 대부분의 입찰자들이 입찰을 포기한다.

예전에는 공유자가 이러한 법의 맹점을 악용하는 경우가 많았다. 즉, 공유자 우선매수를 청구하여 다른 사람들이 입찰을 포기하게 만든 다음, 일부러 입찰보증금을 납부하지 않고 유찰시킨다. 그렇게 유찰이 되어 다음 입찰일에 최저매각가격이 낮아지면 다시 같은 방식으로 계속 유찰시켜 헐값에 사들이는 것이다. 하지만 요즘은 공유자는 단 1회에 한해 우선매수 청구권을 행사할 수 있고, 보증금을 납부하지 않으면 다시 행사할 수 없도록 하는 특별매각조건이 붙는 경우가 많다.

## 임차인 우선매수 청구권

임대인이 지방자치단체에 임대사업자등록을 한 주택의 임차인은 그 주택이 경매되는 경우 우선매수를 신고할 수 있다.

임차인의 우선매수신고는 앞에서 살펴본 공유자 우선매수 신고와 절차 및 효력이 같다. 종전에 공공건설임대주택의 임차인에게만 인정되던 임차인 우선매수권이 일반임대사업자의 임대주택에까지 확대된 것이다.

임대인이 임대사업자를 등록한 주택을 임차한다면, 나중에 그 주택이 경매되더라도 임차인은 다른 사람들보다 상당히 유리한 입장에서 그 주택을 낙찰받을 수 있다.

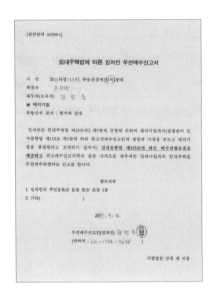

# 11 >>>

낙찰 7일 후

# 매각허가 결정

낙찰을 받았다고 끝이 아니다. 입찰 후 7일 동안 법원이 어떤 서류를
보완하고, 어떤 이의신청을 받는지 알아보자.

---

**사례** 전원주택의 매각허가 결정일을 놓친 경우

최성수 씨(55세)는 경기도 용인의 농지를 낙찰받고, 그곳에 그림 같은
전원주택을 짓고 여가를 즐길 자신의 모습을 상상하니 행복했다. 그
는 낙찰 당일 주민센터에서 농지취득 자격증명서를 신청하여 일찌감
치 받아두었다.

드디어 매각허가 결정기일 오후 4시쯤 법원의 경매계로 가서 서
류를 제출했다. 그런데 경매계장은 이미 기한이 지났으니 접수할 수
없다고 했다. "매각허가 결정기일이 오늘까지인데 왜 기한이 지났다
고 하나요?"라고 항의했지만 소용이 없었다.

법원은 오후 6시까지 문을 열지만 매각허가는 대부분 오후 2시 전
에 재판으로 결정한다. 최씨는 농지취득 자격증명서를 일찌감치 받고
도 규정을 잘 몰라서 입찰보증금만 날린 것이다.

입찰일에 최고가 매수신고인이 지정되면 법원은 1주일 정도 경매절차
에 하자가 있었는지 살펴본다. 그리고 매각절차에 문제가 없고 이해 관
계자들의 이의신청이 없으면, 7일 후에 매각허가를 결정한다. 법원은
매각허가 결정기일에 출석한 이해 관계인에게 매각허가에 관한 의견을 물
어본다. 이의가 있는 사람은 매각허가가 결정되기 전에 신청하면 된다. 무
엇보다 농지취득 자격증명서 등을 허가기일 전에 내는 것을 기억해야 한다.

절차에
하자가 없으니
매각을 허가합니다.

# 12 >>> | 도시인이 농지취득 자격증명서 받는 법

간혹 농지를 낙찰받아 놓고도 농지취득 자격증명서를 내지 않아
입찰보증금을 몰수당하는 사람들이 있다.

농지취득 자격증명서란 말 그대로 농지를 취득할 수 있는 자격을 증명하는 서류이다. 농지 경매사건은 대부분 특별 매각조건으로 농지취득 자격증명서를 매각허가 결정기일(입찰 후 7일)까지 제출할 것을 요구한다.

농지취득 자격증명서는 그 농지가 있는 읍·면·동사무소에서 발급하는데, 낙찰 후 7일 안에 법원에 제출해야 하므로 서둘러 신청해야 한다. 농지를 공유자와 함께 낙찰받았다면 지분별로 각각 신청해야 한다.

농지취득 자격증명서를 신청하면 사유가 주말영농체험인 경우 2일, 농업경영은 4일 정도 걸린다. 특별한 문제가 없다면 간혹 신청 당일에 발급해주기도 한다. 이 서류를 내지 않으면 매각이 불허되고 입찰보증금도 돌려받지 못해 큰 손해를 볼 수 있다.

## 도시인이 농지 낙찰받는 법

"입찰하려는 지역에 거주하지 않는데, 농지를 취득할 수 있나요?"

농지 경매에서 가장 많이 받는 질문 중 하나다. 하지만 "취득하려는 농지가 있는 지역에 1년 이상 거주해야 한다"는 것은 토지거래 허가에 관한 규정이다. 농지취득 자격증명서는 현지에 거주하지 않더라도 발급받을 수 있다. 게다가 경매로 낙찰받은 농지는 토지거래 허가의 대상이 아니다.

그렇다면 농지는 누구나 취득할 수 있을까? 결론부터 말하면 그렇다.

물론 현행 농지법은 "농지는 자기의 농업경영에 이용하거나 이용할 자가 아니면 소유하지 못한다"며 제한을 둔다. 이 규정만 본다면, 현재 도시에 살며 농사를 짓지 않는 사람들은 농지를 취득할 방법이 영영 없을 것처럼 보인다. 그러나 현실은 그렇지 않다.

그럼, 농사를 짓지 않는 사람이 농지를 취득할 수 있는 방법을 알아보자.

첫째, 농지가 1,000㎡(302.5평) 미만일 경우 농업경영이 목적이 아니더라도 구입할 수 있다. 이 정도 면적이면 집을 짓고 자그마한 정원과 텃밭을 꾸미기에 충분하다. 주말영농체험을 목적으로 농지를 취득하면 농업경영의 의무를 피할 수 있으며, 농사를 짓지 않고도 오래 소유할 수 있다. 노후를 위해 지방에 토지를 매입하려는 사람에게 추천하는 방법이다.

둘째, 1,000㎡ 이상의 농지도 취득 자체가 아예 불가능한 것은 아니다. 앞에서 현행 농지법은 "농지는 자기의 농업경영에 이용하거나 이용할 자가 아니면 소유하지 못한다"고 했다. 그런데 '이용할 자'는 미래의 문제이다. 현재는 아니라도 앞으로 지을 예정이라면 농지를 취득할 수 있다는 것이다.

## 농지취득 자격증명서 발급 요령

결국 담당 공무원에게 "농업경영을 하겠다"고 하면 그가 발급 신청을 반려할 근거가 없다. 물론 이 증명서를 취득한 후에 농사를 지어야 한다는 의무가 따른다. 하지만 이 또한 낙찰 후에 바로 주택을 건축할 계획이라면 문제가 되지 않는다. 농지를 취득한 후 개발행위 허가를 받아 건축을 하면, 그 농지는 준공 후 토지이동(지목 변경) 신청에 의해 대지가 된다. 대지는 농지가 아니므로 당연히 농업경영의 의무가 없다.

### 농지취득 자격증명서가 안 나오는 경우와 예방법

하지만 현재 그 농지가 농업경영에 적합하지 않다면 농지취득 자격증명서를 발급받을 수 없다. 농지는 전, 답, 과수원을 말한다. 그런데 농촌에는 집을 짓고도 지목을 대지로 바꾸지 않아 서류상에는 그대로 농지로 남아 있는 경우가 많다. 이 경우 지목이 농지이므로 당연히 특별 매각조건으로 농지취득 자격증명서를 내라고 한다. 하지만 실제로 집이 지어져 있어 농사를 지을 수 있는 상황이 아니므로 증명서를 받을 수 없다.

한 가지 팁을 드리면, 입찰 전에 미리 지방자치단체의 농지과 또는 농업정책과 담당공무원에게 문의하는 것이 좋다. "농지로 바꿀 복구 계획서를 첨부하면, 농지취득 자격증명서를 발급해 줄 수 있나요?"라고 물어보고, 확답을 받아두면 불필요한 헛수고를 줄일 수 있다.

또한 지목이 농지더라도 경사도가 심하거나, 마을 사람들이 예전부터 도로로 사용하고 있는 경우에도 농지취득 자격증명서를 발급받을 수 없다. 그러므로 농지를 낙찰받으려면 사전에 권리분석과 현장답사 단계에서 농지취득 자격증명서를 발급받을 수 있는지 철저하게 조사해야 한다. 그렇지 않으면 농지를 낙찰받고도 입찰보증금만 날리는 안타까운 일이 벌어질 수 있다.

## 법인도 농지취득 자격증명서를 받을 수 있을까?

**잠깐!**

공장이나 창고 경매사건을 보면 매각부동산 중에 농지가 포함된 경우가 적지 않다. 건물이 있는 토지는 공장용지나 창고용지, 대지 등으로 지목이 변경되었지만 진입로나 자투리 토지는 여전히 농지로 남아 있는 경우다. 이런 경매사건에 농지취득 자격증명서를 제출하라는 특별 매각조건이 붙었다면 정작 공장이나 창고 수요자의 대부분인 법인은 입찰이 곤란해진다. 원칙적으로 영농법인이 아니라면 법인은 농지취득자격증명을 받을 수 없기 때문이다.

이런 경우 실무적으로는 법인의 대표 명의로 낙찰받은 후 농지의 지목을 변경해 다시 법인으로 소유권을 이전하는 방법을 쓰기도 한다. 물론 취득세 등 비용을 이중으로 지출해야 한다는 점을 고려해 결정해야 할 일이다. 또한 매각부동산 중에 농지가 포함되어 있더라도 지역(도시지역, 산업단지 등)에 따라서 농지취득 자격증명이 필요 없는 경우도 많으니 특별 매각조건을 꼼꼼히 살펴야 한다.

# 13
>>>

낙찰 14일 후
## 매각허가 결정 확정

법원은 경매사건과 낙찰에 대해 항고가 없다면
최종적으로 매각허가를 확정한다.

매각허가 후 7일 동안 항고가 없으면 매각허가 결정을 '확정'하게 된다. 채무자나 채권자는 확정 전에 항고할 수 있는데, 매각대금의 10%를 항고 보증금으로 공탁해야 한다(보증보험증권으로 낼 수도 있다). 이는 불필요한 항고를 막기 위한 조치이다. 이때 채무자나 그 부동산 소유자의 경우 기각되면 항고 보증금 전부를 돌려받지 못한다. 그밖의 사람들은 항고로 인해 지연된 기간의 이자를 제하고 돌려받을 수 있다.

### 항고 보증금을 왜 내지 않았을까?
그런데 실제 경매사건에서 보면 항고를 제기했다가 보증금을 내지 않아서 취소되는 경우가 많다. 특히 채무자는 그런 경향이 있다.

경매절차에 하자가 있는 경우는 매우 드물다. 설령 법원이 하자를 놓쳤더라도 매각허가 결정 전에 발견하여 불허가 결정을 내렸을 가능성이 매우 크다. 그런데도 항고를 하여 기각되면 항고 보증금을 전부나 일부 돌려받지 못하므로 무리하게 항고할 사람은 없기 때문이다. 따라서 누군가 항고장을 제출했더라도 당황하지 말고, 그가 항고 보증금을 내는지 차분히 기다리면 된다. 한편 매각허가 결정 확정 후에라도 매수인은 낙찰대금 납부전에 매각허가 결정을 취소해 달라고 신청할 수 있다. 단, 천재지변이나 매수인의 책임이 아닌 사유로 부동산이 크게 훼손된 경우, 중대한 권리관계가 바뀐 사실이 밝혀졌을 경우에만 해당된다.

# 14 >>> 낙찰잔금 납부하기

입찰보증금을 제외한 나머지 잔금을 내야 온전히 내 집이 된다.

**사례** **매가허가 결정을 받고도 동분서주한 김씨**

경매 초보자인 김혜진 씨(33세)는 감정가가 약 4억원인 빌라가 신건으로 나오자마자, 그 물건을 꼭 잡고 싶은 마음에 입찰가를 감정가와 비슷한 금액으로 적어내 낙찰을 받았다.

하지만 결국 그 빌라를 포기하고 말았다. 낙찰받는 것에만 급급했던 나머지, 자기가 얼마를 대출할 수 있는지도 알아보지 않고 무리하게 입찰했던 것이다. 이후 낙찰잔금을 대출받으러 갔더니 감정가격의 최대 40%만 대출을 받을 수 있다고 했다. 부족한 돈을 구하기 위해 동분서주했지만, 낙찰잔금을 내지 못해 눈물을 머금고 입찰보증금을 포기할 수밖에 없었다.

경매를 시도할 때는 입찰가를 정하기 전에 반드시 본인의 신용상태를 점검해야 한다. 지역에 따른 각종 규제와 자기의 소득, 주택 수에 따라 대출금이 달라질 수 있다는 것을 유념하고 자금계획을 현명하게 세워야 한다.

## 낙찰잔금은 어떻게 내는가?

매각허가 결정이 확정되면 법원은 3일 안에 나머지 잔금을 낼 기한을 정하고, 낙찰자와 차순위 매수신고인에게 알려준다. 낙찰잔금은 보통 1개월 안에 내야 하는데, 원칙적으로 분납은 허용되지 않으므로 한꺼번에 모두 내야 한다. 납부의 절차를 알아보자.

## ❶ 경매계에서 법원보관금 납부 명령서를 받는다

집으로 온 대금 지급기한 통지서와 신분증을 가지고 집행법원의 경매계로 간다. 사건번호를 보여주고 잔금을 낼 거라고 말하면 '법원보관금 납부 명령서'를 발급해 준다. 이때 본인이 직접 못 간다면 위임장과 인감증명서를 첨부해야 한다.

## ❷ 은행에 가서 잔금을 낸다

이제 지정 은행으로 간다. 보통 법원 안에 은행이 있으므로 일부러 멀리 가지 않아도 된다. 은행에 비치된 '법원보관금 납부서(은행제출용)'를 쓴 다음, 입찰보증금을 뺀 잔금(법원보관금 납부 명령서에 기재된 금액)을 납부한다.

그러면 은행 직원이 '법원보관금 영수증서'를 2장 준다. 이 중에서 '법원제출용'은 나중에 경매계에 내야 하고, '납부자용'은 본인이 잘 보관해 두면

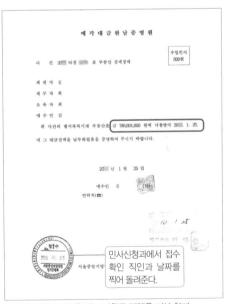

매각대금 완납 증명원에는 낙찰금 전액을 써야 한다.

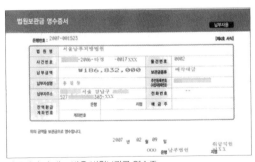

잔금까지 다 내고 받은 법원보관금 영수증.

된다. 이때 대금완납증명원을 작성할 때 필요한 수입인지(500원)도 미리 사 둔다.

### ❸ 경매계에서 매각대금 완납 증명원을 쓴다

법원의 경매계로 돌아와서 그곳에 비치된 '매각대금 완납 증명원'을 2장 쓴다. 이때 낙찰대금란에는 이날 낸 잔금이 아니라 낙찰금 전액을 써야 한다.

### ❹ 민사신청과에서 접수 확인을 받는다

이제 민사신청과로 간다. 그런 다음 '매각대금 완납 증명원' 중 한 장에 수입인지(500원)를 붙이고, 다른 한 장은 수입인지를 붙이지 말고 낸다. 그러면 민사신청과에서는 접수확인 직인과 날짜를 찍어 돌려준다.

### ❺ 경매계에 모두 제출한다

다시 경매계로 간다. 민사신청과에서 직인과 날짜를 찍어 준 '매각대금 완납 증명원', 그리고 은행에서 받은 '법원보관금 영수증서(법원제출용)'를 낸다.

그러면 경매계 직원이 증명직인을 찍은 다음에 수입인지를 붙이지 않은 '매각대금 완납 증명원'을 돌려준다. 이 매각대금 완납 증명원은 소유권을 이전*할 때 필요하니 잘 보관해야 한다. 이로써 잔금 납부의 모든 절차가 끝났다. 이제 명실공히 내 집이 된 것이다.

* 소유권을 이전하는 셀프 등기법은 이 책의 '부록'을 참조하자.

## 낙찰자가 채권자라면 상계신청을 하자

**사례** **낙찰자가 된 임차인 김씨, 상계신청으로 대출 없이 잔금 납부**

서울 상도동 빌라의 임차인 김성수 씨(40세)는 집주인이 보증금을 돌려주지 않자 경매를 신청했다. 임차보증금은 3억원이고 다행히 선순위로 전입신고와 확정일자까지 받아두었으니 보증금 전부를 돌려받는 데는 문제가 없을 것 같았다. 주택의 감정평가금액은 5억원으로 1회 매각을 진행했지만 유찰되어 최저 매각가격은 4억원으로 차감되었다.

임차인 김씨는 그 주택에 살면서 크게 불편한 점도 없었고 보증금에 조금만 보태면 살 수 있으니 직접 입찰하는 것도 좋겠다고 생각했다. 현재 거주하고 있어 현황도 잘 알고 명도도 필요 없으니 다른 입찰자에 비해 확실히 유리한 입장이다.

임차인 김씨는 매각기일에 4억 3,500만원에 입찰했고 모두 4명의 입찰자가 있었지만 낙찰에 성공했다. 보증금 4천만원을 뺀 3억 9,500만원을 잔금으로 납부하기 위해 은행에 대출을 알아보던 중에 배당을 받을 수 있는 채권자가 낙찰을 받은 경우, 납부할 잔금에서 배당받을 금액을 제한(상계) 나머지 금액만 납부하면 된다는 사실을 알게 되었다. 김씨가 배당받을 금액은 3억원이고 이미 입찰보증금으로 4천만원을 납부했으니 9,500만원만 납부하면 되는 셈이다. 필요한 비용과 중도상환 수수료를 부담하더라도 대출받아 잔금을 지급한 후 배당금으로 대출을 갚으려 했던 김씨는 상계신청으로 대출 없이 잔금을 납부할 수 있었다.

매각대금 상계신청은 낙찰 후 7일 후에 있는 매각허가 결정기일 전에 해당 경매계에 해야 한다. 허가결정이 있은 후로는 상계신청을 할 수 없고, 배당금액에 대한 이의가 제기되면 그 금액을 납부해야 할 수도 있다.

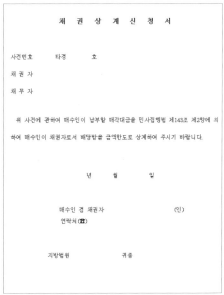

채 권 상 계 신 청 서

사건번호          타경          호
채 권 자
채 무 자

위 사건에 관하여 매수인이 납부할 매각대금을 민사집행법 제143조 제2항에 의하여 매수인이 채권자로서 배당받을 금액한도로 상계하여 주시기 바랍니다.

          년          월          일

          매수인 겸 채권자                    (인)
          연락처(☎)

          지방법원          귀중

채권자가 낙찰을 받았다면 채권상계 신청제도를 이용하면 자금마련에 유리하다.

잔금 납부했으니 이제부터 내 집.

# 채무인수로 잔금을 납부할 수 있다

**사례** 은행의 채무인수로 잔금을 수월하게 낸 이씨

이미영 씨(45세)는 투자물건을 찾던 중 경매가 진행되고 있는 수원시 팔달구의 한 상가를 발견했다. 조사를 해보니 비교적 상권이 잘 형성된 지역이었고 임대료도 투자금에 비해 높게 형성되어 있어 더욱 구미가 당겼지만, 문제는 예상했던 것보다 가격이 비싸 낙찰가의 절반이 넘는 대출이 필요하다는 점이었다.

이씨는 이 경매사건의 채권자인 저축은행을 찾아가 낙찰잔금 대출을 받을 수 있을지 문의했고, 이씨의 신용을 확인한 B저축은행은 흔쾌히 대출해주겠다며 채무인수도 협조해줄 수 있다고 했다.

"채무인수가 뭐죠?"

채무인수란 배당받을 채권자의 승낙으로 그 채권자가 배당받을 금액만큼 잔금납부를 대신하는 것을 말한다. 이 저축은행이 배당받을 금액은 6억 5천만원이었고, 이씨는 8억 7천만원에 낙찰받았으니 입찰보증금을 포함해 2억 2천만원만 납부하면 된다.

채무인수 신청도 매각허가 결정 전에 해야 하고, 이런 방법으로 잔금을 납부하면 해당 은행의 근저당권은 등기부에서 말소할 수 없다.

채무인수신청서

채권자
채무자
매수인
배당요구채권자
근저당권자

서울지방법원  타경   호 부동산 강제(임의)경매 사건에 관하여 매수인은 별지목록 기재 부동산에 대하여   .  .  . 최고가매수신고인으로 매각허가결정을 받고  . 대금지급기일 및 배당기일이 지정되었는바 매수인은 다음과 같이 근저당권자의 승낙을 얻었으므로 동 채권자에 대한 채무자의 채무를 매각대금의 지급에 갈음하여 인수하고(근저당권자의 근저당권을 존속시키고), 그 배당액 상당의 매각대금의 지급에 갈음하여 채무인수신청을 합니다.

다  음

1. 근저당권자    의 승낙
   주소 :

첨  부  서  류

1. 채무인수승낙서         1통(근저당권자의 것)
1. 인감증명             1통(근저당권자의 것)
1. 부동산목록            1통
1. 채권계산서            1통

20  .  .  .

매수인(배당요구채권자)      (인)

지방법원 경매   계 귀중

입찰 전 경매사건의 채권자인 금융사에 채무인수가 가능한지 물어보고 '채무인수 신청서'를 이용하면 낙찰잔금 마련에 유리하다.

# 기한 내에 낙찰 잔금을 납부하지 못했어도 기회는 있다

**사례** **낙찰 잔금을 못 냈지만, 며칠 후 소유권 취득 가능해진 박씨**

박선희 씨(42세)는 경기도 가평의 토지를 낙찰받았다. 전철역에서도 그리 멀지 않고 경치도 좋아 전원주택이나 펜션 입지로 안성맞춤이었다. 그러나 낙찰 후 대출을 알아보던 중에 문제가 발생했다. 토지의 객관적인 가치에 확신이 없는 은행이 박씨가 필요로 하는 금액만큼 대출을 해줄 수 없다는 것이다.

당황한 박씨는 다른 은행과 제2금융(저축은행, 캐피탈, 보험회사 등)에까지 대출을 부탁해 보았지만 잔금납부 기한까지 대출을 해주겠다는 곳은 없었고, 결국 잔금을 지급하지 못해 재매각 절차가 개시되었다.

보증금을 고스란히 잃어버려 며칠 동안 가슴앓이를 하던 박씨에게 모 캐피탈에서 연락이 왔다. 심사기간이 좀 오래 걸렸지만 대출을 해주겠다는 것이었다. "진작에 연락을 주시지……. 이미 늦었어요." 원망이 가득한 목소리로 박씨가 대답하자, B캐피탈은 비용이 좀 들긴 하겠지만 아직 잔금을 납부할 수 있다고 했다.

잔금지급 기한까지 잔금을 지급하지 못한 경우 법원은 보증금을 몰취하고 재매각 절차를 시작한다. 하지만 낙찰자가 재매각 기일의 3일 이전까지 낙찰대금과 그 지급기한이 지난 뒤부터 지급일까지의 대금에 대해 대법원 규칙이 정하는 이율(2022년 9월 현재 12%)에 따른 지연이자, 그리고 재매각 절차에 소요된 비용을 지급하면 재매각 절차는 취소되고 낙찰자는 소유권을 취득할 수 있다. 만약 낙찰자가 잔금을 지급하지 않아 차순위 매수신고인이 매각허가 결정을 받은 경우라면, 둘 중 대금을 먼저 지급한 사람이 소유권을 취득한다.

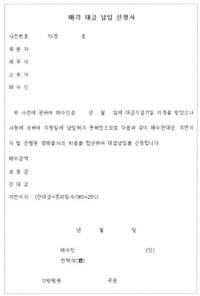

'매각대금 납입 신청서'. 낙찰 잔금을 기한 내에 못 냈어도 기회는 있다.

## 은행에서 대출액 알아보기

대부분의 경매 투자자들이 은행에서 대출을 받아 낙찰대금을 낸다. 그런데 간혹 낙찰받은 후에 생각했던 만큼 대출을 많이 받지 못해 큰 곤란을 겪는 사람들이 있다. 그래서 대출이 필요하다면 입찰 전에 미리 은행과 상담해야 한다.

경매 사건번호와 자신의 인적사항을 은행에 제시하고 대출 가능 금액과 조건을 미리 확인하자. 대출조건과 금액은 은행에 따라 다르지만 부동산의 종류, 개인의 신용등급에 따라서도 달라진다.

특히 주거용 부동산은 정부의 대출규제 정책이 수시로 바뀐다. 모든 사항을 고려해서 은행에서 정확한 상담을 받고 자금계획을 제대로 세워야 한다. 그래야 낙찰 후 잔금을 못 내어 입찰보증금을 잃는 위험을 줄일 수 있다.

## '배당이의'의 불똥이 낙찰자에게 튄 사연

공무원 박성원 씨(38세)는 자녀들의 교육문제로 이사할 집을 알아보다가 공인중개사에게 대리경매를 의뢰했고, 며칠이 지나 마음에 드는 아파트 한 채를 소개받았다.

박씨는 그 아파트에 입찰을 해서 낙찰받았다. 2주일 후 매각허가가 결정이 확정되고 잔금도 냈다. 그리고 임차인과 이사 날짜도 무리 없이 합의했다.

그러나 이사를 일주일 앞둔 날 문제가 생겼다. 이해관계인 중 한 명이 배당에 이의를 신청했고, 법원이 이를 받아들여 배당이 연기된 것이다.

사실 배당은 낙찰자와는 무관할 수도 있다. 하지만 임차인은 보증금을 받을 때까지 이사할 수 없다며 명도를 거부했고, 결국 박씨는 이 문제가 마무리될 때까지 이삿짐을 창고에 보관하고 약 7개월 동안이나 처가에 들어가 신세를 지게 되었다.

## 낙찰물건이 훼손되었다면 매각대금 일부반환을 신청하자

모 기업으로부터 의뢰받아 컨설팅을 진행했던 공장 경매사건이다. 권리분석과 현장답사에 의한 물건분석, 낙찰과정과 잔금납부까지 늘 접하는 평범한 사건이 었는데, 문제는 잔금을 납부한 후에 발생했다. 잔금납부 후 명도를 위해 전 소유자를 만나 함께 공장에 들어가 보니, 매각대상에 포함되어 있던 공업용 컴프레셔가 없었다. 공장의 필수 설비인 전선이 모두 훼손된 것이다. 사실 경매되는 공장에서 심심치 않게 발생하는 일이다.

공장 경매정보는 인터넷에서 쉽게 확인할 수 있고, 부도가 난 공장은 가동이 중지된 경우가 많다 보니 절도범들의 좋은 먹잇감이다. 고가의 장비가 있거나 구리 값이 비싼 요즘은 전선만 절단해 팔아도 수입(?)이 짭짤하다. 이 공장도 그런 경우로, 낙찰 전에는 공장의 가동이 중단되어 문이 잠겨 있었으므로 미리 확인할 수도 없었다. 고민 끝에 감정평가서의 컴프레셔 사진과 훼손된 설비 사진, 정상으로 회복시키는 데 필요한 공사 견적서 등을 첨부해 '매각대금 일부반환 신청서'를 법원에 제출했다.

결국 매각대금 중 일부를 반환받을 수 있었다. 만약 낙찰받은 부동산의 중요 부분이 훼손되어 있다면 자료를 철저히 준비해 매각대금 일부반환을 신청하는 것이 좋다. 주의할 점은 배당이 확정되기 전에 해야 한다는 것이다. 법률적으로 시기가 규정되어 있는 것은 아니지만 채권자들에게 낙찰대금을 모두 배당한 후라면, 그들을 상대로 부당이득의 반환을 청구해야 한다. 이 경우 절차도 복잡하고 비용과 시간이 들기 때문에 현실적인 이익이 없을 가능성이 크다.

# 9
**Chapter**

# 시나리오별
# 명도 노하우

낙찰을 축하드린다!
낙찰 후에 해야 할 일은 무엇일까? 이제부터 진짜 내집으로 바꾸는
절차를 따라가 보자. 점유자와 쿨하게 명도하는 방법도 살펴보자.

# 윈-윈, 원만하고 빠른 명도를 위하여

"야호!"

드디어 선영 씨도 아파트를 낙찰받았다. 처음 자기 이름이 최고가 매수 신고인으로 불렸을 때는 마냥 좋고 얼떨떨했다. 그런데 이내 넘어야 할 또 다른 산이 보였다고 한다. 바로 '명도'가 남은 것이다.

낙찰 3일 후인 토요일, 음료수 한 박스를 들고 점유자를 찾아갔다. 경매계에서 사건기록을 열람하고, 거기에 적힌 세입자 연락처로 그동안 전화를 몇 차례 했지만 모르는 번호라 그런지 전화를 받지 않았기 때문이다.

'어떻게 첫 말을 꺼내야 하지?' 복잡한 마음을 안고 드디어 초인종을 눌렀지만 인기척이 없었다. 큰맘을 먹고 온 만큼 만나지 못한 것이 아쉽지만 연락처와 메모를 남기고 돌아왔다.

> 이 아파트를 낙찰받은 사람입니다.
> 편할 때 연락 주세요.
> 010-1234-5555
> -김선영 드림-

사흘이 지났지만 여전히 연락이 없었다.

'이상하다. 왜 연락이 없지? 내가 먼저 연락을 해야 하나? 상대편에서 기선을 제압하려고 하나? 되도록 강제집행까지는 가고 싶지 않은데 어쩌지?'

슬슬 조바심이 나고 걱정이 되어 하루종일 머릿속이 복잡했다. 결국 다시 전화를 걸었다.

"여보세요?"

"안녕하세요. 이번에 ○○아파트 305호를 낙찰받은 김선영입니다. 김삼순 씨 맞으시죠? 그 집과 관련해서 얘기 좀 나누려고 하는데요."

권리분석은 혼자만의 싸움이지만, 명도는 사람을 상대해야 하는 일이며 시간과의 싸움이다. 그래서 경매를 몇 번 해본 사람들은 권리분석보다 명도가 더 어렵다고도 한다.

목소리를 들어보니 대화가 안 통할 것 같지는 않았다. 그렇다고 그리 수월할 것 같지도 않았다. 세입자의 입장을 헤아려 보며 다시 말을 이었다.

"이사할 집을 알아보고 계신지요? 이사날짜를 받아서 알려주시면, 제가 명도확인서랑 이사비를 드릴게요."

"아니, 명도확인서부터 주세요. 그래야 저도 배당금을 받고 이사갈 집에 계약금을 내죠."

"명도확인서는 원래 이사하는 날 드리는 건데요……."

"…… 그럼, 이사비는 얼마 줄 건데요?"

이사를 하는 날에 명도확인서를 주겠다는 선영 씨와 명도확인서를 받아야 배당금을 받고 나갈 수 있다는 세입자. 서로 자신의 입장만 내세우며 계속 똑같은 말을 되풀이하고 있었다. 하지만 결국 선영 씨는 나의 조언으로 명도를 손쉽게 마무리하고, 현재는 생애 처음으로 자신의 집에 입주해 살고 있다. 도대체 선영 씨는 이 난관을 어떻게 해결했던 걸까? 이번 장에 그 답이 있다. 이제 명도 과정을 따라가 보자.

# 01

# 명도의 5가지 기본원칙

타고난 협상가가 아니어도 좋다.
점유자에게 휘둘리지 않고 명도합의를 잘 이끄는 방법을 살펴본다.

* 셀프 소유권 이 전 등기법은 '부록' 에 들어 있다.

경매 부동산을 낙찰받고 소유권 이전 등기까지 마쳤다면, 이제 마지막 난 관이 남았다. 현재 그 부동산을 쓰고 있는 전주인이나 세입자와 명도합의 를 하는 것이다.

초보 입찰자들이 많이 두려워하는 것이 바로 명도이다. 명도라고 하면 흔히 실랑이가 벌어지는 장면을 떠올린다. 하지만 이는 전주인이나 세입자 가 경매나 부동산법에 관해 잘 모르고 과도한 이사비용을 요구하는 것이므 로, 명도의 기본원칙을 숙지한다면 의외로 쉽게 합의할 수도 있다.

## 명도합의는 권한이 있는 사람과 해야 한다

먼저 상대방이 권한을 가진 사람이 맞는지 판단해야 한다. 명도합의를 하 기 위해 가보면, 전주인이나 세입자가 아닌 사람이 "내가 실제 권리자이니 나와 합의해야 한다"고 주장하는 경우가 있다. 게다가 이 사람이 실 제로 그 집의 열쇠를 가지고 자유롭게 드나드는 걸 보면, 대부분 의 낙찰자가 그를 실제의 점유자라고 믿어 버린다.

그러나 막연한 신뢰는 여러분을 궁지로 몰아넣을 수도 있다. 이런 경우에는 전주인이나 세입자의 위임장을 보여 달라고 해야 한다. 정황만으로 판단하여 명도합의를 했다가 나중에 곤란한 일 이 생길 수도 있다는 점을 꼭 기억해 두자.

저기요,
언제쯤 집을 비울 수
있나요?

**사례** 헬스클럽의 '바지 사장'과 명도합의를 한 경우

자영업자 배지호 씨(45세)는 헬스클럽으로 사용되는 상가를 낙찰받았다. 헬스클럽 사업자등록증의 명의는 오사라 씨였다. 그런데 명도협의를 위해 현장을 방문했더니, 전강산 씨가 "명의만 그 사람 이름으로 되어 있고, 내가 실제 경영자이므로 나와 합의를 하면 된다"고 했다. 주변 상인들에게도 물어보고, 며칠 지켜보니 실제로 그가 헬스클럽을 운영하고 있었다. 그래서 그와 명도에 합의하고 부동산을 인도받았다.

그런데 배씨가 식당을 차리기 위해 헬스클럽의 인테리어를 철거하는데 경찰과 함께 오사라 씨가 찾아왔다. 임차인인 오씨가 '건조물침입'과 '재물손괴'로 경찰에 신고한 것이다. 전씨와 명도합의를 했다고 말했지만, 오씨는 "전씨는 권리가 없는 사람"이라며 화를 냈다.

## 임차인과 명도확인서로 실랑이하지 말자

현재 그 부동산을 사용하는 점유자가 배당으로 보증금을 돌려받을 수 있는 세입자라면 명도는 쉬워진다. 왜냐하면 세입자는 낙찰자의 인감증명서가 첨부된 명도확인서를 법원에 제출해야 배당금을 받기 때문이다.

어떤 낙찰자들은 세입자가 부동산을 비워줄 때까지 절대 명도확인서를 주지 않는다. 이사도 안 갔는데 명도확인서를 먼저 주면, 나중에 세입자가 배당금을 받고도 집을 비워주지 않고 버틸까 걱정하기 때문이다. 법적으로 낙찰자는 점유자가 집을 비워줌과 동시에 명도확인서를 주면 된다. 그러므로 이런 행동이 잘못된 것은 아니다.

그러나 나는 이사날짜만 합의되면 명도확인서를 먼저 주기도 한다. 세입자는 배당금(보증금)을 받아야 이사갈 집을 구할 수 있으므로, 그의 사정을 배려하는 것이다. 설령 세입자가 약속을 어기더라도 손해가 더 커지는 것은 아니라는 계산 때문이기도 하다.

세입자가 배당금을 받고도 약속한 날짜에 집을 비워주지 않는 사람이라면, 명도확인서를 주지 않아도 내 경고가 통할 리 없고 그저 싸움만 길어질 뿐이다. 낙찰자는 세입자가 집을 비워주지 않으면 명도확인서를 주지 않

을 권리가 있다. 하지만 세입자 역시 집주인이 명도확인서를 안 주면 집을 비워주지 않아도 된다. 이렇게 서로 "네가 먼저!"를 외치면 싸움만 길어진다.

차라리 이사 날짜가 합의되면 명도확인서를 먼저 주는 게 낫다. 내 의무를 먼저 지켜서 세입자가 배당을 받으면, 이제 그는 무조건 집을 비워주어야 한다. 약속날짜를 어기면 인도명령에 근거해 강제집행을 당할 수도 있기 때문이다.

### 정중하고 명료하게

세입자가 배당을 한푼도 받지 못하고 집을 비워주어야 할 상황이라면 명도에 대한 저항이 심할 수밖에 없다. 그러나 합의가 전혀 불가능하지는 않다.

명도합의를 할 때는 정중하고 명료해야 한다. 전주인이나 세입자가 명도의 대가로 터무니없는 이사비를 요구한다면 단호하게 거절해야 한다. 불명확한 태도를 보이면 '내 요구를 들어줄 수도 있겠구나' 하며 기대를 하게 되고, 상황이 최악으로 치달을 수도 있다. 그러므로 정중하지만 단호한 태도로 일관해야 한다. 화를 낼 필요도 없고 목청을 높일 필요도 없다.

### 잔금납부와 동시에 인도명령부터 신청하자

낙찰자가 전주인이나 세입자와 명도합의를 할 때 제안할 수 있는 것은 의외로 간단하다. 이들이 스스로 집을 비워준다면 낙찰자는 강제집행을 할 필요가 없으니 비용을 아낄 수 있다. 따라서 원하는 기한 안에 집을 비워준다면, 강제집행 비용으로 예상했던 금액 정도를 이사비로 주겠다고 말한다. 선택은 전주인이나 세입자의 몫이다.

그런데 명도합의는 합의대로 진행하되, 일단 낙찰잔금을 냈다면 그와 동시에 인도명령을 신청하는 것이 좋다. 명도합의가 안 된 이후에야 인도명령을 신청하면 결정문을 받을 때까지 기다려야 하기 때문이다.

인도명령을 일찍 신청하면 시간을 절약할 수 있으며, 세입자가 합의과정 중에 법원으로부터 인도명령 결정문을 받으면 기세가 한풀 꺾여 명도합의가 좀더 수월해진다. → 인도명령 신청방법은 '부록' 409쪽

## 강제집행은 최후의 히든카드

명도는 어차피 낙찰자가 이길 수밖에 없다. 어차피 이길 싸움을 어떤 방법으로 얼마나 빨리 끝내느냐가 문제일 뿐이다. 명도과정에서 싸워서 이겨야할 대상은 점유자인 전주인이나 세입자가 아니라 '시간'이다.

명도합의가 되지 않는 최악의 경우에도 낙찰자에게는 '강제집행'이라는 강력한 무기가 있다. 그럼에도 합의를 하려는 것은 배려이다. 그런데 오히려 적반하장의 태도로 나온다면 강력한 권리를 행사하는 수밖에 없다. 이러한 사실만 잊지 않는다면 명도를 무서워할 필요가 없으며 점유자에게 끌려다닐 일도 없다.

### 잠깐! 명도합의, 이사비용은 얼마가 적정할까?

민사집행법의 어디에도 낙찰자가 점유자에게 이사비용을 주어야 한다는 규정은 없다. 그러므로 당연히 아파트 30평이면 명도비용이 얼마, 40평이면 얼마 식으로 정해져 있지 않다.

하지만 대부분의 낙찰자는 원만한 명도합의를 위해 이사비를 준다. 사람마다 다르겠지만, 나는 점유자가 아예 배당을 못 받거나 일부만 배당받는 경우라면 보통 강제집행비용의 70~80% 정도를 이사비로 제안한다. 어쨌든 명도가 빨리 합의되면 시간이 절약되고 그만큼 이자나 돈도 절약되는 셈이기 때문이다.

이사비를 최대한 줄이는 것도 좋지만, 점유자의 화를 가라앉히고 그가 원하는 이사비와 적정하게 타협하는 것이 더욱 좋다. 앞에서 말했듯이 이때 낙찰자는 명도합의와 상관없이 낙찰잔금을 내자마자 인도명령을 신청해 두어야 한다. 명도합의가 되지 않은 다음에 인도명령을 신청하면 그만큼 시간이 더 걸리기 때문이다. 명도는 시간 싸움이라는 것을 잊지 말자.

# 02

# 시나리오별 명도 5단계 전략

명도과정에서 각 단계별로 대응하는 법을 알아본다.

나는 그동안 많은 경매 부동산을 명도하면서 전체 과정에 대한 큰 틀을 가지게 되었다. 명도는 전주인이나 세입자가 얼마나 저항을 하는지, 얼마나 시간과 돈이 드는지에 따라 조금씩 다르지만 큰 차이는 아니다. 그러니 기본적인 흐름만 잘 알고 있다가 결정적인 순간에 기지만 잘 발휘한다면 명도의 기술을 다 가진 것이나 마찬가지이다. 여러분도 첫 명도 현장에서 5단계 전략을 머리에 그리며 실행해 보자.

### 1단계: 상식 밖의 요구부터 한다

낙찰 후 처음 점유자를 만나면 대부분 명도시점이나 합의금에 대해 상식 이상의 요구를 한다. 이때 초보자들은 낙찰을 잘못 받은 것은 아닌지 겁을 덜컥 내는 경우가 있는데 걱정할 것 없다. 명도는 원래 그런 것이다. 점유자와의 합의는 거의 대부분 이렇게 시작된다.

> **점유자** 이사비는 얼마를 줄 건데요? 500만원 주세요.
>
> **나** 제가 법으로 내보낼 방법이 없어서 합의를 하자고 말씀드리는 게 아닙니다. 무리한 요구만 하지 마시고 제 의도를 생각해 주세요.

### 2단계: 법대로 하자고 큰소리를 친다

낙찰자가 점유자의 무리한 요구를 거절하면 점유자는 "법대로 하라"며 더욱 세게 나온다. 일단 점유자의 입에서 '법'이라는 단어가 튀어나왔다면, 누군가 뒤에서 도와주고 있을 가능성이 크다.

하지만 두려워할 필요 없다. 틀림없이 어디서 주워들은 어설픈 지식을 과시하고 있는 하수에 불과할 것이다. 진정한 고수라면 점유자에게 그처럼 무책임한 조언을 하지 않는다.

나는 경매를 당한 점유자가 어떻게 해야 할지 물어오면 "버티세요"라고 한 적이 없다. "버텨서 좋을 것 없습니다. 원만히 합의하세요"라고 한다.

> **점유자** 그래요. 법대로 하자고요.
> **나** 내일 다시 연락드리겠습니다. 그때까지 합의가 안 되면 저도 별 수 없이 법대로 할 수밖에 없습니다.

## 3단계: 무조건 버틸 기세이다

앞에서 말했듯이, 잔금을 납부하자마자 인도명령을 신청해야 한다. 그러면 이때쯤 인도명령 결정문이 점유자에게 송달된다.

그런데 인도명령 결정문을 보아도 꿈쩍하지 않는 점유자도 있다. 하지만 그는 아직 현실을 직시하지 못하고 있는 것이다. 뭔가 불안한 마음을 '설마'라며 애써 지우면서 어찌할 방법을 찾지 못하고 있는 것이다. 이쯤 되면 뒤에서 도와주던 무책임한 조력자도 슬슬 발을 빼기 시작한다. 이 단계에서 명도합의가 되는 경우가 많다.

> **점유자** (낙찰자에게 원하는 돈을 받을 때까지 드러눕자.)
> **나** (이미 인도명령 결정문이 가고 있는 상태이다.)

## 4단계: 강제집행을 예고하면 "갑자기"라며 항의한다

인도명령 결정문만으로 명도가 안 되면 낙찰자가 강제집행을 신청한다. 집행관이 점유자를 찾아가 강제집행을 하겠다고 알리면, 점유자의 태도는 급격히 바뀐다. 낙찰자에게 전화를 걸어 "이렇게 비인간적으로 갑자기 나가라고 하면 어떻게 하느냐!"며 항의를 한다. 그러나 이미 명도합의를 여러 번 제안했으니 '갑자기'가 아니다. 그런데도 합의 제안을 큰소리치며 거절한 자신의 무지를 후회하는 점유자를 본 적이 없다.

이 경우 낙찰자가 취할 태도는 하나이다.

"강제집행을 연기해 줄 생각이 없습니다. 강제집행 전에 나간다면, 강제집행에 드는 노무비용 정도는 이사비로 드릴 생각이 있습니다. 알아서 판단하십시오"라는 숙제를 주고 전화를 끊어야 한다.

> **점유자** 이렇게 갑자기 나가라고 하면 어떡해요?
>
> **나** 강제집행을 연기할 생각이 없습니다.

## 5단계: 뒤늦게 합의를 요구한다

강제집행 절차가 시작되면 점유자는 합의를 요구하지만, 이미 때는 늦었다. 강제집행 당일에 집행이 시작되어도 같은 소리만 되풀이한다. 언제나 "이렇게 갑자기"를 반복하며, 낙찰자를 피도 눈물도 없는 악당으로 몰고 스스로를 선량한 피해자로 생각한다. 그러나 점유자의 잘못된 생각은 바꾸어 줄 필요도 없고 바꿀 수도 없다. 물론 상황이 그 지경까지 가지 않았다면 좋았을 테지만, 일단 시작된 강제집행은 끝을 봐야 한다. 모든 짐을 빼고 부동산을 인도받은 후에 점유자의 사정을 어느 정도 배려해도 늦지 않다.

> **점유자** 좋아요. 300만원만 주세요.
>
> **나** 제가 드릴 수 있는 이사비용은 △△△만원입니다. 일단 이삿짐부터 빼주셨으면 합니다.

# 03

# 연체 관리비도 낙찰자가 내야 할까?

명도와 관련된 비용을 조금이라도 아끼는 방법을 알아본다.

**사례** **전주인이 관리비를 6개월이나 연체한 경우**

한갑수 씨(38세)는 경기도 산본시에서 100세대 아파트 단지의 1905동 501호를 1억 8천만원에 낙찰받았다. 전주인인 김씨가 사업에 실패하여 관리비도 6개월이나 내지 못하는 상황이었다. 이 경우 연체 관리비는 누가 내야 할까?

## 법적으로는 공용 관리비만 내면 된다

관리비에는 전기세, 수도세 등의 전유부분 관리비뿐만 아니라 계단, 엘리베이터, 경비시설 등의 공용 관리비도 포함되어 있다. 공용 관리비를 연체하면 일단 나머지 99세대가 납부한 관리비로 쓴다.

그동안 공용 관리비를 대신 낸 세대들이 이 아파트 낙찰자에게 공용 관리비를 청구할 수 있다.

사실 관리단은 실사용자인 전 집주인과 낙찰자 둘 다에게 연체된 공용 관리비를 청구할 수 있다. 연체 관리비는 낙찰자에게 '당연히' 인수되는 채무가 아니다. 낙찰자는 법적으로는 공용 관리비만을 납부할 의무가 있다.

## 현실은 다르다

하지만 현실에서는 좀 다르다. 문제는 명도과정에서 발생할 수 있다. 관리사무소는 미납된 관리비가 있으면 이삿짐이 나가는 것을 막는다. 이때 전 집주인이 관리비를 지불할 돈이 없다며 그날 이사를 포기하고 버티면, 그만큼 명도가 지연될 수밖에 없으며 아쉬워지는 건 낙찰자 쪽이다. 결국 모든 연체 관리비를 낙찰자가 부담하는 경우가 비일비재하다.

아파트나 빌라, 상가 등의 집합건물에 입찰하기 전에는 반드시 현장조사를 나가서 관리사무소에 연체 관리비가 얼마인지 문의해야 한다. 또한 입찰가를 산정할 때는 낙찰 후 입주할 시점까지의 연체 관리비를 모두 부담하게 될 경우까지 고려해 금액을 정해야 한다.

## 연체 관리비 부담을 줄이려면

가스, 수도, 전기 등 미납요금의 경우 고객센터에 전화하여 경매로 소유권이 이전되었다고 알린다. 그러면 낙찰대금을 완납한 날 이전까지의 미납요금은 낙찰자에게 청구되지 않는다. 낙찰대금을 완납하여 '법적으로 소유권을 취득한 날'을 기준으로 미납요금이 탕감된다는 것을 꼭 기억해 두자. 단, 가스, 수도, 전기가 이미 공급이 중단된 경우라면 낙찰자가 재공급을 위해서 필요한 설비비 등을 부담해야 한다.

# 04 점유자 유형별 명도의 기술

>>>

이미 이사를 간 점유자, 가짜 임차인, 유치권자 등 다양한 유형별 명도기술을 살펴본다.

## 점유자의 상황부터 제대로 파악하자

명도협상을 할 때 가장 먼저 파악해야 하는 것은 전주인과 세입자 등 점유자의 상황이다. 그래야 명도합의를 할지, 또는 강제집행을 할지 방향을 잡을 수 있다.

대부분의 점유자는 낙찰자의 제안을 거부하고 무리한 요구를 한다. 그리고 요구를 들어주지 않으면 "법대로 하라"고 하지만, 결국 그들이 원하는 것은 더 많은 합의금이다. 이때 낙찰자는 점유자의 상황을 분석해 이길 싸움인지 질 싸움인지 판단해야 한다.

### 점유자가 경매 주택에 살고 있는 경우

명도합의가 비교적 쉬우며 강제집행까지 가는 경우가 거의 없다. 강제집행을 당하면 갈 곳이 정해지지 않은 상태에서 타의에 의해 집을 비워주고, 말그대로 길거리에 나앉는 상황에 처하기 때문이다. 따라서 낙찰자가 다소강경한 자세로 협상에 임하더라도 결국 대부분 의도한 대로 명도합의가된다.

### 점유자가 이미 이사를 나간 집, 영업을 중단한 상가 및 공장

점유자가 이미 이사를 했거나 영업을 중단하고 내부에 집기나 비품만 남아 있는 상태라면 낙찰자가 다소 불리한 상황이다.

대부분은 이사를 하거나 영업을 중단함과 동시에 돈이 될 만한 물건은 다른 장소로 옮기거나 팔아 버린다. 따라서 사실상 그 부동산 안에 있는 점유자의 물건은 경제적 가치가 전혀 없을 가능성이 높다. 오히려 폐기비용이 들지 않는다면 다행이다.

그러니 점유자는 아쉬울 것이 없다. 강제집행을 당하더라도 길거리로 나앉는 것은 아니고, 어차피 버릴 물건으로 낙찰자를 끝까지 괴롭힐 수 있기 때문이다. 이런 경우 낙찰자는 실리를 위해 양보를 해야 한다. 이대로 강제집행까지 가더라도 점유자는 물건을 가져가지 않을 것이고, 그러면 낙찰자는 어쩔 수 없이 그 물건들을 보관하고 경매까지 해야 한다. 그 비용과 시간의 손실까지 포함해서 실익을 따져보아야 한다. → 유체동산 강제집행 방법은 '부록' 414쪽

## 점유자가 많을 때는 따로따로 만나자

다가구주택이나 근린상가, 원룸주택 등을 낙찰받은 경우에는 상대해야 할 점유자(세입자)가 여러 명이다. 그렇다고 점유자들을 모두 모아 한자리에서 만나면 안 된다.

일단 점유자들이 한자리에 모이면 사태는 걷잡을 수 없는 상황으로 치닫는다. 대화를 거듭할수록 목소리가 더욱 커지며, 낙찰자를 더 과격하게 공격하는 점유자는 영웅이 되고, 낙찰자의 요구에 수긍하는 사람은 변절자가 되므로 낙찰자가 의도하는 대로 협상이 이루어질 수 없다. 그러므로 점유자를 따로따로 만나 협상하는 것이 좋다.

### 모든 점유자에게 같은 조건을 제시해야 한다

점유자들과 명도합의를 하면서 누구는 더 주고 누구는 덜 주면, 분명 그들끼리 다 알게 된다. 낙찰자가 사람을 봐 가면서 다르게 조건을 제시한다는 걸 알게 되면 불필요한 경쟁심만 생긴다. 점유자들이 내가 옆집보다 덜 받

은 건 아닌지 의심하기 시작하면, 경쟁적으로 조건을 올리고 협상은 사실상 물 건너간다. 그러므로 어떤 점유자가 아무리 강하게 저항하더라도 명도합의 조건에 차등을 두어서는 안 된다.

점유자 중 단 1명이라도 낙찰자가 제시한 조건을 받아들여서 명도가 완료되면 그다음부터는 일이 쉬워진다. 점유자들에게는 그 조건으로 합의한 선례가 된다. 다른 사람이 합의금을 더 많이 요구하면 "먼저 협조해 준 사람을 배신할 수 없다"며 정중히 거절할 수 있다. 그러면 다른 사람들도 차차 명도의 합의조건을 받아들이게 된다.

## 유치권자와 명도합의는 어떻게 할까?

경매로 낙찰받은 부동산에 유치권을 신고한 사람이 있다면, 일단 인도명령부터 신청하는 것이 좋다. 유치권자와 명도합의가 안 되면 명도소송을 해서 내보낼 수 있다고 하는 사람들이 많다. 하지만 반드시 그렇지는 않다. 유치권이 명백히 성립하지 않는다면 인도명령을 신청해서 명도를 받을 수도 있다.

사례 **유치권자에게 부동산을 쉽게 인도받은 경우**

몇 해 전, 경기도 용인시에 유치권 신고가 있는 공장을 매우 싸게 낙찰받았다. 낙찰잔금을 내고 소유권을 취득한 후 예상대로 유치권자와의 싸움이 시작되었다. 낙찰가가 6억 3천만원이었는데 유치권자는 명도를 해주는 대신 1억 9천만원을 달라고 했다. 3천만원에 합의하자고 했지만 그는 단 1원도 양보할 수 없다고 주장했다.

유치권은 원칙적으로 주장하는 사람에게 입증의 책임이 있지만, 그가 허위사실로 유치권의 성립을 주장한다면 낙찰자인 나는 그것이 허위임을 입증해야 한다. 그런데 내가 공사를 직접 발주한 당사자도 아니고 공사과정을 지켜본 것도 아니므로, 유치권이 성립되지 않는다는 걸 입증하기가 쉽지 않았다. 그래서 바로 '명도소송을 시작할까?'라

며 고민하다가 일단 '인도명령부터 신청하자'고 마음먹었다. → 인도명령 신청방법은 '부록' 409쪽

**인도명령 신청서에 유치권 내용을 쓰지 않은 이유** | 인도명령 신청서에 유치권에 관한 내용은 일부러 쓰지 않았다. 딱 "낙찰받아 소유권이 바뀌었으니 부동산을 인도하라"는 취지만을 썼다.

유치권은 명도를 거부하는 쪽에서 휘두르는 무기이며, 나는 그 유치권에 대한 정보가 별로 없었다.

법원에서 사건기록을 열람해 봐도, 유치권 신고서에는 그저 "건물 리모델링 공사대금으로 1억 9천만원의 채권이 있으므로 유치권을 신고한다"는 내용만 있었다. 그러니 낙찰자인 내가 굳이 먼저 유치권을 쟁점으로 삼을 이유가 없었다.

어차피 내가 인도명령을 신청하면 법원은 유치권 주장자에게 의견을 제출하라고 할 것이다. 그러면 그는 유치권이 있다며 인도명령을 기각해 달라고 요구할 것이다. 그때 유치권자가 낸 의견서에서 좀더 구체적인 내용을 볼 수 있을 것이다. 거기에서 하자를 꼼꼼히 찾아보자는 게 나의 전략이었다.


## 의외로 문제가 쉽게 풀린 이유

예상대로 점유자인 그 유치권자는 유치권을 주장하는 이유를 적은 의견서를 제출했다. 나는 그 의견서와 첨부서류를 모두 복사해 돌아와서 반드시 하자를 찾겠다는 각오로 책상에 앉았다. 1억 9천만원이 왔다갔다하는 상황이니 긴장을 늦출 수 없었다.

그런데 일이 의외로 쉽게 풀렸다. 얼마 지나지 않아 결정적인 단서를 찾았다. 다른 첨부서류를 볼 필요도 없었다. 점유자인 유치권자가 첨부한 공사도급 계약서를 보니 계약일이 경매개시 결정 등기일보다 나중의 일이었다. 이런 경우에는 당연히 유치권이 성립되지 않는다.

나는 법원에 이와 관련된 반대 의견서를 제출했다. 얼마 지나지 않아 판사가 낙찰자인 나와 유치권을 주장하는 점유자를 직접 불러 물어보는 심문기일이 잡혔다. 그러나 그날 나는 한마디도 할 필요가 없었다.

판사는 거두절미하고, 유치권 주장자에게 "공사 착공일이 언제였나요?"라고 물었다. 그리고 모든 상황은 사실상 종료되었다.

판사의 심문 후 곧바로 인도명령이 내려졌고 강제집행도 무난히 끝냈다. 싸움이 길어지고 추가비용을 각오하고 있었는데 일이 쉽게 마무리되었던 것이다.

## 가짜 임차인과 명도가 어렵다면 서류부터 다시 보자

어느 날 내가 운영하고 있는 인터넷 카페의 회원이 찾아왔다. 파주의 아파트를 낙찰받았는데, 선순위로 전입신고가 되어 있는 세입자가 보증금 6천만원에 대해 대항력을 주장하며 명도를 거부하고 있다고 고민을 털어놓았다. 이 세입자가 허위라는 사실을 입증하지 못하면 꼼짝없이 보증금 6천만원을 물어주어야 할 상황이었다.

나는 낙찰자에게 모든 서류의 사본을 받아 검토했다. 그 결과 다음과 같은 사실을 확인할 수 있었다.

첫째, 세입자는 전세 계약서에 확정일자를 받지 않았다.
확정일자를 받으면 보증금을 모두 돌려받을 수 있는데도 말이다. 그런데 세입자의 나이와 직업, 법원에 제출한 의견서의 문구 등으로 볼 때, 기본적인 법률상식조차 없어 확정일자를 간과한 것으로 보기는 어려웠다.

둘째, 아파트의 소유자는 법인이었고, 세입자는 그 법인의 직원이었다.
그 기업은 서울에서 파주로 공장을 이전하면서 인근의 신축 아파트를 분양받았고, 소유권 보존 등기와 거의 동시에 직원이 전입신고를 했다. 그리고 그 기업은 같은 단지의 아파트를 2채 더 분양을 받았는데, 역시 다른 직원들이 전입신고를 했다. 기업이 아파트를 분양받아 무상으로 직원들에게 숙소로 제공한 것으로 보였다.

셋째, 채무자인 기업과 세입자가 법원에 낸 서류의 필적이 같았다.
게다가 계약서상 임대인과 세입자의 인적사항을 쓴 필적마저 같았다. 보통 계약서에는 양측이 각각 자필로 인적사항을 쓰는 관행에 비추어 볼 때 매우 특이한 경우였다.

이와 같은 사실로 미루어 볼 때, 이 임대차 계약은 허위라는 심증이 강해졌다. 하지만 물증이 있어야 했다.

그런데 문득 임대차 계약 당시에 이 아파트가 신축 아파트였다는 사실이 떠올랐다. 아파트는 보통 여러 필지의 토지를 합해 신축하여 완공되면, 여러 지번으로 나누어져 있던 필지를 모두 합해 하나의 지번으로 바꾼다. 그런데 보통 분양이 완료되고 몇 개월이 지나서야 필지가 정리되는 경우가 많다. 이 아파트도 마찬가지였다.

이 아파트는 26개의 필지를 합해 건설되었으며, 신축 당시 26개의 지번 중 대표지번은 산 6-5번지였다. 분양공고문도 분양 카탈로그도 같은 시기에 입주한 주민들이 주민센터에 전입신고를 할 때도 주소란에 '6-5번지'라고 썼다. 결정적으로 세입자도 산 6-5번지로 전입신고를 했다. 그리고 5개월이 지난 후에야 필지가 정리되면서 이 아파트의 지번이 97번지로 바뀌었다.

그런데 세입자가 제출한 임대차 계약서는 작성일이 임차인의 전입신고일보다 2주 전이었는데, 이 아파트의 주소가 '97번지'라고 쓰여 있었다. 당시에는 존재하지도 않았던 지번이 계약서에 적혀 있었던 것이다. 임대차를 주장하기 위해 나중에 허위 계약서를 쓰면서 수년 전에 지번이 바뀐 것을 잊은 것이다.

나와 낙찰자는 즉시 이와 같은 취지로 임대차를 부정하며 인도명령 신청서를 법원에 제출했고, 세입자는 법원이 의견을 낼 기회를 주었지만 포기하고 스스로 아파트를 비워 주었다.

# 05 >>> | 명도 시 임차인이 재계약을 원할 때

반갑다고 덥석 계약하지 말고 꼼꼼히 따져보아야 한다.

간혹 명도협의를 할 때, 점유자가 "임대차 계약을 하자"고 제안하는 경우가 있다. 낙찰자가 임대를 할 계획이었다면 듣던 중 반가운 소리일 것이다. 명도비용도 절약하고, 새로운 임차인을 찾을 때까지의 손실비용, 부동산 중개수수료도 아낄 수 있기 때문이다.

## 반가운 소리라고 덥석 물지는 말자

그러나 임차인의 재계약 제안을 좋게만 생각할 일은 아니다. 그 점유자가 임대차 계약을 하면서 계약금만 주고 이후 잔금을 내지 않는다면 문제가 복잡해진다. 이 경우 집을 비워 달라고 법원에 인도명령을 신청해도 거부될 가능성이 매우 높다. 인도명령은 경매로 낙찰받은 부동산에 한하여 극히 제한적으로 인정되는 절차이기 때문이다.

그런데 임대차 계약을 했다면 경매 부동산의 명도는 이미 당사자 간의 합의로 해결된 것으로 판단한다. 이후 임차인이 잔금을 내지 않는 문제는 민사상의 분쟁에 해당하기 때문에, 그를 내보내려면 인도명령이 아니라 더 번거로운 명도소송을 해야만 한다.

## 전주인이 임대차 계약을 원하다면

일반적으로 전주인이 그 부동산의 매각 후 이런 제안을 했다면, 임대차 계약을 하지 않는 것이 좋다.

전주인은 이미 빚 때문에 부동산이 경매로 넘어가는 등 재정상황이 좋지 않은 상황이다. 그러므로 계약금은 주더라도 잔금을 못 줄 가능성이 높고 월세를 제 날짜에 내지 않을 수도 있다. 또한 이미 집이 경매로 넘어갔는데 버티며 점유하고 있을 정도이니 그 희생양이 내가 될 수도 있다.

## 기존 세입자의 재계약 제안이라면

기존 세입자가 임대차 계약을 하자고 제안했다면 긍정적으로 검토해 보자.

이 경우 그 세입자가 그동안 월세·관리비·공과금을 꼬박꼬박 납부했는지 파악하면 그의 신용도를 알 수 있다. 요즘은 대부분 월세를 은행계좌로 입금하니 세입자가 그 사실을 증빙하는 것은 어렵지 않다.

결국 임대차 계약을 하기로 했다면 계약조건을 제대로 지키지 않는 만일의 상황에 대비하는 것이 중요하다.

우선 임대차 계약서를 쓰고 계약금을 받는 절차는 생략하는 것이 좋다. 그보다는 약정한 날에 임대차 계약서를 쓰고, 동시에 전세나 월세 보증금을 모두 받는 식으로 하는 것이 좋다. 그래야 세입자가 그 집에 살면서 계약금만 내고 잔금을 미루며 버티는 상황을 막을 수 있다.

## 인도명령 절차는 계속 진행하는 것이 좋다

임대차 계약을 하는 것과는 상관없이, 인도명령 절차는 계속 진행하는 것이 좋다. 그래야 계약서를 쓰고 보증금을 모두 받기로 한 날, 점유자가 갑자기 말을 바꾸더라도 명도기간이 늘어지지 않는다. 그리고 점유자가 인도명령 결정이 내려졌다는 것을 알면 임대차 약정을 호락호락하게 생각하지 않을 것이다.

인도명령에 의한 강제집행은 오직 경매에 의한 명도에서만 할 수 있다. 일단 임대차 계약을 하고 나면, 민사소송을 하지 않고서는 세입자를 강제로 내보낼 수 없다는 것을 꼭 기억해 두자.

# 06 ||| 부동산을 비워 달라는 인도명령

>>>

낙찰잔금을 낼 때 인도명령을 신청하는 것이 좋다.
왜 그래야 하는지 이유를 알아본다.

**사례** **인도명령을 잘못 신청한 경우**

자영업자 최영선 씨(38세)는 서울시 동대문구의 근린상가를 낙찰받아 낙찰잔금을 모두 냈다. 그리고 그 건물에서 회사를 운영 중인 전주인 정씨를 만나 명도를 요구했지만, 그는 무리한 합의금을 요구하며 거부했다. 이에 최씨는 정씨를 상대로 법원에 인도명령을 신청했고, 그 결정문을 받아 집행관 사무소에 강제집행도 신청했다.

그런데 집행관이 강제집행을 예고하기 위해 현장을 방문하더니, 실제 점유자는 정씨가 아니라 그가 대표로 있는 회사여서 강제집행을 할 수 없다는 것이다. 최씨는 하는 수 없이 그 회사를 상대로 다시 인도명령을 신청해야 했다. 우리 민법은 법인에 별도의 인격을 인정하고 있다. 따라서 점유자가 법인이라면, 대표가 아니라 그 회사를 상대로 인도명령을 신청해야 한다.

인도명령이란 낙찰자가 낙찰대금을 모두 냈는데도 점유자가 그 부동산을 넘겨주지 않을 경우, 법원이 "그 부동산을 낙찰자에게 인도하라"고 하는 명령이다.

법원은 낙찰자가 신청할 때만 인도명령을 내린다. 인도명령은 낙찰대금을 완납한 날로부터 6개월 안에 신청해야 한다. 그 후에는 더 번거로운 명도소송을 통해서만 부동산을 돌려받을 수 있다.

## 인도명령 대상자가 누구인지 파악하자

인도명령은 오로지 현재 실제로 그 부동산을 점유하고 있는 사람을 대상으로 신청할 수 있다. 전주인이든 세입자든 유치권자든, 심지어 그 부동산과 아무 상관없는 불법 점유자라도, 어쨌든 부동산을 계속 점유하고 인도를 거부하는 사람을 대상으로 신청한다. → 인도명령 신청방법은 '부록' 409쪽

　　법원은 간혹 인도명령을 결정하기 전에 점유자를 불러 심문을 하기도 한다. 특히 점유자가 임차인이라면 법원이 심문서를 발송하여 의견을 제출할 수 있는 기회를 주는 경우가 많다. 또 낙찰 후 배당이 확정될 때까지 인도명령을 내리지 않고 결정을 유보하는 경우도 있다.

## 점유자가 유치권 신고자인 경우

실제 경매사건을 보면 유치권은 성립되지 않는 경우가 더 많다. 그러므로 낙찰받은 부동산에 유치권 주장자가 있더라도 그 유치권이 성립되지 않는다는 확신이 들고, 그 이유를 정확히 알고 있다면 인도명령을 신청하는 것이 좋다.

　　"유치권자를 상대로 인도명령을 신청해 봤자 소용없다"고 주장하는 사람들이 있지만 틀린 말이다. 지금까지 나는 유치권 주장자를 상대로 모두 인도명령 결정을 받아냈다. 단 한 번도 명도소송까지 가본 적이 없다.

## 낙찰대금을 내고 바로 인도명령을 신청하자

대부분의 경매사건에서 명도는 합의로 무난하게 끝난다. 그렇지만 낙찰대금을 내자마자 바로 인도명령을 신청해 두는 것이 좋다. 명도합의는 실제로 명도가 이루어지기 전에는 언제든 깨질 수 있기 때문이다.

　　인도명령 결정을 받아놓고 명도합의를 하는 것이 더 유리하다. 점유자에게 명도합의가 안 되면, 한푼도 받지 못하고 강제집행을 당하게 된다고 경고를 줄 수 있기 때문이다. 따라서 인도명령에 관한 법적 절차를 밟으면서, 명도합의는 합의대로 진행한다. 그리고 상황에 따라 유리한 입장을 취하는 것이 가장 효율적인 명도방법이다.

**점유자의 인적사항을 알 수 없는 경우**

점유자의 인적사항은 집행법원의 경매계에서 그가 권리를 신고한 서류를 열람 신청을 해서 보면 된다.

만약 점유자가 합의도 거부하고, 권리신고나 전입신고도 하지 않고 대화조차 거부하여 정보를 전혀 얻을 수 없다면 어떻게 해야 할까? 일단 전주인을 상대로 인도명령을 신청하고 강제집행을 한다. 그러면 집행관과 함께 방문했을 때 실제 점유자가 강제집행을 당하지 않으려고 자신은 전주인이 아니라고 항변할 것이다. 이때 그 점유자의 인적사항을 알아내면 된다.

## 점유자가 도중에 바뀌지 않도록 주의한다

만약 점유자가 나가 버리고 다른 사람이 입주해 있다면, 다시 새로운 점유자를 상대로 인도명령을 신청해야 한다.

이런 일을 겪지 않으려면 '부동산 점유이전 금지 가처분'을 신청하면 된다. 그러면 그 후에 그곳을 점유한 사람은 점유권을 인정받지 못하므로, 다시 인도명령을 신청할 필요 없이 승계집행문을 부여받아 바로 강제집행을 할 수 있다. '부동산 점유이전 금지 가처분 신청서'는 대

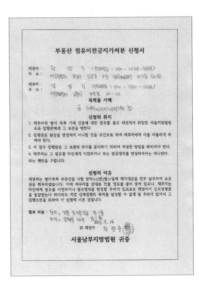

한민국 법원경매정보 사이트에서 다운받을 수 있다.

# 07 명도 시간을 줄이는 송달의 기술

>>>

명도는 시간과의 싸움이다. 명도의 시간을 줄일 수 있는 송달기술을 알아본다.

법원은 세입자에게 인도명령을 내리기 전에 의견을 제출하라고 통지서를 발송한다. 세입자가 이 통지서를 받고도 의견서를 제출하지 않거나, 그 의견이 타당하지 않으면 비로소 인도명령을 결정한다.

인도명령 결정이 내려졌다고 끝이 아니다. 인도명령 결정문이 점유자에게 송달되어야 다음 단계인 강제집행을 신청할 수 있다. 따라서 이 서류가 점유자에게 빨리 도착할수록 명도에 걸리는 시간을 줄일 수 있다.

### 점유자가 법인이라면 대표자의 주소로

회사 소유의 부동산이나 건물을 낙찰받고 명도를 위해 현장을 방문해 보면 이미 업무를 중단한 경우가 많다. 경매로 부동산이 넘어갈 정도이니 운영을 계속할 수 없는 것이다. 무엇보다 채권자들의 빚 독촉으로 영업을 원활하게 할 수도 없었을 것이다.

사실상 폐업 상태인 회사의 주소로 인도명령을 신청하는 것은 아무 의미가 없다. 그럼 어디로 보내야 할까? 이런 경우 인도명령 신청서에는 법인의 소재지보다 법인 대표자의 주소를 쓰는 것이 좋다. 채무자의 주소 난에는 법인의 등기상 주소를 그대로 쓰고, 그 밑에 따로 "송달받을 주소"라고 표시하고 대표자의 주소를 쓴다. 대표자의 주소는 인터넷 등기소(www.iros.go.kr)에 접속해 법인 등기부등본을 발급받아 보면 알 수 있다.

특히 인도명령 신청 전에 대표자의 주소지를 직접 방문해 보고, 실제로 살고 있는지 확인하면 인도받는 과정을 더 빨리 끝낼 수 있다.

## 점유자가 집을 비워 송달이 안 되는 경우

점유자가 문을 잠그고 집에 없어서 인도명령 결정문이 자꾸 전달되지 않으면 명도 기간이 늘어질 수 있다. 이럴 때는 일단 점유자의 주민등록초본을 활용하면 된다. 그런데 법적으로 다른 사람의 주민등록초본은 뗄 수 없게 되어 있다. 어떻게 해야 할까?

첫째, 일단 낙찰받은 부동산의 주소로 인도명령을 신청한다.

둘째, 점유자가 자리를 비워 심문서나 인도명령 결정문이 송달되지 않을 것이다. 그러면 법원은 낙찰자에게 점유자의 주소를 수정하라는 보정명령서를 보낸다.

셋째, 이제 이 보정명령서와 신분증을 들고 주민센터에 가면 점유자의 주민등록초본을 발급받을 수 있다.

넷째, 주민등록초본에 점유자의 현재 거주지 주소가 있다면 보정서에 이 주소를 써서 법원에 제출한다. 그러면 법원이 바뀐 주소로 다시 서류를 발송해 준다.

## 점유자의 현 주소를 알 수 없는 경우

채권자들의 빚 독촉을 못 이겨 주민등록을 이전하지 않고 그대로 둔 채 잠적해 버리는 사람들이 생각보다 많다. 이런 경우 점유자의 주민등록초본을 발급받아 보아도, 그가 실제로 살고 있는 주소지를 알아낼 방법이 없다. 이 때는 법원의 경매계에 점유자의 주민등록초본을 첨부하여 실제의 거주지를 알 수 없음을 입증하고, 동시에 특별송달을 신청한다.

## 되도록 발송송달을 이용한다

특별송달에는 야간송달, 집행관송달, 유치송달, 발송송달, 공시송달이 있다.

발송송달은 실제로 점유자에게 전달되었는지와 상관없이, 일단 법원이 발송하면 그 자체로 효력이 인정된다. 주로 경매과정에서 이미 서류를 보냈지만, 송달이 안 된 경우에 법원이 직권으로 결정한다.

한편 공시송달은 법원 사무관 등이 송달할 서류를 보관하고, 그 사유를 법원 게시판에 게시한 후 2주가 지나면 효력이 발생한다. 다른 방식으로는 송달할 수 없는 것으로 인정될 때 사용한다.

점유자가 주민등록상의 주소지에 실제로 살지 않는다면 발송송달이나 공시송달을 해야 한다. 그런데 공시송달은 게시 후 2주가 지나야 하지만, 발송송달은 발송하자마자 효력이 발생한다. 그러므로 법원 사무관과 의논해 인도명령 결정문을 되도록 발송송달로 보내 달라고 부탁하는 것이 좋다.

# 08 >>> 낙찰자가 가진 최후의 카드 강제집행

꿈쩍도 안 하는 점유자를 내보내는 최후의 방법 강제집행을 알아본다.

사례 **이씨가 남의 짐을 껴안고 살게 된 이유**

이소라 씨(39세)는 미용실을 운영하며 모은 돈으로 빌라를 낙찰받았다. 그런데 전주인과 명도합의가 잘되지 않아 강제집행을 신청했다.

강제집행 당일에 집행관과 함께 갔더니 전주인은 지금 당장 짐을 빼면 보관할 곳이 없다, 일단 집을 비워줄 테니 작은 방에 짐을 며칠만 보관해 달라고 사정했다. 이씨는 사정이 딱해서 그렇게 하기로 했다. 그런데 전주인은 약속한 날이 지나도 짐을 찾아가지 않았고, 연락할 때마다 바쁘다며 기다리라는 말만 되풀이했다. 남의 짐을 그냥 밖에 내놓을 수도 없고 속이 상했다.

한 달 후, 이씨는 더 이상 기다릴 수 없어서 다시 집행관 사무소를 찾아가 강제집행을 신청하려고 했다. 그런데 집행관은 이미 강제집행이 된 사건이므로 다시 신청할 수 없다는 것이다.

결국 이씨는 이러지도 저러지도 못하고, 전주인에게 제발 짐을 가져가 달라고 호소하는 입장이 되어 한동안 마음고생이 심했다. 그러니 일단 강제집행이 시작되면 마음을 굳게 먹고 끝을 보는 것이 좋다.

## 강제집행은 어떨 때 하는가?

법원은 인도명령이 결정되면 낙찰자와 점유자의 주소로 인도명령 결정문을 보낸다. 그런데 점유자 중에는 인도명령 결정문을 받고도 여전히 거부

| 접수일 | 접수내역 | 결과 |
|---|---|---|
| 20▮▮.04.13 | 등기소 서대문등기소 등기필증 제출 | |
| 20▮▮.04.26 | 기타 ▮▮▮ 감정평가사사무소 회보서 제출 | |
| 20▮▮.04.27 | 법원 서부법원집행관 현황조사서 제출 | |
| 20▮▮.04.27 | 압류권자 국민건강보험공단 서대문지사 교부청구 제출 | |
| 20▮▮.05.01 | 채권자 ▮▮▮ 자산운용주식회사 채권자변경에의한권리신고및배당요구신청서 제출 | |
| 20▮▮.05.07 | 채권자 주식회사 ▮▮ 저축은행(변경전: ▮▮ 상호저축은행)의 양수인) ▮▮▮▮ 자산운용회사 야간송달신청 제출 | |
| 20▮▮.05.17 | 기타 주식회사 ▮▮ 저축은행 권리신고및배당요구신청 제출 | |
| 20▮▮.06.08 | 근저당권자 한명이 채권계산서 제출 | |
| 20▮▮.06.18 | 압류권자 서울특별시서대문구 교부청구 제출 | |
| 20▮▮.06.26 | 가압류권자 ▮▮ 캐피탈 주식회사 채권계산서 제출 | |
| 20▮▮.07.13 | 기타 ▮▮▮ 자산운용(주) 특별송달신청 제출 | |
| 20▮▮.09.04 | 채권자 주식회사 ▮▮ 저축은행(변경전: ▮▮ 상호저축은행)의 양수인) ▮▮▮▮ 자산운용회사 야간송달신청 제출 | |
| 20▮▮.10.10 | 채권자 ▮▮▮ 자산운용주식회사 특별송달신청 제출 | |
| 20▮▮.01.29 | 채권자 주식회사 ▮▮ 저축은행(변경전: ▮▮ 상호저축은행)의 양수인) ▮▮▮▮ 자산운용회사 의견서(의견요청서) 제출 | |

대한민국 법원경매정보 사이트(www.courtauction.go.kr)에서 [경매물건]→경매사건검색→문건/
송달내역을 누르면, 인도명령 결정문, 강제집행 결정문 등이 송달되었는지 확인할 수 있다.

하는 사람들이 있다. 이런 경우는 강제집행을 신청해야 한다.

만약 인도명령 결정문이 아직 점유자에게 송달되지 않았다면 강제집
행을 신청할 수 없다. 그러므로 법원에 가기 전에 미리 경매계에 전화를 걸
거나 대한민국 법원경매정보 사이트에서 점유자에게 인도명령 결정문이
송달되었는지 확인하는 것이 좋다. → 강제집행 신청법은 '부록' 412쪽

## 빈집을 명도하는 법

"낙찰받은 아파트에 아무도 살지 않아요. 관리소장이 입회하면 그냥 입주해도 되나요?"

자주 받는 질문이다. 인터넷이나 경매서적을 보면 '빈집일 경우 관리소장의 입회 아래 그냥 입주해도 괜찮다'는 글이 많다. 틀린 말은 아니다. 그런데 필요한 건 증인이지 꼭 관리소장일 필요는 없다.

**관리소장이 입회한 경우 |** 관리소장은 증인으로서 협조를 구하기가 상대적으로 수월할 뿐이며 특별한 증거능력은 없다. 관리소장 입회 아래 입주했는데, 어느 날 전주인이 불쑥 찾아와 "방 안에 두었던 금괴를 내놓으라"고 주장하면 어떻게 될까? "관리소장이 입회했으니 그에게 가서 따지세요"라고 할 수는 없다. 그렇다 한들 "내가 책임지겠다"고 할 사람은 없다.

어쩔 수 없이 법적인 분쟁이 시작될 수 있다. 그 과정에서 "입주할 당시 아무것도 없었다"는 관리소장의 진술이 정상참작에 도움이 되기는 하지만 전세를 역전시킬 수는 없다. 그나마도 관리소장이 일을 그만두었다면 난감해진다.

**집행관이 참석한 경우 |** 반면 집행관이 참석해 강제집행을 했다면 어떨까? 전주인의 터무니없는 주장에 "법원에 가서 따지세요"라고 하면 된다. 집행관은 강제집행을 할 때 그 결과를 서류로 착착 남겨두므로 법정에서 어떤 증언이나 문서보다 더 강한 신뢰를 가진다.

관리소장 입회 아래 입주하는 것은 명도 과정에 증인을 남기는 것일 뿐이다. 이후에 문제가 된다면 그 책임은 당사자인 낙찰자에게 있다. 그러나 강제집행은 법원이 공권력으로 전주인이나 세입자의 점유권을 해제하고 낙찰자에게 인도하는 것이다. 행위의 주체가 법원이므로 나중에 문제가 되더라도 책임이 법원에 있다. 관리소장 입회 아래 입주하는 것이 강제집행을 거쳐 입주하는 것보다 빠를 수는 있지만 안전성을 보장받을 수는 없다. 그러므로 시간이 좀 걸리더라도 인도명령 신청에 의한 강제집행이 더 낫다.

# 부록

셀프 등기법 & 현장답사 체크리스트

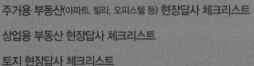

# 01

셀프 등기하는 법
# 소유권 이전 등기 촉탁 신청

소유권 이전을 손쉽게 하기 위해 법무사에게 맡기는 사람들이 많다. 하지만 반나절을 투자해서 수수료를 아낄 수 있다면 혼자서도 해볼 만할 것이다.

절차가 복잡해 보이지만, 막상 해보면 그리 어렵지 않다. 여기저기 방문하느라 복잡해 보이지만, 직접 해보면 뿌듯함과 재미도 있고 돈도 아낄 수 있다.

→ 은행에서 대출을 받아 낙찰대금을 납부하는 경우라면, 소유권 이전 등기를 반드시 해당 은행이 지정한 법무사에게 의뢰해야 한다. 은행 입장에서는 아직 부동산의 소유권이 이전되지 않았기 때문에 근저당권도 설정하지 못한 상태에서 대출을 해 줄 수는 없다. 그래서 자신이 신뢰하는 법무사에게 등기를 맡기려는 것이다.

**한눈에 보는 소유권 이전 등기 절차**

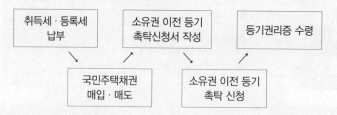

## 취득세·등록세 납부

부동산의 취득에 관한 세금은 부동산의 종류에 따라 세율이 달라지므로, 사전에 세무사와 상담을 받아보는 것이 좋다.

경매로 부동산을 취득한 경우, 소유권 이전에 필요한 세금과는 별도로 등기의 말소에 필요한 세금도 납부해야 한다.(등기상에 설정되어 있던 권리, 또는 처분 중에서 낙찰자가 인수하지 않는 등기는 말소해야 한다.)

부동산 취득과 관련해 납부할 세금은 취득세와 농어촌특별세, 지방교육세가 있고, 말소와 관련해서는 등록세와 지방교육세가 있다.

## ❶ 구청에 가서 신고서를 쓴다

낙찰잔금을 모두 납부한 뒤 법원에서 받은 매각대금 완납증명원을 가지고 시·군·구청 세무과로 간다. 여기서 소유권 이전과 관련해서 '통합취득세 신고서', 등기의 말소와 관련해 '등록면허세 신고서'를 각각 작성해 2부를 제출하면 취득과 말소에 관한 고지서를 각각 1장씩 준다.

→ 이 두 신고서는 시·군·구청 홈페이지에서 세금신고서 양식을 다운받아 미리 써 갈 수도 있다. 해당 구청 홈페이지에서 서비스가 안 된다면, 서울시 강남구청 홈페이지를 이용하면 된다(종합민원→민원서식→취득세 신고서, 등록면허세 신고서 검색). 신고서 양식은 전국 어디나 똑같다.

## ❷ 은행에서 세금을 낸다

은행에서 위 고지서와 함께 세금을 내고 '영수필 확인서'를 받는다. 은행에서 할 일이 더 있다. ❸번으로 가보자.

## 국민주택채권 매입·매도

### ❸ 은행에서 국민주택채권 매입·매도하기

은행 창구에서 국민주택채권을 산다. 먼저 직원에게 '국민주택채권 매입신청서'를 달라고 해서 작성한다. 신청서의 [채권 보유 여부] 란의 '즉시매도'에 ☑ 표시한다. 그러면 채권을 매입과 동시에 바로 매도하게 된다. 이렇게 채권을 사자마자 되파는 경우에는 할인비용만 내면 된다. 창구직원에게 신청서와 할인비용을 내면 영수증을 준다. 소유권 이전을 할 때 써내야 하는 채권발행번호가 있으므로 이 영수증은 잘 보관해야 한다.

→ **국민주택채권:** 국민주택사업에 필요한 자금을 조달하기 위하여 국민주택기금의 부담으로 발행되는 채권이다. 만기가 되면 이자까지 합해서 현금으로 돌려받을 수 있지만, 이자수익률이 매우 낮은 편이라서 대부분은 매입하자마자 매도한다. 만기 전에 매도하기 때문에 채권의 액면가액(매수가격)에서 일정한 비율에 상당하는 금액을 차감하는데, 이 비율을 '할인율'이라고 한다. 이자만큼을 미리 떼는 것이다. 할인율은 매일 달라진다.

→ **채권 구입 금액:** 내가 낙찰받은 금액이 아니라 '시가표준액'을 기준으로 국민주택채권의 매입금액이 결정된다. 시가표준액은 취득세를 내고 받은 영수필 확인서에 기재되어 있으므로 이를 참고해서 기입하면 된다.
토지와 건축물의 종별 및 소유권 취득의 방법에 따라 매입금액이 달라지는데 '국민주택채권 매입대상 및 금액표'를 참조하여 산출하면 된다. 만원 단위 이하 금액은 사사오입해서 1만원 단위까지만 매입하면 된다.

### 국민주택채권 매입신청서

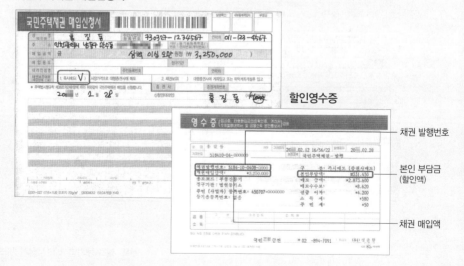

할인영수증

채권 발행번호

본인 부담금
(할인액)

채권 매입액

## 소유권 이전 등기 촉탁신청서 작성

이제 소유권 이전을 하기 위해 법원에 제출할 서류들을 모두 준비해 보자.

### ❹ 소유권 이전 등기 촉탁신청서 쓰기

대한민국 법원경매정보 사이트(www.courtauction.go.kr)에서 [경매지식]→경매서식으로 들어가 '부동산 소유권 이전 등기 촉탁신청서'를 다운받아 작성한다.<sup>406쪽 참조</sup>

### ❺ 소유권 이전 등기 촉탁에 필요한 서류 확인하기

아래의 서류들을 준비해 두고 순서대로 철을 해둔다. 모두 구비되면 이를 들고 법원으로 간다.

**준비 서류 목록**

1. 부동산 소유권 이전 등기 촉탁신청서 1부
2. 등록세 및 교육세, 국민주택채권 매입금액, 등기신청수수료 사항 1부
    → 406쪽 참조
3. 대법원 수입증지(법원 내 은행에서 매입 가능)
4. 등록세 및 교육세 영수필 확인서(소유권 이전, 말소) 각 1통
5. 부동산목록 4부 → 407쪽 참조       6. 말소할 등기목록 4부 → 407쪽 참조
7. 부동산등기부등본 1통             8. 건축물대장등본 및 사본 각 1통
9. 토지대장등본 및 사본 각 1통       10. 주민등록등본 및 사본 각 1통
11. 송달용 우표(법원 내 우체국에서 매입 가능)

준비한 서류들은 아래와 같이 분류해서 철한다. 그런 다음 그 뒤에 소유권 이전등기 촉탁신청서상에 '첨부'로 기재된 서류 중 나머지 서류들(부동산 목록 4부, 말소할 등기 목록 4부, 부동산등기부등본 1통, 건축물대장등본 및 사본 각 1통, 토지대장등본 및 사본 각 1통, 주민등록등본 및 사본 각 1통)을 첨부한다.

제1면: 부동산 소유권 이전 등기 촉탁신청서
제2면: 등록세 및 교육세, 국민주택채권매입금액, 등기신청수수료 사항
제3면: 수입증지, 등록세 및 교육세 영수필 확인서 붙임 → 408쪽 참조

## 등록세 및 교육세, 국민주택채권매입금액, 등기신청수수료 작성 예

1. 낙찰대금 액수를 쓴다.

   그 아래 취득세, 지방교육세, 농어촌특별세 등 납부한 금액을 10원 단위까지만 쓴다. 말소건수는 낙찰자가 인수하지 않고 소멸시켜야 할 권리들을 개수만큼 쓴다. 말소할 권리는 따로 말소목록을 만들어 첨부한다. → 407쪽 참조
2. 국민주택채권 매입금액을 토지, 건물 각각 쓴다.

   은행에서 채권을 매입하고 받은 영수증에 적힌 채권번호도 기입한다.
3. 등기신청수수료는 소유권 이전이 15,000원, 말소 등기는 개당 3,000원이다. 계산기로 계산한 다음 쓰고, 비고란에 '대법원 수입증지 첨부'라고 쓴다.

---

### 부동산 소유권 이전 등기 촉탁신청서

#### 부동산 소유권 이전 등기 촉탁신청서

사건번호 : 2022 타경 17000 부동산 임의경매
채 권 자 : 주식회사○○은행
채 무 자 : 변 학 도
소 유 자 : 변 학 도
매 수 인 : 홍 길 동

위 경매사건에 관하여 매수인 홍길동은 귀원으로부터 매각허가결정을 받고 2022년 02월 09일 대금 전액을 완납하였으므로 별지 목록 기재 부동산에 대하여 소유권 이전 및 말소 등기를 촉탁하여 주시기 바랍니다.

－ 첨부 －

1. 등록세 및 교육세, 국민주택채권매입금액, 등기신청수수료 사항 1부
2. 대법원 수입증지
3. 등록세 및 교육세 영수필 확인서 (소유권 이전, 말소) 각 1통
4. 부동산목록 4부
5. 말소할 등기목록 4부
6. 부동산등기부등본 1통
7. 건축물대장등본 및 사본 각 1통
8. 토지대장등본 및 사본 각 1통
9. 주민등록등본 및 사본 각 1통

2022 년 02월 13일

신청인(매수인) : 홍 길 동 (인)
45070+－******
서울시 강남구 도곡동 257 (22/7) 도곡렉슬아파트 ***－***

서울○○지방법원 경매○계 귀중

---

### 등록세 및 교육세, 국민주택채권매입금액, 등기신청수수료

#### 등록세 및 교육세, 국민주택채권매입금액, 등기신청수수료

**1. 등록세 및 교육세**

| 구 분 | | 금 액 | 비 고 |
|---|---|---|---|
| 소유권 이전 | 낙 찰 금 액 | 205,632,000 | 2022년 02월 09일 잔금 납부 |
| | 취 득 세 | 8,225,280 | 취득금액의 4% (10원 미만 절사) |
| | 지방교육세 | 822,520 | 취득금액의 0.4% (10원 미만 절사) |
| | 농어촌특별세 | 411,260 | 취득금액의 0.2% (10원 미만 절사) |
| | 소 계 | 9,459,060 | |
| 말소 | 말 소 건 수 | 16 | 별도 말소목록 첨부 |
| | 등 록 세 | 96,000 | 1건당 6,000원 |
| | 지방교육세 | 19,200 | 등록세의 20% |
| | 소 계 | 115,200 | |
| 총 계 | | 9,574,260 | 영수필 확인서 첨부 |

**2. 국민주택채권매입금액**

| 구 분 | 시가표준액 | 비 율 | 금 액 | 채 권 발 행 번 호 |
|---|---|---|---|---|
| 토 지 | 55,094,000 | 40/1,000 | 2,203,760 | |
| 건 물 | 99,238,607 | 10/1,000 | 992,386 | |
| 합 | 154,332,607 | | 3,200,000 | 5184-10-0408-0000 |

**3. 등기신청수수료**

| 구 분 | 건 수 | 건당 수수료 | 수 수 료 | 비 고 |
|---|---|---|---|---|
| 소유권 이전 | 1 | 14,000 | 15,000 | |
| 말 소 | 16 | 3,000 | 48,000 | |
| 합 | | | 63,000 | 대법원 수입증지 첨부 |

**부동산 목록 작성 예**

**말소할 등기목록 작성 예**

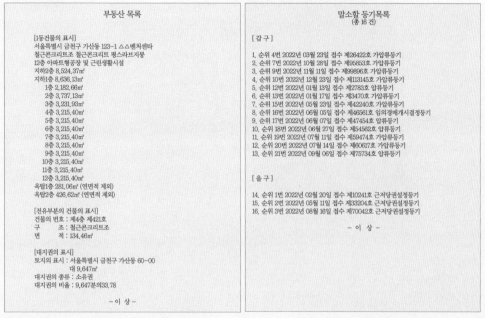

부동산 목록

[1동건물의 표시]
서울특별시 금천구 가산동 123-1 △△벤처센타
철근콘크리트조 철근콘크리트 평스라브지붕
12층 아파트형공장 및 근린생활시설
지하2층 8,524.37㎡
지하1층 8,636.13㎡
1층 2,182.66㎡
2층 3,737.13㎡
3층 3,231.93㎡
4층 3,215.40㎡
5층 3,215.40㎡
6층 3,215.40㎡
7층 3,215.40㎡
8층 3,215.40㎡
9층 3,215.40㎡
10층 3,215.40㎡
11층 3,215.40㎡
12층 3,215.40㎡
옥탑1층 281.06㎡ (연면적 제외)
옥탑2층 426.62㎡ (연면적 제외)

[전유부분의 건물의 표시]
건물의 번호 : 제4층 제421호
구      조 : 철근콘크리트조
면      적 : 134.46㎡

[대지권의 표시]
토지의 표시 : 서울특별시 금천구 가산동 60-00
                   대 9,647㎡
대지권의 종류 : 소유권
대지권의 비율 : 9,647분의33.78

- 이 상 -

말소할 등기목록
(총 16 건)

[ 갑 구 ]

1. 순위 4번 2022년 03월 23일 접수 제26422호 가압류등기
2. 순위 7번 2022년 10월 28일 접수 제958853호 가압류등기
3. 순위 9번 2022년 11월 11일 접수 제99896호 가압류등기
4. 순위 10번 2022년 12월 23일 접수 제113145호 가압류등기
5. 순위 12번 2022년 01월 13일 접수 제2783호 압류등기
6. 순위 13번 2022년 01월 17일 접수 제3470호 가압류등기
7. 순위 15번 2022년 05월 23일 접수 제42240호 가압류등기
8. 순위 16번 2022년 06월 05일 접수 제46561호 임의경매개시결정등기
9. 순위 17번 2022년 06월 07일 접수 제47454호 압류등기
10. 순위 18번 2022년 06월 27일 접수 제54562호 압류등기
11. 순위 19번 2022년 07월 11일 접수 제59474호 가압류등기
12. 순위 20번 2022년 07월 14일 접수 제60617호 가압류등기
13. 순위 21번 2022년 09월 06일 접수 제75734호 압류등기

[ 을 구 ]

14. 순위 1번 2022년 02월 20일 접수 제10241호 근저당권설정등기
15. 순위 2번 2022년 05월 11일 접수 제33204호 근저당권설정등기
16. 순위 3번 2022년 08월 16일 접수 제70042호 근저당권설정등기

- 이 상 -

➜ 등기부등본의 표제부를 참고해서 위와 같이 쓰면 된다.　➜ 등기부등본의 갑구와 을구를 참고해서 쓰면 된다.

# 소유권 이전 등기 촉탁신청서 접수

## ❻ 이제 법원으로 간다

법원 내 우체국에서 송달용 우표를 2장 구입한다. 구입한 우표를 소유권 이전
등기 촉탁신청서의 오른쪽 위에 스테이플러(호치키스)로 찍어 첨부한다.

## ❼ 법원 내 은행에서 대법원 수입증지 구입

대법원 수입증지는 '신청서류 구성 제2면' 3의 등기신청수수료 표의 계산결과[406쪽]
에 따른 금액만큼을 매입한 후, '신청서류 구성 제3면'의 맨 위 칸에 풀칠하여
붙인다. → 408쪽 참조

## ❽ 민사신청과 접수계로 모든 서류를 낸다

민사신청과의 접수계에 제출하면 소유권 이전 등기 촉탁신청이 끝!

**수입증지 및 영수증 첨부한 예**

- 첨 부 -

대법원 수입증지를 붙이세요.

취득세 영수필 확인서를 붙이세요.(소유권 이전)

등록세 영수필 확인서를 붙이세요.(말소)

➜ 위와 같이 종이 한 장에 대법원 수입증지, 취득세 영수증, 등록면허세 영수증을 풀칠해서 순서대로 살짝만 붙여놓으면, 센스 있는 낙찰자가 된다.

# 등기권리증 수령

## ❾ 등기권리증 수령하기

소유권 이전 등기를 신청한 후 1주일 정도가 지나면, 소유권이 완전히 이전된다. 대한민국 법원 인터넷등기소 사이트(www.iros.go.kr)에 접속해서 소유권 이전 등기 여부를 확인하고, 등기가 잘 되었다면 법원에 전화하여 등기소에서 등기권리증이 법원으로 넘어왔는지 미리 물어보고 가지러 간다.

# 02

점유자가 이사를 나가지 않은 경우

# 인도명령 신청하는 법

낙찰잔금을 내러 법원에 갔을 때 인도명령도 함께 신청해 두면 명도 합의 과정에서도 훨씬 유리하다. 부동산 명도에 관한 합의는 실제 명도가 이루어지기 전에는 언제든 깨질 수 있다. 인도명령을 미리 신청해 두면, 점유자에게는 명도 합의가 안 되면 한푼도 못 받고 강제집행을 당하게 된다는 위기감을 줄 수 있다. 인도명령에 관한 법적 절차는 절차대로 진행하고 합의는 합의대로 진행하다가 유리한 것을 선택하는 것이 가장 효율적인 명도방법이다.

**❶ 민사신청과에서 부동산 인도명령 신청서 작성**
법원 민사신청과에 비치된 신청서 양식에 사건번호, 인도명령의 신청인과 피신청인을 빠짐없이 쓴다. 신청취지와 신청이유 등은 양식에 이미 기재되어 있으므로 생략한다. 점유자 인원 수만큼 인도명령 신청서를 별도로 작성한다.

**❷ 부동산 목록과 피신청인의 인적사항 준비**
신청서 외에 부동산 목록<sup>407쪽 참조</sup>과 피신청인(점유자)의 인적사항을 준비해서 첨부한다.

**인도명령 신청서 작성 예시**

---

### 부동산 인도명령 신청

| | |
|---|---|
| | 수입인지<br>1,000원 |

사건번호 2022 타경 12345호 물건번호 [1] 부동산 임의경매

신청인(매수인)
성 명 : 홍 길 동 (연락처 : 010-730-****)
주 소 : 인천광역시 남동구 만수동 1114 벽산아파트 ***-****

피신청인(임차인)
명 칭 : 변학도
주 소 : 서울시 금천구 가산동 60-** 4층 ***호

**신 청 취 지**
피신청인은 신청인에게 별지목록 기재 부동산을 인도하라.
라는 재판을 구한다.

**신 청 이 유**
신청인은 위 사건에 관하여 매수인(대리인)으로서 2022년 02월 09일에 매각대금을 전부 납부하여 소유권을 취득하였습니다. 그렇다면 피신청인은 별지목록 기재 부동산을 신청인에게 인도하여야 할 의무가 있음에도 불구하고 신청인의 별지목록 기재 부동산 인도청구에 응하지 않고 있으므로 피신청인으로부터 별지목록 기재 부동산을 인도 받기 위하여 이 사건 인도명령을 신청한다.

2022년 02월 09일

첨부 : 1. 부동산 목록 1부
        2. 피신청인의 법인 등기부등본 1통

위 신청인(매수인)  홍 길 동  (인)

---

피신청인이 법인이라면 법인의 등기부등본(누구나 발급 가능)을 발급받아 첨부하고, 개인이라면 주민등록등본 발급에 협조해 주지 않을 것이므로 권리신고된 내용의 열람을 신청해서 인적사항만을 간단히 첨부하도록 한다.

### ❸ 법원 내 은행에서 송달료 납부

법원 내 은행에 비치되어 있는 '송달료(예납·추납) 납부서'를 작성해 제출한다(송달료 12,240원을 지불). 그러면 은행은 법원제출용 '송달료 납부서'와 영수증을 돌려준다. 이 중에 '송달료 영수증'은 본인이 보관하고, '송달용 납부서(법원제출용)'는 미리 작성한 부동산 인도명령 신청서의 뒷면에 풀이나 스테이플러 등으로 붙인다.

→ 인도명령 대상자(점유자)가 여러 명이면, 인도명령 신청서와 송달료 납부서도 인원수 대로 쓰고 각각 납부한다.

→ 준비물: 송달료 1인당 12,240원

송달료 납부서

### ❹ 법원 내 은행에서 수입인지 구입

인도명령 신청서의 수만큼 수입인지도 구입해서 신청서의 우측 상단에 첨부한다.

→ 준비물: 수입인지 1,000원(수입인지와 수입증지는 다르므로 주의한다.)

### ❺ 경매신청과의 접수계에 제출

부동산 인도명령 신청서, 부동산 목록, 피신청인의 인적사항 순으로 철을 한 뒤 접수계에 제출한다. 이제 인도명령 신청절차가 끝났다.

### ❻ 인도명령 사건번호 받기

접수 후 담당직원이 찍어주는 '2022타기 12345'와 같은 인도명령 사건번호를 메모해 둔다. 대법원 법원경매정보 사이트의 '나의 사건 검색'에서 해당 번호로 조회하면 진행상황과 결과를 알 수 있다.

# 03

법원의 인도명령도 무시한다면
# 강제집행 하는 법

인도명령만으로 명도가 되지 않는다면 최후의 수단인 강제집행을 해야 한다. 이때 앞 단계에서 신청한 인도명령이 결정되면 신청자와 점유자에게 각각 인도명령 결정문이 발송된다. 낙찰자가 강제집행을 신청하려면 이 부동산 인도명령 결정문이 필요하다.

## ❶ 집으로 온 인도명령 결정문을 받아둔다
인도명령 결정문을 받으면 일단 잘 보관해 둔다.

## ❷ 대한민국 법원 경매정보 사이트에서 인도명령 사건 조회
법원으로 출발하기 전, 채무자에게 인도명령 결정문이 송달되었는지 대한민국 법원 경매정보 사이트(www.courtauction.go.kr)에서 확인한다. 아직 채무자(점유자)에게 송달되지 않았다면, 송달증명서는 물론 집행문도 받을 수 없기에 미리 확인해야 한다.

## ❸ 경매계로 가서 신청서 작성
송달이 된 것을 확인했다면 이제 인도명령 결정문을 들고 법원의 경매계로 간다. 비치된 양식 중에 '송달증명원 신청서'를 찾아 1장 작성하고 수입인지 1매를 사서 붙인다.

→ 준비물: 수입인지 1,000원

인도명령 결정문

서울남부지방법원

결 정

사 건   2022타기12345 경락부동산인도명령
신 청 인   홍길동 : 인천광역시 남동구 만수동 1114 벽산아파트 ***-****
피신청인   변학도 : 서울시 금천구 가산동 60-** 4층 410호

주 문   피 신청인은 신청인에게 별지목록기재 부동산을 인도하라
이 유   이 법원 2022타경12345호 부동산임의경매에 관하여 신청인의 인도명령
        신청이 이유 있다고 인정되므로 주문과 같이 결정한다.

2022. 09. 14
판 사 공 정 해

## ❹ 접수계에서 집행문 부여 및 송달증명원 수령

접수계에 수입인지를 붙인 송달증명원 신청서와 인도명령 결정문을 낸다. 그러면 접수계에서 송달증명원 신청서에 "위 증명합니다"라는 확인도장을 찍어주는데 이것이 송달증명원이 된다. 또 제출한 인도명령 결정문의 별도 지면에 인쇄된 집행문을 첨부해서 돌려주는데 이것이 '집행권원'이 된다.

## ❺ 집행관실에서 강제집행 신청서 작성

이 두 문서를 들고 법원 내 집행관실로 가서 '강제집행 신청서'를 작성한다. '집행의 목적' 란에는 '부동산인도'에 ☑ 표시한다. 채권자와 채무자(이 경우는 점유자)를 정확히 기재하고, 경매계에서 돌려받은 송달증명원과 집행권원이 붙은 인도명령 결정문과 함께 접수한다.

## ❻ 강제집행 비용 납부

신청서를 접수하면 접수계에서 접수증(집행비용 예납안내)을 준다. 여기에 적힌 강제집행 비용을 은행에 납부하면 강제집행 신청이 끝난다.

→ 강제집행 비용은 면적이나 층수, 위치 및 접근성에 따라 달라진다. 보통 엘리베이터가 있는 33평 아파트를 예로 든다면 강제집행 수수료, 여비, 우편료, 노무비를 포함하여 나의 경우 약 200~300만원 정도 예상한다. 이렇게 예납한 금액은 실제로 강제집행이 이루어지지 않는다면, 강제집행 신청서에 썼던 환급계좌로 돌려받을 수 있다.

# 04 >>> 유체동산 경매신청 하는 법

강제집행 후 보관비를 내고 있는 경우

부동산의 인도 및 강제집행을 하고도, 점유자가 남기고 간 집기와 기계 등 동산은 어떻게 처리해야 할지 몰라 걱정하는 사람들이 많다. 이럴 때에는 동산 경매를 신청하면 된다. 신청절차는 법원마다 조금씩 다르지만 큰 틀은 같으니, 다음을 참고해서 깔끔하게 해결해 보자.

❶ 어떤 법원에서는 동산 소유자에게 '물건을 빨리 찾아가라'는 내용증명을 2회 이상 발송한 후 바로 동산 경매를 신청할 수 있다. 반면 강제집행에 소요된 비용에 대해 집행비용 확정 신청을 해야 하는 법원도 있다. 강제집행을 할 때, 해당 법원의 집행관에게 미리 동산 경매절차를 문의해 두자.

❷ 내용증명을 2회 보내면 동산 경매를 신청할 수 있는 법원이라면 그대로 하면 된다. 많은 사람들이 내용증명의 형식을 부담스러워 하는데 걱정할 필요 없다. 내용증명은 양식이 정해져 있는 것이 아니니, 누가 보더라도 내용을 명확히 이해할 수 있는 정도라면 편지 형식이라도 상관없다.

❸ 동산 소유자에게 보낼 내용을 3부 출력한 후 가까운 우체국을 방문하여 내용증명을 보내겠다고 말한다. 그러면 우체국은 그중 1부는 상대방에게 발송하고, 1부는 우체국이 보관하며, 나머지 1부는 확인도장을 날인하여 다시 돌려주는데, 이것이 바로 내용증명이다.

내용증명을 2회 보낼 때 발송 기간이 정해져 있는 것이 아니다. 굳이 시간을 지체할 필요가 없으니 이틀 연속으로 보내는 것이 좋다. 이렇게 보낸 내용증명을 첨부하여 법원의 집행관 사무소에 유체동산 경매를 신청하면 된다.

집행비용 확정을 받아야 하는 법원이라면 절차가 좀 까다롭고 시간도 더오래 걸린다. 우선 집행관 사무소에 집행조서 등본발급 신청, 집행비용 지급내역서 신청, 집행권원 반환 신청을 해야 한다. 집행권원은 송달증명원과 집행문이 첨부된 인도명령 결정문이다.

❹ 발급(반환)받은 서류를 첨부하여 법원의 민사신청과에 집행비용액 확정 신청서(법원에 비치된 양식 사용)를 작성해 내면, 며칠이 지나 집행비용이 확정된다. 이 확정서를 첨부하여 집행관 사무소에 유체동산 경매를 신청하면 된다.

**집행비용액 확정 신청서**

---

### 집행비용액 확정 신청

신 청 인 (이   름) 홍길동 (주민등록번호 7303**-1********)
　　　　(주   소) 서울특별시 광진구 자양로 **길 **-**, 401호
　　　　(연락처) 010-****-****

피신청인 (이   름) 변학도 (주민등록번호 6901**-1******)
　　　　(주   소) 경기도 남양주시 퇴계원면 퇴계원리 **-** 203호

#### 신청취지

위 당사자 사이의 이 법원 2022. 6. 13. 선고 2022타기17△△△호 사건 결정에 의하여 피고가 상환하여야 할 집행비용액은 금4,670,000원임을 확정한다.

#### 신청이유

신청인은 귀원 2022타경36△△△ 부동산 임의경매 사건의 매수인으로서, 매각대금을 모두 완납한 후에도 위 피신청인이 부동산의 인도를 거부하여 인도명령에 따른 강제집행을 실시하고 피신청인의 유체동산을 매각부동산에서 반출하여 별도의 장소에 보관하고 있습니다. 그러나 피신청인은 아직도 자기의 유체동산을 가져가지 않고 있으므로 유체동산의 경매를 신청하기 위해 부동산 인도 강제집행 비용의 확정을 신청한다.

#### 소명방법 및 첨부서류

1. 집행권원 (인도명령결정문, 송달증명원, 집행문) 1부
1. 부동산 인도 강제집행조서 1부
1. 집행비용 지급내역서 1부

2022.  8.  13.

신청인(원고, 피고) 홍길동 (날인 또는 서명)

**서울 ○○ 지방법원 귀중**

---

# [체크리스트] 주거용 부동산(아파트, 빌라, 오피스텔 등) 현장답사

떠나기 전에! 감정평가서와 카메라는 챙겼는가?

| 사건번호 | | 입찰일/현장답사일 | / |
|---|---|---|---|
| 면적 | | 주소 | |

| 대분류 | 소분류 | 내용 | 체크 | | | 비고 |
|---|---|---|:---:|:---:|:---:|---|
| | | | ○ | △ | × | |
| 입지<br>여건 | 교통환경 | 역세권인가? | | | | |
| | | 대중교통의 접근성이 좋은가?<br>(버스 거리, 전철 거리) | | | | |
| | 교육환경 | 좋은 학군과 가까운가? | | | | |
| | 편의시설 | 병원, 시장, 은행, 관공서 등과 가까운가? | | | | |
| | 조망권 | 조망이 좋은가? | | | | |
| | 일조권 | 일조량이 적당한가? | | | | |
| | 유해시설 | 쓰레기 소각장이나 유흥가 등이 가까운가? | | | | |
| | 건축물 상태 | 건물이 노후되지는 않았는가?(균열, 누수) | | | | |
| | 동간 거리 | 사생활 보호에 문제가 없는가? | | | | |
| | 주거환경 | 소음이나 진동이 심한가? | | | | |
| | 미래 전망 | 개발 가능성은 높은가? | | | | |
| 공유<br>부분 | 주차장 | 충분한 주차공간이 있는가? | | | | |
| | 놀이터 | CCTV가 설치된 놀이터가 있는가? | | | | |
| | 엘리베이터 | 엘리베이터가 있는가? | | | | |
| 전유<br>부분 | 구조 | 내부구조를 파악했는가?<br>(방의 개수, 화장실 개수 등) | | | | |
| | 현관문 | 현관문 설치 상태가 양호한가? | | | | |
| | 신발장 | 신발장 설치 상태가 양호한가? | | | | |
| | 거실 | 바닥 마감 상태가 양호한가?(파손, 오염) | | | | |
| | | 벽체 마감 상태가 양호한가?(오염, 균열) | | | | |
| | | 거실창 설치 상태가 양호한가? | | | | |

| 대분류 | 소분류 | 내용 | 체크 | | | 비고 |
|--------|--------|------|------|------|------|------|
| | | | ○ | △ | × | |
| 전유<br>부분 | 주방 | 바닥 마감 상태가 양호한가?(오염, 변색, 긁힘) | | | | |
| | | 벽체 마감 상태가 양호한가?(오염, 변색) | | | | |
| | | 홈오토, 각종 배선기구 설치 상태가 양호한가? | | | | |
| | | 주방창 설치 상태가 양호한가? | | | | |
| | | 수압이 좋은가? | | | | |
| | 안방 | 바닥 마감 상태가 양호한가?(오염, 변색, 긁힘) | | | | |
| | | 벽체 마감 상태가 양호한가?(훼손, 오염, 변색) | | | | |
| | | 전등, 각종 배선기구의 설치 상태가 양호한가? | | | | |
| | | 문짝 설치 상태가 양호한가? | | | | |
| | 욕실 | 욕실장, 욕조, 세면기, 양변기가 양호한가? | | | | |
| | | 타일 상태가 양호한가?(파손, 오염, 변색) | | | | |
| | | 스위치, 콘센트, 전등 설치 상태가 양호한가? | | | | |
| | 발코니 | 발코니가 적당한 크기인가? | | | | |
| | 보일러 | 보일러의 작동이 양호한가?(도시가스 여부 등) | | | | |
| | 냉난방방식 | 개별 냉난방인가? | | | | |
| 시세 | 공인중개<br>사무소 | 매매가는 얼마인가? | | | | |
| | | 급매가는 얼마인가? | | | | |
| | | 임대가는 얼마인가? | | | | |
| | | 공인중개사 연락처 | | | | |
| | 관리소 | 관리비는 얼마인가? | | | | |
| | | 미납 관리비는 얼마인가? | | | | |
| | | 관리소 연락처 | | | | |

---

MEMO

# [체크리스트] 상업용 부동산 현장답사

떠나기 전에! 감정평가서와 카메라는 챙겼는가?

| 사건번호 | | 입찰일/현장답사일 | / |
|---|---|---|---|
| 면적 | | 주소 | |

| 대분류 | 소분류 | 내용 | 체크 | | | 비고 |
|---|---|---|---|---|---|---|
| | | | ○ | △ | × | |
| 입지여건 | 유동인구 | 유동인구가 많은 상가인가? | | | | |
| | | 유동인구의 동선을 파악했는가? | | | | |
| | | 매장 앞 보도의 폭이 넓은가? | | | | |
| | | 노점상이 밀집한 지역인가? | | | | |
| | | 지하철역, 버스정류장과 가까운가? | | | | |
| 상권 | 배후단지 | 배후단지의 규모가 최소 500가구 이상인가? | | | | |
| | | 배후단지의 성격이 사업 종목과 어울리는가? | | | | |
| | 주민성향 | 배후단지 거주자의 경제수준을 파악했는가? | | | | |
| | | 배후단지 거주자의 연령대를 파악했는가? | | | | |
| | | 통행차량의 동선을 파악했는가? | | | | |
| | | 유동인구의 동선을 파악했는가? | | | | |
| 매장 외부 | 접도 구역 | 도로변으로 접한 면이 넓은가? | | | | |
| | | 코너에 위치했는가? | | | | |
| 매장 내부 | 구조 | 내부구조를 파악했는가? | | | | |
| | 매장 입구 | 출입구의 문턱이 낮은가? | | | | |
| | 매장 천장 | 매장 천장이 높은가? | | | | |
| | | 복층 구조가 가능한가? | | | | |
| | 매장 바닥 | 방수나 누수의 흔적이 있는가? | | | | |
| | 매장 내부 | 매장 중앙에 기둥이 여러 개 있는가? | | | | |

| 대분류 | 소분류 | 내용 | 체크 | | | 비고 |
|---|---|---|---|---|---|---|
| | | | ○ | △ | × | |
| 현황 | 매장 현황 | 현재 영업상태가 양호한가? | | | | |
| | | 층별 업종 구성을 파악했는가? | | | | |
| | | 경업 금지에 해당하는가? | | | | |
| | | 상권 내 경쟁시설이 있는가? | | | | |
| 내부시설 | 공용 시설 | 개별 냉난방인가? | | | | |
| | | 엘리베이터가 있는가? | | | | |
| | | 건물이 노후되지는 않았는가? | | | | |
| 주변시설 | 주차장 | 충분한 주차공간이 있는가? | | | | |
| 시세 | 공인중개 사무소 | 매매가는 얼마인가? | | | | |
| | | 급매가는 얼마인가? | | | | |
| | | 임대가는 얼마인가? | | | | |
| | | 공인중개사 연락처 | | | | |
| | 관리소 | 권리금은 얼마인가? | | | | |
| | | 관리비는 얼마인가? | | | | |
| | | 미납 관리비는 얼마인가? | | | | |
| | | 상가 내 공실이 많은가?(공실률) | | | | |
| | | 관리소 연락처 | | | | |

MEMO

# [체크리스트] 토지 현장답사

떠나기 전에! 감정평가서와 카메라는 챙겼는가?

| 사건번호 | | 입찰일/현장답사일 | / |
|---|---|---|---|
| 면적 | | 주소 | |

| 대분류 | 소분류 | 체크 항목 | 체크 ○ | 체크 △ | 체크 × | 비고 |
|---|---|---|---|---|---|---|
| 토지입지 | 경사도 | 토지 경사가 25°보다 작은가? | | | | |
| | 토지 방향 | (산을 등지고) 남향, 남서향, 남동향인가? | | | | |
| | 토지 조망 | 전원주택용지로서 조망이 탁월한가? | | | | |
| | 토지 높이 | 인근 하천과 개울의 최고 수위보다 높은가? | | | | |
| 주택 건축 가능성 | 토지 모양 | 토지 한 면의 길이가 최소 15m 이상인가? | | | | |
| | 토질/지반 | 주변에 쓸 만한 바위가 있는가? | | | | |
| | 지하수 | 지하수를 개발할 수 있는가? | | | | |
| | 전기/전화 | 전기는 200m, 전화는 50m 기본거리 내에서 끌어올 수 있는가?(초과 시 추가비용 소요) | | | | |
| | 대중교통 | 대중교통으로 접근할 수 있는가? | | | | |
| | 편의시설 | 병원, 시장, 은행, 관공서가 가까운가? | | | | |
| | 주민성향 | 외지인에 대한 거부감이 심하지 않은가? | | | | |
| 인접도로 | 도로의 폭 | 토지가 4m 이상의 도로에 2m 이상 접해 있는가? | | | | |
| | 지적상 도로 | 지적상 도로가 너무 좁거나 인접 땅주인의 사용 허락을 받아야 하는가? | | | | |
| | 현황상 도로 | 실제는 도로가 있는데 지적상으로는 없는가? | | | | |
| 포장 여부 | 포장 주체 | 지적도상의 도로가 아니지만 포장 주체가 국가인가? | | | | |
| 용도지역 | 용도지역 | 농업진흥구역, 보전녹지는 아닌가? | | | | |
| | 하천구역 | 하천구역, 소하천구역에 포함되는가? | | | | |
| 자연재해 | 침수구역 | 강변, 하천변 토지 유입 가능성을 확인했는가? | | | | |

| 대분류 | 소분류 | 체크 항목 | 체크 | | | 비고 |
|---|---|---|---|---|---|---|
| | | | ○ | △ | × | |
| 개별규제 | 개별규제 | 토지거래허가구역(경매물건은 상관없음), 상수원보호구역, 군사시설보호구역, 문화재보전구역 등이 아닌가? | | | | |
| 유해시설 | 분묘 유무 | 묘지나 화장터가 있는가? | | | | |
| | 혐오 시설 | 하수종말처리장, 쓰레기 매립장이 있는가? | | | | |
| | 분진 발생 | 광산, 레미콘 공장, 고속도로 등이 가까운가? | | | | |
| | 악취 발생 | 축사, 염색 가공공장 등 악취 요소가 있는가? | | | | |
| | 사고 재해 | 사격장, 고압선 등 위험시설이 있는가? | | | | |
| 입목 | 입목 | 나무가 있는가? 벨 수 있는 나무인가? | | | | |
| | | 수령이 얼마나 되는가? | | | | |
| | 경작 상태 | 경작물이 있는가? | | | | |
| 시세 | 공인중개 사무소 | 공인중개사 자격증을 확인했는가? | | | | |
| | | 매매가는 얼마인가? | | | | |
| | | 급매가는 얼마인가? | | | | |
| | | 공인중개사 연락처 | | | | |

MEMO

# '지금'이 바로 경매투자의 적기다

### 지식과 실력의 다른 점

경매 컨설턴트로, 또 공인중개사로 20년이 훌쩍 넘는 세월을 보내 왔다. 그동안 경매 컨설턴트로서 10,000건 이상의 경매물건을 분석하고, 1,000건 이상의 경매를 실제로 진행했다.

이런 내 주위에는 공인중개사 자격을 취득하는 사람들이 많다. 그런데 그들 중 대부분은 창업을 막연한 미래로 미룬다. 마찬가지로 내게 경매 강의를 들은 수많은 수강생 중에는 수료 후에도 투자를 시작하지 않는 사람들이 많다. 그 이유를 물어보면 "좀더 배운 후에"라는 답이 돌아오기 일쑤다. 아직 실력이 부족하니 공부가 더 필요하다는 것이다.

그러나 지식과 실력의 경계는 분명하다. 목적한 바를 이루는 능력이 실력이라면, 지식은 실력을 결정짓는 여러 요인 중 하나에 불과할 뿐이다. 교육으로 얻을 수 있는 것은 실력이 아니라 그저 지식일 뿐이다. 출중한 실력을 갖춘 사람이 되기 위해서는 지식과 함께 경험이 필요하다. 그리고 경험은 실전을 통해서만 얻을 수 있다.

### '지금'이 바로 투자의 적기다

투자를 미루는 사람들을 보면, 흔히 지금은 때가 아니라고 한다. 그 이유로 금

422

리나 부동산 정책을 드는 것까지는 이해가 되기도 한다. 금리나 부동산 정책에 따라 아무래도 '투자에 유리한 시기'도 있고, 그렇지 않은 시기도 있으니 말이다.

그런데 국내외 정치상황과 환율, 국제유가까지 고려해 그 모든 것들이 완벽할 때 투자를 하려는 사람들이 있다. 그런 사람들에게 투자란 평생 남의 얘기가 될 것이다. 무슨 일이든 '지금'보다 더 적기는 없다. 지금이 아니라고 말하려면, 그렇다면 언제인지에 대한 답을 가지고 있어야 한다.

앞날에 대해 누구도 장담할 수는 없다. 하지만 부동산 경매투자에 관한 한 이것 하나는 확실히 말할 수 있다. 경매에서는 부동산 가격의 상승이 시작할 때도 기회이고, 하락이 시작할 때도 그 추이를 잘 본다면 기회가 될 수 있다. 누구도 부동산의 가격이 바닥인 때를 알 수 없으며, 적어도 경매는 기본적으로 시가보다 더 싸게 매입할 수 있는 기회가 되기 때문이다.

## 경매 공부와 발품이 투자의 시작이다

부동산 취득은 투자가치에 대한 확신이 섰을 때 해야 한다. 그러나 끊임없는 관심으로 수많은 부동산을 보고 분석하는 수고를 하지 않으면, 정작 눈앞에서 좋은 물건을 보고서도 확신을 가질 수 없다.

결국 부동산 경매 공부와 수고의 시작이 곧 '투자의 시작'이라 할 수 있다. 그래야 좋은 물건이 나왔을 때 투자를 시도할 눈과 경험이 생기기 때문이다. 그런 점에서 이 책을 보는 여러분은 이미 부동산 투자를 시작한 셈이라고 할 수 있다.

경매는 시가보다 싸게 취득할 수 있다는 점에서, 부동산을 취득함과 동시에 곧바로 수익을 얻을 수 있다는 점에서 충분히 매력적이다. 성공적인 부동산 경매투자를 위해서는 법률지식과 함께 부동산의 가치를 파악할 수 있는 안목, 그리고 적당한 입찰가를 산정할 수 있는 센스도 필요하다. 그러나 실제로 경매물건을 검색하고 현장을 답사하고 시세를 파악해 입찰가를 산정해 보는 일을 한두 번만 해 보면, 그런 요인들을 갖추는 일이 그다지 어렵지만은 않다는 것을 느낄 것이다.

성공적인 부동산 경매투자를 위해 천군만마(千軍萬馬)가 필요하다면, 이 책이 적어도 백군천마(百軍千馬)의 역할을 해 줄 수 있기를 기대한다.

김재범 드림